통합이론으로 본 그리스도교

─영적 진화의 부르심

INTEGRAL CHRISTIANITY: The Spirit's Call to Evolve

통합이론으로 본 그리스도교
― 영적 진화의 부르심

2022년 6월 20일 처음 펴냄

지은이 | 폴 스미스
옮긴이 | 이주엽
펴낸이 | 김영호
펴낸곳 | 도서출판 동연
등　록 | 제1-1383호(1992. 6. 12)
주　소 | 서울시 마포구 월드컵로 163-3
전　화 | (02)335-2630
전　송 | (02)335-2640
이메일 | yh4321@gmail.com

Copyright ⓒ 동연, 2022

ISBN 978-89-6447-774-8 03230

통합이론으로 본 그리스도교
영적 진화의 부르심

폴 스미스 **지음** | **이주엽** 옮김

I n t e g r a l   C h r i s t i a n i t y

동연

옮긴이의 글

본서의 원제목은 *Integral Christianity*입니다. 켄 윌버의 Integral Theory라는 렌즈로 그리스도교를 바라보면 무엇이 보이는지 얘기하는 책입니다.

요즘 한국에서도 켄 윌버의 독자가 늘어나고 있습니다. 윌버리안을 자처하는 분들도 심심찮게 봅니다. 특히 영성 운운하는 곳이면 이제 켄 윌버는 보통명사입니다. 그만큼 그의 이야기가 반향을 얻고 있다는 방증일 겁니다.

원문대로 하자면 책 제목을 "통합 그리스도교"라고 하면 그만입니다. 그런데 그래서는 독자가 책의 내용을 얼른 짐작하기 어려울 것 같았습니다. 교파를 통합하자는 그리스도교인지, 사회 통합을 강조하는 그리스도교인지, 뭔가 엉뚱한 내용을 상상할 것 같았습니다. 저자 폴 스미스는 어디까지나 윌버의 통합이론을 바탕으로 그리스도교를 해설하고 있는데 말입니다. 그래서 다소 장황하게 『통합이론으로 본 그리스도교 — 영적 진화의 부르심』이라 했습니다. 본문은 윌버나 통합이론을 그렇게 자주 언급하진 않습니다만 윌버를 읽는 독자라면 이 책이 내용도 틀도 통합이론의 단계-상태-관점-그림자수련이라는 다섯 요소를 따르고 있음을 바로 알아차릴 겁니다.

사람들은 윌버를 의식 연구의 대가라 부릅니다. 윌버는 이름을 알리기 전 은둔자처럼 살았습니다. 책만 낼 뿐 모습을 드러내지 않아 그가 실존인물인지, 누군가의 가명은 아닌지 의심받았습니다. 물론 책을 쓰느라 폐관수련하듯 한 면도 있습니다. 특히 『성, 생태, 영성』을 쓴 3년 동안은 사람을 거의 만나지 않았다고 합니다. 하지만 그 자신은 이렇게 말합니다. "저는 판디트일진 몰라도 구루는 아닙니다." 책 읽는 학자일지는 몰라도 남의 영적 스승노릇할 위인은 못 된다는 말이지요. 수행에 있어 자신은 초보일 뿐이고 그래서 세상에 자신을 드러내지 않았다고 말합니다. 걸핏하면 도사 행세하는 사람이 흔한 영성 운운 바닥에서 윌버의 이런 말은 사람을 멈추게 합니다. 물론 윌버는 방대한 독서를 한 사람입니다. 하지만 제가 보기엔 드물게 독서와 수행을 겸비한 인물입니다. 지식이 많은 사람은 주위에서 흔하게 봅니다. 저는 오히려 윌버의 수행가적 측면에 끌려 그를 읽었던 것 같습니다.

윌버를 읽으면서 그의 이론과 통찰이 설명력이 크다고 느꼈습니다. 그래서 제가 속한 그리스도교 신앙과 교회를 통합이론으로 해석학적 열쇠로 삼아 풀어보면 어떨까 생각했습니다. 그리스도교를 말할 때 흔히 진보니 보수니 하는 정도 범주로 설명하곤 합니다. 거친 싸잡음이고, 현실을 제대로 환기시켜주지 못하는, 설명력이 매우 부실한 렌즈입니다.

윌버가 통합이론에 원용한 이론 중 하나가 나선역학(Spiral Dynamics)입니다. 그 이론을 정립한 돈 벡(Don Beck)과 크리스토퍼 카우언(Christopher Cowan)은 남아공 인종 분쟁 치유 활동에 참여한 바 있습니다. 그들은 이렇게 말합니다. "흑인과 백인이 있는 게 아니라 레드 흑인, 오렌지 흑인, 청록색 흑인이 있습니다. 백인도 마찬가지입니다." 나선역학은 이렇게 무지개색깔로 인간의 의식 수준과 단계를 분류합니다. 그 다른 의식 수준들이 인종과 진영, 이념을 종횡합니다. 저는 그들의 말이 옳다고 생각합니다. 제경험 반경만 봐도 진보라고 일률적이지 않고, 보수라고 다 똑같지 않더군요. 폴 스미스의 용어를 사용하자면 진보 진영에도 부족주의, 전사의식이 있고, 보수 진영에도 통합의식을 지닌 이들이 뒤섞어 분포되어 있습니다. 그래서 나선역학과 통합이론이 진보-보수라는 거친 이분법을 훨씬 정교하게 교정할 이론이라 생각했습니다.

저 자신이 폴 스미스의 책과 같은 걸 쓰려고 했던 참입니다. 그런데 선행 연구 삼아 뒤져보던 중에 이 책을 발견했습니다. 그 바람에 저술에서 번역으로 급선회를 한 거지요. 먼저 나온 책이 있으니 그걸 소개하는 게 도리라고 생각했습니다. 이후에도 제가 더 할 이야기가 있을지는 두고 볼 참입니다. 번역을 하면서 처음 평어체로 했던 것을 나중에 경어체로 바꿨습니다. 폴 스미스의 글은 상당한 통찰을 담고 있어 읽는 재미가 있습니다. 그러면서도 날카롭기보다는 그리스도교 목회자다운 따스함과 친절이 배어 있다고 느꼈습니다. 출발어 원문의 톤을 도착어인 한국어답게 전달하는 것이 번역자의 몫이겠지요.

2022년 3월

옮긴이 이주엽

머리말

저는 하느님을 사랑합니다. 예수를 사랑합니다. 그리고 교회를 사랑합니다. 저는 이 책에 저의 이 세 가지 사랑에 관한 이야기를 담았습니다.

하느님은 삶의 의미입니다. 저와 뭇 영혼을 사랑하시는 위대한 사랑, 그 자체이십니다. 하느님이 삶 전체이십니다. 그러니 제 삶은 결국 하느님에 관한 것일 수밖에 없습니다.

저는 예수 그리스도를 따르는 사람입니다. 예수는 제게 이 삶에서 하느님과 이룰 수 있는 최고의 관계를 보여 주는 원형이십니다. 그분은 하느님과 모자람 없이 하나 됨을 이루셨고, 이를 삶으로 드러내셨습니다. 그리고 우리도 자신처럼 되라고 초대하십니다.

교회는 저와 여러분 같은 사람들로 이루어집니다. 우린 서툴고, 때론 훌륭하며 때론 부도덕하고, 사랑도 하지만 자기중심적이기도 하고, 품위 있게 사는가 하면 때론 엉터리이고, 남을 돕기도 하고 억누르기도 하며, 어떨 땐 재밌고 어떨 땐 따분하며, 남을 배려하는가 하면 터무니없이 신경질을 부리기도 하는 그런 존재입니다. 그런데 그런 사람들이 교회를 다닙니다. 그래서 교회는 노아의 방주 같습니다. 방주 안이 엉망진창이었을 겁니다. 그래도 그 안에서 참는 이유는 밖에서 익사하는 것보다는 낫기 때문입니다. 다음에 교회에 가면 주위를 한번 둘러보십시오. 이제 막 싸움을 끝내고 한숨 돌리는 사람, 아직 분투 중인 사람, 이제 곧 싸움을 겪을 사람들뿐입니다! 때론 영광, 때론 두려움에 시달려야 하는 것이 우리 삶입니다. 그래도 교회는 그런 인생의 와중에 함께 여행할 동반자들을 만날 수 있는 곳입니다. 함께 영성 생활의 모험을 떠날 수 있는 곳입니다. 그리고 하느님은 그런 우리를 사랑하십니다.

교회에 대한 애증

하지만 저는 교회를 사랑하나 교회와 불화도 겪은 사람입니다. 저는 50년이 넘는 세월을 늘 새로운 교회, 더 나은 교회를 찾으며 살았습니다. 그 처음은 1950년대 초 어느 도심 교회였습니다. 당시 저는 열여덟 살 나이로 교회 청소년 그룹의 리더였습니다. 당시 제가 맡은 책임 중 하나가 매년 4일간의 청소년 수련회를 이끄는 일이었습니다. 정말 따분한 종교 행사였습니다. 아침 체조와 성경 공부, 따분한 이야기, 따분한 규칙으로 이루어진 수련회였습니다.

제가 그 수련회 책임자가 되었을 때 저는 "새롭고 더 좋은" 수련회를 만들리라 작심했습니다. 그래서 따분한 종교 행사 대신 참가자들이 자유롭게 음악을 들으며 주변 아름다운 계곡을 산책하면서 하루를 시작하게 했습니다. 산책하다가 혼자서 조용히 20분간 침묵의 시간을 갖게끔 말입니다. 우리는 그 시간을 '고독의 시간'이라 불렀습니다. 오후에는 '기도연구소'라 이름 붙인 시간을 가졌습니다. 이 시간은 한 사람씩 돌아가며 자기 삶에서 벌어지고 있는 일을 이야기하는 자리였습니다. 그리고 즉석에서 떠오른 창의적 방식으로 서로를 위해 기도해 주었습니다. 밤에는 모닥불을 피워놓고 침묵하며 바라보다가 조용히 노래를 부르곤 했습니다. 그 외의 시간은 그저 내키는 대로 재밌게 놀면 그만이었습니다.

이 방식이 전에 치렀던 따분한 수련회보다 훨씬 힘이 있었습니다. 5년도 채 안 되어 이 수련회는 시 전체에 알려진 유명 행사가 되었습니다. 나중엔 2주간의 고등학생 수련회와 3주간의 대학생과 그 또래 수련회로 정착하게 되었습니다. 많은 청소년이 이 수련회를 통해 변화되었습니다. 그리고 수련회 이후에도 서로 연락하고 만나는 사이가 되었습니다.

이 수련회 경험을 계기로 저는 무엇이 삶을 변화시키는지 또 무엇은 그렇지 못한지 생각해 보았습니다. 교회가 사람들을 정말 하느님과 깊이 연결되는 경험을 하도록 돕는다면, 얼마나 많은 게 달라질지 깨닫는 계기도

되었습니다. 제가 목회자로 일한 48년의 세월을 돌아보면 언제나 이때의 깨달음을 적용하려 노력했음을 보게 됩니다.

새 안경

실제로 안경을 쓰지는 않더라도 우린 모두 보이지 않는 안경을 쓰고 삽니다. 세계관이라는 안경입니다. 현명한 사람은 자신이 그런 안경을 쓰고 있음을 알고 언제 안경을 새로 맞추어야 하는지도 압니다. 우리는 세계관이 보여 주는 것을 보며 삽니다. 그 세계관이 비춰주지 않는 것은 보기가 어렵습니다.

지금 제가 그리스도교를 보는 안경은 50년 전에는 없었습니다. 하지만 제가 늘 찾던 안경입니다. 50년 전 저는 남침례교단에 속한 신학생이었습니다. 당시 저는 예수와 초대교회의 삶에 배어 있는 직접적 하느님 체험이 지금도 가능한지 모색 중이었습니다. 하지만 그런 저의 모색을 교수님들이나 동료 학생들은 못 미더워했습니다. 그들로선 회심의 체험 정도 말고는 직접 체험을 생각할 수 없었기 때문입니다.

불과 몇 년 전에야 제가 그리스도교 신앙의 길에서 찾던 것을 찾았습니다. 바로 켄 윌버의 통합이론입니다. 통합이론이라는 명칭과 함께 켄 윌버의 대담한 저술들이 제 인생에 들어왔습니다. 그는 현재 전 세계에 가장 널리 번역되고 있는 미국의 학자요 저술가입니다. 윌버 덕분에 저는 찾던 안경, 이전의 무엇보다 매력 있고 더 선명한 렌즈를 얻을 수 있었습니다.

여러분은 전에 생각했던 것보다 훨씬 더 예수를 가까이 따를 수 있는 길이 있다면 어쩌시겠습니까? 예수가 약속하셨던 영의 도래, 영의 음성을 그 길에서 접하고 들을 수 있다면, 그런 일이 실제로 가능하다면 어찌하시겠습니까?[1]

---

1 요한 16:12(따로 표기하지 않는 한 모든 성서 본문과 인명은 공동번역을 따랐다. -역자 주).

이 책은 예수를 더 새롭고 더 선명하게 볼 수 있는 영적 렌즈를 이야기합니다. 그것은 예수의 렌즈로 통합이론을 바라보는 것이자 통합이론의 렌즈로 예수를 바라보는 것이기도 합니다.

저는 이 책에서 그리스도교와 교회를 따로 이야기하지 않겠습니다. 저는 그 둘이 따로 존재할 수 없다고 믿습니다. 그리스도교 신앙은 늘 관계의 집합이며 나아가 우주적이기까지 합니다. 그 신앙의 여정은 혼자 걷게 되어 있질 않습니다. 우리가 이 여정에서 진보하면 할수록 일체를 포함하는 전망을 얻게 됩니다. 그 여정의 정점 즉 우주적 그리스도에 이르면 그야말로 모든 사람과 만물을 품게 됩니다. 그래서 제가 '그리스도교'라고 말할 땐 교회를 포함한 우주적 전망을 말합니다.

통합이론 자체에 관해서 이 책이 새로이 내놓는 바는 없습니다. 통합이론을 이미 아는 분이 혹시 이 책을 접한다면 예수와 그리스도교, 교회를 새롭게 볼 수 있기만을 바랄 따름입니다. 저는 '복음주의자'를 자처합니다. 예수 안에서 찾은 기쁜 소식을 남과 나누길 좋아한다는 뜻에서입니다. 복음주의자로서 저는 그리스도교와 교회의 새로운 전형성을 간증하고자 합니다.

통합?

이 책에서 저는 '통합 그리스도교'라든지 '통합 교회'와 같은 표현을 쓰지만 아주 만족스럽진 않습니다. 켄 윌버는 이렇게 말합니다.

통합이란 말은 포괄적이어서 일체를 포함한다는 말이다. 어느 것도 변방으로 밀어내지 않으며 모든 걸 끌어안고 아우른다는 뜻이다. 어느 분야에서 통합적 접근을 한다는 말은 논제에 대해 통일성 있는 관점을 견지하면서 가능한 한 많은 관점과 학파, 방법론을 모두 포함한다는 말이다. 어느 면으로 통합적 접근이란 '메타-패러다임'이라 할 수 있다. 제각기 따로 놀던 기존의 패러다임들을 모아 서로 연결 짓고, 서로 풍성케 하는 네트워크

로 만드는 방식을 의미하기 때문이다.[2]

훗날 이 책에서 얘기하는 그리스도교와 교회가 현실로 등장하면 그때는 새로운 명칭이 나타날지도 모릅니다. 지금도 통합 단계 이상을 포스트모던 후기, 초월, 신비 등 다양하게 지칭합니다. 어쨌든 지금으로선 '통합'이라는 명칭이 철학의 세계에서 연구자들이 통상 쓰는 용어이기에 이를 따랐습니다.

통합 너머의 단계

통합의 단계 이상을 가리키는 다양한 명칭들이 있습니다. 예컨대 초이성이나 자아 초월성, 깨달음, 비이원성, 합일과 같은 이름들 말입니다. 저는 이 모두를 그저 '통합 너머'로 지칭하렵니다. 혹은 통합의 단계와 함께 묶어 "통합 및 그 이상의 단계"라 부르겠습니다.

제가 무엇에 '신비적' 운운하는 수식어를 달면 이 "통합 및 그 이상"을 이르는 기술적인 용어로 이해하면 됩니다. 사실 신비라는 말 자체의 전통이 따로 있어 사람들은 그 말의 의미를 크게 다르지 않게 인식합니다. 하느님을 직접 체험한 사람들을 일러 신비가라고 합니다. 예수는 하느님을 직접 체험으로 아는 분이셨는데 저도 그렇게 되길 원합니다. 그런 소망이 이 책에 담긴 혼이라 하겠습니다.

폴 스미스

---

2 Visser, *Ken Wilber*, XII.

| 차 례 |

옮긴이의 글 / 04
머리말 / 07

1장_ 영적 위치파악시스템
 — 우리는 어디서 와서 어디로 가며, 목적지에 어떻게 이르는가   15

I부 | 단계   29

2장_ 부족 교회 — 환상, 가족   31
3장_ 전사 교회 — 투쟁과 열성   45
4장_ 전통 교회 — 충성과 순응   58
5장_ 근대 교회 — 번영과 거르기   73
6장_ 포스트모던 교회 — 성취와 평면   87
7장_ 예수 중심으로 읽는 성서 — 성서는 필수 불가결   102

II부 | 상태   131

8장_ 영의 주파수 대역 — 영의 흐름에 들어가기   133
9장_ 영의 대역과 예수 — 모든 이의 원형   148
10장_ 영의 대역과 초대교회
  — "하루는 내가 무아지경 상태에 들어갔는데…"   165
11장_ 오늘날 영의 대역 — 나의 여정   187

III부 | 관점   219

　　12장_ 하느님의 세 얼굴 ─ 3D 하느님   221
　　13장_ 자기 신성을 긍정하기 ─ 이단이 아닌 건강한 방식으로   263
　　14장_ 종교 에스컬레이터 ─ 계속 위로 오르는   290
　　15장_ 통합 교회 ─ 새로운 최전선   305

IV부 | 그림자   347

　　16장_ 그림자는 안다 ─ 내적 치유   349

V부 | 수련   363

　　17장_ 자신을 돌보기 ─ 수행하는 그리스도인 되기   365
　　18장_ 예배공동체 ─ 눈뜨고 죽기, 눈뜨고 천국 가기   402
　　19장_ 예수의 가장 놀라운 선언 ─ "너희는 세상의 빛이다"   423

참고문헌 / 433

1장 ┃ 영적 위치파악시스템
─ 우리는 어디서 와서 어디로 가며, 목적지에 어떻게 이르는가

우리 조상들은 돌아다닐 때 좀 거친 방법을 썼습니다. 하늘의 별을 살피고 조악한 지도를 보면서 여기저기 표식을 남겨야 했습니다. 그런 식으로 신세계를 탐색하고는 무사히 집으로 돌아갔습니다. 지금은 그때보다 훨씬 세련된 방법을 씁니다. 비싼 비용을 들이지 않고도 GPS 수신기 하나 구하면 그만입니다. 그걸 호주머니에 넣고 다니면 아무 때고 자신이 어디 있는지 파악할 수 있습니다. 또 원하는 목적지에 어떻게 가야 하는지도 알 수 있습니다. GPS 하나에 하늘만 맑으면 도무지 길 잃을 일이 없습니다. GPS란 지구를 도는 27개 위성을 이용해서 위치를 파악하는 시스템입니다(실제로는 24개를 활용하고 나머지 셋은 고장에 대비한 보조용이다). 그 가운데 네 개나 다섯 개 위성 신호를 받아 서로 거리를 계산해서 위치를 찾습니다. 그리고 목적지에 어떻게 도달할 수 있는지도 알려줍니다.

인생 위치파악시스템

인생 항로에도 GPS와 같은 위치파악시스템이 필요합니다. 그런데 현대는 27개 위성을 활용한 GPS처럼 영적 차원을 포함한 포괄적 인생 위치파악시스템을 사용할 수 있는 시대입니다. 지난 30여 년간 우리는 고대에서 현대에 이르기까지 인류 주요 문명의 지식과 지혜를 총망라해 연구하고 성찰할 수 있었습니다. 그런데 그 결과 다양한 인류 문화에 공통된 발달 양식이 있음을 알게 되었습니다. 전 세계에서 수집한 자료들을 망라해 인간의 영성, 심리, 사회성 등 모든 잠재된 가능성이 어떻게 발달하고 성장하는지 그 포괄적이고 총체적인 지도를 그린 것이 통합이론입니다. 통합이론은 우리에게 주어진 최신의 인생 위치파악시스템입니다. 이 시스템을 통해 우리는 어디서 와서 어디로 가며, 원하는 목적지에 어떻게 도달할 수 있는지 알 수 있습니다!

통합이론가 켄 윌버는 25권이 넘는 저술을 통해 다양한 연구 결과의 정수들만 모아 종합하고 이를 처음 제시한 인물입니다. 인간 연구의 다양한 분야를 누구보다 넓게 망라하고 통합하여 이론을 창시한 겁니다. 그 결과 인간 의식이 이를 수 있는 최고지점과 확장될 수 있는 최대 광역이 무엇인지 알 수 있는 지도가 생겼습니다. 물론 이 지도를 들고 각자 연구하는 영역의 세부 내용은 각자가 채워 넣어야 합니다. 통합이론 자체는 어느 한 영역에 국한되지 않으면서 모든 영역에 폭넓게 적용 가능합니다.

제 책은 그리스도교와 교회를 다룹니다. 이 입장에서 윌버의 연구가 의미심장한 것은 현대 세계에 영성의 새로운 지위를 밝혀주었다는 점입니다. 영적 지성인이라 할 윌버가 제시하는 인간 발달의 지도는 영성 발달을 그 중심에 놓고 있습니다. 윌버는 불교를 자기 수행의 중심으로 삼는 미국인입니다. 그러면서도 그는 그리스도교를 포함하여 세계의 핵심 종교 전통들을 잘 이해하고 있음을 드러냅니다.

통합이론을 잘 모르는 사람들을 위해

윌버는 방대한 독서를 통해 수많은 사상의 갈래를 섭렵했습니다. 그리고 이를 망라한 의식의 지도를 만들어냈습니다. 저 같은 사람들은 윌버를 읽으면서 생각에 많은 도전을 받습니다. 저는 지난 십여 년 동안 윌버의 책이라면 늘 사서 끼고 살았습니다. 그리고 윌버뿐만 아니라 관련된 사람들의 강연도 쫓아가 들었습니다. 그러면서 조금씩 윤곽을 잡기 시작했습니다. 저는 지금도 통합이론의 전문가를 자처할 생각이 없습니다. 그래도 이 책은 통합이론에 바탕을 두고 교회를 논하는 책입니다. 그러니만큼 통합이론의 어떤 면이 제 삶과 교회, 영성 훈련에 어떻게 영향을 주었는지 잘 밝혀보고 싶습니다. 오히려 제가 통합이론의 전문가가 아니어서 글을 간명하게 쓸 수 있었을 겁니다. 그렇다고 통합이론을 지적으로 불성실하게 소개하고 싶진 않습니다.

윌버의 통합이론에 대해 잘 모르는 독자는 『통합비전』(The Integral Vision)[1] 같은 간단한 입문서나 『통합영성』(Integral Spirituality)[2]을 일독하시기 바랍니다. 둘 다 윌버가 직접 저술한 책입니다. 통합이론 연구소 웹사이트 (https://integralinstitute.org)에서 많은 정보를 얻을 수 있습니다. 윌버의 『성, 생태, 영성』(Sex, Ecology, Spirituality)[3]은 예사롭지 않은 책입니다. 한편 통합이론을 그리스도교에 맨 처음 적용한 저술로는 매리언(Jim Marion)의 *Putting on the Mind of Christ* 및 *The Death of the Mythic God*이 있습니다. 이쪽에 관심 있는 분들에게 추천합니다. 매킨토시(Steve McIntosh)가 쓴 *Integral Consciousness*는 통합이론을 전체적으로 개관하면서 정확히 이해하도록 돕는 빼어난 책입니다.

이 책에서 저는 켄 윌버의 통합이론과 그 개념들을 그리스도교와 교회에 적용할 것입니다. 그 이론의 지도로 다양한 교회의 종류를 분별하고 탐색할 때 어떤 결론이 도출될지 이야기할 것입니다. 통합이론 중에서도 제가 SPS(Spiritual Positioning System), 즉 영적 위치파악시스템이라 이름 붙인 내용에 초점을 두면서 말입니다.

---

1 켄 윌버/정창영, 『켄 윌버의 통합비전』(서울: 김영사, 2014).
2 켄 윌버/김명권·오세준, 『켄 윌버의 통합영성』(서울: 학지사, 2018).
3 켄 윌버/조옥경·김철수, 『켄 윌버의 성, 생태, 영성: 진화하는 영』 상·하(서울: 학지사, 2021).

영적 위치파악시스템(SPS)의 다섯 위성

통합이론에는 다섯 개의 기본요소가 있는데 그리스도교를 이해할 수 있게 해주는 렌즈 구실을 합니다. 이 다섯 요소는 GPS의 다섯 위성과도 같습니다. 이를 통해 자신이 영적으로 어느 위치에 놓이는지 파악할 수 있기 때문입니다. 그리고 지향하는 목적지에 어떻게 도달할지도 일러줍니다. 그리스도인들이 이 영적 지도를 잘 익혀 활용한다면 틀림없이 유익을 얻을 것입니다.

영적 위치파악시스템의 기본 다섯 요소란 단계, 상태, 관점, 그림자, 수련입니다. 여기서 단계란 ① 영성 발달 단계를 말하고, 상태란 ② 영적 각성 및 체험의 더 깊은 상태를 말하며, 관점이란 ③ 하느님과 관련해서 세 가지 기본적인 관점 및 시각이 있음을 말하는 것이고, 그림자란 영성 발달을 위해 필요한 ④ 그림자 작업 및 심리 치유를 의미하며, 수련이란 ⑤ 바람직한 변화 과정에 필요한 다양한 훈련 방법을 말하는 것입니다.

개인이나 교회의 의식이 어느 단계냐 말한다는 건 영적 위치파악시스템이란 지도를 갖고 그 의식의 높낮이와 현주소를 파악한다는 의미입니다. 상태를 말한다는 건 그 의식이 어느 정도나 확장된 것인지 지도를 통해 그 점유 면적을 파악하겠다는 말입니다. 관점이란 하느님을 1, 2, 3인칭의 세 관점에서 보는 것, 그 세 관점을 통합하는 능력을 말합니다. 그림자란 심리적 그림자 치유작업을 말합니다. 마지막으로 훈련이란 지도에서 자기 변화의 바람직한 목적지를 파악하고 거기 도달하기 위해 훈련하는 걸 말합니다.

영성 발달의 단계

왜 세상에는 교회의 종류가 그렇게 많을까요? 사람들도 다르고 사는 지역도 다 달라서일 겁니다. 사람들의 의식 발달 단계는 저마다 구구 각색입니다. 그 가운데 비슷한 사람들끼리 서로 이끌리고 모여서 교회를 이룹니다. 따라서 의식 발달의 단계마다 거기 해당하는 교회가 따로 있습니다.

요한의 묵시록 처음 세 장을 읽노라면 성령께서 일곱 교회에 주시는 말씀이 다 다르다는 점에 눈길이 갑니다. 교회라고 다 똑같지 않다는 얘기입니다. 또 성령은 교회가 이래야 하거나 저래야 한다는 당위를 말씀하시는 게 아니라는 점입니다. 성령께서는 교회의 있는 그대로, 즉 현실을 향해 말씀하신다는 점입니다. 교회마다 처한 상황이 다르고 치러야 할 씨름이 다름을 성령은 아십니다. 물론 처한 상황이 다르다고 그걸로 다는 아닙니다.

교회의 종류가 많고 신앙의 이해 방식이 서로 다른 데는 이유가 있습니다. 영성이 다 달라서입니다. 즉, 제각기 하느님을 이해하고 체험하는 방식이 의식의 서로 다른 층위에서 이루어지기 때문입니다. 교회를 이렇게 바라보는 방식은 새롭습니다. 윌버의 의식 진화론으로 우리의 삶을 바라보면 새롭고 놀라운 가능성이 열립니다. 기존의 그리스도교 이해 방식에도 성장이라는 요소가 없는 건 아닙니다. 다만 실제로는 의식의 진화보다 자기 정체성 존속에만 관심이 있습니다. 즉, 그리스도인이냐 아니냐만 따질 뿐입니다. 반면 통합적 접근방식은 우리가 실제로 더 큰 사랑의 의식으로 변화되는지에 초점을 맞춥니다. 그리고 이 변화과정의 단계는 보편적으로 확인 가능하다고 말합니다. 통합이론에는 영적 이해도나 체험이 발달 혹은 진화한다는 개념이 들어 있습니다. 그리스도인들이 신앙이나 구원을 "단박에 주어지는 무엇"이라 이해하는 통념과는 달라도 아주 다릅니다. 따라서 통합적 접근이란 성령께서 오늘도 우리를 추동시켜 의식의 진화를 이루게 하신다고 말하게 하는 관점입니다. 저는 예수께서도 같은 관점을 말씀하셨다고 봅니다.[4]

발달이론에서 말하는 '단계'란 다른 말로 고도, 수준, 의식의 양식, 세계

---

4 요한 16:12-13. 여기서 예수는 제자들에게 너희가 지금은 말해도 알아듣지 못할 거라며 이해의 단계가 있음을 암시하신다. 하지만 성령이 오시어 제자들을 온전한 깨달음으로 이끌어가실 것이라며 점진적 변화의 과정을 말씀하신다.

관, 조망, 렌즈, 관점, 인생이 나선형을 그리며 발달하는 과정에서의 특정 위치 등으로 다양하게 말하곤 합니다. 여기서 상위단계로 발달한다는 건 하위단계에 고착되지 않고 벗어나는 흐름이라고 말할 수 있습니다. 단계를 인생의 정류장에 비유할 수도 있습니다. 우리가 나름 발전해서 인생의 새로운 정류장에 도착하면 한동안 거기 머뭅니다. 어쩌면 성인 시기 대부분을 한 정류장에서 보낼 수도 있습니다. 물론 어느 정류장도 나름의 가치가 있습니다. 그 정류장도 성령께서 우리를 한 걸음 나아가도록 이끄셔서 이른 곳입니다. 따라서 거기 충분히 머물 권리가 있다고 하겠습니다.

도대체 영성이란 무엇인가?

영성 발달이라고 할 때 '영성'은 여러 가지 의미로 쓰입니다. 저는 대략 다음과 같은 의미로 쓸 것입니다.

① 절정 체험 혹은 일상적이지 않은 의식 체험이라는 말로: "내가 이번에 기도하다가 굉장한 체험을 했어"라고 말할 때와 같은.

② 어느 발달영역(가치관, 능력, 지성, 감성, 초월성 등)에서든 최고 수준을 의미하는 말로: "이번 공연은 내가 연주하는 게 아니라 음악이 나를 연주하는 거 같았어. 난 다만 음악이 전달되는 통로였을 뿐이지. 정말 영적인 경험이었어"라고 말할 때와 같은.

③ 하나의 독자적인 발달영역을 의미하는 말로: "그 사람 정말 대단한 영성가야. 얼마나 명상을 많이 하는지 몰라"라고 말할 때와 같은.

④ 일정한 태도(자비심, 신뢰성, 겸손함, 섬김, 평온함)를 뜻하는 말로: "그 가족은 정말 영적이라니까. 사람을 늘 따스하게 대해"라고 말할 때와 같은.

확실히 구별 가능한 단계

살다가 돌아보면 자신이 언제 유독 성숙해지고 발전했는지 기억날 때가 있습니다. 유아 시절엔 완전히 남에 기대어서만 생존할 수 있는 단계였습니다. 아동기가 되자 뭔가를 찾고 발견하는 일이 그리도 재밌는 단계를 경험합니다. 사춘기는 누구나 잊지 못합니다. 정말 대단한 격변의 시기이니까요! 그런데 발달심리학자들은 우리가 성인이 되어서도 계속 단계를 거치며 성장한다고 말합니다. 그들은 성인기에 접할 수 있는 인생의 단계를 널리 연구하였습니다. 이 단계들은 개인뿐만 아니라 범문화적으로 적용 가능합니다. 그 옛날 석기시대 인류의 조상은 발달 단계의 어느 한 정류장에 주로 머물렀던 셈입니다. 현대인 역시 어느 특정 정류장에 주로 머물고 있습니다. 현대라 해도 뉴기니의 어떤 부족은 특정 단계의 의식을 드러내는 데 비해 현대 산업사회 문화 속에 사는 이들은 다른 단계의 의식을 드러낸다고 말할 수도 있습니다. 이렇게 구별 가능한 의식의 단계를 말하는 방식도 다양합니다. 간단하게는 3단계로 말하기도 열둘 혹은 그 이상으로 세분하는 방식도 있습니다.

가장 간단한 3단계 방식이란 인간의 의식이 자기 중심성에서 종족 중심성, 세계 중심성으로 나아간다고 말하는 방식입니다. 즉, 의식이 '나' 중심에서 '우리' 중심, 나아가 '모두'로 옮겨간다는 것입니다. 누구나 유아 시절엔 자기중심적입니다. 좀 자라면 주위의 가까운 사람들을 의식하면서 가족 중심의 생각을 하기 시작합니다. 이 혈족 중심의 의식이 점차 확장되면서 자신과 공통점을 지닌 사람들을 포함합니다. 동일 국가, 동일 인종, 출신학교, 소속 교파, 지지하는 정당 등 '우리'라는 종족 중심의 의식으로 성장하는 것입니다. 대부분 거기서 의식이 멈추나 더 발달하면 개별집단을 넘어서 지구촌, 인류 전체, 생태계 전체를 의식하게 되는데 이때부터 세계 중심적 의식이 되는 것입니다. 우리가 사는 세상의 진짜 문제는 지구온난화도 아니

후기 통합 의식

통합 의식

포스트모던 의식

근대 의식

전통 의식

전사 의식

부족 의식

원형 의식

고 테러리즘, 기아나 질병도 아닙니다. 세계 중심적 의식에 도달한 인류의
수가 턱없이 부족하다는 점입니다. 그래서 세계의 문제를 제대로 다룰 수가
없는 것입니다.

이와 관련하여 에이브러햄 매슬로의 욕구 5단계 이론이 유명합니다. 인
간의 욕구 수준이 생리, 안전, 소속감, 자기 존중, 자아실현 순으로 자연스럽
게 높아지면서 발전한다는 이론입니다. 저는 스티브 매킨토시의 *Integral
Consciousness*에 소개된 6단계 이론을 활용하고자 합니다. 그는 우리의 의식
이 부족 단계에서 전사, 전통, 근대, 포스트모던, 통합의 단계로 나아간다고 설명
합니다.5 저는 이 단계들을 환상, 투쟁, 적응, 번성, 성취, 개척으로 고쳐 부르기도
합니다. 그러면 첫 철자가 모두 동일해서 외우기 쉽게 되는 것 같습니다.6

---

5 이 단계들은 벡과 카우언이 말하는 나선 역학의 단계들과 상응한다. 즉, 자주색의 마법 · 물활론
(부족), 적색의 충동 · 자기중심적(전사), 청색의 목적 · 권위주의적(전통), 오렌지색의 성취 ·
전략적(근대), 녹색의 공산 · 평등주의적(포스트모던), 황색의 통합적(통합) 및 청록색 전체론
적(통합 너머)이다.
6 영어로는 fantasy, fighting, fitting in, flourishing, fulfilling, frontier 등 전부 f로 시작하는

교회가 존재하는 목적

저는 교회가 통합 수준의 의식을 갖게 되면 자기 존재의 목적을 사람들의 영적 성장을 가속화 하는 공동체가 되는 데서 찾는다고 봅니다. 즉, 하느님을 이해하는 의식의 ① 단계, 하느님을 직접 체험하는 의식의 ② 상태, 예수의 의식처럼 하느님과 다각적인 관계를 맺는 ③ 관점, 영적 성장을 저해하는 그림자 작업 및 내적 치유를 의미하는 ④ 그림자, 의식의 실질적인 변화와 성장을 돕는 ⑤ 훈련이라는 요소를 갖는 교회로 말입니다.

어떤 의미에서 영적 성장은 자연스럽게 일어나는 면이 있습니다. 앞에서 얘기한 3단계론, 즉 인간의 의식이 자기중심에서 우리 중심, 세계 중심으로 진행되는 게 자연스러운 방향이라는 점은 현실에서 쉽게 확인할 수 있습니다. 일상에서 우리가 성숙한다는 것은 나 중심에서 우리로, 더 큰 우리로 더 많은 사람을 배려하고 사랑하는 것이란 사실에 반대할 사람은 별로 없을 겁니다. 자기중심적 인간은 오로지 자기밖에 모릅니다. 그러다 우리 중심의 의식이 출현하면 가족이나 더 큰 우리 집단으로 배려의 범위가 넓어집니다. 이때부터는 자신만 생각할 수 없고 가족이나 집단의 다른 사람들이 어떻게 생각하고 느낄지를 고려하게 됩니다. 세계 중심적 인간이 된다는 것은 자기 집단, 즉 자신이 속한 가족이나 교회, 종교, 국가를 넘어서 세계 전체에 대한 감각으로 사고하게 됨을 의미합니다.

그런데 어떤 사람들만 배려하지 않고 모든 사람으로 배려의 범위를 넓히는 방향성이 예수가 보여 주신 사랑의 전형입니다. 여러 문화를 연구한 학자들도 영성과 도덕성 영역에서 이런 발달 방향성이 일반적이라는 사실을 발견했습니다. 그런데 어떤 학자들이 단계를 10단계나 15단계로 세분화해서 설명하는 방식은 저로선 다소 복잡하게 느껴집니다. 그래서 스티브

단어가 된다는 말이다. -역자 주

매킨토시가 제시한 6단계론 위주로 설명하도록 하겠습니다. 인생의 흐름은 나선형으로 복잡하게 전개됩니다. 이 과정에서 드러나는 의식의 수준을 "부족 → 전사 → 전통 → 근대 → 포스트모던 → 통합"의 여섯 단계로 설명하는 방식을 따르겠다는 말입니다.

오늘날 교회들을 살펴보면 이 여섯 단계가 골고루 보입니다. 한 교회는 전체적으로 특정 의식 수준을 드러내되 신자 일부는 그 전 단계에, 일부는 그 후 단계에 위치하는 식입니다. 교회와 신앙의 체계는 복잡한 것이라 간단히 설명하기는 어렵습니다. 그렇지만 지나친 단순화의 위험을 무릅쓰고라도 이 여섯 단계를 GPS처럼 활용해 보겠습니다. 그렇게 하는 게 영성 발달의 여정에서 우리가 현재 어디에 있고 장차 어디로 나아갈 수 있는지 파악할 수 있다는 장점이 있다고 믿기 때문입니다. 그리고 다른 교회들도 나름의 가치로 이해하고 존중해 줄 수 있습니다. 내가 속한 교회와는 아주 다르더라도 말입니다.

비방은 금물

비판적 사고를 중시하는 사람들은 뭔가 예리하게 구분하지 않고 뭉뚱그리는 듯한 말에 저항감을 느낍니다. 하지만 공연히 남을 비판하고 싶지는 않습니다. 어떤 개인이나 교회를 가리켜 우월하거나 열등하다는 식으로 말하고 싶지 않습니다. 오늘날처럼 포스트모던 의식이 주류인 분위기에서는 더욱 그러합니다. 이 책이 교회나 사람을 등급 매기려는 목적을 갖고 있지 않습니다. 다만 세계관이 저마다 어떻게 다르고 영성 생활에 접근하는 방식엔 어떤 차이가 있는지 알아보려는 것뿐입니다. 예수도 "나무는 그 열매로 안다"라고 말씀하셨습니다.[7] 그런 분별력을 가지려고 할 따름입니다. 그리

---

7 마태 7:20.

고 다른 사람을 아는 것만큼이나 나 자신을 아는 것도 중요합니다. 예수의 말씀을 특정 세계관에서 어떤 열매가 나오는지 살피라는 뜻이자 대상을 분별력 있게 이해하는 방식이라는 뜻으로 이해할 수 있습니다. 즉 사람을 검열하려는 게 아니라 열매를 검열해보자는 뜻으로 말입니다.

디퍼나(Dustin DiPerna)는 이렇게 말합니다.

종교의 의식 수준을 논한다는 건 어떤 개인이 어떤 높이에 위치하는지 선반에 놓인 사물을 판별하듯 판단하겠다는 게 아니다. 낮은 수준의 사람들이라 해서 그들에게 짐짓 우월감을 느끼며 내려다보라는 얘기도 아니다. 윌버가 말했듯 특정 고도에 머물기로 선택하는 것은 그 사람의 권리다. 사다리의 가로대 하나하나를 논하는 까닭은 어느 한 가로대에 머무는 사람이 그 수준에서 한껏 건강할 수 있도록 도우려는 것이다. 다른 사람들이 어떤 약점을 보이고 뭐가 모자라는지 손가락질하는 건 우리 몫이 아니다. 다만 앞에서 제시한 것과 같은 지도를 통해 사람들이 의식적으로 또 자발적으로 단계들을 밟아갈 수 있도록 노력하게끔 돕는 것이 목적이다. 가장 중요한 것은 단계를 구별함으로써 자신이 사는 세상을 훨씬 분명히 볼 수 있는 눈, 그 명료함을 얻을 수 있다는 점이다. 어느 단계든 전체 체계의 건강성을 유지하는 데 없어서는 안 될 요소다. 상위는 하위를 근간으로 삼는데 하위를 열등한 것으로 무시하는 것은 상위에도 도움이 안 된다. 종교적 위치측정을 제대로 하면 사람이나 상황을 분명하고 정확하게 평가할 수 있다. 어느 종교 전통에서건 인간의 심리발달과정이 부분적으로라도 성장의 한 디딤돌임을 이해한다면 모든 전통이 함께 노력하고 상관할 수 있는 공동기반을 거기서 찾을 수 있다. 우리가 보다 사랑 넘치고 서로 받아들이는 세상을 바란다면 이렇게 의식 발달의 단계를 모든 종교가 공통되게 이해하면 좋겠다는 생각이다.[8]

그럼 믿음은 어쩌고?

신학이란 마음을 다해 하느님을 사랑하는 일에 관한 것입니다. 그러므로 신앙의 어느 수준에서건 하느님을 어떻게 이해하고 믿는지는 중요한 문제입니다. 자신을 영적이지만 종교적이진 않다고 주장하는 사람들을 보면 종교의 교리나 신조, 개념 같은 건 하찮다는 식입니다. 물론 어떤 신념 체계가 완고하고 엄격하면 반감이 생길 수 있습니다. 저도 그런 믿음에 분개한 적이 많습니다. 어쩌면 제대로 사랑하기 위해선 분노하는 일이 먼저 있어야 하는지도 모르겠습니다. 더는 의미도 없고 사랑이라고 할 수 없는 이전의 믿음을 부정할 수 있으려면 먼저 거기 분노를 느껴야 합니다.

하지만 더 넓고 더 큰 사랑의 믿음을 갖겠다는 것과 믿음을 아예 갖지 않는 걸 동일선상에 둘 수는 없습니다. 사람은 머리로 이해한 신념 체계라야 제대로 따를 수 있습니다. "종교적 신념은 죄다 나쁘다"라는 것도 신념입니다. 예수를 따르면 사람은 변화됩니다. 이 변화에는 신념 체계의 변화도 포함됩니다. "마음을 새롭게 함으로 변화를 받으라"는 말씀도 있지 않습니까.9 그러니 믿음의 내용을 새롭게 할지언정 믿음 자체를 포기할 일은 아닙니다. 솔직히 말해봅시다. 분명 어떤 종류 믿음은 그리스도를 별로 닮지 않았습니다. 어떤 믿음은 확실히 그리스도를 더 닮았습니다. 좋은 믿음이 뒷받침될 때 좋은 영적 체험도 가능한 법입니다. 그래서 더 높은 의식 수준으로 나아갈 수 있습니다.

지나친 단순화의 위험을 무릅쓰고

이 책은 여러 교회의 다양한 믿음을 아주 일반화해서 다룰 것입니다.

---

8 DiPerna, *The Infinite Ladder*, 100-101.
9 로마 12:2.

어쩌면 풍자만화만큼이나 단순화시킬 수도 있습니다. 그 많은 신앙관을 간명하게 전달할 방법을 달리 알지 못해서입니다. 물론 그 믿음의 관점들 하나하나는 이 책이 설명하는 것보다 훨씬 복잡미묘한 뉘앙스를 지니고 있습니다. 자신은 이런 믿음을 지니고 있다고 말하는 신자 개개인도 실제로는 그 신앙관보다 훨씬 복잡미묘한 존재입니다. 그런 마당에 이 책에서 제가 그 믿음들을 소개하는 방식이 지나친 단순화가 아니라고 할 도리는 없습니다. 다만 사람들을 가하는 고정관념의 못질이 되지 않기만을 바랄 따름입니다.

예수는 복잡한 상황을 함축된 말로 정리해버리는 언어의 달인이었습니다. "부자가 하늘나라에 들어가기란 낙타가 바늘귀를 통과하는 것보다 어렵다" 같은 말씀처럼 말입니다.[10] 물론 저는 저보다도 천국에 들어가야 마땅한 부자들을 압니다. 그러니 예수도 부자들을 싸잡지 말고 세심하게 말했어야 하는 것 아니냐고 따질 수 있습니다. 하지만 우리는 예수가 무슨 뜻으로 말하는 건지 다 압니다. 부에 대해서 이러쿵저러쿵 길게 논할 수도 있으나 그분은 간단히 핵심을 짚은 겁니다. 예수도 지나친 단순화를 무릅쓰고 우리에게 충격을 주어 사태를 새로 보는 안목을 열어준 셈입니다. 이처럼 요점을 짚으려면 두꺼운 겉껍데기를 날카롭게 꿰뚫는 예리함이 있어야 합니다. 이 책도 그렇게 내용을 전달할 수 있었으면 합니다.

주장의 타당성을 위해서 저는 교회와 교파의 이름, 신조 및 신학자들의 이름도 밝혔습니다. 독자에 따라서 그 하나하나가 몹시 귀하고 소중한 대상일 수 있습니다. 영성 훈련도 마찬가지입니다. 독자 자신이 직접 실천하고 있는 훈련일 수 있습니다. 그런 훈련에 대해서도 가능한 한 구체적으로 언급하였습니다. 독자가 속한 영적 전통의 입장에서는 제가 그 전통을 설명하는 설명이 부족하다고 느낄 수 있습니다. 사람은 어떤 자기 사진을 쳐다보기 싫을 때가 있습니다. 사진이 생각했던 자신의 모습과 다를 때입니다. 제 글이 어떤 독자에겐 그런

---

10 루가 18:25.

것일 수 있습니다. 무엇이든 수용할 만하면 하시고 아니면 버리도록 하십시오.

의식의 여섯 단계와 믿음의 여덟 가지 주제

저는 이 책에서 소개하는 영적 위치파악시스템이 오늘날 가장 발전한 형태라고 믿습니다. 영성 발달의 여정에서 현재 자기 위치가 어딘지 파악할 수 있게 해줍니다. 아울러 다른 이들의 위치도 이해하고 존중할 수 있게 해줍니다. 그 결과 이 세상은 더 자애롭고 더 현명한 처소가 될 수 있을 것입니다.

이제부터 저는 의식의 여섯 단계를 활용해 교회를 분류할 것입니다. 이때 그 교회들 모두 공유하는 그리스도교 신앙의 여덟 주제와 연결하여 설명할 것입니다. 즉, ① 성서, ② 하느님, ③ 예수, ④ 기도, ⑤ 죄와 구원, ⑥ 천국과 지옥, ⑦ 하늘나라,[11] ⑧ 신비라는 주제입니다. 한편 각 단계의 장점과 한계에 대해서도 논하도록 할 참입니다.

---

11 신약에서 '하늘나라'라는 용어는 '하느님의 나라'와 동의어이다. 그런데 '나라'는 영어로는 '왕국'(kingdom)인데 너무 남성가부장제의 용어이기도 하거니와 현대사회에선 더는 존재하지 않는 시스템인지라 한계가 있는 표현이다. 오늘날 같으면 예수도 이런 표현을 쓰지 않았을 것이다. 브라이언 매클라렌은 마틴 루터 킹의 "나에겐 꿈이 있다"는 식의 언어로 하늘나라 이념을 표현할 수 있다고 제안한다. 그는 또 하늘나라를 "하느님의 춤, 하느님의 공동체, 하느님의 잔치, 하느님의 노래, 하느님의 학교, 하느님의 운동, 하느님의 평화혁명 등으로 부를 수 있다"고 제안한다. 예수 역시 풍성한 생명이나 다가올 시대의 생명으로 표현한 바 있다(*Connecting Like Jesus*, Tony Campolo, 217).

I부

단계

Integral Christianity

2장_ 부족 교회 — 환상, 가족

3장_ 전사 교회 — 투쟁과 열성

4장_ 전통 교회 — 충성과 순응

5장_ 근대 교회 — 번영과 거르기

6장_ 포스트모던 교회 — 성취와 평면

7장_ 예수 중심으로 읽는 성서 — 성서는 필수 불가결

단계란 발달의 수준을 다소 넓게 말하는 방식입니다. 역사에도 단계가 있고 한 개인의 삶에도 단계는 있습니다. 우리는 역사를 석기시대, 계몽주의 시대 혹은 산업혁명 시대라는 식으로 구분합니다. 이는 역사를 문화 발달의 수준, 즉 단계로 보는 방식입니다. 한 개인의 일생을 놓고도 유아기, 아동기, 청소년기, 청년기, 중년기, 장년기, 노년기로 구분해서 봅니다. 나이를 중심으로 발달 단계를 나누는 것입니다. 많은 연구 결과 우리는 문화도 사람도 여러 단계를 거치며 진화한다는 사실을 알게 되었습니다.

이 책 1부는 바로 그 단계들을 다룰 참입니다. 이 책이 그리스도교 영성에 관한 것이니만큼 그 단계들을 신앙의 발달 수준이라 불러도 무방할 것입니다. 각 단계의 이름은 부족, 전사, 전통, 근대, 포스트모던, 통합입니다. 그리고 그 각각은 성령께서 우리를 향해 "너희는 더 장엄한 영혼의 거처를 짓도록 하라" 부르신 데 따른 것입니다.

2장 ㅣ 부족 교회
ㅡ 환상, 가족

어린 캐롤은 엄마가 저녁을 짓는 부엌에 들어왔다. 생일이 가까웠으므로 캐롤은 지금이야말로 엄마한테 원하는 것을 조를 때라고 생각했다. "엄마, 나 생일선물로 자전거 사줘." 사실 캐롤은 지금까지 학교나 집에서 좀 힘들었다. 엄마는 캐롤에게 자전거를 생일선물로 받을만한 자격이 있다고 생각하는지 물었다. 캐롤은 당연히 그렇다고 대답한다. 그러자 그리스도교 신자인 엄마는 캐롤더러 지난 한 해 자신이 어떻게 굴었는지 돌아보라고 했다. 하느님께 편지를 쓰면서 어째서 자신이 생일선물로 자전거를 받을만한지 적어보라는 것이다. 캐롤은 무거운 발걸음으로 계단을 올라 자기 방으로 가서는 편지를 쓰기 시작했다. "하느님, 저 아주 착한 아이였죠? 생일에 자전거 선물로 받고 싶어요. 빨간 자전거였음 좋겠어요. 당신의 친구 캐롤."

캐롤도 자기 편지가 사실이 아님을 안다. 솔직히 아주 착한 아이는 아니었기 때문이다. 그래서 캐롤은 처음 쓴 편지를 찢어버리고 다시 쓰기 시작했다. "하느님, 캐롤은 당신의 친구 맞죠? 저 이번에 생일선물로 빨간 자전거 받고 싶어요. 감사합니다. 캐롤 올림."

캐롤은 이것도 사실이 아님을 알았다. 다시 편지를 찢어버리고 좀 더 협상하는 편지를 쓰기 시작한다. "하느님, 제가 그리 착하지 않았던 거 알아요. 미안합니다. 생일에 빨간 자전거 선물로 보내주시면 이제부터 착한 아이가 될 거예요. 감사합니다. 캐롤 올림."

이번 편지는 거짓말은 아니지만 이런 식으로는 자전거 선물을 받을 수 없음을 캐롤은 알았다. 이때쯤엔 캐롤도 마음이 언짢아졌다. 캐롤은 아래층으로 내려가 엄마에게 성당에 가고 싶다고 말한다. 캐롤의 슬픈 표정을 보면서 엄마는 자기 계략이 맞아떨어졌다고 생각했다. "저녁 먹기 전에 돌아와야 한다"고 말하며 엄마는 캐롤을 보내줬다. 캐롤은 거리를 가로질러 성당으로 가더니 제단 앞으로 갔다. 그리고는 주위에 누가 있는지 둘러보았다. 아무도 없는 것을 확인한 다음 캐롤은 작은 성모상을 재빨리 품에 넣고 옷으로 가렸다. 성당을 빠져나온 캐롤은 거리를 달려 집으로 뛰어들더니 냉큼 위층 자기 방으로 갔다. 문을 닫고 캐롤은 하느님에게 다시 편지를 썼다. "당신 엄마는 나한테 있어요. 엄마를 다시 보려거든 저한테 자전거를 보내세요. 제가 누군지는 아시죠?"

캐롤처럼 하느님과 협상하는 모습이 부족 의식단계의 단적인 특징입니다. 캐롤 같은 아이들뿐만 아니라 어른들도 종종 드러내는 의식 수준입니다. 사실 캐롤의 엄마도 이런 의식 수준의 하느님을 가르쳐준 셈입니다. 하느님을 착한 아이에게는 선물을 주고 나쁜 아이에게는 벌을 주는 그런 하느님이라고 일러주었으니까요.

부족 의식

부족 시대는 약 5만 년 전쯤에 시작됩니다. 우리는 모두 이 부족 시대를 산 조상의 후예들입니다. 그런데 이 부족 시대 의식의 특징이 두려움에 기초한 환상입니다. 이 의식에 비친 세상은 온갖 신령과 악마, 유령 등 온갖 기괴한 존재들이 인간에게 앙심을 품고 언제든 달려들 수 있는 두려운 곳입니다. 따라서 부족 시대 사람들은 어떻게든 이 존재들의 비위를 맞춰야 살아남을 수 있다고 생각했습니다. 또 그들과 타협할 줄 알아야 원하는 걸

얻어낼 수 있다고 본 것입니다.

오늘날의 미신이란 이 부족 시대 의식의 잔류물입니다. 공포심으로 얼룩진 환상의 파편들이라 할 수 있습니다. 13일의 금요일은 불길하다는 생각, 사다리 밑을 지나가면 재수가 없다는 생각 같은 것들입니다. 상식적으로 생각하면 사다리 아래를 지나가다가 사고가 날 수도 있으니 조심하라는 뜻일 수 있습니다. 하지만 그 기원은 명백히 미신에 있습니다. 벽에 사다리를 걸치면 삼각형을 이룹니다. 고대 부족 시대에 삼각형은 생명을 가리키는 상징이었습니다. 그런데 그 형상을 함부로 통과하면 동티가 난다고 생각한 것입니다.

영어의 미신은 그 어원이 라틴어 '수페르시스토'(supersisto)입니다. 이는 "신에게 겁을 먹고 서 있다"라는 뜻입니다. 이런 식의 두려움은 우리도 경험합니다. 여러분도 행운의 편지를 받고 고민한 적 있지 않습니까? 자신도 남에게 전하면 행운이 오지만 전하지 않으면 불행이 닥친다니 말입니다.[1]

그런데 우린 모두 1~7세 사이에 이 부족 의식의 단계를 거치며 성장합니다. 이 시절의 세상은 마술 의식으로 조종할 수 있는 곳입니다. 길을 가다가 선을 밟으면 엄마가 허리를 다치게 됩니다. 가슴에 십자가를 그으면서 죽고 싶다고 생각하면 실제로 죽습니다. 이런 식의 사고방식이 부족 시대 인류가 가졌던 생각입니다. 지금도 어떤 원시 부족들은 이런 마술적 사고방식을 갖고 있다고 합니다. "외지인에게 사진을 주면 큰일 난다, 그에게 영혼을

---

1 오늘날에도 남아 있는 미신 가운데 검은 고양이가 지나가거나 거울이 깨지면 재수가 없다는 것이 있다. 손가락을 겹치면 행운을 부를 수 있다든지 거짓말한 걸 용서받을 수 있다는 생각도 그렇다. 행운의 동전, 세차하면 꼭 비가 온다는 것도 그렇다. 가끔은 맞는 말 같아 보이지만 말이다. 나무를 두드리는 행위는 신이 나무에 살고 있다는 원시적 관념과 상관이 있어 보인다. 소원이 있거나 좋은 일을 빌 때 사람들은 나무에 손을 대고 빈다. 그리고 나무껍질을 노크하듯 두드리는 것은 감사의 표시다. 생일 케이크 촛불을 한 번에 불어 끄려는 행위, 소원을 비는 행위를 뭐라 할 건 없다. 하지만 그런 행위에 정말 마법의 힘이 깃들어 있다고 믿을까? 토끼 발자국이나 네 잎 클로버를 찾는다고 행운이 올까? 그런 걸 찾으면 악령도 쉽게 찾을 수 있다고 믿었던 드루이드(고대 켈트족의 마법사) 관습에서 비롯된 미신이다.

빼앗긴다" 하는 식으로 말입니다.

　마술적 세계관은 유년기의 집입니다. 어린아이들은 상상의 눈으로 세상을 보기 때문입니다. 상상의 세계에서는 뭐든지 가능합니다. 충동도 환상도 그 세계에서는 논리의 제약을 받지 않습니다. 오늘날 부족 의식은 미신을 통해서만 나타나지 않습니다. 오늘의 운세는 물론이고 슈퍼맨, 뱀파이어 사냥꾼 버피 같은 만화나 TV 드라마 주인공을 통해서도 모습을 드러냅니다. 성인이라고 해도 이 부족 의식 수준에 머물면 부모나 지도자를 신처럼 받듭니다. 그리고 가족이나 동일성 집단을 통해 자기중심적 욕구를 이루고 안전감도 확보하려 듭니다. 그러니 부족 의식이란 자신과 동일한 정체성 집단에 지나치리만치 동일시하는 사람들의 의식이라 할 수 있습니다. 그 정체성이 인종이든 국가나 정치 성향, 종교든 간에 말입니다.

　단계란 의식 발달 과정에서 머무는 정류장과 같습니다. 그리고 모든 정류장에는 건강한 면과 불건강한 면이 다 있습니다. 당연히 불건강한 면은 극복하는 게 좋습니다. 하지만 건강한 면은 이후에도 남아서 한 개인과 문화의 발달에 계속해서 힘을 보탭니다.

　역사로 보면 구약시대 초기는 부족 의식단계라 볼 수 있습니다. 이때는 이스라엘도 가나안도 다른 부족과 마찬가지로 부족 문화를 지니고 있었습니다. 친족 그리고 씨족에 대한 충성심, 거기서 얻는 안정감이 부족 의식 수준의 한결같은 특징입니다. 의식이 이 단계를 넘어선 이후에도 부족 의식이 중시했던 상상과 몰아지경, 무엇보다 자신보다 더 큰 존재와 접하려는 동경은 계속 이어질 수 있습니다. 현대인인 우리도 영적인 느낌을 주는 의식이나 의례, 상징에 여전히 감동합니다. 자연과 깊이 연결된 느낌, 상황을 지적 분석보다 직관으로 파악하는 경험 등은 과거 부족 의식에서 물려받은 요소라 하겠습니다.

　지금도 전 세계에서 성인 인구의 5~10%는 이 부족 의식 수준에서 살고 있습니다. 그리고 그 수준을 넘어선 사람들도 부족 의식의 유산을 자신의 일부로 품고 살아갑니다.

부족 교회

현대의 서구 산업화사회에서도 의식 중심이 부족 수준에 있는 극 보수 교회가 몇 가지 있습니다. 이 부족 의식의 영성은 두려움에 바탕을 둔 환상으로 가득합니다. 이 교회 신자들은 혈족이나 다를 바 없는 자기 정체성 집단에만 몰두합니다. 그리고 이 집단은 마술적 신념을 공유합니다.

성서

부족 교회는 성서를 대단히 중시해서 성경 공부를 열심히 합니다. 또 성서는 하느님의 말씀이라 오류가 있을 수 없다고 믿습니다. 그리고 성서만이 진리를 담은 유일한 책이라 믿습니다. 당연하게도 이들은 같은 신념을 공유하는 사람끼리만 뭉칩니다. 이들에게 성서는 마법서와 다름이 없습니다. 초자연적 본질을 지닌 책이라 보기 때문입니다. 그래서 성서에 대고 맹세를 하는 등 특별한 존경심을 표합니다. 다른 책을 그 위에 얹어두는 건 불경한 짓입니다. 신자들은 성서 아무 데나 불쑥 펼쳐서 자신이 처한 어떤 문제의 답을 구하기도 합니다. 그런 식은 아닐지라도 어떤 상황이든 거기에 맞는 구절을 성서에서 찾을 수 있다고 믿습니다. 어떤 성서 구절들은 자신을 보호하는 마법의 주문처럼 반복합니다. 성서는 신령한 도움을 불러오는 마법서와 다름이 없습니다.

오늘날 대중적 신앙은 두려움에 바탕을 두고 있습니다. 이스라엘의 부족 의식 수준에서 비롯된 구약은 공포심 가득한 신앙을 기록하고 있습니다. 그 신앙은 신약에도 일부 스며들었습니다. 하느님은 우리에게 재앙을 내리고 이런저런 처벌을 하다가 종국에는 지옥의 영원한 형벌마저 주는 존재라는 믿음입니다.

근대 및 그 이상의 의식 수준이라면 필경 구약의 그러한 기록이 과연 역사적 사실인지 아니면 부족 의식 수준에서 비롯된 마법적 이야기인지 의문을 품었을 것입니다. 정말 하느님이 문자 그대로 7일 만에 우주를 창조했을까? 정말 므두셀라는 969살까지 살았을까? 정말 이집트 사제들의 지팡이가 뱀으로 변하는 일이 역사에 있었을까? 정말 여호수아 때에 태양이 운행을 멈춘 일이 일어났을까? 하느님이 정말 노아와 그 가족만 빼고 모든 인간을 홍수로 쓸어버린 일이 있었을까? 하느님이 정말 이스라엘 백성더러 다른 민족을 죄다 몰살하라 했을까? 예수는 정말 동정녀를 통해 태어났을까? 한 줌의 떡과 물고기를 떼니까 자꾸 마냥 생겨나 수천 명을 먹인 일이 실제로 있었을까? 예수는 정말 사람들을 기적으로 고쳐주었을까? 무엇보다 그는 정말 죽었다 살아났을까? 그게 사실이라면 어떻게 그럴 수 있었을까?

하느님

미국인 90%가 하느님을 믿는다고 합니다. 그런데 이들이 믿는 하느님은 다 같은 하느님이 아닙니다. 각자의 의식 수준과 세계관에 따라 다 다릅니다. 부족 교회가 믿는 하느님은 두려움의 대상입니다. 저 하늘 어딘가에 거주하며 변덕도 꽤 자주 부리는 슈퍼 히어로 같은 존재입니다. 이 하느님이 인간사에 개입하시는 방법은 그리스 로마신화의 신들과 다를 바 없습니다. 마음 내킬 때 개입해서 기적을 베풀거나 벌을 주는 식입니다. 부족 교회는 이 하느님을 늘 '아버지'라는 남성형 언어로 부릅니다.

부족 시대 문화가 그러했듯 부족 교회도 공포심에 기반을 둔 신앙생활을 합니다. 부족 교회는 하느님을 두려워하는 건 부정적인 게 아니라 지혜라고 가르칩니다. 하느님을 두려워할 줄 아는 것이 지혜의 근본이라는 것입니다.[2] 하느님은 워낙 거룩하신 초자연적 존재이기에 우리 인간과는 완전히 분리됩니다. 부족 의식단계의 영성 생활은 하느님의 상벌에 초점이 가 있습니다. 우리가 옳게 행동하면 현세에서 하느님의 상을 받습니다. 틀리게 행동하면 하느님은 우리에게 질병이나 재앙을 내리십니다. 종국에는 영원한 지옥에 떨어지는 형벌을 받을 수도 있습니다. 회개하고 그리스도께 용서를 빌며 자신을 의탁하지 않는 한 말입니다.

예수

부족 의식 수준에서 '예수'와 '그리스도'는 한 인물의 성과 이름입니다. 이때 예수는 아프리카의 부족 신들처럼 하늘에서 내려온 신입니다. 그는 영계에서 하강한 마법사처럼 기적으로 자기 편을 위험에서 구해 주는 존재입니다. 예수는 자신을 제물 삼아 하느님의 진노를 누그러뜨렸습니다. 그래서 예수와 한편인 신자들은 죽더라도 영원한 지옥에 떨어지는 일을 면합니다. 오히려 예수와 더불어 천국에서 영생할 수 있습니다. 부족 의식 수준에서 예수는 하느님의 아들이라고 말할 때 인간성보다는 신성을 더 강조합니다. 이 신적인 존재 예수는 자신과 한편인 신자의 기도에 응답하여 기적을 베풀고 놀라운 일을 행해 주십니다.

기도

부족 의식 수준에서 기도는 하느님 혹은 예수와 더불어 대화하는 것입니다. 이 대화에서 중요한 대목은 죄를 고백하고 용서를 받는 일입니다. 신령의 진노를 피하려고 빌 듯이 말입니다. 그런 다음에 기도로 초자연적 마법의 존재인 예수에게 자기 소원을 들어달라고 청할 수 있습니다. 이렇게 기도한 다음 "예수의 이름으로" 마감하는 게 중요합니다. 이 말은 기도의

---

2 시 111:10.

효험을 증폭하는 마법의 주문과도 같습니다. 근대 의식 수준만 해도 예수의 이름으로 기도한다는 말을 예수와 같은 인격과 영으로 기도해야 함을 일깨우는 의미로 이해할 테지만 말입니다.

부족 교회 신자의 기도란 행운을 비는 주술과 크게 다르지 않습니다. 골프를 칠 때도 시험을 볼 때도 행운을 빌 듯 기도합니다. 어떤 꼬마가 이렇게 기도했답니다. "주님, 제발 세인트루이스가 미주리주의 수도가 맞게 해주세요"(미주리주의 수도는 제퍼슨시티다. -역자 주). 왜 그런 기도를 했냐고 물었더니 꼬마가 이럽니다. "시험지에 답을 그렇게 썼거든요."

행운을 비는 주문이나 동작, 물건은 불안하고 두려운 마음을 달래려는 목적을 갖습니다. 마찬가지로 부족 교회의 기도 역시 두려움에 기반을 두고 있습니다. 누가 기침하면 "신이 축복해 주시길"(God bless you!) 하고 말하는 관습은 지금은 그냥 친절한 말일 뿐입니다. 하지만 본래는 미신에서 비롯된 관습입니다. 고대에는 숨이 곧 영혼이라고 생각했습니다. 그래서 기침은 영혼이 순간적으로 밖으로 튕겨 나가는 일로 여겼습니다. 그러면 영혼이 빠져나간 공백에 악령이 틈을 탈 수 있습니다. 그래서 신의 가호를 비는 주문으로 그 사람이 보호받도록 해주려는 것입니다.

부족 의식 수준에서 하느님은 저 하늘 구름 위에서 날씨를 직접 주무르는 존재입니다. 태풍이 발생하면 이 또한 하느님이 일으키신 일입니다. 해가 나는 것도 마찬가지이고요. 그렇다면 이 위대한 기상 조종자에게 기도해서 마법처럼 날씨를 바꾸는 일이 가능합니다. 지금도 보험회사 같은 데서는 '신의 행위'와 같은 문구를 씁니다(우리나라에서 '천재지변'[天災地變], 즉 하늘이 일으킨 재앙과 같은 표현을 쓰듯 -역자 주). 태풍이나 토네이도 같은 자연재해를 일컫는 표현입니다. 부족 교회 신자는 주차 자리가 나길 기도합니다. 좀 먼데 주차하더라도 잘 운전할 수 있게 해달라는 기도 같은 건 좀처럼 하지 않습니다.

지금 이 글을 쓰고 있는데 어느 교회에서 편지가 왔습니다. 신청만 하면

금으로 만든 축복의 십자가를 보내주겠답니다. 동봉한 엽서에 자신이 소원하는 항목에 표시만 해서 보내면 된답니다. 살펴보니 새 차, 금전, 자녀, 건강, 새집 같은 게 목록에 들어 있습니다. 편지엔 온갖 성경 구절이 가득 적혀 있습니다. 그런데 끄트머리에 이런 경고문도 실려있습니다. "이 편지를 다섯 사람에게 전하지 않으면 좋지 않은 일이 생깁니다. 하지만 전하면 하느님의 축복을 받습니다." 정말 강력한 마법적 신앙입니다.

죄와 구원

부족 교회는 죄를 하느님의 계명에 어긋나는 행위를 하는 일로 봅니다. 하느님이 기뻐하실 행위를 하지 않는 것도 죄입니다. 하느님은 우리의 행위에 따라 기뻐하기도 진노하기도 하는 존재입니다. 그러므로 우리는 열심히 그분이 진노하지 않도록 달래주어야 합니다. 부족 교회는 구원을 지옥의 영원한 형벌을 피하게 되는 일로 여깁니다. 예수 그리스도께서 우리를 대신해 하느님의 진노를 받고 십자가를 지셨다고 믿으면 구원받을 수 있습니다.

천국과 지옥

지옥은 문자 그대로 마귀들이 있고 화염이 치솟는 영원한 형벌의 장소입니다. 하느님도, 신실한 그리스도인들도 다 이 지옥과는 멀리 떨어져 있습니다. 그러니 우리도 어떻게든 지옥만은 피해야 합니다. 반면 천국은 영원히 안락한 곳입니다. 이곳은 우리 부족, 즉 같은 신앙을 지닌 사람들과만 더불어 사는 장소입니다. 우리는 예수 그리스도를 믿는 믿음으로 혹은 세례와 같은 특정한 의식을 근거로 이 천국에 입장할 수 있습니다.

하늘나라

하늘나라는 그리스도인이 죽어서 가는 곳, 곧 천국입니다. 예수를 믿으면 악마뿐만 아니라 하느님의 진노를 면할 수 있습니다. 그런데 하늘나라는 자신이 속한 교회나 집단만이 들어갈 수 있다고 믿는 것이 부족 교회의 특징입니다. 다시 말하면 자기네 집단에 속해야만 구원을 받고 하늘나라에 갈 수 있습니다. 그리고 그것만이 유일한 진리의 길입니다. 우리와 같지 않은 사람들은 죄다 영원히 지옥에서 불타야 합니다.

신비

부족 교회가 이해하는 신비란 마법과 크게 다르지 않습니다. 신비란 이성을 넘어서는 초이성적 실재를 말하는 겁니다. 그런데 부족 교회의 신비란 마법적 환상과 뒤섞여 있습니다. 마법적 환상은 이성에 못 미치는 전 이성적 수준입니다. 그런 식으론 참된 영적 실재를 제대로 표현할 수 없습니다. 마법적 의식은 상징과 상징이 가리키는 실재를 구별하지 못합니다. 역사적으로 보면 부족 시대 인류는 아직 몸과 마음을 구별하지 못했습니다. 그리고 상징과 상징이 가리키는 대상도 구별하지 못했습니다. 나무나 동물에도 영이 깃들어 있다고 보는 건 물론이고, 자신과 다른 이교도가 깎아 만든 상이나 조각에는 악령이 깃들어 있다고 보았습니다. 그런데 근대의 이성적 의식 수준에서 보자면 세례라는 의식을 치렀다고 지옥을 면한다는 생각은 전혀 합리적이지 않습니다. 세례를 마법 의식 비슷하게 보는 마법적 사고에 가깝습니다.

미사의 빵과 포도주가 실제 예수의 몸과 피로 변한다는 믿음도 다분히 마법적입니다. 부족 교회 수준의 로마가톨릭 신자는 미사도 신비한 마법의 의식처럼 받아들입니다. 그래서 라틴어로 미사를 드리지 않고 모국어로 드리는 걸 꺼리기도 합니다. 주문이 틀리면 마법의 힘이 사라지듯 모국어 미사에는 신비한 힘이 없다고 느끼기 때문입니다.

부족 교회 신자는 예수상이나 초상화는 뭔가 마술적인 힘이 있다고 여깁니다. 부적처럼 생각하는 겁니다. 저도 예수의 그림을 좋아해서 수백 점이나 갖고 있습니다. 게다가 불상도 세 개나 있습니다. 하지만 그 물건들 자체에 마력이 있다고 생각하진 않습니다. 다만 그것들을 바라보면서 마음의 평화를 느끼고 영감받길 좋아할 뿐입니다.

부족 의식 수준에서 그리스도교의 신비란 환상과 두려움으로 얼룩진 것입니다. 666이란 숫자가 불길하다고 믿는 사람 주변에 있지 않나요? 요한묵시록을 마술이나 미신처럼 받아들이는 사람들 말입니다. 천사나 십자가 핀을 꽂고 다니는 것도 그렇습니다. 영성 생활을 잊지 않으려고 노력하는 거라면 상관없겠지요. 하지만 행운을 부르고 재앙을 막아주는 부적처럼 생각할 수도 있습니다. 그런 사고방식 바탕에는 두려움이 깔려 있습니다. 그리고 그건 환상이지 실재에 대한 합리적 이해 방식이라 할 순 없습니다.

부족 의식에서 볼 때 악이란 사탄이나 악마에게서 비롯되는 무엇입니다. 그리고 그리스도교 외의 다른 종교는 죄다 악마의 영향을 받는 것들입니다. 특히나 경원시해야 할 대상들이지요. 같은 그리스도인이라 해도 자기네 집단의 신념과 일치하지 않는 자들도 마찬가지입니다. 이렇듯 세상은 참신앙에서 벗어나도록 꼬드기는 악령들로 가득한 두려운 곳입니다. 악령들이 그득하니 악령 들림도 실제가 아닐 수 없습니다. 그럴 때 구마 의식 같은 주술적 의식으로 악령을 쫓아내야 합니다.

물론 부족 의식 수준이라도 성령을 참되게 체험할 수 있습니다. 예수 그리스도와 인격적인 관계도 생생히 누릴 수 있고요. 적어도 이 수준 사람들은 변성 의식 상태의 체험을 부정하지는 않습니다. 오히려 전통 의식이나 근대 의식 수준의 사람들이 거부하지요. 그런데 부정하진 않지만 그 해석이 문제입니다. 진정한 영적 체험을 하더라도 부족 의식의 前 이성적 신념은 더 강해집니다. 이들은 귀신 들림이나 황홀경을 경험하기도 합니다. 특히 카리스마 넘치는 지도자와 함께 있을 때 그렇습니다. 부족 의식 수준의 어떤 교회에서는 독사를 맨손으로 마구 집어 드는 의식을 행합니다. 그래도 위로부터 내려오는 하느님의 능력에 힘입어 해를 입지 않는다는 거지요. 그 행위를 하면서 실제로 이들은 마음도 평온하고, 뱀이나 독도 두려워하지 않는 상태를 체험합니다.

부족 의식단계의 교회는 부족이 그러하듯 오로지 자기네만 생각합니다. 교회도 신앙도 오로지 자기 집단의 존속 문제로만 생각합니다. 보통 이런 집단의 지도자는 부족장처럼 권위를 갖습니다. 집단을 완전히 장악하는 힘을 갖게 됩니다. 이런 집단은 대체로 사회적으로 고립되어 있습니다. 그런 폐쇄적인 환경에서 교리 주입, 세뇌 과정, 신체학대, 아동학대, 심지어 살인이 벌어집니다. 집단자살 같은 극단적 선택을 하기도 합니다. 이런 집단 내에는 군대와 같은 위계질서가 있습니다.

강점과 한계

부족 의식은 미신을 영성이라 착각합니다. 오늘날 여기저기서 공포 기반의 종교성을 발견합니다. 그런 것들은 모두 수천 년 전 인류가 부족 의식에 머물 때의 잔여물이라 할 수 있습니다. 예수는 진노하여 사람들을 벌주는 하느님 이해 방식, 공포 기반의 신앙관을 거부하였습니다. 하지만 부족 의식 수준에도 참된 영적 체험이 있습니다. 두려움의 이해 방식을 버릴지라도 참된 체험 자체를 부정할 필요는 없습니다.

부족 의식은 마술적 사고를 근간으로 한다고 했습니다. 이 마술적 사고는 자신이 약하고 무력하다고 느낄 때 자랍니다. 진정한 영적 힘이 생기면 반대로 줄어듭니다. 부족적 세계관을 지닌 사람들은 사실 자신이 무력하다고 느낍니다. 자신이 무력하기에 지도자에게 모든 힘을 투영하는 것입니다.

게다가 자기네와 생각이 같아야만 인정하기 때문에 오늘날의 넓은 지구촌에서 협소한 영역에 머물러 사는 셈입니다.

통합 의식 수준에 이르면 오히려 이 부족 의식단계에 사로잡힌 개인이나 집단, 교회와 문화도 나름 이해해 주고 존중해 줄 수 있습니다. 다른 의식 수준에서도 그렇지만 부족 의식단계의 문제 역시 자기네만 옳다고 믿는 데 있습니다. 게다가 자기 신념과 가치를 남에게 억지로 강요하니까 문제이지요. 알고 보면 누구나 내면에 부족 의식이 들어 있습니다. 적어도 부분적으로 부족 의식 수준의 환상과 마술적 사고를 한다는 얘기입니다. 그것도 자신의 일부로서 수용하고 존중해 주어야 합니다. 굳이 비판적으로 굴 필요는 없습니다. 물론 바꿔야겠다 결심하더라도 말입니다. 어느 단계든 나름의 가치가 있는 법입니다. 열두 살이라고 다섯 살보다 더 우월한 건 아닙니다. 그냥 인생의 시기가 다를 뿐이지요. 다섯 살은 다섯 살대로 가치가 있습니다. 다만 열두 살로 자라나기만 하면 됩니다. 의식의 성장 과정도 마찬가지입니다. 자신의 단계가 답답하고 노여울 때가 옵니다. 그러면 아, 이제 변화해야 할 때인가 보다 알아차리면 됩니다. 그런 의미에서 분노와 불만족은 우리를 다음 단계로 나아가게 하는 변화의 신호입니다. 그렇긴 해도 계속 분노와 불만에 머물러서는 안 되지요. 결국은 분노도 넘어서야 합니다. 그리고 이전의 거칠었던 모든 단계를 나름 존중해 줄 줄 알아야 합니다. 그 단계들을 거쳤기에 오늘에 이를 수 있었던 것 아닙니까. 그 사실을 인정하는 것이 자신과도 화해하는 것입니다.

부족 교회의 강점은 가족과 집단에의 충성심

부족 의식은 소속감 및 지도자의 가치를 경험하는 의식입니다. 이 강점은 이후의 단계에서도 유지되면 좋을 가치입니다. 한 교회가 상위 의식 수준에 있더라도 이러한 강점은 좋게 작용합니다. 사실 한 교회란 그 자체로 하나의 부족입니다. 대형 교회는 내부에 여러 부족이 공존하는 교회라 할 수 있습니다. 물론 그 부족들을 주일학교 반이나 무슨 소모임, 무슨 선교팀 하는 식으로 부르겠지만 말입니다. 영적 성장을 위해서 이렇게 결속력 있는 친구들의 모임, 관계망은 필요한 법입니다.

예수는 열두 제자를 부르심으로 활동을 시작합니다. 세상의 변화를 위한 첫걸음이 하나의 영적 부족을 구성하는 일이었던 셈이죠. 그분은 심지어이 영적인 가족이 생물학적 친족보다 우선하는 것으로 보셨습니다.[3] 예수의이 영적 부족은 신약성서가 '열두 사도'라 불렸던 남성들과 이런저런 방식으로 함께한 여성들로 이루어졌습니다.[4]

그리스도교가 첫 2세기 동안 급격히 퍼지는 과정에서 주역은 가정 교회들이었습니다. 신약에 등장하는 이 가정 교회들은 그 하나하나가 씨족과도같은 교회였지요. 그리고 이들을 돌보는 사도 바울로나 다른 교회의 지도자들도 늘 하나의 팀처럼 활동했습니다. 이렇듯 하느님을 찾는 다른 사람들과연대하여 부족과 같은 관계망을 형성하는 일은 영적 성장에 결정적으로 중요합니다.

3 마르 3:33-35.
4 루가 8:3.

3장 | 전사 교회
— 투쟁과 열성

전사 혹은 전사의 의식이란 추상적이거나 이론적 구성물이 아닙니다. 오늘날 현실에서 생생히 접할 수 있는 의식입니다. 하필 이 3장을 집필하는 동안 9 · 11테러 7주기를 맞이했습니다. 9 · 11테러를 기획하고 실행에 옮긴 게 바로 이 전사 의식 수준입니다. 물론 테러리즘 자체는 실체를 폭로하고 거기 맞서야 합니다. 하지만 적어도 그 폭력주의자들보다는 높은 의식으로 맞서야 합니다. 군사적 대응만으로 해결되지 않습니다. 테러리즘의 근본적 해결은 군대로만 가능하지 않습니다. 정치적 사회적 차원의 대응도 필요합니다. 무엇보다 이 세상이 투쟁 의식을 넘어서도록 돕는 영적 해결방식이 필요합니다.

전사 의식

전사 의식단계의 문화는 인류 역사에서 대략 1만 년 전쯤 등장합니다. 부족들이 부와 힘을 추구하면서 강성해지면 인근 부족들과 충돌하게 마련입니다. 이 전사 의식 수준에서는 힘이 곧 정의입니다. 전사들의 세계에서는 결국은 누가 가장 세냐가 관건입니다. 이 세계는 공격성과 충동성, 쾌락과 폭력이 지배하는 세계입니다. 이런 세계에서 경쟁은 곧 상대방을 장악하기 위함입니다. 즉, 정복하고 다스릴 통제권을 원하는 것이지요. 이 세계에서는 다스린다는 것은 곧 상대방을 착취한다는 것입니다. 전사 의식의 세계는 약육강식의 정글 같은 세상입니다.

이 의식단계에 이르면 세상을 이해하는 방식이 마술에서 문자로 바뀝니다. 저 바깥에 토를 달 수 없는, 그저 복종하고 따라야 할 절대 권력들이 있는 세상이기 때문입니다. 부모, 교사, 상사, 교회의 성직자가 그런 대상입니다. 마침내 하느님이 그런 존재입니다. 여기서는 말이나 문자가 절대적입니다. 아이들이 "선생님이 그러는데" 하면서 교사의 말을 절대화하듯 "성서에 이르기를" 혹은 "정부에서 발표하기를" 합니다. 다 이 의식 수준에서 나오는 말들입니다. 전사 의식으로 보는 세상은 흑백, 선악의 이원론 세상입니다. 그 사이의 미묘한 회색지대 같은 건 없습니다.

전사 의식은 오늘만 살면 그만입니다. 그래서 이 순간의 충동을 따르면 그만입니다. 그 충동의 결과가 어떨지 염려할 필요 없습니다. 충동과 공격성에 따라 행동하고 싸워서 이기면 그만입니다. 죄책감 따위는 느낄 필요가 없습니다. 내가 이 세상에서 가장 중요한 중심이니까요. 그래서 이 의식단계에 있는 사람들은 남을 배려하지 않습니다. 이성적으로 옳고 그름을 따질 필요가 없습니다. 그저 그 순간에 느끼는 충동이 정답입니다. 상대의 힘과 보복만이 이들을 멈추게 합니다. 이 단계의 사람들이 질서를 지키는 까닭은 진노하는 신, 보복하는 신이 두렵기 때문입니다.

인류 역사에서 전사 의식이 지배하던 시기 영적 지도자는 무당들이었습니다. 무당들은 변성 의식 상태에 들어가는 전문가들입니다. 그 의식 상태에서 그들은 자연의 영들을 만납니다. 비나 불, 바람 등 온갖 자연현상을 담당하는 신들을 만나는 것이지요. 사람의 인생은 이 강한 영들이 좌지우지하는 무엇일 따름입니다. 그래도 무당들은 심령의 직관 및 자연과 하나가 되는 체험을 했던 존재들입니다.

오늘날에 이 전사 의식은 소위 미운 세 살 같은 모습에서 발견합니다. 초등학생이나 중고생들이 친구를 괴롭히고 왕따하는 학교폭력, 반항하며 제멋대로 반사회적 행동을 보이는 10대도 여기 해당합니다. 감옥에서 서로 괴롭히는 죄수

문화, 깡패들도 마찬가지입니다. 록스타, 자연 만물에 대한 인간 우월주의, 만화영화 주인공, 검과 마법사 이야기에서도 전사 의식이 등장합니다. 아프가니스탄 같은 지역의 무장 전사들, 운동 경기팀, 마냥 공격적 확장을 하면서 몹시 비윤리적인 기업, 오늘날 골칫거리인 테러리즘에서도 그 모습을 드러냅니다.

이 전사 의식의 세계관에서 긍정적인 요소, 앞으로도 유지해야 할 가치를 찾자면 이렇습니다. 폭력에 대항해서 힘을 건강하게 사용할 줄 알기, 개인의 진취적 기상, 억압받는 사람들을 위해 적극적으로 행동에 나서기와 같은 것입니다. 현재 세계 인구의 약 20% 정도가 이 전사 의식의 단계에 머물러 있습니다.

전사 교회

예수를 죽게 한 것이 바로 이 전사 단계의 의식이었습니다. 예수 당시 종교 지도자들이 이 의식 수준에 머물러 있었기에 그들은 어떻게든 음모를 꾸며 예수를 처형했습니다. 로마 역시 전사 의식이 지배하는 나라였습니다. 로마제국도 유다교 종교 지도자들도 모두 전사 의식단계였습니다. 유유상종이라고 같은 의식끼리 협력해서 예수를 십자가형에 처한 셈입니다.

역사적으로 전사 의식의 교회는 소위 성전(聖戰), 십자군 전쟁, 종교재판소 등의 자취를 남겼습니다. 전사 의식이란 결국은 이 세상을 자기 손아귀에 장악하려는 의식입니다. "개종하든지 죽든지 둘 중 하나"라는 십자군의 정신도 바로 그런 의식입니다. 오늘날 전사 의식 수준을 극명하게 드러내는 교회가 바로 근본주의자들의 교회입니다. 오늘날 '근본주의'라고 하면 경멸의 어감이 담기곤 합니다. 하지만 원래는 좋은 뜻이었습니다. 근본에 충실한 교회이고자 했던 뜻입니다. 역사적으로 근본주의는 나름 의미심장한 신앙 운동이었습니다. 1910년에서 1915년 사이에 발표된 94개의 소론이 전 세계 영어권 개신교인들에게 3백만 부 이상 배포된 영향력 있는 운동이었지요. 그런데 '근본주의'란 용어는 이 교회들이 다음의 다섯 가지를 그리스도교 신앙의 근본이라 천명한 데서 비롯됩니다.

① 성서의 문자적 무오성
② 예수의 신성과 동정녀 탄생
③ 대속의 교리
④ 예수의 육신 부활
⑤ 예수 기적의 사실성(이것 대신 예수의 재림이 들어가기도 함)

이 다섯 가지 근본 교리를 믿는다는 것에는 이와 다른 신앙은 죄다 틀린 신앙, 위험한 신앙으로 비난하는 태도가 들어 있습니다. 그 분노와 공격성까지 포함해야 근본주의입니다. 이 다섯을 전부 믿거나 부분적으로 동의하는 그리스도인들은 많습니다. 그들과 근본주의자들이 다른 점은 분노입니다. 근본주의자들은 자신과 다른 신앙관을 가진 사람들에게 명백히 분노를 품습니다. 저도 25년 전 어느 날 예배를 마친 후 그날 방문한 어느 근본주의자가 한 말을 생생히 기억합니다. "목사님은 신자들을 지옥으로 이끌고 있습니다. 목사님도 분명 지옥에 갈 겁니다."

그 여성의 공격적 언사가 내 안의 친절을 자극했는지 어떻게든 내가 꽤 괜찮은 사람임을 알려 주고 싶었습니다. 그러면서도 한편으론 묘하게 슬픈 마음이 들었습니다. 내가 보는 걸 그 사람은 볼 수 없으니까 그게 안쓰럽다는 마음이었지요. 상대방이 분노하는 동안 나 자신은 다행이라는 해방감을 느낀 셈입니다. 제각기 다른 눈으로 세상을 바라보고 있었기 때문입니다.

성서

전사 의식에서 볼 때 성서는 무오한 책입니다. 기록된 모든 내용이 역사적으로나 과학적으로 사실이라는 겁니다. 이 성서에는 우리 인간이 영성 생활에 관해 알아야 할 모든 진리가 담겨있습니다. 전사 의식단계의 신자들이 볼 때 영문 성서로는 1611년 등장한 킹 제임스 번역이 가장 좋습니다. 이에 비하면 현대어 성서들은 열등하며 대놓고 무시해도 좋습니다.

전사 교회 신자들은 성서를 무기로 활용합니다. 이들은 자신이 잘 모르는 성서 구절을 들이대며 공격하면 당황합니다. 전사 의식, 에고 중심성의 교회들은 기본적으로 공격적이고 폭력적입니다. 그리고 자기네 폭력성을 성서로 정당화합니다. 이들은 사형 제도를 찬성합니다. 성서의 하느님도 악한 자들을 죽이는 존재이기 때문입니다. 그리고 자기네 입장에 동조하지 않으면 심판받을 것이라 퍼붓길 좋아합니다. 전사 교회들은 다니엘서와 요한묵시록을 특히 좋아합니다. 자신들처럼 분노하고 심판하시는 하느님에 관한 이야기이기 때문입니다.

이들이 특히 선호하는 성서 구절이 이런 겁니다. "너희가 친히 원수를 갚지 말고 하느님의 진노하심에 맡기라. 기록되었으되 원수 같은 것이 내게 있으니 내가 갚으리라고 주께서 말씀하시니라."[1] 전사 교회 신자들에게 이런 성서 말씀은 정말 빛나는 약속이 아닐 수 없습니다. 자신들에 동의하지 않는 사람들을 하느님께서 친히 처벌하시겠다는 약속이니까 말입니다.

전사 교회는 교리의 순수함을 중시합니다. 따라서 자기네와 교리적 신념이 같지 않으면 함께 어울릴 생각을 아예 하지 않습니다. 얼마 전에도 근본주의 교회학교 교사 한 사람이 다른 교파 신자들과 함께 기도회에 참석했다고 해고되는 일이 벌어졌습니다. 같은 그리스도인들끼리도 그런데 하물며 이슬람이나 힌두교 같은 타 종교인들과 어울린다는 건 상상도 못 할 일입니다. 전도할 목적이라면 몰라도 말이지요.

---

1 로마 12:19.

하느님

전사 교회가 믿는 하느님은 하늘에 거하면서 가끔 땅의 일에 개입하시는 그런 하느님입니다. 이 하느님은 자비로운 면도 아예 없진 않으나 기본적으로 올바름을 더 챙기는 전사의 모습입니다. 성서에는 진노하시는 하느님을 말하는 구절이 4백 개가 넘습니다. 구약에서 하느님에게 죽임을 당한 사람들의 수를 세어보면 대략 30만이 넘습니다. 도성 전체를 쓸어버리거나 민족을 말살시키는 건 말할 것도 없고 노아 홍수 때는 지구상의 모든 인간을 멸절시켰습니다. 노아의 가족만 제외하고 말입니다. 성서를 문자 그대로 읽는 사람들은 하느님이 분노로 행동하는 전사 같다는 인상을 지울 길이 없습니다.

텍사스에는 꽤 유명한 도로표지판이 몇 종류 있습니다. 죄다 '하느님'이란 단어가 들어 있는 표지판들입니다. 내용도 전사 교회가 좋아할 만합니다.

- ▸ 날 여기 내려오게 하지 말아라!
- ▸ 이 정도 날씨가 뜨겁다고?(지옥 불은 훨씬 뜨거울 거라는 의미)
- ▸ 내 일등 베스트셀러(성서를 말함) 읽어보았느냐? 곧 시험 칠 거다.
- ▸ 내 이름을 함부로 쓰지 말아라. 그랬다간 교통체증을 더 심하게 만들어버릴 테니.

전사 교회에서 하느님을 말하는 방식은 굉장히 남성적입니다. 하늘의 아버지라든지 강하신 주님 같은 식으로 말이지요. 부족 의식단계도 공포를 기반으로 한 의식이었습니다. 전사 의식도 마찬가지입니다. 그래서 "하느님을 두려워하는 것"이 영원히 변치 않을 좋은 것입니다.[2] 하느님을 두려워하라고 말하는 성서 구절이 27개 있습니다. 그중에는 바울로가 "우리는 주님이 두려운 분이시라는 것을 알고 있으므로 이것을 사람들에게 알리려고 합

---

2 시 19:9.

니다" 하는 구절도 있습니다.[3]

예수

요한의 묵시록이 그리는 예수는 하느님의 진노를 강력하게 대행하는 존재입니다.[4] 그는 죄와 죽음, 악마와 전쟁을 벌이고 마침내 그들을 굴복시킵니다. 이 예수는 강한 정복자입니다. 불붙은 화염검을 들고 천사들과 함께 재림하여 복음에 순종하지 않은 자들에게 엄청난 보복을 가할 그런 전사입니다.[5]

근본주의 신앙은 예수와 맺는 관계를 법적인 관계로 이해합니다. 서로 돌보고 배려하는 인격적 관계가 아닙니다. 각자 규범을 지키는 것이 더 중요한 그런 관계입니다. 이 신앙은 종족 중심적입니다. 따라서 예수를 믿는 사람들만 구원받을 수 있고 그리스도교만이 유일한 참된 종교입니다. 예수를 모르거나 믿지 않는 사람들은 사형선고를 받은 거나 다름없습니다. 전사 교회에서는 지옥 불과 저주를 말하는 설교가 흔합니다. 신자들도 이를 잘 받아들입니다. 전사 교회의 관점에서는 미국을 그리스도교화 하는 것만이 하느님의 진노에서 나라를 구하는 길입니다. 그러지 않으면 하느님은 미국을 소돔과 고모라처럼 멸망시키실 것입니다.

기도

전사 의식의 기도에는 적을 향한 저주가 들어 있습니다. 아주 전투적인 기도입니다. 자신들을 대신해서 하느님께서 적들을 저주하고 보복해 주시

---

3 2고린 5:11.
4 묵시 19:11-16.
5 2데살 1:7-9.

길 기도합니다. 일단 자신들과 다른 집단은 모두 적이므로 그들은 회개 아니면 파멸해야 마땅합니다. 이 의식에서 질병은 단순히 질병이 아닙니다. 질병의 모습으로 다가온 악마입니다. 따라서 악마를 꾸짖는 기도를 드려야 합니다.

전사 교회 예배에는 승리가 강조됩니다. 그리고 원수를 정복하시는 하느님을 찬양합니다. 이 하느님은 남성적인 왕이요 통치자입니다. 그래서 세상의 악한 자들을 징벌함으로써 공의를 행하시는 존재입니다. 예배는 바로 그런 하느님을 향합니다. 설교는 재림이나 휴거, 세상의 종말을 많이 다룹니다. 휴거란 자기네 참된 신자들만 하늘로 들려 올라가고 다른 사람은 죄다 지상에 남아 고통을 받게 된다는 사상입니다.

「뉴욕타임스」에 워싱턴 DC의 어느 교회에 관한 기사가 실렸습니다. "이 교회에서는 대학생, 택시 기사, 주부, 실업가 등 주로 불어권 아프리카에서 이민을 온 온갖 직업의 신자들이 일주일에 네 번이나 철야 영적 전투로 모인다."[6]

이 전사 교회 신자들은 찬송도 기도도 열정적으로 합니다. 그리고 인생의 모든 문제 배후에 도사리고 있다고 믿는 영적 세력을 향해 발길질과 주먹질을 해댑니다. 그 세력이란 악마거나 마녀들입니다. 사실 그 악한 세력이 아프리카에서도 그들을 괴롭혔던 것입니다. 가정은 물론이고 한 마을 전체, 나아가 나라 전체에 저주를 퍼부어서 결국은 고향을 떠나게 된 것이지요. 지금 미국에 와서도 일자리도 못 찾고 건강도 좋지 않아 살기 힘들게 만드는 원흉도 그 세력입니다. 이 철야 집회를 인도하는 목사는 이렇게 말합니다. "마귀나 악령들은 주로 밤에 일하기 때문에 우리도 밤에 모여 영적 전투를 벌이는 것입니다."

---

6 "A Midnight Service Helps African Immigrants Combat Demons," *New York Times*, December 18, 2007.

이렇듯 전사 교회는 세상이 온통 하느님과 악마의 전투로 가득하다고 믿습니다. 아프리카에서 온 이 신자들은 자기네 조상이 그리스도인이 아니었던 탓에 자신들이 저주받은 것이라 믿습니다. 즉 조상의 죄가 후손인 자기네한테까지 저주를 물려주었다는 것이지요. 나아가 아프리카가 온통 그러한 저주에 처해 있다는 것입니다. 이런 식의 조상혐오는 사실 부족이나 전사 단계의 의식에서 전통 단계의 의식으로 이동하는 단초가 됩니다. 전사 의식의 기도로써 전사 의식단계를 넘어서게 된다는 점이 흥미롭습니다.

죄와 구원

죄는 하느님의 규범을 어기는 행위를 말합니다. 그중에도 성적인 위반 행위가 특히 중요합니다. 구원은 부족 의식단계와 유사하게 속죄의 교리로 이해합니다. 사실 속죄란 폭력성이 강한 이해 방식입니다. 우리가 받아 마땅한 죄로 인한 저주와 처벌을 예수 그리스도가 대신 받았다는 겁니다. 이로써 하느님의 진노가 풀렸다는 식이니까요. 그런데 예수를 믿지 않으면 그 진노를 고스란히 받아야 합니다. 한편 예수의 부활 사건은 하느님과 사탄이 벌이는 우주 전쟁에서 하느님의 승리를 선포하는 사건으로서 의미를 지닙니다.

천국과 지옥

천국은 예수를 믿어 하느님의 진노를 받지 않게 된 사람들이 죽어서 가는 곳입니다. 이때 하느님은 끝내 보복하지 않고는 분노를 풀지 않는 전사의 모습입니다. 한편 천국은 이 세상의 영적 전투에서 승리한 신자들이 비로소 전투를 쉬는 곳이기도 합니다. 반면 지옥은 악한 사람들과 불신자들에게 하느님이 최후의 보복을 하는 장소입니다. 그들은 거기서 영원한 고통을 받게 됩니다.

하늘나라

전사 교회는 하늘나라 혹은 하느님의 나라를 죽어서 가는 천국과 동일시합니다. 하느님의 뜻이 완전히 이루어지는 곳이기도 합니다. 주기도문은 하늘나라가 이 땅에서도 이루어지도록 기도합니다. 그렇게 되려면 그리스도의 전사들이 열심히 전쟁을 벌여야 합니다. 죄와 부도덕, 낙태에 맞서고 진화론이나 타 종교와 맞서야 합니다. 자신들과 신념이 다른 자들은 모두 싸워야 할 적입니다. 전사 교회 신자들은 동성애와도 전쟁을 벌입니다. 동성애를 비난하지 않는 교회마다 찾아가 피켓을 들고 항의합니다. 심지어 동성애자의 장례식에도 쫓아가 "하느님은 동성애자를 미워하신다"라는 피켓을 들고 서 있기도 합니다. 전사 교회가 믿는 하느님은 기본적으로 남성입니다. 하느님이 남성이므로 가정도 교회도 남성이 다스리는 게 맞습니다. 전사 교회가 볼 때 십자군 전쟁, 종교 재판소는 하느님께 충성을 다하는 모범적 사례입니다. 전사 교회는 정치적으로도 외국의 적을 맹공하자는 강경노선을 지지합니다. 자기네 나라에 위협이 될 만한 어떤 나라도 멸절시켜야 한다고 믿습니다.

신비

전사 교회도 부족 교회와 비슷하게 마술과 환상을 영적인 것으로 착각합니다. 이들은 마귀가 실재하며 사람들을 장악할 수 있다고 생각합니다. 따라서 엑소시즘은 마귀와 벌이는 전투일 수밖에 없습니다. 엑소시즘, 즉 구마 의식은 빙의된 사람에게서 마귀를 쫓아내는 의식입니다. 이때 권위 있게 명령하는 방식을 사용합니다.

세례나 성찬례 같은 교회의 의식도 전사의 종족 중심성 의식에서는 일종의 전쟁 무기입니다. 그리고 구성원들을 하나로 결속시키고 통제하는 수단이 됩니다. 예컨대 자기네처럼 낙태를 반대하지도 않고 정치 노선도 다른 사람에게는 세례도 안 주고 성찬례에 참여하지도 못하게 합니다. 세례를 받고 성찬례도 해야 천국에 갈 수 있다고 믿는 교회의 신자들로서는 상당한 압박이 아닐 수 없습니다.

한계와 강점

전사 의식의 핵심은 전사의 투쟁 정신입니다. 그 자체가 바로 한계입니다. 즉 늘 적이 있어야 하고 그 적과 투쟁하면서 자신들을 확인하는 의식입니다. 적은 틀리고 자신들만이 옳으며, 적에게 없는 진리를 자신들이 독점하고 있다는 의식인 겁니다. 이 의식이 여러 형태로 이 세상에 등장해 차별과 억압을 만들고 전쟁을 일으킵니다.

부족 의식단계의 특징인 두려움은 전사 의식단계에도 고스란히 이월됩니다. 카렌 암스트롱은 이런 말을 했습니다. "유다교, 그리스도교, 이슬람교의 근본주의운동을 연구해보니 모두 깊은 두려움이 그 뿌리에 있었다."[7]

전사 의식의 강점은 그 열정에 있습니다. 어떤 문제든 열정을 갖고 임합니다. 그리고 소속감, 영웅 신화가 주는 영감, 자기 집단을 위해 적극적으로 행동에 나서는 모습 등을 강점으로 꼽을 수 있습니다. 교회는 이렇게 행동에 나서는 사람들이 있어야 합니다. 다만 전투하되 비폭력으로 할 수 있어야 합니다. 억압받는 자들의 편에서 서고 옳은 일에 용기를 내는 열정을 교회는 늘 귀하게 여겨왔습니다. 예수 그리스도도 하느님을 향한 열정, 그분의 뜻을 행하려는 열정이 뜨거웠습니다. 우리도 그래야 하지 않겠습니까.

---

7 Armstrong, *The Case for God*, 271.

부족 의식이나 전사 의식을 가진 사람에게 전사 교회는 매력 있는 영성의 선택지입니다. 특히 마약이나 갱단 등 범죄문화에 연루된 사람들에게 이 전사 교회가 갖는 호소력은 분명합니다. 근본주의 신앙은 이런 사람들을 갱생시켜 신앙에 헌신케 하는 힘이 있습니다. 사실상 그 어떤 교회보다 그런 면에서는 성공적인 것 같습니다. 우리도 그 점은 인정해야 합니다.

근본주의 신앙인들은 예수를 향한 열정, 영적인 길을 가고자 하는 힘이 큽니다. 이들 가운데 어떤 이들은 더 큰 자비와 포용성으로 나아갈 가능성을 품고 있습니다. 예수도 그런 가능성을 보면서 당대 종교인들을 대하셨습니다. 저는 그런 예수의 삶과 태도를 진지하게 받아들이고 싶습니다. 하지만 극단적인 보수 신앙인들의 전혀 예수를 닮지 않은 면을 접하면 참 어렵다는 생각도 피할 길이 없습니다.

어느 국가나 집단, 교회나 개인이 전사 의식단계에 머문다고 그 자체로 불법은 아닙니다. 그들도 이해받고 인정받을 권리가 있습니다. 그런데 전사 의식단계의 최고 난점은 그 호전성입니다. 그들이 호전적으로 자기네 전사 의식의 관점을 남에게 폭력적으로 강요하는 성향만큼은 저항할 필요가 있습니다.

바로 이런 것이 영성 위치파악시스템(SPS)이 갖는 가치입니다. 갈등이 어느 지점에서 벌어지는지 정확히 볼 수 있게 해 줍니다. 누구나 자기 신념을 고수할 권리는 있습니다. 하지만 억지로 혹은 집단적 조롱으로 자기네 관점을 남에게 강요하는 행위만큼은 그게 어느 집단이든 저지되어야 합니다. 한편으론 우리 안에도 그런 면이 있을 수 있음을 조심스럽게 인정하면서 말입니다. 우리도 자기 신념을 남과 공유하고 싶은 사람들입니다. 그래도 그런 욕망에 재갈을 물릴 줄 알아야 합니다.

그리스도인으로서 필경 만나게 되는 도전이 있습니다. 성내는 사람들에게 성내지 않는 법을 배우는 것입니다. 즉, 전사 의식을 전사 의식으로 대하지 않기입니다. 남을 공격하지 않으면서 열정을 잃지 않기, 복수심이 아닌 방식으로 자신을 지키기, 폭력적이지 않은 방식으로 힘을 발휘하기를 배우도록 도전받는 것입니다.

나중에 살펴보겠습니다만, 포스트모던 의식단계는 모든 걸 평등하게 용인하자고 합니다. 그러다 보니 전사 의식단계의 폭력성도 무비판적으로 용인합니다. 하지만 가치판단 자체를 포기해서는 안 됩니다. 예수도 무 비판적이지 않으셨습니다. 당대 종교인들의 파괴적 행동을 서슴없이 비판하셨습니다. 우리도 그렇게 분별할 줄 아는 눈이 필요합니다. 모든 의식단계가 존재할 나름의 권리가 있습니다. 하지만 분명히 어떤 단계는 다른 단계들보다 더 건강하고 더 사랑하며 더 발전한 의식입니다. 바로 그 사실을 분별할 책임이 우리에게 있습니다. 그렇게 분별해야만 사람들이 더 그리스도를 닮도록 지지하고 격려해 줄 수 있는 것입니다. 우리와 가치관이 다른 개인과 집단을 나름 존중해 주는 한편으로 말입니다.

4장 | 전통 교회
— 충성과 순응

전통 의식

전통 의식단계의 세계관은 지금으로부터 약 5천 년 전에 등장했습니다. 전사시대는 그야말로 혼란스럽고 무자비했습니다. 이에 지친 사람들은 세상에 질서와 법이 있기를 갈망했습니다. 이들이 법과 죄책감을 강조한 덕분에 전사 시대보다 훨씬 얌전하고 안정된 사회가 등장하게 됩니다. 체제 순응이 특징인 이런 세계관이 르네상스와 계몽주의 시대에 이르기까지 사회를 지배했습니다. 지금도 그리스도교 및 세계 주요 종교 신자들 대다수는 이 전통 의식단계에 머물고 있습니다.

이 전통 의식의 높이에 도달한 개인은 자기만족만 추구하지 않습니다. 즉, 에고 중심성에서 벗어나 사회 내 역할과 정체성을 통해 자신의 의미를 구합니다. 따라서 전사 의식에서처럼 "힘이 곧 정의"가 더는 아닙니다. 이제 정의와 올바름을 규정하는 건 사회입니다. 그래서 개인은 자기 충동을 조절해서 사회가 좋다고 인정하는 것, 즉 집단의 질서에 순응해야 합니다. 현재의 충동을 조절해야 미래의 성취를 이룰 수 있습니다. 이 미래의 성취란 사회로부터 인정받을 만한 무엇입니다.

이제 전통 의식의 눈에는 권선징악의 하느님이 다스리시는 세상이 비칩니다. 그런 하느님에게 이르는 길도 하나일 따름입니다. 법이 하나지 여럿이면 곤란하듯이 말입니다. 따라서 이 단계의 의식에 머무는 사람들은 전통에 의문을 품지 않습니다. 성서가 그렇다고 하고 사회가 그렇다고 하면 진리가 틀림없는 겁니다. 이때 개인은 나름 이성적 사고를 할 수 있으나 집단의 신념이 어떤지는 별로 생각하지 않습니다. 여기서 개인과 집단의 격차가 벌어집니다. 애당초 집단의 신념은 이성적 사유를 통해 얻은 게 아닙니다. 따라서 이성과 논증으로 변경할 수 있는 대상도 아닙니다. 어떤 사람이 이런 말을 했습니다. "테러리스트나 근본주의자나 분노를 동력으로 하는 건 마찬가지다. 그런데 테러리스트와는 따져보기라도 할 수 있으나 근본주의자와는 어림도 없다"고 말입니다. 여하튼 둘 다 비이성적 사고에 기초한 주장이라는 점만은 같습니다.

전통 의식 수준의 개인은 도덕주의자요 인습주의자로 비칩니다. 사회에 순응하기 위해 개인성을 포기하는 모습을 보입니다. 개인의 성장 과정에서도 아동기와 10대 초기엔 또래 집단에 잘 받아들여지는 게 가장 중요합니다. 당연히 무리의 사고방식이 개인의 생각을 지배합니다. 남들이 뭐라 하든 내가 믿는 종교가 옳고 내 나라가 옳으며 내가 속한 집단이 무조건 옳습니다. 이때 옳다는 건 교회나 성서, 국가, 정당 같은 외부 권위가 옳다고 간주하는 것을 말합니다.

역사에서 전통 의식단계는 중세 때 절정에 달했습니다. 그리고 청교도 시대 미국에까지 이어졌습니다. 오늘날 전통 의식은 덜 폭력적인 형태의 근본주의, 보이·걸스카우트, 우파, 애국주의자, 대다수 교회 지도자에게서 찾아볼 수 있습니다. 현재 세계 인구의 약 40%에서 55%까지가 이 전통 의식단계에 속한다고 보고 있습니다. 그러고 보면 현재 인류의 대다수, 즉 65%에서 80%에 달하는 인구가 아직도 전근대적 단계인 부족, 전사, 전통 단계에 머물러 있는 셈입니다.

전통 교회

오늘날 대다수 교회가 전통 의식단계의 교회입니다. "나 교회 다녀" 그러면 사람들은 필경 전통 교회를 떠올립니다. 교회의 표준이 전통 교회인 셈입니다. 하지만 지금껏 살펴보았듯이 전통 교회는 부족 교회와도 다르고 전사 교회와도 다릅니다. 앞으로 근대·포스트모던·통합 교회와도 다름을 살펴보게 될 것입니다.

미국교회도 대부분 전통 교회입니다. 전통 교회는 선량한 사람들, 즉 서로에게 맞춰주고 교회의 통상적 가르침에도 충실한 사람들이 다니는 교회입니다. 천주교, 정교회, 침례교, 감리교, 루터교, 성공회, 장로교 어디를 봐도 대충 비슷합니다. 그리스도연합교회(UCC) 같은 경우는 전통 교회와 근대·포스트모던 교회들이 뒤섞여 있습니다. 미국 최대 개신교 교단이 남침례교의 경우 근본주의 전사 단계에서 전통 단계까지 고루 섞여 있습니다. 오순절이나 성령 운동 계열의 흑인 교회들은 대체로 전통 단계에 속합니다. 복음주의는 전사 교회의 신학과 매우 비슷한 입장입니다. 차이가 있다면 자기네와 다른 신앙을 지닌 사람들을 향해 근본주의자들처럼 분노하지 않는다는 점입니다. 1960년대 등장한 성령 운동으로 출범한 교회들도 처음에는 전형적인 오순절 체험 중심의 교회에서 점점 더 전통 교회의 모습을 닮아가고 있습니다. 그 과정에서 새로운 교회가 출현하기도 합니다. 독립성령운동 교회들이며 포도원(Vineyard)교회처럼 독자적인 교단이 등장한 겁니다. 이런 교회들은 전통 교회 신학에 더해 성령의 은사를 강조합니다.

소위 주류 교회라 칭하는 루터교, 감리교, 성공회, 장로교, 회중교회, 그리스도제자교회, 그리스도연합교회 및 미국 침례교회 등은 전통 단계에서 근대 의식단계로 많이 이행했습니다. 남침례교(4만 2천 개 교회에 신자 수는 1천 6백만에 달하는 북미 최대 개신교단)나 미주리 총회 루터교, 미국 장로교회 등은 주류 교회와 명칭이 비슷합니다. 하지만 이 교회들은 아직 전통 단계에 머물고 있습니다. 그래서 사람들이 많이 헷갈립니다.

그런데 21세기 들어 전통 교회의 현황이 많이 달라졌습니다. 전통 교회의 중심이 북에서 남으로 이동한 것입니다. 북미와 서유럽에서 아프리카,

아시아, 라틴아메리카 및 동유럽으로 중심 이동을 했다는 말입니다. 따라서 전통 서구 교회와 이들 새로운 지역 교회는 상당한 문화 차이를 드러낼 것입니다. 서구의 전통 교회는 점차 근대나 포스트모던 의식이 중심이 될 겁니다. 하지만 남쪽과 동쪽에 새로 나타난 교회들은 전통 의식이 중심입니다. 따라서 서구 교회의 근대 및 포스트모던 중심에 완강히 반대하는 모습을 보입니다. 미국 성공회만 해도 여성 사제나 다양한 성적 경향성을 긍정하는 탓에 세계 성공회 내에서 지지받지 못하고 있습니다. 제삼세계교회들은 대체로 전통 교회이다 보니 벌어지는 사태입니다.

성서에서 전통 의식단계는 모세가 히브리인들에게 율법과 질서를 부과하면서 시작됩니다. 그리고 구약의 지배적인 의식 수준으로 자리 잡습니다. 그런데 후대에 예언자들이 나타나 율법과 겉치레 예식을 비판하기 시작합니다. 전통 의식보다 더 높은 의식 수준으로 사람들을 초대한 셈이지요. 아쉽게도 그들의 목소리는 별반 이목을 끌지 못했습니다. 예수 시대 서기관과 바리새인들은 인습과 전통을 완고하게 방어하는 사람들이었습니다. 예수는 바로 그런 사람들과 맞섰던 것입니다. 문자와 전통 중심의 그리스도교는 지금도 가장 유행하는 형태입니다. 원래 그리스도교가 5세기 그리스-로마 사회에 적응한 형태인데 오늘날까지 이어지는 것이지요.

아래에 전통 의식단계의 특징을 열거하였습니다. 다른 단계를 설명할 때도 마찬가지지만 전통 의식의 다양하고 세세한 차이까지 다 밝힌 건 아닙니다. 다만 전통 의식의 공통된 특징들만을 스케치하듯 열거했을 따름입니다.

성서

미국 인구의 33%는 성서가 하느님의 말씀이며 문자 그대로 참이라고 믿습니다. 30% 정도는 성서가 하느님의 말씀인 건 맞지만 문자 그대로는 아니라고 믿습니다. 28% 정도는 성서가 하느님보다는 인간의 기록이라고 생각합니다. 그런데 복음주의나 흑인 교회로 오면 수치가 확 올라갑니다. 60%가량이 성서가 문자 그대로 하느님의 말씀이라 믿고 있습니다.[1] 물론 성서가 문자 그대로 참이라 믿는 진영 내에서도 다양한 차이가 존재합니다. 하지만 대다수 전통 교회는 성서의 모든 이야기, 즉 폭력적으로 보복하는 하느님을 말하는 기록들도 그대로 진리라고 믿습니다.

하느님

전통 의식의 눈에 비친 하느님은 의로운 재판관입니다. 하느님은 이 세계와 동떨어져 존재하십니다. 영어의 성별 언어로 이 하느님을 지칭할 때는 늘 남성형을 사용합니다. 그런데 하느님은 하늘에 거주하시지만 예수 그리스도의 모습으로 지상에 내려오셨습니다. 이 하느님은 사랑도 있긴 한데 무자비한 보복도 하십니다. 전통 의식에서 하느님은 늘 2인칭으로 서술합니다. 인격적으로 친밀한 관계를 맺을 수 있는 대상이지요. 하지만 우리와는 격이 다른 분리된 존재입니다. 전통 교회는 과학 특히 진화론을 불편하게 여깁니다. 하느님을 3인칭으로 서술하는 과학의 관점이 못마땅합니다. 한편으로 전통 교회는 인간에게 신성이 있다는 발언도 못마땅하게 여깁니다. 내면의 하느님 운운하는 1인칭 서술에 반감을 갖습니다(12, 13장).

이전의 두 단계와 마찬가지로 전통 의식단계에서도 하느님은 날씨를 포함해서 모든 걸 통제하는 존재로 봅니다. 그래서 "큰 회오리바람이 우리 지역을 덮쳐 다섯 명이나 죽었는데 다행히 하느님께서 우리는 재앙을 면하게 해주셨다"라는 식의 발언이 나옵니다. 죽은 다섯 명을 제외한 나머지 사람들에게는 위안이 될 사고방식이긴 합니다. 전통 다음 단계인 근대 의식만 해도 자연현상은 그냥 자연현상일 뿐입니다. 전통 의식처럼 하늘에 앉아

---

1 Pew Survey on Religion in America, 2008(https://religions.pewforum.org).

있는 어떤 초자연적 존재가 일으킨다고 생각하지 않습니다.

예수

전통 의식은 하느님과 인격적인 관계를 추구합니다. 그리고 예수 그리스도와 동행하길 원합니다. 이 의식의 눈에 예수 그리스도는 인간의 모습으로 나타난 하느님입니다. 그 사실을 계시로 알려주는 유일한 책이 성서입니다. 예수는 초자연적 기적을 행하는 존재입니다. 그리고 하느님의 외아들로서 우리의 죄를 대신해서 십자가에 달린 분입니다. 예수와 그리스도는 오직 한 사람에게만 적용되는 두 가지 이름일 뿐입니다. 전통 교회는 예수를 표현하는 풍성한 은유가 있습니다. 곧 그는 구주요 주님이시며 모사, 하느님의 어린 양, 계곡의 백합, 샤론의 장미, 선생이자 임마누엘, 즉 우리와 함께하시는 하느님입니다. 이 예수는 온전한 하느님인 동시에 온전한 인간입니다. 그리스도교 신앙의 표준인 니케아신경과 사도신경은 이러한 예수의 전통적 이해를 표현하고 빚어냅니다.

기도

부족 의식의 마법적 세계에는 온갖 신령들이 넘쳐났습니다. 이때 활약했던 무당들은 점차 다른 종류 신비주의자들에게 자리를 넘겨줍니다. 이들은 모든 것의 배후에 하나, 즉 지고의 존재가 있다고 느낀 사람들입니다. 이리하여 일신교가 탄생합니다. 일신교는 오직 한 분이신 하느님을 믿습니다. 그러면서 이전 단계보다 높은 의식이 사람들에게 나타나기 시작합니다. 그리고 마법적 사고에서 신화적 사고, 즉 전통 의식의 사고로 이행됩니다. 마법적 사고란 우리가 바른 주문, 바른 의식을 행하면 해로운 영들을 다스릴 수 있다고 믿는 것입니다. 반면 신화적 사고는 우리가 바른 신에게 바른 방법으로 요청하는 게 중요합니다. 그러면 그 신이 우리를 대신해서 우리가 해를 입지 않도록 주위 세계를 통제해줄 것이라 믿는 것이지요.

이런 신화적 사고에서 전통 의식의 주된 기도방식 두 가지가 나옵니다. 하나는 인간사에 하느님이 개입해주시길 요청하는 기도입니다. 저 위에 계신 하느님께서 이 아래에 있는 우리를 위해 무언가 해주시길 간청하는 것이지요. 치유 기도 역시 인간과 분리되어 저 밖에 계신 하느님께서 우리 인간의 육체에 개입해주시길 청하는 기도입니다. 또 하나의 기도방식은 예배와 감사로 하느님과 친교를 나누는 것입니다. 이 두 가지 기도방식 모두 우리와 분리되어 저만치 떨어져 있는 인격으로 하느님을 상정합니다.

전통 교회는 자기네 소속이 아니면 예배나 성만찬에 참여할 수 없게 막습니다. 천주교회는 천주교인이 아니면 영성체를 할 수 없게 막습니다.

죄와 구원

전통 교회의 눈에 죄란 기본적으로 하느님에게 불순종하는 것입니다. 남을 해치는 것도 물론 죄 맞습니다. 그런데 전통 교회가 죄의 문제를 다룰 때 현실로 접근하는 게 아닙니다. 구원의 문제로 먼저 다룹니다. 전통 교회가 가장 중시하는 성서의 가르침은 예수의 대속입니다. 즉, 예수가 우리 죄를 대신해서 죽었다는 것입니다. 미사 혹은 성찬례의 의미도 거기에 있습니다. 우리를 위해 죽으신 예수의 십자가 죽음을 수용함으로써 우리도 구원받는다는 것입니다. 이때 도대체 무엇으로부터 구원을 받는다는 것인가 물으면 "죄로부터" 혹은 "지옥 형벌로부터"라는 답이 나옵니다. 그런데 이 대답을 더 밀고 들어가면 결국은 하느님으로부터 구원받는다는 의미가 됩니다. 예수의 죽음은 하느님의 진노를 누그러뜨립니다. 그러니 전통 교회는 예수가 우리를 하느님의 진노에서 지켜주었다고 가르치는 셈입니다. 구약의 진노하시는 하느님 상이 전통 교회에서도 유지되고 있는 것입니다. 하느님을 사랑이라고는 하지만 죄에 대해선 정의의 이름으로 처벌을 요구하는 존재로 보는 겁니다. 반면 아들 예수는 하느님의 자비 면을 대표합니다. 그래서 우리가 치러야 할 죄의 값을 대신 치러줍니다. 여하튼 권선징악의 구도, 좋은 놈, 나쁜 놈 각본이 줄곧 작동하는 셈입니다.

한편 전통 교회는 예수의 하느님 나라 가르침을 바울로의 구원에 관한 가르침으로 대체하는 경향이 있습니다.

전통 의식단계의 신앙관은 사도신경 같은 신조를 통해서도 배우지만 신학교를 통해서도 배웁니다. 이 신앙관은 기본적으로 종족 중심적입니다. 즉, 그리스도교인들만이 하느님을 만나고 구원받을 수 있다는 신앙입니다. 전통 교회는 아예 제도적으로 이러한 배타성을 규정하고 있습니다. 흥미롭게도 미국에서 전통 교회의 신자 절반 이상은 그러한 배타성에 동의하지 않습니다. 다른 종교를 통해서도 영생에 이를 수 있다고 생각한다는 겁니다. 천주교인의 79%, 복음주의 신자의 57%, 주류교단 신자 83%가 그렇다고 합니다. 주류교단의 수치가 높은 까닭은 그 교회들에 근대 내지는 포스트모던 의식의 신자들이 많기 때문입니다. 복음주의자란 명칭 그대로 복음을 전해 사람들을 그리스도인으로 개종시키는 일이 무엇보다 중요하다고 믿는 사람들입니다. 그러나 복음주의 진영에도 변화가 일고 있습니다. 이제는 복음주의 신자 절반 이상이 공식 신앙고백이나 지도자들과 입장을 달리합니다. 즉, 타 종교도 구원의 길이 될 수 있다고 믿고 있다는 겁니다.[2]

천국과 지옥

미국인의 74%는 천국이 있다고 믿습니다. 천국은 지복의 장소이자 구원받은 이들이 하느님과 함께 영원히 사는 곳이라고 생각합니다. 그런데

2 Pew Survey on Religions in America, 2008.

지옥에 관해서는 사정이 좀 다릅니다. 현재 미국인의 59%가 지옥의 존재를 믿고 있습니다. 하지만 몇 년 전만 해도 71%였습니다.[3] 여하튼 지옥은 그리스도인이 아닌 사람들이 가서 영원히 고통받는 곳으로 이해합니다.[4] 전통 교회의 공식 교리로는 그렇습니다만 세상의 통념은 또 조금 다릅니다. 그냥 착한 사람이 가는 곳이 천국이고 나쁜 사람이 가는 곳이 지옥입니다. 전통 교회 신자 중에는 소수긴 해도 지옥이 영벌의 장소라기보다 그냥 존재가 소멸하는 곳으로 생각하는 사람들도 있습니다.

하늘나라

하늘나라 혹은 하느님의 나라는 하느님이 통치하시는 나라입니다. 이것은 미래에나 이루어질 일입니다. 미래에 하느님께서 그리스도를 통해 의와 평화, 정의를 이루시리라는 희망입니다. 그런데 전통 교회는 예수의 하느님 나라보다는 바울로의 구원에 더 초점을 맞추는 경향이 있습니다. 전통 교회가 보는 바울로 가르침의 핵심은 회개하고 예수를 믿어 죄와 지옥 형벌에서 구원받으라는 겁니다. 전통 교회는 이러한 바울로의 구원 개념으로 예수의 하느님 나라 가르침을 덮어버리곤 합니다.

신비

전통 교회는 죽은 과거의 신비가는 높게 평가합니다. 이런 인물은 현재와 멀수록 좋습니다. 특히 성서에 등장하는 인물들을 가장 특별하게 또 가

---

3 *Ibid.*

4 이는 신약의 훨씬 더 많은 구절이 모든 사람의 보편적 구원을 영원한 운명으로 말하는 점과 상반된다. 내가 쓴 소책자 *Hell? No! A Bible study on why no one will be left behind*를 보라. www.paulsmith.com.

장 안전하게 생각합니다.

제가 다녔던 신학교도 전통 의식단계에 속합니다. 그 학교에서는 신비주의를 이렇게 비꼬곤 했습니다. "신비주의(mysticism)는 안개(mist)다, 나(I)로 시작해서 분열(schism)로 끝난다(*mysticism을 발음에 따라 mist + I + schism으로 풀이한 말장난이다. -역자 주)." 신비주의를 으스스하지만 그렇게 이해하라는 얘기입니다. 그 당시 신학교 시절에는 모든 신비 체험을 수상쩍게 생각했습니다. 오순절이나 성령 운동 쪽의 체험담 정도가 예외였을 뿐입니다. 성령 운동 외부에서는 그조차도 전근대적이고 열광주의로 얼룩진 비정상으로 봤습니다. 이는 전반적으로 전통 의식 내부에서 근대 의식이 싹트기 시작한 탓입니다.

전통 교회를 흔히 보수 교회라고 합니다. 이 교회는 일부러 그러는 것은 아니겠으나 외적 규범과 남들의 기대치에 순응하는 걸 내면의 변화보다 더 중시합니다. 변성 의식 체험을 전통 교회는 대체로 부정합니다. 고작 복음주의자들이 강조하는 회심 체험, 오순절교회나 성령 운동의 예배 체험 정도 인정할 따름입니다.

강점

전통 교회는 한 마디로 충성스러운 교회입니다. 자신들의 복음 이해에 충실합니다. 전통 의식단계에서 건강한 면, 이후에도 유지할 만한 가치를 꼽는다면 이렇습니다. 전통을 존중하고 법과 질서를 중시하는 태도, 권위를 인정하고 존중하는 모습이 대표적입니다. 이 의식을 지닌 사람들은 세상을 안정시키기 위해 자신들의 책임을 다하는 사람들입니다. 그리고 인생의 역경을 맞이해서도 신앙과 중심을 지킬 줄 압니다.

우리는 전통 교회를 인정하고 거기 감사해야 합니다. 그리스도인이라면 거의 누구나 이 단계를 거치며 성장했습니다. 그리고 아직 부족, 전사, 전통 의식에 속한 사람들은 전통 교회의 복음 이해 방식에 호응할 수 있습니다. 그러니 이런 사람들을 위해서도 전통 교회는 필요합니다. 전통 교회의 좋은 예가 빌리 그래함 목사와 교황 요한 바오로 2세를 들 수 있습니다. 저는 지금도 전통 교회에 감사합니다. 저 역시 그 환경에서 자랐고 거기서 성서를 배웠습니다. 거기서 예배와 친교가 의미 있음을 경험하였습니다. 그 덕분에 저는 영적으로 계속 성장할 수 있었습니다. 전통 교회는 제 영적 성장의 디딤돌이었습니다.

최근에 제 열 살 난 손녀가 립스틱 스케이트보드라는 걸 타고 싶어 했습니다. 일반 스케이트보드와는 달리 바퀴가 앞판에 하나 뒤판에도 하나 있는 그런 식입니다. 마침 근처 가게에 그 물건을 파는 데가 있어 손녀와 함께 가서 하나 구매했습니다. 이후에도 손녀는 틈만 나면 그 가게에 가서 매니저로 일하는 젊은이에게 립스틱 스케이트보드 타는 법을 배우곤 했습니다. 가게 앞 보도에서 한동안 타는 연습을 하더니 점점 더 능숙해져서 보도 안팎을 넘나들기 시작하더군요. 그 과정에서 젊은이가 보여 준 친절과 우정에 감명받았습니다. 알고 보니 그 젊은이는 최근에 그리스도인이 되었습니다. 어떤 보수적인 교회에서 젊은이를 눈여겨보다가 성경 공부와 기도회에 초대한 것입니다. 제 교회와는 다르지만 저는 그 전통 교회에 감사하는 마음이 있습니다. 젊은이를 신앙의 길로 안내한 게 바로 그 전통 교회였으니까요. 저도 못 한 일을 한 것입니다. 저도 제 신앙을 전도하고 싶은 사람입니다. 하지만 젊은이를 신앙으로 안내한 전통 교회를 비판할 까닭이 없습니다. 오히려 그 젊은이를 격려하고 칭찬해 주었습니다. 부디 그 교회에서 예수의 길을 잘 따르라고 말입니다.

하지만 전통 교회를 떠나는 사람들은 보통 그 교회의 억압적 면모에 상처받은 사람들입니다. 거기 분노한 나머지 떠나기를 결심한 것이지요. 사실 그런 분노가 있었기에 전통 의식단계를 벗어나는 것도 사실입니다. 그렇긴 해도 분노에 머물러서는 곤란합니다. 그리고 전통 교회 역시 자신의 영적 진화 과정에서 필요한 한 계단이었음을 인정해줄 수 있어야 합니다.

현재 의식이 근대나 포스트모던 혹은 통합단계에 도달한 사람들도 자신 안에 전통 단계의 어떤 면을 지니고 있습니다. 사실 건강한 영성의 길을 걸으려면 그런 면도 잘 존중하며 배양해 주어야 합니다. 더는 내 영성에 타당하지 않을 때까지는 말입니다. 그때가 언제인지 아는 게 현명한 사람입니다. 지금 서 있는 자리를 더 안정시키고 강화해야 할 때인지 아니면 변화를 향해 움직여야 할 때인지. 자기 때를 안다면 어느 쪽이든 건강한 선택일 수 있습니다.

한계

전통 교회의 강점은 그 안정성에 있습니다. 강점인 동시에 한계이기도 합니다. 모든 걸 있는 그대로 유지하려는 욕구, 그래서 친숙함이 주는 안정 감을 누리려는 욕구가 영성의 길에선 장애가 될 수 있습니다. 영성의 여행길 은 때로 매우 거칩니다. 갑자기 도약하거나 깊어질 때 특히 그렇습니다. 물론 사회의 주류문화에 순응하는 문화화 과정은 필요합니다. 하지만 순응적이기 만 해서는 예수의 어떤 말씀을 부정하는 지경에 이를 수도 있습니다.

이 말이 무슨 말일까요? 예수께서 자기 가족을 어떻게 대했는지 생각해 보면 됩니다. 예수 당시의 유다인만큼 전통 가족을 중시하는 사람들도 없었 습니다. 정말 강하게 또 안정되게 자리 잡은 전통입니다. 그 전통은 구약의 율법을 따라 형성된 것입니다. 그 전통에 순응해야 육체적으로나 경제적, 영적으로 생존할 수 있었습니다. 그러나 예수는 그 전통을 뒤흔들기 일쑤였 습니다.

예수는 자신을 따르노라면 부모와 자식이 서로 적대하게 될 거라고 말 했습니다.[5] 가족이 자신을 찾으러 왔을 때는 오직 하느님의 뜻을 따르는 사람들이 자기 진짜 가족이라는 말도 했습니다.[6] 전통적 사고방식을 드러내는 어떤 사람에게는 "죽은 사람의 장례는 죽은 사람들에게 맡기고 그대는 나를 따르라"[7]고 합니다. 이런 말씀도 하셨습니다.

> 내가 삶을 편안하게 해주려고 왔다고 생각하지 마라. 나는 갈라서게 하려고 왔다. 아들과 아버지, 딸과 어머니, 며느리와 시어머니 사이를 분명하게 갈라서게 하려고 왔다. 가족 간의 편안한 인연을 갈라놓아서 너희로 하여금 하나님을 위해 자유롭게 되게 하려고 왔다. 좋은 뜻을 가진 너희 가족이 최악의 원수가 될 수 있다. 나보다 자기 아버지나 어머니를 더 좋아하는 사람은 내게 합당하지 않다. 나보다 아들이나 딸을 더 좋아하는 사람은 내게 합당하지 않다.[8]

왜 예수는 이토록 당대의 가족 전통을 공격했던 것일까요? 그 전통이 오히려 영의 새 술을 마실 수 없게 만들고 있음을 아셨기 때문입니다. 그리고 그 전통이 지독히도 가부장적이어서 여성을 동등한 한 인간으로 대할 수 없게 만듦도 아셨습니다. 이 점은 교회의 역사만 봐도 알 수 있습니다. 한 마디로 예수는 영의 새 음성을 듣지 못하게 만드는 모든 체제를 뒤엎은 것입니다. 그래서 당대의 제도종교는 물론 가족 전통도 뒤흔든 것입니다.

지금도 그게 사실입니다. 생물학적인 가족이든 교회나 민족, 교파, 사회 계층, 친분 관계, 정당이라는 이름의 가족이든 간에 말입니다. 예수는 어떤 집단이든 거기 매몰되어서는 영적으로 진화할 수 없음을 경고하신 겁니다. 아무리 귀중한 것이라도 새 술은 새 부대에 담으라는 영의 음성을 듣지 못하게 한다면 질병이나 다를 바 없다고 말입니다.

---

5 마태 10:21-22.
6 마르 3:31-35.
7 루가 9:59-60.
8 마태 10:35-37(유진 피터슨, 『메시지 신약』에서 인용).

저는 집단에 매몰되어 영적 진화를 이루지 못하는 걸 '가재 증후군'이라 부릅니다. 가재를 담은 통을 한번 보십시오. 가재 한 마리가 통에서 벗어나려 하면 다른 가재들이 매달려 그 가재를 도로 끌어내립니다. 집단도 그런 식이 될 수 있습니다. 전통 교회가 쉽게 변하지 못하는 이유도 거기 있습니다. 전통 교회의 중력과 안정감이 더 깨달아야 한다는 영의 음성을 듣지 못하게 만듭니다.

전통 교회는 집단에 순응하라는 압력을 줍니다. 그 압력이 또 다른 약점으로 이어집니다. 자기네처럼 전통의 틀에 순응하지 않는 사람들을 곱게 보지 않는다는 점입니다. 전통 교회는 순응하는 사람에게는 안정과 격려, 위안의 출처가 됩니다. 개인이든 집단이든 전통 교회와 관련해서 무의식적으로라도 품는 의문이 있습니다. '여기서 내가 안전할까?'라는 것이지요. 나는 여성이지만 남을 돌보고 이끄는 은사가 있는데 그런 내가 여기서 안전할까? 혹은 나는 동성애자인데 여기서 안전할까? 혹은 나는 신학적으로 정통주의가 아닌데 여기서 안전할까? 사실 이런 얘기를 입에 올리는 것만으로도 전통 교회가 중시하는 안정성을 해치는 게 됩니다.

전통 교회 내에서 변화에 저항하게 되는 까닭은 집단에 순응하려는 욕구 때문입니다. 영의 음성을 따르기보다 현재의 안정성을 선택하는 것이지요. 하지만 예수는 영의 부르심을 따르지 못하게 하는 일체에 저항하신 겁니다. 우리가 계속 배우고 성장할 수 있도록 말입니다. 하느님에 관한 오랜 말 중 하나가 이겁니다. 하느님은 늘 새로운 일을 행하신다는 겁니다. 그런데 하느님의 새로운 일이 전통 교회로선 수용하기 어려운 일입니다.

전통 교회는 대충 신약시대부터만 따져도 거의 2천 년 동안 노예제도를 용인해 왔습니다. 마침내 근대 의식이 출현하고 교회도 여기 영향을 받기 시작하면서 서구의 모든 산업화사회가 노예제도를 불법으로 규정하게 된 겁니다. 여성의 동등성은 지금도 전통 교회 내에서 풀기 어려운 문제입니다. 여기서도 사태를 좀 진전시킨 것은 근대 문화의 영향이지 교회가 스스로 한 것은 아닙니다. 미국에서 가장 성차별적인 시간은 월요일 아침의 직장이 아닙니다. 일요일 아침 교회입니다. 전 세계적으로 교회는 아직도 대부분 여성이 목사나 사제가 되는 걸 허용하지 않고 있습니다.

마찬가지로 미국에서 가장 동성애 혐오적인 시간도 월요일 아침이 아닙니다. 일요일 아침의 교회입니다. 전통 교회가 노예 문제에 관한 영의 음성을 따르는 데 걸린 시간을 생각해 보십시오. 전통 교회가 여성이나 동성애에 관하여 영의 음성을 알아차리는 데는 또 얼마나 시간이 걸릴까요?

그렇지만 나름의 한계와 약점이 없는 단계가 어디 있겠습니까. 통합 의식의 단계라 해도 이는 마찬가지입니다. 전통 교회의 약점을 지적한다고 해서 이 교회의 가치를 죄다 부정해야 하는 것은 아닙니다. 전통 교회는 오랜 세월 진지한 그리스도인들을 양육해왔습니다. 그 점을 우리는 인정하고 경의를 표해야 합니다. 지금도 대다수 그리스도인의 요람은 전통 교회입니다. 역사의 유명한 신학자와 성인, 선각자, 신비가들을 배출해 온 것도 전통 교회입니다. 전통 교회는 우리가 다음 단계로 도약할 수 있도록 돕는 디딤돌입니다. 지금까지와 마찬가지로 전통 교회는 우리의 영성 발달에 있어 값진 한 지점으로 계속 남을 것입니다. 우리가 아무리 더 나은 거처로 옮겨가더라도 말입니다.

5장 | 근대 교회
─ 번영과 거르기

근대 의식

예배를 마치고 목사는 신자들과 일일이 인사를 나누고 있었습니다. 그런데 한 여성이 떠나며 이렇게 말합니다. "목사님, 저 오늘 설교 들으면서 생각 많이 했는데요. 다시는 생각하게 만들지 말아 주세요." 전통 의식과 약 5백 년 전부터 시작된 근대 의식의 충돌을 요약해주는 사건입니다. 서구역사에서 근대 의식은 르네상스와 종교개혁을 기점으로 약 2백 년 전 계몽주의 시대에 만개한 의식입니다. 전통 의식을 비판하면서, 교리만 앞세울 뿐 이성적 사고는 부족한 종교에 의문을 품으면서 출현하였습니다. 한편으론 갈등과 실망, 분노의 시대이기도 합니다. 기존에 당연시하던 신념들이 엄정한 이성의 검사를 견디지 못하고 붕괴했기 때문입니다. 이 시대는 질문하는 자아의 시대이기도 합니다. 그래서 근대 의식은 개인주의적이고 이성적이며 성취 지향적입니다.

서구 산업화사회의 개인에게 이성적 세계관은 사춘기 후반이나 대학 혹은 청년기에 보통 출현합니다. 저도 16세 되던 해 어느 저녁 식사 때가 기억납니다. 어머니가 제게 이러셨습니다. "대체 너는 그런 생각을 어디서 배웠니? 난 도무지 네가 무슨 말을 하는 건지 모르겠다." 당시 저는 뭐든지 의문을 품는 그런 시기에 접어들었던 겁니다. 어머니는 자식의 그런 모습이 무척 낯설었던 모양입니다. "진리란 남의 말이 아니라 스스로 발견하는 것"이란 신념이 인류 역사에서 과학과 산업혁명의 시대를 열어 주었습니다.

인류 역사를 통틀어 과학자의 90%가 현대인이라고 합니다. 이 근대 의식단계에서 민주주의가 탄생합니다. 개인의 자유를 보장하는 미국의 헌법, 권리 선언 등이 다 이 의식의 산물입니다.

전통 의식단계와는 달리 근대 의식은 성서든 교회든 혹은 사회든 그냥 순응하지 않습니다. 개인이 자기 의견을 가질 권리를 자각했기 때문입니다. 이 의식 수준에 이르러 어떤 개인은 교회를 떠나 불가지론자가 되거나 무신론자가 됩니다. 의식 진화의 관점에서 보자면 이는 퇴보가 아니라 전진입니다. 이 의식단계에서 인류는 처음으로 세계 중심적으로 사고하기 시작했습니다. 전 세계적으로 타인을 향한 관용과 자비가 높은 가치로 인정받게 된 시대입니다. 근대 이성이 출현해서 민주주의가 발흥하고, 노예제가 폐지되고, 과학이 발달하고, 인간 수명이 획기적으로 증가했습니다. 근대 의식은 월스트리트에서 힘을 발휘합니다. 전 세계적으로 중산층이 부상하고, 시장 자본주의가 흥성하면서 사람들이 저마다 자유롭게 자기 이익을 추구하게 된 것도 근대 의식 덕분입니다. 오늘날 문명화된 지역의 공적 기관들은 대체로 이 근대 의식을 근간으로 합니다. 종교기관들은 예외지만 말입니다.

그런데 근대 의식의 건강치 못한 그늘은 물질주의와 탐욕을 조장하되 가치와 의미의 문제는 도외시하는 것입니다. 과학의 지식만 중시하고 영성을 다룰 때조차 주관 내면성의 영역을 경시하는 문제를 드러냅니다. 그렇긴 해도 근대 의식 덕분에 의학과 과학이 비약적으로 발전했습니다. 사람들은 개인 간의 경쟁을 건강한 것으로 생각합니다. 영성 탐구에도 과학적인 수단을 도입하게 된 것 또한 근대 의식의 기여라고 말할 수 있습니다. 덕분에 영성도 과거의 마술적이거나 문자적인 성격을 탈피할 수 있게 되었지요. 그리고 영의 신비를 과학적으로 깊이 탐구할 수 있게 되었습니다. 이러한 과정을 거치면서 근대 의식은 결국 포스트모던 의식으로 나아가게 됩니다.

현재 세계 인구의 약 15%에서 많게는 30%까지 이 근대 의식에 속할 것으로 봅니다.

근대 교회

르네상스와 종교개혁, 계몽주의 이전까지는 가톨릭교회가 사람들 인생의 모든 면을 관장했습니다. 그런데 근대과학이 출현하면서 교회의 무오성은 압박을 받게 됩니다. 이성이 교회의 근간을 흔들고 도전해 온 셈입니다. 그전까지 예술가들은 교회가 허락하는 범위 내에서만 표현할 수 있었습니다. 하지만 이제부터는 아닙니다. 개인의 자유가 교회의 교리보다 더 중요해졌기 때문입니다. 우리가 정교분리라고 알고 있는 것은 사실 뭐든지 결정권을 쥐고 있던 가톨릭교회에 가한 최후의 일격이었습니다. 신학자들조차도 이성적 접근 방식으로 성서를 해석하기 시작했습니다. 그 결과 성서는 물론 그리스도교의 상당 부분이 신화적이라고 보게 된 것입니다. 그들은 그리스도교를 근대 이성과 조화로운 것이 되게끔 열심히 노력했습니다. 근대 의식은 르네상스와 종교개혁을 기점으로 출현해 계몽주의에서 만개했다고 했습니다. 하지만 교회 쪽에서 근대 의식이 광범위하게 수용된 건 불과 한 세기 전입니다. 이때 자유주의 하느님학과 사회정의 운동은 물론 크리스천 사이언스나 신사고운동 같은 것이 출현합니다. 다 근대 의식의 영향을 받은 것들입니다.

그런데 오늘날 근대 교회를 대표하는 건 주류 교회들입니다. 주류 교회들은 고전적 자유주의에 속한다고 볼 수 있습니다. 성공회, 장로교, 감리교, 그리스도제자교회, 회중교회, 그리스도연합교회 등을 주류 교회라 부릅니다. 그리고 유니테리언 교회 역시 근대 교회에 속합니다. 그 밖에도 교회란 명칭을 달고는 있되 그리스도교 교회라기보다는 포괄적인 의미로 자유 종교 운운하는 교회들은 일단 논외로 했습니다.

근대에 접어들면서 종교는 전반적으로 쇠퇴하기 시작했습니다. 사람들이 전통 의식에서 벗어나면서 뭔가 이성적인 걸 찾기 시작했음을 의미합니다. 모든 진보와 발전의 배후에는 영의 추동이 있습니다. 그러므로 전통 종교의 쇠퇴 또한 영의 활동이자 그 결과로 볼 수 있습니다.

의식이 이성 단계에 접어든 사람은 전 이성적 전통 종교를 거부하기 시작합니다. 대체로 그런 사람은 전통 종교에 화가 나 있습니다. 근대 의식 단계의 한 산물이 소위 '신무신론자들'입니다. 리처드 도킨스나 샘 해리스, 크리스토퍼 히친스 같은 사람들입니다. 이들은 종교란 잘못돼도 한참 잘못된 것이라고 주장하는 사람들입니다. 그런데 이들이 공격하는 주된 표적이 전통 교회의 하느님 관념입니다. 그것이 영 비이성적이라고 비난하는 겁니다. 이들은 지금 문명사회의 주요 기관은 죄다 이성적인 수준에 있는데 하나만 예외라고 주장합니다. 바로 그리스도교인데 지금껏 신화적 수준에 머물러 있다고 조롱합니다. 평일에는 지극히 합리적인 세계에서 이성적으로 지내던 사람들이 일요일 아침만 되면 갑자기 불합리한 전 이성적 세계로 뛰어든다는 것이지요. 그래서 이들 신 무신론자들은 전통 교회의 '하느님'을 비이성적인 무엇으로 용도 폐기해 버립니다.

의심은 우리 인생의 일부입니다. 심지어 창의적인 지점이기도 합니다. 도마복음에는 "찾는 사람은 찾을 때까지 멈춰서는 안 된다, 그런데 찾으면 마음이 어지러울 것이다" 하는 예수의 말씀이 나옵니다. 같은 얘기입니다. 혼란은 사람을 당황하게 하고 근심하게 만듭니다. 하지만 역으로 혼란이야말로 영적 진보의 표식일 수 있습니다. 한번은 친구가 와서 이렇게 말했습니다. "자네 알다시피 나는 기도 같은 건 믿지 않아. 하지만 그런 나를 위해 기도해줄 수 있겠나?" 그 친구에게 자기 의심은 문제가 아니었습니다. 그러나 그 무렵에는 자기 의심에 대한 의심이 생겼던 모양입니다. 그래서 그런 이상한 기도 부탁을 하는 거겠지요. 저는 그 친구를 격려해 주고 싶었습니다. 그래서 기꺼이 기도해 주겠다고 했습니다. 그리고 자신이 지금 어떤 상태에 있는지 자각하는 건 아주 귀중한 일이라고 말해 주었습니다.

때가 되면 움직이는 게 당연합니다. 앞에서 인용한 도마복음에서 예수는 뒤이어 이런 말씀을 합니다. "찾으면 혼란스러워지고, 혼란스러워지면 놀라리

니, 그제야 저가 모든 것을 다스리게 되리라."[1] 제 친구도 지금 자신에 놀라고 기이하게 여겼습니다. 그러나 언젠가, 지금 생이 아니라면 다음 생에라도 충분히 놀란 끝에 평안을 찾을 것입니다.

성공회의 스퐁 주교는 근대 의식의 그리스도교 신앙을 대표하는 인물입니다. 그는 전통 그리스도교에 깊이 박혀 있는 부족, 신화, 전통 등 비이성적 관점을 죄다 뿌리 뽑고 싶어 합니다. 아래 열거한 내용은 스퐁 주교가 전세계 그리스도인들이 다 함께 재고해봐야 한다고 주장한 것입니다.

① 하느님을 정의하는 방식으로서 유신론은 죽었다. 따라서 신학의 유신론적 신론은 무의미하다. 하느님을 말하는 새로운 방식을 찾아야만 한다.

② 하느님을 유일신 언어로 생각할 수 없다면 예수를 그 유일신의 성육신으로 이해하는 것도 말이 안 된다. 고로 지금까지의 그리스도론은 파산한 것이다.

③ 창조는 완벽하고 완결된 것인데 인간은 그 후 타락하여 죄에 떨어졌다는 애기는 다윈 이전의 신화일 뿐이며 지금 후기 다윈주의 시대에 이르러는 허튼소리일 뿐이다.

④ 동정녀 탄생을 문자 그대로 생물학적 사실로 이해해야만 그리스도의 신성이 확보된다는 식의 전통적 이해는 이제 불가능하다.

⑤ 신약의 기적 이야기를 후기 뉴턴주의 세계에서 하느님이 행한 초자연적 사건으로 해석하는 건 합당치 않다.

⑥ 십자가를 세상의 죄를 씻기 위한 희생으로 보는 것은 하느님에 대한 원시적 관념에 기초한 야만스러운 생각이므로 이제 집어치워야 한다.

⑦ 부활은 하느님의 행위라고 말한다. 즉, 예수는 부활로 신성한 의미를 띤 존재가 되었다. 이 부활을 인간의 역사 안에서 일어난 육체의 부활로 봐서는 곤란하다.

---

1 도마복음, 2절(도마복음 인용문은 오강남의 『또 다른 예수』의 번역을 따랐다. -역자 주).

⑧ 그리스도의 승천 이야기는 고대의 3층 우주관에서 비롯된 것이다. 지금 코페르니쿠스 이후 우주 시대의 개념으로 그 뜻을 옮기기가 대단히 어렵다.

⑨ 시대를 불문하고 우리의 윤리적 행동을 통제할 외적이고 객관적인 계시나 석판 같은 것은 없다.

⑩ 기도는 유일신더러 특정한 방식으로 인간 역사에 개입해달라고 요청하는 것일 수 없다.

⑪ 사후 생의 희망은 상벌적 사고방식과 완전히 분리해서 생각해야 한다. 교회는 죄책감을 조장해 사람들을 통제하는 방식을 집어치워야 한다.

⑫ 모든 인간은 하느님의 형상이므로 각 사람은 그 모습 그대로 존중해야 한다. 그러므로 외적인 요소 즉 인종이나 종족, 성 혹은 성적 경향성을 갖고 사람을 거부하거나 차별하는 근거로 삼는 것은 옳지 않다.[2]

성서

근대 교회는 과학과 가까이 지낸 교회입니다. 정작 성서와는 어떻게 가까이 지낼 수 있는지 지금도 고민 중인 교회입니다. 근대 교회가 성서를 과거의 유물로 보는 탓입니다. 그래서 기본적으로 무시하거나 과격하게 재해석합니다. 토머스 제퍼슨은 성서에서 '비이성적'이라고 생각하는 부분은 그냥 도려냈습니다. 이성에 어긋나지 않아야 성서가 진정으로 거룩한 책일 수 있다고 생각한 것입니다. 오늘날 근대 이성의 그리스도교란 예수 세미나 같은 모습일 것입니다. 예수 세미나는 사복음서 및 도마복음에서 예수가 진짜로 한 말을 가려내고 싶어 했습니다. 즉, "신학이나 전통신조의 관점이 아니라 역사적 이성의 렌즈로 거른" 예수의 참된 모습을 찾고자 한 것입니

---

2 John Spong, "A Call for A New Reformation," 26 June 2008,
　https://www.dioceseofnewark.org/voxspong.html.

다. 전통적으로 예수의 말씀으로 간주한 구절은 1,500개쯤 됩니다. 예수 세미나 학자들은 그중 약 18%만이 예수가 직접 발설한 말이라고 결론지었습니다. 그조차도 '어쩌면' 내지 '아마도'라는 단서를 달아서입니다.[3] 나머지는 "추종자들이 예수의 말씀으로 윤색했거나 갖다 붙인 말이고 민담에서 가져온 말도 수두룩하다"[4]는 것이지요. 이들의 연구 방법 및 결론은 그들보다는 온건한 입장의 학자들과 치열한 논쟁을 불러일으켰습니다.[5]

근대 의식은 "왜 전통 교회는 그토록 성서의 문자 사실주의 해석에 매달리지?" 하고 의문을 품습니다. 얼핏 생각하면 "성서가 그렇게 말했으니 그대로 믿으면 끝" 하는 식은 가히 종교적 신념다워 보입니다. 그러나 그런 신념 밑바탕에는 전통 의식이 들어 있습니다. 그래서 사고가 그런 식으로 펼쳐지는 것입니다. 무엇이 옳고 무엇이 그른지 자라면서 습득한 관념 아니면 신자가 되어 얻은 고정관념이 작동하는 겁니다. 하지만 근대 의식만 해도 성서의 문자적 해석에 매달리는 건 그 사람의 의식 수준이지 성서 자체의 문제가 아니라는 걸 압니다. 예를 들어 다음의 두 가지는 이성적으로 양립할 수 없음을 근대 의식은 헤아릴 수 있습니다. ① 하느님은 구약이 말하는 하느님이다. 즉, 진노하고 보복하는 하느님이며 악한 자들을 징벌하는 하느님이다. ② 하느님은 예수의 압바 하느님이다. 즉, 모든 사람에게 완전히 자비로운 하느님으로 악한 자나 감사할 줄 모르는 인간들조차도 사랑에서 배제하지 않는 하느님이다. 하느님이 사랑이라면서 그리도 복수심에 불탈 수 있다는 전통 단계의 하느님 이해는 예수의 하느님과 일치하지 않습니다. 그런데 그 사실이 전통 의식에는 들어오지 않습니다. 예수와 일치하는 관점을 모색하는 건 근대 의식에서나 가능하지 전통 의식에서는 어렵습니다. 자기 세계관과 맞지 않는 건 애당초 보이지 않는 법입니다.

---

3 The Jesus Seminar, https://www.religioustolerance.org/chr_jsem.htm
4 Funk, *The Five Gospels*.
5 Wright, https://ntwrightpage.com/Wright_Five_Gospels.pdf.

아직 이성의 단계에 이르지 못한 사람을 이성으로 설득해 관점을 바꾸게 할 수는 없습니다. 전통 의식의 종교인을 이성으로 설득하는 게 잘 통하지 않는 까닭이 거기에 있습니다. 그 사람이 가진 신념 체계 자체가 이성에 의한 것이 아니기 때문입니다. 언젠가 충분히 인생의 번민과 고뇌에 시달린 끝에야 이성적 신앙을 모색할 것입니다. 그전까지는 마음을 열지 못할 것이고 따라서 이성이 가 닿질 못할 것입니다. 저는 지난 2천 년 영의 주된 활동이 세상의 옆구리를 찔러 이성 단계에 진입시키는 데 있었다고 생각합니다. 그 결과 오늘날 사회의 주요 기관들은 합리성의 고도에 도달하였는데 교회만이 예외입니다.

하느님

전통 교회에서 신앙을 양육 받은 사람들은 대부분 12장에서 말하는 2인칭의 하느님 관념, 즉 친밀한 얼굴의 하느님으로 인지합니다. 예수나 어떤 영적 존재를 친밀하게 여기듯 하느님도 우리와 가까운 분으로 느끼는 것입니다. 물론 이것은 하느님과 관계하는 참되고 힘 있는 방식입니다. 예수는 자신을 보는 것이 곧 하느님을 보는 것이라 했습니다. 그러면서도 그는 하느님을 자신보다 더 크신 분이라 했습니다.[6] 우리는 이 '더 크신' 하느님을 어떻게 생각해야 할까요? 이 하느님은 인격으로 의인화해서 이해할 수 있는 수준을 넘어서는 신비입니다. (이 신비의 하느님을 12장에서는 하느님의 무한한 얼굴이라 했습니다) 이렇게 개체성을 넘어선 하느님을 아직도 저 위에 계신 초자연적 개체로 생각한다면 아직 예수 자신보다 더 크신 하느님을 생각하는 게 아닙니다.

초자연적 유일신 개념은 근대 이성 의식이 거부하는 하느님 관념입니다. 초자연적 유일신은 아직 충분히 위대하지 못합니다. 예수가 '더 크다'한

---

6 요한 14:9, 28.

하느님이 못 되는 것입니다. 피조물과 분리되어 힘이 좀 더 센지는 모르겠으나 하늘 한 귀퉁이를 차지하고 앉아 있는 한 개체로서의 '작은' 하느님일 뿐입니다. 예수나 근대 의식에나 맞지 않는 하느님 이해 방식이지요. 고대에도 오늘날에도 초자연적 유일신과는 다른 하느님 관념이 존재했습니다. 바로 범재신론(汎在新論, panentheism)입니다. 하느님은 모든 것 안에 있고 모든 것은 하느님 안에 있다는 생각입니다. 예수가 자신보다 크다 한 하느님은 바로 그런 하느님입니다. 사도 바울로가 "우리는 그 안에서 살고 움직이고 존재한다"[7]고 한 그 하느님입니다. 범재신론은 근대 교회에서 모습을 드러내기 시작해서 포스트모던 교회에서 꽃을 피운 사상입니다.

근대 교회도 여전히 전통 교회와 다르지 않은 형태와 용어로 예배드립니다. 하지만 근대 교회 지도자들은 하느님을 우리와 동떨어진 초자연적 존재로 보길 꺼립니다. 스퐁 주교와 비슷하게 하느님을 이해하는 경향이 강합니다.

근대 의식이 보는 하느님은 통합이론의 용어를 빌자면 주로 3인칭 관점의 하느님입니다. 하느님에 관해 생각하고 연구하는 건 가능하지만 이 법칙 지배의 우주에서 인격적 관계를 원하는 초자연적 하느님은 그리 필요치 않습니다. 하느님을 그저 '신성'이라든가 '존재의 기반'이라든가 '신성한 창의성' 하는 식으로 이해하길 좋아합니다. 하느님을 2인칭으로 대하는 방식은 전통 교회 방식인데 근대의 시선에는 그리 좋게 비치지 않습니다. 그렇다고 인간을 예수처럼 신성한 존재로 보는 1인칭 관점도 그리 합리적이지 않습니다. 근대정신은 예수를 기본적으로 신적 존재라 보지 않기 때문입니다(12장에서 1, 2, 3인칭 관점에 대해 자세히 논했으므로 이를 참조하기 바람).

---

7 사도 17:28.

예수

근대 의식은 예수를 역사적 인물로 보는 게 특징입니다. 예수는 그저 비범한 인간일 따름입니다. 지혜와 사랑을 가르친 훌륭한 스승일 뿐입니다. 근대 의식에서 볼 때 우리가 이 예수를 얼마나 정확히 알 수 있는지는 의문입니다. 근대 교회의 이성적 관점으로 볼 때 예수 없이는 교회나 그리스도교라고 할 수는 없으나 그 예수와 뭘 어떻게 해야 하는지는 당혹스러워합니다.

기도

근대 의식단계에서 기도는 한 마디로 골칫거리입니다. 기도란 기본적으로 하느님을 2인칭, 즉 분리된 존재로 생각하면서 해야 합니다. 그런데 근대 의식은 그런 생각을 좋아하지 않기 때문입니다. 대신 기도는 명상이나 사색, 성찰로 이해할 수는 있습니다. 제가 스퐁 주교에게 기도 생활을 어떻게 하느냐 물었더니 그가 한 대답이기도 합니다.[8] 치유 기도를 의문시하는 근대 의식은 치유 기도를 아예 집어치우거나 기도를 하더라도 의심이 섞입니다. "이거 미신 아냐? 그냥 희망 사항에 불과한 거 아냐?" 하면서 말입니다.

근대 이성의 눈으로 볼 때 예배나 의식은 마법적 가치가 아니라 정신적 의미의 가치를 갖습니다. 세례는 그 자체에 무슨 마법적 힘이 있는 게 아닙니다. 다만 교회가 그 사람을 자기네 공동체의 일원으로 환영한다는 상징적 행위일 뿐입니다. 성찬례의 빵과 포도주도 마술처럼 예수의 몸과 피로 바뀌는 게 아닙니다. 그리스도와 또 같은 길을 가는 사람들과 나누는 아름다운 일체감의 상징일 뿐입니다.

---

8 2001년 6월 23일에 나눈 사적 대화.

죄와 구원

근대 교회는 일단 '죄'란 단어를 별로 쓰지 않습니다. 굳이 쓴다면 자신과 남에게 해를 끼치는 걸 의미합니다. 신약은 죄란 말을 법률용어처럼 이해했습니다. 바울로가 유대인과 이방인 양편에 동등한 지위를 부여하길 원했기 때문입니다. 즉, 양편 모두 그리스도가 필요한 '죄인'일 뿐이라는 거지요. 이후에는 아우구스티누스의 생각이 유행하게 됩니다. 그의 죄 개념은 자기성찰이라는 서방 교회의 특성이 뚜렷합니다. 마르틴 루터는 자기 죄의 무게에 짓눌린 사람의 사례로는 가히 으뜸이라 할 만합니다.[9] 하지만 근대 교회는 죄를 사회 불의와 억압의 문제에 초점을 두고 이해하는 경향을 보입니다.

누가 근대 의식 수준에 이르렀다면 이미 다섯 가지 신앙의 근본 같은 건 이미 부정하고 있을 겁니다. 근본주의는 전사 단계 의식에 속하니까요. 근대 교회는 모든 인간의 구원을 보통 받아들입니다. 애당초 구원이 필요하다거나 천당에 가야 한다거나 하면 말입니다.

천국과 지옥

사실 천국이 있는지 죽음 이후에도 모종의 생이 계속되는지도 확실치 않습니다. 죽음은 분자가 해체되고 끝나는 건지 모르지만 뭐 괜찮습니다. 지옥이 따로 있는 게 아니니까요. 우리가 사랑이 부족하고 타인에게 불의해서 생기는 지옥 말고는 말입니다.

---

9 Stendahl, *Paul Among Jeus and Gentiles*, 78.

하늘나라

근대 교회는 현재 차원의 하느님 나라를 꽤 진지하게 다룹니다. 예수의 삶과 가르침에서 모든 '영적' 내지 '신비'의 요소를 죄다 빼면 사랑하라는 가르침, 특히 약하고 억압받는 사람들을 사랑하라는 가르침만 남게 됩니다. 그렇다면 하느님의 나라는 저세상이 아니라 이 세상에서 억압받는 사람들을 향한 사회정의와 해방으로 이해하는 게 맞는 겁니다. 그런 의미에서 해방신학은 매우 근대적인 의식의 산물입니다.

신비

전통 단계가 이미 죽은 과거의 신비가들만 인정한다면 근대 단계는 신비가들이 죄다 환각, 환청을 경험했을 뿐이라고 봅니다. 신비주의란 애당초 비이성적인 것으로 깡그리 다 무시해버리는 것이지요. 이전 시대의 신비가들이나 신비주의는 그냥 망상에 빠진 겁니다. 참된 실재는 관찰할 수 있고 측정 가능한 물리 세계뿐입니다.

한계

근대 교회의 한계로는 물질주의와 자기 중심성을 들 수 있습니다. 오늘날 우리 문화가 추종하는 가치이기도 합니다. 근대 교회는 과학에 너무 친화적이다 보니 과학주의의 혐의를 쉽게 벗지 못합니다. 과학주의란 과학의 지식만이 유일하게 타당하다는 주장입니다. 정작 그 주장 자체는 과학으로 입증 불가능합니다. 그야말로 믿음이지 과학은 아닌 주장입니다. 과학주의는 입증할 수 없는 건 존재하지 않는 거라는 식으로 주장합니다. 그건 정말 과학으로서도 좋지 않은 과학입니다.

이런 한계가 있다 보니 과학 말고 더 넓은 의식의 영역들을 부정해버리고 맙니다. 영혼 깊은 곳 혹은 무한의 높은 곳에 가 닿지 못하는 세계관은 편협합니다. 저는 근대 교회의 한계를 지적하기 위해 '거르기'라는 용어를 썼습니다. 이 교회는 인식의 다른 문들은 죄다 걸러내고 오직 이성의 문 하나만을 열어놓은 교회이기 때문입니다. 근대 교회 신자들이라고 영성을 안 찾는 건 아닙니다. 하지만 더 높은 의식 상태로 갈 수 있는 문이 실제로는 없는 셈입니다.

강점

저는 근대 교회를 번영하는 교회로 봅니다. 이 교회가 꽃피운 강점은 과학과 이성의 가치를 신앙에 접목한 데 있습니다. 역사의 예수를 알고 성서를 이해하는데 과학적 방법론을 동원한 교회입니다. 그리고 예수를 억압받는 자들을 해방하고자 한 사회혁명가로 재발견한 것도 근대 교회입니다. 근대 수준의 의식에 이른 교회는 개인의 독자적인 사고를 옹호합니다. 그리고 타 종교 또한 영적 의미를 찾을 수 있는 타당한 출처로 봅니다. 사람은 인종, 피부색, 신념, 성적 경향성이 무엇이든 일차적으로 인간 그 자체로 봐야 한다고 믿습니다. 그래서 근대 교회는 인권을 아주 중요하게 생각합니다. 근대 의식에서 세계 중심적 의식이 돋트기 시작한 것입니다.

근대 수준에 이른 개인은 불가지론자나 무신론자가 될 수 있습니다. 그러니 불가지론이나 무신론도 영성이 발달해가는 과정의 건강한 표현일 수 있는 것입니다. 물론 그리스도인들이 전통 단계를 넘으려면 무신론자가 되어야 한다는 말은 아닙니다. 이성적인 방식으로 예수를 따르는 사람을 보지 못하면 그럴 수도 있다는 말입니다. 저 같은 경우는 근대 이성의 단계를 거치면서 거의 동시에 초이성적 신비주의 수준을 끌어안게 되었습니다. 그 과정에서 하느님을 이해하는 방식이 달라졌습니다. 하지만 하느님 체험도 계속했기 때문에 나름 신바람 나는 여정을 걸을 수 있었습니다.

의식의 각 단계는 이전 단계의 가치를 품고 그 위에 무언가를 더한 것입니다. 이전의 가치가 사라지는 게 아닙니다. 다만 새로운 게 더해지면서 시야가 확장되고 의식은 더 커집니다. 이전 것들을 통합하면서 사랑의 능력도 확대됩니다. 그래서 새로운 단계는 유용성도 더 커집니다.

윌버는 이런 말을 했습니다. "헤겔이 처음 밝혔고 이후 발달론자들이 거듭 밝힌 바는 이렇다. 매 단계는 그 자체로 적절하고 가치가 있다. 하지만 더 깊거나 더 높은 단계란 더 적절하고 더 가치가 있게 되었음을 의미한다"(다른 말로 더 전체적이고 더 폭넓게 반응할 수 있음을 의미).[10]

근대 의식단계는 오늘날 만개해 있습니다. 교회는 물론 인류 전체에 많은 유익을 안겨준 의식 수준이 근대 의식입니다.

---

10 Wilber, *Sex, Ecology, Spirituality,* 29.

6장 | 포스트모던 교회
― 성취와 평면

포스트모던 의식

포스트모던 의식은 대략 150년 전에 시작해서 1960년대 미국에서 확실히 눈에 띄는 흐름이 되었습니다. 그런데 포스트모더니즘은 문학, 예술, 철학, 건축, 소설에다 문화 평론이나 문학 비평 같은 데도 두루 적용되는 광범위한 개념인지라 논란도 많습니다. 여하튼 포스트모더니즘이 객관적 과학으로 모든 실재를 설명할 수 있다는 근대주의에 대한 반동임은 분명합니다. 포스트모더니즘은 실재란 객관성만이 아니라고 봅니다. 우리 마음이 작용하여 구성해 내는 것으로 봅니다. 그래서 보편성이나 궁극의 진리 주장에 대해 회의적입니다. 보편적 진리란 말이 안 된다는 게 포스트모더니즘의 보편적 진리입니다.

계몽주의 시대에 만개했던 근대 의식은 과거의 지식과 그 토대를 의심했습니다. 그런데 포스트모던의 관점은 아예 우리의 지식 그 자체를 의심합니다. 근대주의자가 "권위를 의심하라" 하는 차량 스티커를 붙이고 다닌다면 포스트모던주의자는 "실재를 의심하라"를 붙이고 다닙니다.

근대주의는 객관적 진리가 있다고 말합니다. 하지만 포스트모더니즘은 각자가 주관적으로 자기만의 진리를 구성하는 거라고 말합니다. 근대주의는 관찰 가능한 사실과 논리가 중요하다고 말합니다. 포스트모더니즘은 감정과 경험이 더 중요하다고 말합니다. 근대주의는 과학적 탐구에만 편협하게 자신을 제한했습니다. 반면 포스트모더니즘은 영적 탐구도 장려합니다. 근대주의는 절대적인 게 있다고 말하는데 포스트모더니즘은 만사 상대적이라고 말합니다.

전통 의식은 우리에게 "이웃을 사랑하고 원수는 미워하라" 하고 말합니다. 이때 원수란 나를 공격하는 사람이거나 아니면 나와 관점이 다른 사람입니다. 반면 근대 의식은 "이웃을 사랑하고 원수는 관용하라" 하고 말합니다. 포스트모더니즘은 한 걸음 더 나아가 "이웃을 사랑하고 원수도 사랑하라" 하고 말합니다. 예수의 말씀에 비추어볼 때 이는 진일보한 것입니다.

포스트모더니즘은 민감한 자아의 세계요 그 세계관은 다원주의입니다. 실재를 바라보는 방식은 하나가 아니라 여럿이라고 보는 것입니다. 푸른지구운동이나 여성주의, 시민운동, 동성애 인권운동 등은 다 포스트모던 의식이 탄생시킨 운동들입니다. 의식이 포스트모던의 고도에 도달한 사람들은 매사를 다양한 관점으로 바라볼 수 있습니다. 그리고 전 지구적 감각으로 생각하고 느끼며 행동하며 보다 폭넓은 자비심을 갖습니다. 근대 의식이 그저 관용하고 멈추는 데 반해 포스트모던은 타 종교 전통마저도 진심으로 수용하고 존경합니다.

포스트모던에는 자기 종교가 아닌 다른 영성의 길에 적극적으로 동참하는 이들도 있습니다. 그럼으로써 자기 길이 더욱 풍성해진다고 믿는 까닭입니다. 종교 간의 차이보다는 공통성을 봅니다. 그리고 모든 길이 동등하게 가치가 있다고 인정합니다. 그게 지나쳐서 어떤 것은 다른 것보다 낫다는 가치판단의 위계 자체를 아예 부정하는 경향마저 보입니다. 특히나 종교와 관련된 위계는 억압적인 걸로 판단합니다. 포스트모던 의식은 평등의 이름으로 모든 위계를 거부합니다. 그러다 보니 자연의 위계마저도 부정해버립니다.

자연의 위계라는 건 원자에서 분자로, 세포가 식물로, 아니면 동물이 진화해서 인간이 되는 식으로 자연에는 수준이 다른 발달과정이 있음을 말하는 것입니다. 또 자연의 위계란 전통 단계가 전사 단계보다 타인을 더 사랑하는 단계임을 말하는 것이기도 합니다. 하지만 포스트모더니즘은 발달의 분명한 단계가 있다는 통합이론의 전제를 엘리트주의라며 거부하는 경향이 있습니다.

포스트모던의 고도에서는 매사를 흑백으로 보기보다 회색의 어스름한 지대와 역설을 더 편안해합니다. 내 빛을 빛나게 하려고 남의 빛을 끌 필요가 없다고 생각하는 게 포스트모더니즘입니다. 서로 비판하지 않으면서 함께 빛날 수 있다는 것이지요.

우리는 실재를 오직 해석을 통해서만 볼 수 있으므로 결국 해석이 전부가 됩니다. 그러니 어떤 진리가 절대라고 주장하기가 어렵습니다. 차라리 사람과 사람의, 사람과 세계의 줄곧 변하는 관계의 세계를 그 자체로 경축하며 사는 게 낫다는 겁니다.

포스트모던 철학은 이성이든 전통이든 절대 진리를 찾을 수 없다고 말합니다. 그리고 객관적 의미란 없고 주관적 의미만 있을 따름입니다. 즉, 우리가 사물에 임의로 갖다 붙이는 의미만 있을 뿐입니다. 그러니 역사라는 것도 사실 다양한 허구의 해석인 걸로 봅니다. 포스트모던의 세계관은 산타의 무릎에 앉아 만화를 보는 사내아이 이야기에 요약되어 있습니다. 산타가 아이에게 묻습니다. "올해는 착한 아이였는고?" 아이가 대답합니다. "그건 착한 게 무슨 의미냐에 달렸죠." 뒤에 앉아 있던 아이는 이렇게 생각하고 있습니다. "내 친구 65%는 내가 착하다고 했어." 그 뒤의 아이는 이렇게 말합니다. "그건 순전히 나와 내 가족의 사적인 문제지." 맨 끝에 앉아 있는 아이는 이렇게 말합니다. "다 관두고 진짜 얘기나 하지. 내가 원하는 게 뭐냐는 거지."[1]

포스트모더니즘은 이런 말을 잘합니다. "사실이란 없다, 해석이 있을 뿐이다." 이런 말도 잘합니다. "누구도 나더러 이래라저래라할 수 없어",

---

1 *Albuquerque Journal*, December 1998.

"네가 믿는 진리나 내가 믿는 진리나 똑같이 좋은 것"이라든지 "나를 제한할 수 있는 건 없다" 하는 말도 있습니다. 이 모든 말의 밑바탕에는 "자신의 현실은 자신이 만든 것"이라는 주장이 깔려 있습니다. 그러다 보니 세상을 볼 때 포스트모더니즘은 깊은 고통을 느끼기도 합니다. 워낙 다양성만을 보느라 통일성을 볼 수 없기 때문입니다. 포스트모던주의자들은 공동체, 동의, 다양성 등의 가치를 높게 평가합니다. 소수 집단의 권리도 옹호해서 다수가 소수를 깔아뭉개지 않도록 해야 한다고 믿습니다.

포스트모던의 렌즈로 세상을 보면 삶에는 분명한 사고나 이성적인 것 이상이 있습니다. 그래서 근대 단계가 통째로 저버린 신비와 신령함을 포스트모던은 다시 끌어안습니다. 황홀한 매혹도 다시 돌아왔습니다. 영성에 관한 관심을 공유하는 사람들끼리 네트워크를 만들고 서로 연락하는 일이 자주 벌어집니다. 인간이 지닌 잠재력과 영성을 다루는 이런저런 대담, 워크숍, 세미나 등이 인기를 끕니다. 명상, 기도, 내면생활에 매력을 느끼고 탐구하는 것이 포스트모더니즘입니다.

그런데 포스트모던은 근대가 저버린 신비를 다소 성급하게 끌어안는 경향이 있습니다. 그러다 보니 신비와 마법을 늘 잘 구별하는 것은 아닙니다. 참된 신비로 이어지기도 하고 환상의 나락으로 떨어지기도 합니다. 신비를 인정한답시고 몽환으로 달려가 버리는 것입니다. 그리하여 뉴에이지가 창궐하게 되었습니다!

전통 단계에서는 권위든 하느님이든 저 바깥에 있는 무엇으로 보았습니다. 하지만 포스트모던 정류장에 다다른 개인들은 다릅니다. 하느님을 어디에나 있고 동시에 모든 사람 안에 있는 영으로 이해하는 경향을 보입니다. 그리고 내 바깥에 있는 성서나 교회, 지도자가 권위의 출처가 아닙니다. 내 인생에 권위를 갖는 건 나만의 경험이라는 식입니다.

포스트모던 의식은 생태 의식, 정치적 올바름(political correctness), 다양성 운동, 인권의 보편성, 다문화주의, 인간중심 심리학, 해방신학, 인간 잠재력 운동 등으로 자취를 드러냅니다.

극단적 상대주의에 빠지는 것, 그래서 모든 신념이 다 상대적이고 다 동등하다는 것, 다원주의라는 명목으로 가치분별을 포기해버리는 것 등이 포스트모던의 건강치 못한 모습입니다. 자기도취도 많고 무의미함도 만연해 있습니다. 그리고 포스트모던의 관점을 공유하지 않는 사람들을 은근히 멸시합니다. 모든 게 평등하다면서 자신들은 우월하다는 이 숨은 우월주의의 이중적인 모습도 포스트모던의 대표적인 폐단입니다.

포스트모던 의식의 건강한 면으로는 다양성을 인정하고 여성운동, 시민운동을 지지하고 영성, 창의성, 민감성을 가치 있게 여기며, 내적 자아를 탐구하고 지구를 돌보며 공동체, 세상을 향한 넓은 자비심, 자원의 분배 등을 중요하게 생각한다는 점을 들 수 있겠습니다.

포스트모던의 단계는 문화적 창의성이 있으며 매사 다원적, 상대적입니다. 개인주의적이며 성찰을 강조하는 특징이 있습니다. 그리고 여러 분야에서 소위 '녹색' 접근방식을 선호합니다. 현재 세계 인구의 5~10% 정도가 포스트모던 의식에 도달해 있는 것으로 판단됩니다.

포스트모던 교회

포스트모던의 종교적 사고는 원래 주류개신교 자유주의에 대한 반동으로 시작됩니다. 이성적 사고만 강조하는 자유주의의 차가운 시선에 질린 것입니다. 그래서 이성보다 따스한 종교성의 다른 차원을 강조하는 포스트모던의 문이 열린 것입니다. 그렇다고 이성을 저버리는 건 아닙니다. 하지만 이제 이성의 독보적인 지위는 무너졌습니다. 이제 합리주의만으론 포스트모던 교회에서는 통하지 않습니다.

근대 수준에서 과학적 탐구가 유행이었다면 포스트모던에서는 영적 탐구가 유행입니다. 과학은 봐야 믿을 수 있다고 말합니다. 하지만 포스트모더니즘은 믿어야 보인다고 뒤집습니다. 그리고 객관적 사실과 논리보다 주관적 감정과 개인의 경험을 중시하는 쪽으로 이동합니다. 그런데 이 방향으로의 항해가 늘 순일한 건 아닙니다. 어떤 포스트모던의 종교적 흐름은 '뉴에이지', 즉 전 이성적 마법을 초이성적 신비주의와 혼동하는 길을 따르고 맙니다. 여하튼 포스트모던 교회는 성서가 말하는 하느님만 말하지 않습니다. 다른 종교의 길에서도 만날 수 있는 신(혹은 다른 이름으로 부르는 궁극)을 말하는 쪽으로 이동합니다.

미국에서 그리스도연합교회나 주류교단 내에서도 가장 진보적인 교회들이 포스트모던 교회에 속한다고 볼 수 있습니다. 그리고 신사고(New Thought)운동의 교회들도 여기 포함할 수 있겠습니다. 신사고운동 내에는 유니티 교회, 종교과학 같은 범신론의 교회도 있고 그리스도교 정체성을 견지하는 교회들도 있습니다.

옛 패러다임(전통 교회)과 새 패러다임(포스트모던 교회)을 논하면서 마커스 보그는 "성서도 같고 쓰는 용어도 같지만 둘은 완전히 다른 종교"[2]라고 말한 바 있습니다. 포스트모던 교회가 갖는 공통된 입장 몇 가지를 스냅사진처럼 열거해보면 아래와 같습니다.

성서

포스트모던 교회는 자신들이 성서 위에 있는 것처럼 생각합니다. 예수를 반대하는 건 아닙니다. 하지만 예수를 진지하게 받아들이려면 정경복음서들을 파고들지 않을 수 없습니다. 그러자면 그들로서는 별로 유쾌하지 않은 성서와 다시 만나야 합니다. 여하튼 성서를 다시 들여다보게 되면 그들은 거기서 포스트모던에 보편적이라 할 해방의 주제들을 읽어냅니다. 예

---

2 Schwartzentruber, *The Emerging Christian Way*, 10.

수를 그 시대의 여성주의자처럼 보고 종교, 정치, 사회적으로 억압받는 사람들을 대변하는 인물로 읽는 것입니다.

마커스 보그 같은 신학자는 포스트모던에 속하되 성서를 진지하게 다루는 전형적 인물입니다. 성서에 대해 그는 이렇게 말합니다. "지난 한 세기 성서를 읽는 옛 방식은 많은 사람에게 설득력을 잃었다, 고로 우리 시대의 시급한 과제는 성서를 읽는 방식을 새로이 하는 것이다."[3]

보그는 전통 교회가 성서를 이해하는 방식의 특성을 문자 사실주의, 교리, 도덕주의, 가부장, 배타성, 사후(死後) 지향으로 읽는 것이라 요약했습니다.[4] 그가 볼 때 성서는 역사와 은유가 뒤섞인 책입니다. 이때 은유란 비문자적인 언어 예술이라고 했습니다. 포스트모던 의식은 성서의 이야기를 문자적으로 사실이냐 여부와 상관없이 참될 수 있다고 봅니다. 보그는 이렇게 말합니다. "성서를 읽는 새로운 패러다임의 핵심 특징은 바로 깨달음이다. 깨달음을 위해 성서(및 그리스도교 전통 전체)를 역사적, 은유적, 성례전적으로 읽는 것이다. 그러면 그리스도인 생활을 관계와 변화를 중심으로 볼 수 있다."[5]

하느님

보그는 일단 스퐁 주교의 근대 의식 신학에 전반적으로 동의합니다. 그러면서도 하느님과의 관계가 인간을 변화시킬 수 있음을 강조합니다. 그는 매사 영성과의 관련성을 강조하는 포스트모던 스타일로 신론을 다룹니다.

하느님에 대해서도 보그는 이렇게 말합니다. "하느님은 우주와 동떨어진 초자연적 존재가 아니다, 오히려 하느님(거룩한 영)은 우리 주위의 모든 것을 감싸는 비물질적 층이라 할 수 있다. 혹은 실재의 차원이라 할 수 있다.

3 Borg, *Reading the Bible*, 3.
4 *Ibid.*, 12.
5 Borg, *The Heart of Christianity*, 6, 13.

그러므로 하느님은 우주보다 더한 존재이되 그 하느님은 우주를 품에 품고 계시다. 그 하느님을 굳이 공간적 감각으로 표현하자면 '어딘가에'가 아니라 '지금 여기' 계시다 해야 한다."[6]

보그는 하느님에 관한 세 가지 확신을 이렇게 말합니다. ① 하느님은 실재한다. ② 그리스도인 생활이란 예수 그리스도 안에서 알려진 하느님과 관계 맺는 것이다. ③ 그 관계가 우리의 삶을 변화시킬 것이다.[7]

포스트모던 교회의 하느님 이해로는 범재신론이 우세합니다. 사도행전 17장 28절에서 바울로는 어느 시인의 말을 인용합니다. "그 안에서 우리는 살고 움직이고 존재합니다." 이 말속에 범재신론이 요약되어 있습니다. 이는 1세기 그리스도교회에 벌써 그런 신관이 존재했음을 시사하는 것입니다.[8]

일신론은 하느님을 피조 세계와는 분리된 존재로 봅니다. 반면 범재신론은 하느님은 모든 것이며 동시에 모든 것 이상의 존재입니다. 범재신론(panentheism)은 용어 중간의 'en'('안'의 뜻)이 특히 강조됩니다. 그렇게 하느님에 대해 이제까지와는 다른 제3의 관점을 제시합니다. 즉, 하느님은 모든 것 안에 계시고 모든 것은 하느님 안에 존재합니다. 하느님은 피조 세계 안에 계시지만 피조 세계보다 크십니다. 제가 볼 때 범재신론은 하느님의 무한한 얼굴을 생각하는 최선의 방식입니다. 그리고 포스트모더니즘과 이후의 통합주의와도 조화를 이룰 수 있는 신관입니다.

예수

예수는 포스트모던 교회에서 중심인물일 수도 있고 아닐 수도 있습니다. 신사고교회들은 이 문제를 놓고 고심했습니다. 그중 어떤 교회들은 예

---

6 Borg, *The God We Never Knew*, 12.

7 *Ibid.*, 51.

8 Clayton, *In Whom We Live*, 272.

수 얘기를 별로 하지 않다가 할 때는 늘 붓다나 크리슈나와 더불어 언급하는 방향으로 정착했습니다. 예수만 너무 강조하면 배타적인 인상을 줄 수 있는데 그렇게 되면 포스트모던이 선호하는 다원주의와는 잘 맞지 않게 되니까요. 극단적 포스트모던 교회에서는 예수를 언급하는 것 자체가 금기시되기도 합니다. 내가 아는 어떤 유니티 교회들은 아예 예수를 언급하지 않습니다. 붓다나 다른 영성의 길을 배척하는 것 같은 인상을 주지 않으려는 것입니다.

포스트모던의 렌즈로 세상을 보는 그리스도인들은 아기 예수가 하늘에서 인간의 몸을 입고 내려온 하느님이라는 식으로 생각하지 않습니다. 성장하면서 자기 신성을 깨닫고 구현한 멋진 인간으로 생각할 따름입니다.

예수를 좋아하는 사람들도 예수와 그리스도는 별개의 용어라고 생각합니다. 예수는 1세기 갈릴리에서 자라고 살았던 역사적 인물을 가리킵니다. 그가 자각하고 품었던 하느님에 대한 의식을 '그리스도 의식'(Christ consciousness)이라 부를 수 있습니다. 그러므로 '그리스도'는 "영의 기름 부음을 받는 상태"를 가리키는 용어가 됩니다. 그리스도 의식은 예수만이 아니라 누구나 가질 수 있는, 사실은 이미 모두 안에 있는 의식입니다. 따라서 예수 그리스도라는 말은 예수는 한 인간이었으나 그를 통해 영이 비범한 방식으로 현존했음을 가리키는 말이 됩니다.

이쯤 되면 예수와의 관계가 여전히 중요한 포스트모던 그리스도인들은 예수를 그리스도인만 사랑하는 게 아닌, 즉 만인을 품는 큰 사랑의 인물로 볼 수밖에 없습니다.

포스트모던 교회가 볼 때 정의는 신구약 모두의 핵심입니다. 포스트모던이 보는 예수는 해방자입니다. 구약의 예언자들은 당대의 불의하고 억압적인 정치사회구조를 전복하려 했다는 의미에서 존경합니다. 예수의 비유들도 그런 시선으로 이해하려 듭니다.[9]

보그는 예수를 유대 신비가요 치유자, 지혜의 스승, 사회고발의 예언자요 운동의 창시자로 봅니다.[10] 그가 성서를 통해 제시하는 예수는 따뜻한 마음과 활력으로 가득한 비범한 인물입니다.

성서는 예수라는 인물에 대해 매우 비범한 주장들을 내놓는다. 우선 그는 하느님과 하나이며 따라서 하느님과 같은 힘과 권위를 지닌 존재라 주장한다. 예수는 하느님을 계시하는 존재다. 동시에 '그 도(道)'를 보여 주는 존재이기도 하다. 요한복음에서도 그렇고 공관복음서에서도 그렇다. 그는 또한 생명의 양식이어서 사람들 깊은 곳의 주림을 풀어주고 어둠 속에 빛을 비추어 깨달음을 준다. 그는 우리를 죽음에서 생명으로 불러올린다. 그에게서 하느님의 세계와 지혜가 인간의 삶에 이루어졌다. 인간의 삶이 하느님으로 가득하면, 즉 영으로 가득하면 어떻게 되는지 예수는 보여 준다. 이것이 예수라는 인물이 우리 그리스도인들에게 갖는 의미다. 근대의 어떤 그리스도인들은 이런 주장들을 펼치 않아 했는데 그리스도교 승리주의(특정 종교가 다른 종교보다 우월하다는 주장 -역자 주)를 말하는 것 같아서다. 그러나 그리스도인으로서는 이런 주장을 흐리게 할 수는 없다. 우리 그리스도인들에게 예수는 그 이하일 수 없다. 그는 그 모든 것이다. 그러므로 우리는 "하느님은 예수를 통해서만 알 수 있다" 하는 주장은 하지 않으면서도 "우리 그리스도인에게 예수는 그런 분"이라고 말할 수 있는 것이다.[11]

기도

포스트모던주의자는 고대든 현대든 온갖 기도 양식을 전부 수용할 수 있습니다. 뭐든지 괜찮으니까 자기가 좋아하는 방식으로 기도하면 그만입

---

9 Herzog, *The Parables*를 보라.
10 Borg, *The Heart of Christianity*, 89-91.
11 Borg, *Reading the Bible*, 218.

니다. 치유 기도 역시 사람은 누구나 다른 사람에게 치유의 기운을 보내줄 수 있음을 인정하는 차원에서 받아들입니다. 에너지 치유는 연습할 수 있고 과학적으로 그 효과를 검증할 수 있습니다.

죄와 구원

죄란 개인적 차원에서는 자기 역량을 충분히 발휘하지 않고 사는 걸 의미합니다. 사회 차원에 적용하면 죄란 남을 억압하는 지배 체제를 가리키는 말이 됩니다. 에크하르트 톨레는 인간의 어리석음을 이렇게 말한 바 있습니다. "인류의 역사를 한 개인의 임상으로 본다면 기본적으로 만성편집증적 망상에 살인 성향을 곁들인, 행동화될 때는 극단적 폭력성과 잔인함으로 나타나는 정신 병리적 개인으로 진단할 수 있다."[12]

포스트모던 교회는 자기네만 진리를 독점했다는 생각을 버린 교회입니다. 하느님은 예수를 통해 이해하고 파악할 수는 있습니다. 하지만 하느님이 예수에 갇힐 수는 없습니다. 근대 단계에서는 타 종교를 그저 관용했을 뿐입니다. 포스트모던 단계는 타 종교를 그야말로 따스하게 받아들입니다. 그리고 모든 영성의 길이 다 하느님께 이르는 길로 인정합니다. 물론 그 길의 궁극 혹은 하느님을 어떻게 정의하든 간에 말입니다. 누구나 자기 세계관 내에서는 나름 옳은 법입니다. 극단적 포스트모던 사고방식으로 보면 테러리스트도 자기 세계관에 따라 행동하는 것이 됩니다. 따라서 평가절하해서는 안 된다는 식입니다. 그러다 보면 포스트모던주의자들끼리도 서로 불편하고 어색할 때가 있습니다.

가톨릭교회도 최근 진일보했습니다. 예수회의 윌리엄 존스턴 신부는 그런 일이 어떻게 일어났는지 말해줍니다.

---

12 Tolle, *A New Earth*, 56.

제2차 바티칸공의회(1962~1965)가 열렸다. 하룻밤 사이에 서방의 기구로서 동방에 상품을 수출하던 가톨릭교회가 세계의 공동체가 되었다. 아시아와 아프리카의 주교와 신학자들이 로마에 모여 유럽 및 북미의 동료들과 함께 자리하여 신의 영은 모든 사람, 모든 종교에 작용하고 계시다고 인정한 것이다. 그때로부터 신학자들은 대부분 비그리스도교 종교들도 '합당한 길'로 인정하고 있다.[13]

포스트모던 그리스도인들은 모든 사람이 이미 하느님의 사랑 안에 있다고 생각합니다. 따라서 아무도 버림받지 않을 거라고 말입니다.

천국과 지옥

천국은 열반이나 깨달음, 내면의 평화라고 말할 수 있습니다. 포스트모던은 천국을 기본적으로 내면의 경험으로 봅니다. 죽음은 하나의 신비인데 최근엔 특히 뉴에이지 저술가들이 사후 생에 대해 많이 말하고 있습니다. 그러다 보니 이제 부활은 환생 같은 개념으로 대체할 수 있다고 생각하기도 합니다. 우리의 본질, 즉 참 나는 영원하며 죽지 않습니다. 하지만 에고의 속박에서 벗어나 계속 새로운 형태로 모습을 바꿔 나타난다는 것입니다.

포스트모던 교회는 지옥이란 말을 잘 쓰지 않습니다. 쓰더라도 그 기본 개념은 소외로 틀 지웁니다. 즉, 하느님과 타인에게서 심리적으로 멀어져 있는 상태를 지옥으로 말합니다.

---

13 Johnston, *The Mirror Mind*, 7.

하늘나라

포스트모던 교회는 근대 교회와 마찬가지로 죄와 구원 운운하는 걸 그리 좋아하지 않습니다. 오히려 이 땅에서 하느님의 뜻을 행하는 게 인생의 목표라고 말하는 데 집중합니다. 이때 하늘나라 혹은 하느님의 나라란 하느님의 뜻이 하늘에서처럼 지금 여기에 이루어지는 것을 의미합니다. 우리가 개인적으로 구원받을 필요가 있는지는 모르겠습니다. 하지만 세상을 구원하고 모든 생명에게 하느님의 나라를 베푸는 일은 확실히 필요합니다.

신비

근대 교회는 예수는 물론 신비가들의 심오한 신비 체험담도 그저 신화적인 이야기로 치부해버렸습니다. 하지만 포스트모던은 오히려 영적 체험이 양식이라 할 정도로 신비를 수용합니다. 마커스 보그는 예수를 기본적으로 영의 사람이라고 생각합니다(그런데 내가 보그와 개인적으로 대화해보니 그가 자신이 신이라는 식의 영적 체험에 대해선 무척 수상쩍어한다는 사실을 알았습니다).[14]

그런데 포스트모더니즘의 다원주의 세계관은 서로 경쟁하는 진리 주장들을 놓고 아예 분별을 포기하게 만듭니다. 이 또한 반지성적 편견이 아닐 수 없습니다. 위계라면 그게 자연이든 무엇에 관한 것이든 혐오스러운 것으로 치부해 버립니다. 그래서 어떤 진리 주장이 다른 주장보다 더 우월하다거나 더 낫다는 판단 자체를 거부합니다. 그러므로 예수의 가르침도 수많은 관점, 서로 동등한 지위를 갖고 다 나름 진리인 관점 중 하나일 뿐입니다. 포스트모던은 세상의 모든 경전이 다 나름의 진리를 담고 있다고 봅니다. 그중 어떤 건 서로 모순되고 명백히 전 이성적인데도 말입니다. 사실 포스

---

14 Village Presbyterian Church Seminar, Kansas City, MO, April 27, 2007.

트모던주의자들이 전 이성적 마법과 초이성적 신비를 늘 잘 구별하는 건 아닙니다. 포스트모던의 신학은 뭐든지 다 허용합니다. 전통 의식이 뭐든지 흑백이었다면 포스트모던은 회색, 오로지 회색, 끝없는 회색만 있을 뿐입니다.

전 이성적 단계나 초이성적 단계는 둘 다 비이성적이긴 마찬가지입니다. 그래서 포스트모던은 이 둘을 혼동하는 경향이 있습니다. 그래서 마법적 단계가 신비로 격상되고 전근대적 원시 부족사회를 영적으로 높은 모범이기라도 한 양 낭만적으로 다루는 일이 벌어지는 것입니다.

한계

한계가 없는 단계는 없습니다. 그런 게 있다면 더는 진화할 필요가 없었겠지요. 그리고 바로 그 단계가 완전한 하느님의 나라였을 것입니다. 그러므로 우리는 각 단계가 갖는 한계를 알 필요가 있습니다. 그래야 어디에 어떤 가능성이 있고, 우리의 현주소가 어디며, 어떤 면이 더 자라야 하는지 알 수 있기 때문입니다.

포스트모던 단계의 주된 약점은 위계라면 뭐든지 거부한다는 점입니다. 예수는 확실히 지배 계층의 위계질서를 거부하였습니다. 하지만 그도 삶의 모든 영역이 진화하면서 생기는 자연발생적 위계는 인정하였습니다. 분자는 확실히 원자보다 복잡하며 더 고차원에서 기능할 수 있습니다. 인간은 원숭이보다 복잡하며 더 높은 차원의 기능을 행합니다. 예수는 너희가 전에는 이렇게 들었겠지만 나는 이제 이렇게 말하겠다는 식으로 말씀하곤 했습니다. 이 또한 영적 발달에 있어 하나의 위계를 드러내신 것입니다. 예수가 하시는 새로운 말씀이 이전의 말씀보다 더 충만하며 더 큰 사랑이라는 것이니까요.

자연발생적 위계마저 거부하면 극단적 상대주의로 떨어져 가치판단을 아예 못하게 됩니다. 포스트모던은 이것이 저것보다 낫다고 대놓고 말하는 것에 죄책감을 느낍니다. 어느 관점이 다른 관점보다 우월하다고 말하는 것에 대해서도 그렇습니다. 포스트모던은 그런 것을 평등에 어긋나는 판단으로 여겨 편치 않게 생각합니다. 포스트모던 종교는 아무것도 믿으려 들지 않는 근대 종교와는 다릅니다. 오히려 포스트모던은 뭐든지 믿습니다. 이런 종교는 넓이는 3백 제곱마일쯤 되도 깊이는 3인치밖에 안 됩니다.

사실 예수는 다른 종교를 비판한 일이 없습니다. 그런 의미에서 그는 훌륭한 포스트모던주의자라 할 만합니다. 하지만 그는 자신이 속했던 종교를 가멸차게 비판했습니다. 그런 면에선 전혀 포스트모던이 아니지요. 종교에서 무엇이 최선이고 무엇이 최악인지 분명히 구별한 분입니다.

저는 포스트모던 교회를 밋밋한 '평면'의 교회라 규정합니다. 도무지 뭐가 더 높거나 낮은 게 없기 때문입니다. 어떤 가치나 행위도 너무 무 비판적으로 수용하는 것만 같습니다. 하지만 가만 보면 뭐든지 포용하는 듯해도 이전의 단계, 즉 부족, 전사, 전통, 심지어 근대 교회에 대해서도 자주 화를 냅니다. 포스트모던 교회는 '번영'의 메시지를 자주 냅니다. 그런데 그 메시지 이면에는 자기도취가 깔려 있는 것 같을 때가 많습니다. 번영의 복음이 영성으로 둔갑하여 에고의 욕구에 봉사하게 되는 것입니다.

강점

포스트모던 교회의 최대 강점은 소외된 것들, 다양성, 개인의 성장, 정의 문제, 환경, 변성 의식 등을 인정하고 받아들인다는 점입니다. 이러한 강점 때문에 포스트모더니즘은 여러 분야에서 괄목할 만한 성취를 이뤄냈습니다. 그러한 성취가 다음 단계인 통합 교회로 가는 아름답고 영광스러운 도약대가 될 수 있을 겁니다.

하지만 통합단계를 다루기 전에 세 가지를 먼저 이야기할 필요가 있습니다. 성서, 의식, 하느님에 관한 관점 세 가지 관점입니다. 제가 생각하는 통합 교회의 모습은 15장에 가서 다루도록 하겠습니다. 그리고 그전에 그림자 치유작업 및 변용 훈련의 단계들을 다루도록 하겠습니다.

7장 ┃ 예수 중심으로 읽는 성서
― 성서는 필수 불가결

통합 의식의 관점에서 보자면 성서는 영성의 길을 매력 있게 알려주는 책입니다. 통합 교회로서는 필수 불가결한 자원입니다. 이때 발달이론의 견지에서 성서를 읽게 됩니다. 그 관점에서 보면 그리스도인들이 구약이라 부르는 히브리 성서는 마법적 의식에서 신화적 의식, 신화적 의식에서 의미의 단계로 이행하는 과정을 보여 줍니다. 어떤 사람들 눈에는 도무지 성난신, 시대에 뒤떨어진 규범으로 뒤죽박죽인 옛날 이야기책에 불과한 것이 진지한 의식 발달의 역사가 되는 것입니다. 의식 진화의 각 단계가 드러내는 지혜와 통찰을 담은 역사로 말입니다.

이렇게 성서를 의식 발달 단계에 비추어 읽으면 성서의 모든 면을 인정하고 그 가치를 존중해줄 방법을 얻은 셈입니다. 성서 안에서 찾을 수 있는 신앙의 온갖 수준들은 현대를 사는 우리에게도 여전히 나타납니다. 그 점은 서구문화라고 예외는 아닙니다. 그러므로 성서를 통해 그 단계들을 배운다면 오늘날에도 그 단계의 사람들을 더 잘 이해할 수 있을 것입니다.

두 가지 극단적 입장

오늘날 성서를 대하는 데 두 가지 극단적 입장이 있습니다. 하나는 성서를 오류가 없는 책이라 보는 것입니다. 적어도 중요한 핵심에는 오류가 없다는 주장까지 여기 포함할 수 있습니다. 하느님께서 단어 하나하나를 받아

적게 하셨거나 영감을 주었다는 주장이지요. 이렇게 오류가 없는 책은 현대인이 만나는 어떤 영적 문제에도 모두 해답을 줄 수 있는 책이 됩니다. 이와 반대되는 극단은 성서를 오늘날엔 별 쓸모가 없는 옛 신화와 민담 모음집 정도로 보는 관점입니다. 이 입장은 성서를 재미도 없고 현실에 맞지도 않는 책으로 격하시켜버립니다.

성서가 통합 교회에 필수 불가결한 자원으로 대접받으려면 영성 발달의 진화단계가 거기 펼쳐져 있음을 볼 수 있어야 합니다. 즉, 옛 히브리인들로 시작해서 고대의 더 넓은 세계로 중심을 옮기며 의식이 확장되었음을 봐야만 합니다. 오늘날 소위 보수 그리스도인들과 진보 그리스도인들이 모두 새로운 수준으로 진화해야 할 과제가 있습니다. 이 성장 과정에서 이전의 관점에 들어 있던 부분적 진리들을 더 높은 수준에서 통합해낼 수 있어야 합니다. 그리고 그리스도를 덜 닮은 부분들은 뛰어넘을 수 있어야 합니다.

신약의 복음서들은 특히나 필수 불가결한 부분입니다. 우리가 예수의 삶과 가르침에 대해 알고 있는 지식은 대부분 복음서를 통해서 얻기 때문입니다. 도마복음도 예수에 관해 알게 해주는 또 하나의 좋은 자원이라고 봅니다. 도마복음의 최소한 일부는 정경복음서들보다 더 일찍 기록된 것이라 합니다. 그렇다면 예수 말씀의 원형을 담고 있다고 볼 수 있을 것입니다. 예수의 삶과 가르침의 배경이라는 점에서 구약도 중요합니다. 신약의 나머지 기록은 예수의 삶과 가르침을 나름으로 해석한 내용입니다. 그 해석들이 예수 이후 3세기를 지배하게 됩니다. 한편 도마복음은 그 자체로 상당히 독보적인 책입니다. 초기의 기록이라는 점, 따라서 예수의 원형적 모습을 담고 있으리라는 점, 그 내용이 상당히 통합 의식의 면모를 보인다는 점에서 그렇습니다.

통합 의식의 시선으로 보면 성서의 모든 부분을 하나로 엮을 수 있습니다. 그리고 예수의 가르침을 희석하거나 왜곡하지 않으면서 이치 있게 설명할 수 있습니다. 게다가 통합적 성서 독법은 우리도 이전 단계를 넘어서 보다 진화된 수준으로 나아갈 수 있도록 도와줍니다.

점진적 계시?

성서학자들은 전통적으로 '점진적 계시'라는 개념을 제시했습니다. 신약은 구약을 기초로 하되 구약의 계시를 이어받으면서도 더 확장된 진리를 점진적으로 드러낸다는 개념입니다. 마치 벽돌쌓기에서 예전에 놓인 벽돌들 위에 새로운 벽돌들을 쌓아 올리듯 했다는 생각이지요.

하지만 점진적 계시 개념과 통합이론에서 말하는 의식 진화는 네 가지 점에서 다릅니다. 우선 점진적 계시론은 구약의 하느님 이야기가 예수의 가르침과 전혀 모순되지 않는다고 본다는 점입니다. 차라리 구약은 미완성이었다 할지언정 말입니다. **한마디로 점진적 계시는 이전에 쌓은 벽돌을 치우지 않습니다.** 그러나 의식 진화의 관점은 이전과 이후를 명백히 다르게 봅니다. 그래서 이후 단계가 이전 단계의 어느 면은 끌어안되 어느 면은 분명히 거절하거나 극복해야 한다고 말한다는 점입니다. 구약의 하느님은 원수를 죽이지만 예수의 하느님은 원수를 사랑하십니다.

둘째로 점진적 계시론은 신약의 마지막 장을 덮으면서 계시도 끝났다고 봅니다. 신약 이후로 계시는 더 없습니다. 하지만 통합이론은 의식 진화는 현재도 진행되며 앞으로도 계속되리라고 봅니다.

셋째로 점진적 계시론은 계시의 수준이 다양할 수 있다는 원리를 신약에는 적용할 생각을 하지 않습니다. 전통주의자들은 신약의 모든 단어를 하느님에게 직접 받아쓴 것으로 생각합니다. 그래서 앞으로 더 발전의 여지가 있다고 생각하지 않습니다. 기록에 반영된 각각의 의식 수준에 맞춰 평가할 생각을 못 합니다. 그래서 복음서가 전하는 예수의 말씀이나 서신이 전하는 바울로의 말이나 같은 무게로 다룹니다. 그들은 "예수는 주님이시다"를 "성서가 주님이시다"로 바꾸고 맙니다.

마지막으로 점진적 계시론은 그리스도교 외에 계시가 있을 가능성을 부인합니다. 그리스도교와 성서 말고 타 종교와 그 경전에 계시가 들어 있을 리 없다고 봅니다. 반면 통합적 접근은 그리스도교 말고도 여타 종교에서도 고도의 영적 진리를 찾을 수 있다고 봅니다.

충격적일 수!

저는 지금부터 성서의 여러 부분을 언급할 터인데 어떤 이들에겐 충격적일지도 모르겠습니다. 점진적 계시 개념과 통합이론이 말하는 품고 초월하기의 의식 진화가 얼마나 다른지 짚어보려고 합니다. 저와 관점이 다른 사람들을 조롱하거나 전통적 관점에 이미 질린 사람들의 분노를 더 부추길 생각은 없습니다. 다만 준비된 사람들이라면 예수의 메시지를 새롭게 볼 수 있을 겁니다. 성서를 진지하게 받아들이는 전통주의자에게는 자기 관점을 재고해 보자고 권하고 싶습니다. 그래서 예수에게 더 가까이 다가가자고 초청하고 싶습니다. 또 예수 운운은 전근대적이라 치부해버리는 근대 및 포스트모던주의자에게 다시 생각해 보자고 말하고 싶습니다. 저는 예수를 통합적으로 이해하는 것이야말로 통합 교회의 근간이라고 생각하기 때문입니다.

구약에 나타난 의식 진화

1. 전사 단계

성서의 첫 번째 책 창세기는 사람들이 부족 의식단계에서 전사 의식단계로 옮겨가는 과정을 그려줍니다. 그리고 창세기 다음에는 모세의 율법 이야기가 나옵니다. 이는 전통 의식단계가 시작되었음을 알려줍니다. 그러니까 구약에는 부족과 전사, 전통의 세 단계가 모두 등장합니다. 히브리인들의 역사가 시작될 무렵 그들에겐 인생의 많은 부분이 이해 불가였습니다. 따라서 세상의 모든 것을 조종하는 셀 수 없는 신령들이 잘 봐주기만을 빌 따름입니다. 마술과 미신의 신령들이란 그저 달래고 비위를 맞춰서 할 대상들입니다. 그래서 자신들을 해치지 않게 하고 혹시 가능하다면 도움도 좀 얻으면 좋은 그런 대상들이지요. 이때의 종교란 느닷없이 성내는 신들을 달래기 위해 희생제물을 바치는 것이 핵심입니다. 인간이 희생제물이 될 때도 있습니다. 사람들이 부족과 하나가 되어야만 보호를 받을 수 있는 시대였습니다. 마법 세계의 공격적인 신들이나 다른 부족으로부터 보호받으려면 말입니다. 따라서 부족 시대의 의식을 지배하는 것은 두려움이었습니다.

그런데 창세기에는 누구보다 강하고 폭력적인 전사가 등장하는데 바로 하느님입니다. 성서 저자들은 인류 초창기에 하느님이 어마어마한 홍수로 악한 인간들을 싹 쓸어버린 적이 있다고 기록합니다. 그 후에 다시 지상에 인간들을 거주케 하셨다는 겁니다. 그런데 하느님께서 왜 그런 재앙을 내리신 걸까요? 이유인즉 "땅이 폭력으로 가득했기 때문"이랍니다.[1] 그러니까 하느님은 폭력을 폭력으로 응징하는 전사의 길을 택하신 것입니다!("왜 살인이 잘못임을 가르치려고 살인하는가?"라는 차량 스티커가 생각납니다.)

하느님이 일으킨 홍수는 노아와 그 가족을 제외한 모든 사람을 죽게 만듭니다. 그런데 주일학교에서 아이들에게 이 이야기를 들려줄 때는 이런 식입니다. 하느님께서 노아와 그의 가족을 구해주시고 다시는 그런 재앙을 보내지 않겠다고 약속하셨으니 얼마나 멋지냐는 거지요. 이 하느님이 예수의 압바 하느님과 같다고 말하는 건 정말 어이가 없습니다.

어느 테러리스트가 수천의 사람이 밀집해 일하는 건물을 날려버렸다 칩시다. 그런데 폭발 전에 무슨 연유인지 한 가족만 거기서 빠져나오도록 했습니다. 그런 다음 건물 전체를 폭파해 사람들을 몰살시켰습니다. 그러면 우리는 한 가족을 살린 테러리스트의 자비심을 칭송해야 할까요? 아니면 수천의 생명을 앗아갔음에 경악해야 할까요? 다시는 그런 짓을 하지 않겠다고 해서 그를 면책

---

1 창세 6:11.

해주어야 할까요? 신문 기사 제목을 "한 가족을 살린 멋진 폭탄 테러범, 다시는 사람을 폭탄으로 날려버리지 않겠다고 약속하다"로 뽑아야 하는 걸까요? 말도 안 됩니다. 그런데도 그게 정확히 우리가 노아 홍수 이야기의 하느님을 윤색해 예수의 하느님과 부합하게끔 물을 타면서 하는 짓입니다. 하느님은 한 가족의 구원자이자 다시는 폭력을 쓰지 않겠다고 약속하는 은혜로운 존재라는 것이지요. 좀 더 높은 관점, 더 큰 사랑이라는 관점에서 보자면 이런 하느님이란 암만 해도 대량 학살을 서슴지 않는 괴물처럼만 보입니다.

하지만 부족이나 전사 단계의 의식에서 보자면 이 이야기는 충분히 말이 됩니다. 하느님은 마법 및 전사의 행동으로 보복한다는 렌즈, 즉 그 시대의 유일한 렌즈로 하느님을 말하고 있기 때문입니다. 그 시대 사람들이 죄다 전사 의식으로 살고 있는데 하느님도 전사 같은 존재라고 해야 소통이 됩니다. 그리고 **바로 그 전사 하느님이 당대의 사람들을 움직여 진일보하게 한 것입니다!**

인류 초창기 어느 시점에선가는 성서 저자들은 기록하기를, 하느님이 아브라함더러 사랑하는 외아들 이사악을 불에 태워 제물로 바치라 했다는 겁니다. 그 시절 부족들에게 인간을 희생제물로 바치는 일은 흔했습니다. 아브라함도 군말 없이 아들을 데리고 산으로 올라가 제단에 묶어 올려놓은 다음 칼을 들어 죽이려 했습니다. 과연 하느님이 그렇게 명령했다고 믿어서였지요. 그런데 마지막 순간에 천사가 나타나 아브라함을 말립니다. 그러면서 하는 말이 하느님께 얼마나 헌신하는지 시험한 건데 그 시험에 통과했다는 겁니다. 이로써 아브라함은 모든 미래세대에 참 신앙과 영성의 표본이 됩니다.

그런데 만약 아브라함이 오늘날 자기 집 지붕에 올라가 아들을 하느님께 희생제물로 바치겠다고 칼을 쳐들었다면 어찌 되었을까요? 현대인의 의식 수준에서 보자면 누구라도 경찰에 신고하거나 아브라함에게 달려들어 몸싸움을 벌이거나 했을 것입니다. 그리고 아동이나 가족 관련 복지과에 신고해 아이를 분리하게 하고 아브라함은 아동 학대죄로 체포했을 겁니다. 이때 아브라함이 아무리 하느님이 시켜서 그랬다고 변명한들 소용이 없을 겁니다. 그것은 현대의 감수성과 법체제가 부족이나 전사 단계를 벗어났기 때문입니다. 그런데 그런 현대인이 전통 의식단계 교회에 다니며 구약의 이야기를 들을 때는 부지불식간에 세계관을 바꾸는 모양입니다. 그러면서 자기가 믿는 하느님이 정말 그 이야기 속의 그런 하느님이라고 믿습니다.

하지만 의식 발달론의 관점에서 볼 때 아브라함과 이사악의 이야기는 의식 진화 과정의 한 분기점입니다. 인류는 어느 시점부터 인간을 희생제물로 바치는 행위를 그만두었습니다. 아들을 하느님에게 불살라 바칠 필요가 없더라는 아브라함의 깨달음과 더불어 인류는 빛나는 일보를 내디딘 것입니다. 이 이야기를 통해 모세는 영적 발달의 새로운 수준을 소개한 것이지요. '하느님은 오직 한 분이며 그 하느님은 인신 공양 같은 건 원치 않으신다!' 하고 말입니다. 이제 인간 대신 동물과 곡물을 바치기만 해도 전사 신을 만족시키고 분노치 않게 할 수 있다는 새로운 수준의 의식이 열렸습니다.

2. 전사 하느님의 행위

구약에는 하느님을 복수의 전사로 인식하는 구절들이 나옵니다. "그들이 길에서 밤을 보내는데 주께서 모세를 만나자 그를 죽이려고 하셨다."[2] 아니 하느님이 누굴 죽이려고 맘먹으신다면 간단한 일 아닌가 하는 생각이 드는 구절입니다.

이 일 이후에 모세는 다분히 폭력적인 마법을 써서 파라오의 마음을 돌립니다. 그래서 이스라엘 백성을 이집트에서 내보내게 만듭니다. 이때 하느님이 지시하는 대로 강이 피로 변하고, 개구리 떼, 해충, 파리떼가 들끓고, 가축이 병들며 사람들 몸에 종기가 나고, 우레와 우박, 메뚜기 떼, 어둠이 덮치더니 종국에 이르러 하느님은 모든 이집트인의 맏아들을 죽입니다. "한밤중에 주께서 이집

---

2 출애 4:24.

트 땅의 모든 장자들을 치셨다."[3]

이집트의 모든 맏아들, 그러니까 이스라엘을 노예로 붙잡아둔 죄로 무고한 평민들의 맏이까지 죽임을 당한 것입니다. 성서 저자들은 이 모든 게 하느님이 하신 일이라고 기록합니다. 애초에 파라오의 마음을 고집스럽게 해 이스라엘을 풀어주길 거절하게 만든 것도 하느님이라고 기록합니다. "야훼께서 파라오로 하여금 억지를 부리게 하셨으므로 그는 그들의 말을 듣지 않았다."[4]

사무엘상 18장 10절에 보면 하느님이 악한 영을 보내 사울을 괴롭히게 했다는 구절이 나옵니다. 이 또한 마법 세계의 신관과 부합하는 기록입니다. 이사야 역시 선과 악이 모두 하느님에게서 나온다고 기록합니다. "나는 주이니 나밖에 다른 이가 없다. 나는 빛을 만들고 어둠을 창조하며 복을 주는 이도 나요, 재앙을 주는 이도 나다. 내가 이 모든 일의 주다."[5]

여호수아도 좋든 나쁘든 모든 일의 배후는 하느님이라고 말합니다. "그들의 마음을 완고하게 해서 이스라엘과 싸우러 나오게 하신 이도 하느님이시니 이로써 그들이 망하고 아무 자비도 입지 못한 채 주께서 명하신 대로 멸절되게 하시려는 것이다."[6]

법과 질서의 단계를 소개한 모세

이후 모세는 이스라엘 백성에게 율법을 주고 이를 따르며 살게 합니다. 이것은 규범을 따라 사는 새로운 의식의 수준입니다. 모세 시대에 세상이 전사 단계에서 '법과 질서' 수준으로 이행되었음을 의미합니다. 우리가 '전

---

3 출애 4:24.
4 출애 9:12.
5 이사 45:6-7.
6 여호 11:20.

통' 단계라 명명한 수준이 시작된 것입니다. 당시 이스라엘의 율법은 토라의 네 책 출애굽기, 레위기, 민수기, 신명기에 자세히 나옵니다.

아직도 우리 주변을 맴도는 전사 하느님

율법은 주어졌어도 하느님의 폭력도 전사 의식단계도 여전히 기승을 부립니다. 한 문화가 다음 단계로 이행하는 데는 시간이 오래 걸립니다. 하느님은 여전히 이렇게 말합니다. "내가 이 땅과 거기 사는 사람들을 다 너희 손에 넘길 터이니 너희 앞에서 그들을 몰아내라. 결국엔 그들을 다 죽여 없애야 할 것이다. 그들에게 자비를 보이지 마라."[7]

민수기에는 이런 기록이 나옵니다. "이스라엘이 아직 광야에 있을 때 한 남자가 안식일에 나무를 주워 모으다 발각되었다. 그때 주께서 모세에게 '그를 사형에 처할지니 온 회중이 모여 장막 바깥으로 그를 끌어내어 돌로 쳐라'하고 이르셨다."[8]

시편에는 150편의 시가 담겨있습니다. 그 가운데는 23편처럼 위안과 영감을 주는 멋진 시들이 많습니다. 반면에 하느님의 이름으로 원수를 증오하고 파괴하는 내용을 담은 시가 무려 100편이 넘습니다. 그중 둘만 인용해보겠습니다. "죄인들아, 이 세상에서 사라져 버려라! 악인들아, 너희 또한 영원히 사라져라! 내 영혼아, 주님을 찬미하여라!"[9] 또 다른 시에는 이런 구절이 있다. "네 어린 것들을 잡아다가 바위에 메어치는 사람에게 행운이 있을지라."[10]

구약에는 명백히 폭력성을 드러내는 구절이 6백 개가 넘고 인간을 폭력

---

7 출애굽기 23장과 신명기 7장.
8 민수 15:32-35.
9 시 104:35.
10 시 137:9.

적으로 징벌하는 하느님을 언급하는 구절은 1천 개가 넘습니다. 하느님이 직접 살인을 명령하시는 대목만도 1백 곳이 넘습니다.

폭력이 특징인 하느님

폴마이어(Jack Nelson-Pallmeyer)는 폭력이 성서의 지배적 주제이자 하느님의 지배적 특징이라고 결론짓습니다.[11] 성서는 온갖 살인과 죽음의 찬양서 같아 보일 지경이라는 겁니다!

오늘날 누가 구약의 하느님처럼 행동한다면 필경 범죄자요 정신병자 취급을 받았을 것입니다. 제가 이렇게 좀 거북하게 들릴 말을 하는 까닭은 우리 그리스도인들이 좀 더 예수의 가르침을 따랐으면 해서입니다. 하느님은 친절하시며 악인에게도 자애롭다고 하신 예수의 말씀이 참이라면 성서에서 발견할 수 있는 이 폭력적인 구절들로 하느님의 상을 특징짓는 것은 말이 안 됩니다.

성서 사랑

저는 성서를 사랑하면서 자랐습니다. 고등학생 때는 성서클럽(1950년대에는 그런 게 있었습니다) 회장이었고 학창 시절 내내 다른 책들 위에 성서를 보란 듯이 얹고 다녔지요. 저는 지금도 성서를 몹시 사랑합니다. 예수를 제 인생의 주인으로 삼았을뿐더러 이전의 하느님 상, 그리스도를 닮지 않은 하느님 이해를 수정할 수 있었기 때문입니다.

하필 이 책을 쓰고 있는데 고등학교 시절 성서클럽의 일원이었던 친구가 이메일을 보냈습니다. 아마 옛 성서클럽 회장에게 무슨 일이 있었는지

---

11 그의 책 *Jesus Against Christianity: Reclaiming the Missing Jesus*와 *Is Religion Killing Us?*.

궁금했던 모양입니다. 그는 지금도 과거의 관점을 고수하고 있는 터라 그의 환상을 깨고 싶지 않았습니다. 하지만 전 간증의 힘을 믿습니다. 그래서 저의 간증을 통해 그가 다른 관점을 접해보도록 격려하고 싶었습니다. 그래서 제 웹사이트(www.revpaulsmith.com)를 보면 제 생각이 바뀌어온 흐름을 이해할 수 있을 것이라 답했습니다. 그 친구는 다시 이메일을 보내왔습니다. 그리고 제게 왜 성서를 문자적으로 이해하길 그쳤는지 묻더군요. 저는 이렇게 답장을 보냈습니다.

내가 성서의 문자적 이해 방식을 그만둔 건 성서 문자를 따르기보다 예수를 따라야겠다고 결심한 탓이네. 그전에 나는 예수의 하느님 이해와 성서의 다른 부분이 어떻게 조화를 이룰 수 있는지 고심했었지. 예수의 압바는 무조건적 사랑이고 모두를 품으시는 하느님 아닌가. 그런데 성서의 다른 부분에서 말하는 진노하고 보복하는 하느님이란 도무지 예수의 하느님과 양립할 수 없다고 보았네. 인간을 홍수로 쓸어버리시는 하느님, 다른 이들을 무자비하게 살해하라고 하시는 하느님이 지켜웠고 예수와는 조화를 이룰 수가 없었지. 암만해도 대다수 인간을 지옥으로 보내버리는 하느님과 예수가 말씀하시고 본받아 행동하신 하느님을 화해시킬 재간이 없었네. 마침내 예수에 헌신하는 마음이 이겼다고나 할까. 이러한 결심을 삼십여 년 전 한 이래로 나는 영적으로 훨씬 성장하고 이해도 깊이 하게 되었다고 생각한다네.

그러자 그 친구는 이런 답장을 보내왔습니다.

나도 같은 의문을 품은 바 있네만 우리의 유한한 정신이 어떻게 무한하고 전지한 마음을 헤아릴 수 있겠나. 신앙과 신뢰란 결국은 그런 게 아닌가 하고 나는 생각해. 하느님이 모든 것을 우리에게 설명하실 필요는 없지.

예전에 어느 심리학 교수가 이런 말을 했어. "성숙이란 삶의 모호함을 받아들이는 능력"이라고 말일세.

그 친구의 답장에는 신앙과 신뢰라는 말이 들어 있습니다. 하지만 저는 아무래도 그 친구가 예수 그리스도보다 성서 문자를 신앙하고 신뢰하는 것이라는 생각이 들었습니다. 여하튼 제가 지금도 성서를 사랑할 수 있는 건 제가 성서를 새로운 눈으로 보고 있기 때문입니다.

예언자 ─ 영적 진화를 부추긴 사람들

구약성서는 아브라함이나 모세 같은 위대한 지도자들이란 영적 진화를 추동하는 영의 부르심을 귀 기울인 인물들이었음을 보여 줍니다. 그래서 이들은 이전과는 완전히 다른 새로운 길로 이끌렸던 것입니다. 또 사람을 해방하는 새로운 빛을 전한 위대한 영혼들이 있었으니 예언자들입니다. 예언자들은 영의 음성을 듣고 사람들이 더 높은 영성의 길을 걷도록 이끌었습니다. 그들은 억압에 맞서 외쳤고 자비를 역설했습니다. 그리고 사람들을 향한 하느님의 사랑을 말할 때는 여성적 이미지, 즉 모태와 같은 자애로움으로 표현하곤 하였습니다.[12]

예언자들이 전하는 하느님은 이스라엘 백성과 씨름하시는 하느님입니다. 그래서 그들의 잠재 역량을 충분히 발휘해 만국의 빛과 축복이 되게 하려는 하느님입니다.[13] 하느님이 이스라엘을 축복하신 이유는 이스라엘을 통해 온 세상을 축복하시기 위함입니다. 즉, 영은 사람들을 일깨우는데 이는 깨어난 사람들을 통해 인류가 더 진화하도록 이끄시기 위함입니다. 즉, 인류의 의식이 종족

---

12 예레 31:20; 이사 46:3-4.
13 창세 18:18; 이사 42:6.

중심의 부족 의식을 넘어 세계 중심적 의식으로 나아가도록 예언자들을 통해 부추기신 것입니다.

예언자들은 더 진화한 의식의 소유자들인지라 이전에 모세가 도입한 율법과 성전 제사를 비판할 수 있었습니다. 예언자들의 하느님은 "내가 반기는 것은 제물이 아니라 꾸준한 사랑이요 번제물이 아니라 나를 아는 것"이라고 말씀하시는 존재입니다.[14] 예수도 호세아를 인용하면서 종교 지도자들에 맞섰습니다. "너희는 가서 '내가 바라는 것은 동물을 잡아 나에게 바치는 제사가 아니라 이웃에게 베푸는 자선이다' 하신 말씀이 무슨 뜻인가를 배워라."[15]

분노의 전사 같은 구약의 하느님은 영적 진화 과정에서 그 시대의 전사, 자기중심적 단계에는 부합했습니다. 그 시대는 하느님을 필경 그런 식으로 사고할 수밖에 없었습니다. 하지만 그런 시대에서조차 하느님은 예언자들이 당대를 뛰어넘고 문화를 넘어서도록 추동하신 것입니다. 그래서 새로운 수준으로 진화하고 나아가 세계 중심적 수준으로까지 도약하도록 밀어붙이신 겁니다.

이스라엘의 영적 진화 과정을 전하는 이야기 여기저기에 놀라운 통찰과 지혜가 들어 있음을 잊지 마십시오. 워낙 우리는 구약의 아름답고 영감 넘치는 좋은 내용에 익숙합니다. 그러니 그런 내용을 여기 다시 열거하지는 않겠습니다. 시편 23편이나 창세기 1장, 이사야 52장 같은 대목을 누가 잊겠습니까. 다만 우리가 구약의 아름다운 이야기를 기억하는 동안 하느님의 분노에 관한 내용은 곧잘 윤색된다는 점, 그 내용이 예수의 하느님과 얼마나 상충하는지 잘 모르고 넘어간다는 점만 기억합시다.

---

14 호세 6:6.
15 마태 9:13, 12:7.

마침내 등장한 예수

예수는 통합이론을 몸소 몸으로 실천한 분이라 할 수 있습니다. 물론 지금 우리가 알고 있는 통합이론대로는 아니지만 말입니다. 그러나 예수는 다분히 통합적 의식을 당대의 문화에 적합한 방식으로 실천했다고 말할 수는 있을 겁니다. 예수는 영적 발달에 단계들이 있음을 보여 주었으니까요.

예수는 유대인들이 율법적 생활방식을 확고히 하고 있던 시기에 등장하였습니다. 유대인들이 율법을 완전하게 살아내고 있었다는 뜻은 아닙니다. 기본적으로 인생을 율법의 관점에서 바라보는 시대였다는 얘기일 뿐입니다. 문자 그대로 전통 의식, 즉 외적인 법과 질서로 사는 단계였던 것이지요. 예수가 더불어 자라난 유대교란 석판에 새겨진 토라의 종교였습니다. 그리고 그 법은 바꿀 수 없는 것이었습니다. 재해석될 수는 있지만 바꿀 수는 없습니다.

바꾸고자 한 예수

예수는 변화를 허용하는 정도가 아니라 변화를 강력히 요구하는 가르침을 펼쳤습니다! 영성 발달의 새로운 차원을 소개하는 방식으로 말입니다. 예수는 곧잘 이렇게 말했습니다. "너희는 이렇게 들었을 테지만 나는 이렇게 말하겠다." 이전 수준의 이해 방식이 어떤 건지 알지만 자신은 새로운 수준을 제시하겠다는 말씀입니다.

예수는 살인하지 말라는 말씀을 너희는 옛날부터 듣지 않았느냐고 묻습니다.[16] 물론 그 자체로 좋은 율법입니다. 그러나 예수는 거기서 한 걸음 더 나아가 사람들 내면의 태도를 묻습니다. 그리고 속마음부터 분노에 사로

---

16 마태 5:21.

잡히지 않도록 하라고 말합니다.

예수는 간음하지 말라는 말씀도 듣지 않았느냐고 묻습니다.[17] 그런 다음 내면의 태도로 초점을 옮깁니다. 여성을 소유물로 여겼던 시대입니다. 속마음부터 남의 여성을 훔치거나 내 물건처럼 소유하겠다는 의도로 쳐다보지 말라고 말합니다.

예수는 또 너희는 "눈에는 눈, 이에는 이"라는 원칙을 듣지 않았느냐고 묻습니다. 이는 구약의 지배적 주제라 할 폭력성을 언급한 것입니다. 그리고 예수는 그것도 넘어서자는 가르침을 펴고 있는 것입니다.[18]

눈에는 눈, 이에는 이라는 동해보복(同害報復)의 법도 사실 이전 기준에서 보면 진일보한 것입니다. 이전 시대에는 눈이나 이를 상하게 한 사람을 아예 죽여버린다든지 더 큰 폭력으로 보복하는 일이 만연했습니다. 그러나 예수는 이 동해보복법보다 더 나아가 아예 보복하지 말자고 말합니다.[19] 그는 분명하게 토라가 말하는 옛 법을 거절하고 그 자리에 새로운 법을 제시한 것이지요.

가장 깊고 큰 변화

다른 어떤 말씀보다도 이전 단계를 뛰어넘는 가장 깊고 큰 변화의 말씀을 예수는 이렇게 시작합니다. "너희는 네 이웃을 사랑하고 원수는 미워하라는 말씀을 들었다."[20]

그런데 원수는 미워하라는 말씀을 어디서 들을까요? 이스라엘 백성의 성서인 구약 거의 전체에서 그렇게 말하고 있습니다! 이스라엘의 역사 내내

---

17 마태 5:27.
18 마태 5:38. 출애 21:24와 레위 24:19를 인용한 것이다.
19 마태 5:39 이하.
20 마태 5:43.

하느님은 원수를 미워하는 하느님이었습니다. 그리고 백성에게도 원수는 미워하라고 가르치는 그런 하느님이었던 셈입니다.

그런데 이제 예수는 새로운 하느님 상을 소개합니다.

> 그러나 나는 이렇게 말한다. 원수를 사랑하고 너희를 박해하는 사람들을 위하여 기도하여라. 그래야만 너희는 하늘에 계신 아버지·어머니의 아들이 될 것이다. 아버지·어머니께서는 악한 사람에게나 선한 사람에게나 똑같이 햇빛을 주시고 옳은 사람에게나 옳지 못한 사람에게나 똑같이 비를 내려주신다.[21]

예수는 완전히 새로운 단계, 즉 무조건적 사랑을 말합니다. 그래야만 하느님 닮은 하느님의 자녀가 된다는 것입니다. 이는 완전히 새로운 신관입니다. 이로써 예수는 구약 전체에 흐르는 하느님의 상, 즉 적에게 분노하고 폭력으로 보복하는 신관을 거부한 것입니다. 이제 하느님은 악인에게도 친절하고 자비로우신 존재라는 새로운 관점이 등장했습니다. 예수는 이 관점을 따랐고 그렇게 가르쳤습니다. 그는 구약 및 후일 신약 일부에도 수용되는 폭력적 하느님 개념에 정면으로 맞선 것입니다. 당대의 소위 '죄인들'을 향해서 예수는 그가 가진 하느님의 상처럼 친절하고 자애로웠습니다. 하느님은 자비로운 분이지 보복하는 존재가 아니라는 것, 그것이 예수가 압바 하느님과 맺은 관계의 본질입니다. 하느님이 예수의 말씀과 같은 분이라면

---

21 마태 5:43-45, 루가 6:35-36(저자 폴 스미스는 여기서 옥스퍼드대학교 출판사에서 발행한 신약과 시편에 대해 장황하게 설명한다. 영역본의 남성형 언어를 성차별적이지 않게 수정한 역본이다. 우리말 성서에는 해당되지 않으므로 그의 설명을 생략했음을 밝혀둔다. 다만 헬라어 본문과 현대어 역본 사이의 피할 수 없는 긴장 관계를 지적한 것과 예수가 신을 '아버지'라 한 것도 '아빠'와 같은 친밀감 및 예수 시대의 '아버지'란 사실 어머니를 포함하여 전 가족을 지칭한다는 점에서 현대의 용법과 차이가 난다는 그의 설명 정도 소개하기로 한다. -역자 주).

구약이 그토록 열심히 반복해서 말하는 복수의 신일 수는 없습니다. 예수가 소개한 의식의 새로운 단계에 따르면 하느님은 오로지 자비일 뿐입니다. 자비와 복수가 희한하게 뒤섞인 그런 존재가 아닙니다. 그런데도 지금 예수를 따른다는 사람들이 예수가 가르친 대로 하느님을 믿지 않습니다.

전통 수준의 이해, 즉 성서는 어디서든 똑같이 하느님을 계시한다는 생각은 이제 포기해야만 합니다. 적어도 근대 이성의 단계로 넘어가기 위해서는 말입니다. 근대 의식을 지닌 사람들이 볼 때 하느님은 무조건적 사랑이라는 예수의 관점과 하느님은 어떨 때는 사랑하고 어떨 때는 복수하신다는 관점은 양립 불가능합니다. 그 상반된 관점을 견지한다는 것은 한 마디로 이성적이 아닙니다.

완성, 다 마치고 초월하는 것

예수 중심으로 성서를 읽자면 소위 성서의 영감 받은 말씀 중 일부는 이제 기한 만료 되었다고 봐야 합니다. 복음서 중 가장 유대인 성향을 띤 마태복음에서 예수는 단계발달의 원리를 이렇게 밝힙니다. "내가 율법이나 예언서의 말씀을 없애러 온 줄로 생각하지 말아라. 없애러 온 것이 아니라 오히려 완성하러 왔다. 분명히 말해 두는데, 천지가 없어지는 일이 있더라도 율법은 일점일획도 없어지지 않고 다 이루어질 것이다."[22]

대체 무엇이 다 이루어진다는 것일까요? 바로 율법과 예언서의 일입니다. 사람들은 '법과 질서' 단계에서 해야 할 일을 배우고 행했습니다. 이전에는 전사 단계였던 데서 한걸음 진보하여 전통의 체제 순응 단계로 중심 이동을 한 것입니다.

예수가 율법을 완성하러 왔다는 말은 무슨 뜻일까요? 어떤 학자는 '완

---

22 마태 5:17-18.

성'이란 말을 이렇게 풀이합니다. 예수는 하느님의 말씀을 완전히 성취하러 왔다는, 즉 하느님의 의도, 그 총량에 도달하도록 만들기 위해 왔다는 뜻이라는 겁니다.[23] 통합이론 식으로 말하면 예수는 전통 이후의 의식단계로 선도하기 위해 왔다는 뜻이 됩니다. 이것이야말로 통합 의식의 사고방식입니다. 이전 단계의 좋은 것은 품고, 버려야 할 것은 버림으로써 완결 짓고 뛰어넘자는 것이니까요.

우리가 유아기일 때 유아기로서 할 걸 하고 배울 걸 배우면 그 단계는 완성했다고 말합니다. 건강하게 몸무게도 늘고 몸도 어느 정도 커지고, 부모와 정서적으로 유대 관계가 생기는 등 말입니다. 이렇게 그 단계를 성공적으로 거치면, 즉 완성하면 다음 단계로 넘어갈 준비가 된 것입니다. 즉, 유아기를 초월할 때가 되었다는 말이지요. 그런데 그런 일들이 안 벌어지면, 그래서 그 단계가 완성이 안 되면 문제입니다. 다음 단계로 이행하기 어렵게 됩니다. 10대가 되면 사춘기의 번민과 복잡함을 잘 끌어안을 수 있어야 합니다. 그래야 청소년기를 잘 초월하고 성인기로 나아갈 수 있습니다. 그런데 사춘기를 제대로 보내지 못하면 거기 발목이 잡힙니다. 따라서 제대로 성인기를 맞이할 수 없지요. **'완성'이란 특정 단계의 과업을 잘 수행하여 다음 단계로 넘어갈 때가 되었음을 말하는 것입니다.**

예수는 율법을 폐하러 온 게 아니라고 했습니다. 그러니까 예수는 전통 단계를 폐지하러 온 게 아닙니다. 통합의 관점에서 볼 때 모든 단계는 나름의 기능을 제대로 발휘해야 합니다. 그 단계를 완성했다고 해서 아동기나 사춘기가 폐지되는 게 아닙니다. 다만 그 기반 위에 더 쌓아 올릴 따름입니다. 포함하고 초월한다는 말이지요. 그 단계를 잘 끌어안아야 다음 단계로 제대로 올라갈 수 있으니까요. 발달심리학자들은 예수가 말하는 율법의 단계를 '순응의 단계' 혹은 '법과 질서의 단계'라고 부릅니다. 한 개인의 발달

---

23 Kittel, *Theological Dictionary*, VI: 294.

과정에서 보면 대략 일곱 살에서 시작해서 사춘기까지를 말합니다. 건강한 성인기를 맞이하려면 이 과정을 잘 거쳐야 합니다. 아이가 이 단계를 '완성' 해야만 제대로 어른으로 개화됩니다. 어느 한 문화가 전체로 이 '법과 질서' 단계에 머물러 있을 수 있습니다. 전사 단계에 있는 사람은 마땅히 전통, 법과 질서 단계로 나아가는 게 과제입니다. 그렇게 한 단계를 '완성'해야 더 높은 단계로 나아갈 수 있는 것입니다.

예수도 이전 단계를 존중하고 그 단계를 잘 성취하는 게 중요함을 인정한 셈입니다. 물론 그 단계를 넘어 진보해야 함을 역설하지만 말입니다. 그는 이런 식으로 말씀합니다. "나는 분명히 말한다. 일찍이 여자의 몸에서 태어난 사람 중에 세례자 요한보다 더 큰 인물은 없었다. 그러나 하늘나라에서 가장 작은 사람이라도 그 사람보다는 크다. 세례자 요한 때부터 지금까지 하늘나라는 폭행을 당해 왔다. 그리고 폭행을 쓰는 사람들이 하늘나라를 빼앗으려고 한다."[24]

세례요한은 구약의 예언자 스타일로 회개하라고 외친 인물입니다. 그런데 예언자들은 구약의 전사 의식단계에서 활동한 인물들입니다. 세례요한도 영적인 영역에 상당히 투쟁적으로 다가갔습니다. 그런 그를 예수는 큰 인물이라고 인정한 것입니다. 즉 자신이 속한 단계에서 보면 그렇다는 것이지요. 그래 놓고 예수는 새로운 단계를 소개하고 있습니다. **전혀 폭력적이지 않은 하느님의 세계를 선보인 것입니다!** 이 새 단계에서 보자면 세례요한의 폭력적 접근은 크게 평가할 수 없게 됩니다. 그래서 "하늘나라에서 가장 작은 사람이라도 그 사람보다는 크다"라고 말할 수밖에 없게 되는 겁니다.

예수는 모세를 존중하면서도 모세 전통의 어떤 부분은 거절하였습니다. 모세를 넘어서는 모습을 보이신 것이지요. 바울로도 율법을 존중하면서도 근본적으로 넘어섭니다. 그가 볼 때 율법의 단계는 예수가 새 단계를 열

---

24 마태 11:11-12.

때까지만 유효한 것입니다("율법은 그리스도께서 오실 때까지 우리의 후견인 구실을 하였습니다").[25]

유대인들은 율법의 단계를 충분히 경험했다고 할 만큼 오랜 세월 그 단계에 머물렀습니다. 그들이 그 단계를 완성했다고 말하는 것은 아닙니다. 다만 그 단계를 충분히 알아서 삶을 그 관점으로 바라볼 수 있었다는 뜻입니다. 그런데 이제 예수가 와서 이성 및 초이성적 신비 수준을 소개한 것입니다.

의식 성장의 단계를 우회하거나 생략할 수는 없습니다. 각 단계를 충분히 거치고 완성해야만 합니다. 이제 겨우 2수준인데 5수준으로 껑충 뛰는 일은 없습니다. 감당이 안 되기 때문입니다.[26] 2, 3, 4단계를 차례로 거쳐야 5단계에 오를 수 있습니다. 의식의 고도 하나하나를 잘 배우고 이해해야, 신약의 표현을 빌자면 '완성'해야만 다음 단계를 기약할 수 있는 것입니다.

옛 종교 체제를 넘어선 예수

예수는 당대의 성전 중심, 죄/희생제의, 사제와 희생제물이 특징인 종교 체제를 넘어서신 분입니다. 그러면서도 구약의 예언자 계보를 잇습니다. 호세아나 아모스, 미가가 "제물이 아니라 사랑, 제물보다 하느님의 마음을 알라"고 선언하는 그 흐름에 서신 분입니다.[27] 그래서 예수는 당대 종교 지도자들과 맞설 때마다 예언자들을 인용합니다. "내가 바라는 것은 동물을 잡아 나에게 바치는 제사가 아니라 이웃에게 베푸는 자선이다 하신 말씀이 무슨 뜻인가를 배워라"[28]라고 말씀합니다.

예수는 하느님의 이름으로 죄를 용서해주었습니다. 이는 당시 사제들만

---

25 갈라 3:24.
26 요한 16:12.
27 호세 6:6; 아모 5:22; 미가 6:6.
28 마태 9:13, 12:7.

이 성전에서만 할 수 있었던 행위입니다. 지금도 그런 식으로 하면 전통 교회에는 위협이 될 겁니다. 하지만 예수는 심지어 회개하지 않은 죄인들마저도 이미 용서받은 것이라고 선언합니다![29] 생각해 보십시오. 하느님이 이미 우리를 용서하셨다면 그보다 더 좋은 일이 어디 있겠습니까. 오늘날에도 존재하는 전통 의식단계의 죄, 회개, 구원이라는 체제보다 훨씬 좋은 복음입니다!

예수 당시의 유대인들은 이방인과 자신들을 엄격하게 구별하였습니다. 자기네는 율법을 지키고 엄격한 정결법을 준수합니다. 그러나 이방인들은 그러지 않을 뿐만 아니라 아예 율법 자체가 없습니다. 하지만 예수는 이제 외적인 율법 같은 건 불필요하다고 선언하신 것입니다. 대신 마음의 정결이라는 훨씬 깊고 내적인 수준으로 그들을 이끌고자 하였습니다.

모세 율법의 하느님은 멀리 떨어져 계신 존재입니다. 하지만 예수는 그런 하느님 상도 넘어섭니다. 가족의 이미지를 동원하여 자식을 친근하게 사랑하는 아버지로 하느님을 소개합니다. 더 급진적으로 하느님은 우리 내면에 계신 영입니다. 이렇게 예수의 하느님은 우리와 가까이 계신 분입니다.

그는 여성과 같은 사회 집단을 천시하거나 억압하는 문화 방식도 거부했습니다. 그리고 사마리아인이나 로마의 백부장같이 종교적 관점이 다른 사람들도 수용하였습니다. 사회적으로 버림받은 사람들, 창녀, 세리, 병자, 문둥이, 가난한 사람들을 예수는 기꺼이 받아들였습니다.

예수는 유대교의 어떤 부분은 품고 어떤 부분은 뛰어넘습니다. 그런 방식으로 당대의 종교가 새로운 수준을 향해 움직이도록 했습니다. 이는 우리가 어떤 역사적 종교 전통을 다루든지 모범이 될 만합니다.

---

29 마태 9:2; 마르 2:5; 루가 5:20, 7:48.

구약의 폭력적 하느님 문제와 씨름한 초대교회

초대 그리스도교회 지도자 중에는 구약과 예수 사이에 심각한 차이가 있음을 의식한 이들이 있었습니다. 마르키온도 그런 사람 중 하나였습니다. 그는 그 차이가 너무 커서 구약의 하느님과 예수의 하느님은 아예 다른 존재라는 결론을 내렸습니다.[30] 그러나 통합 의식의 시각에서 보면 그 둘은 서로 다른 의식 수준에서 비롯된 하느님 이해 방식일 뿐입니다. 하느님이 다른 게 아니라 우리가 하느님이라 부르는 궁극의 신비를 서로 다른 렌즈로 보았을 뿐입니다.

바울로가 "마음을 새롭게 하여 새사람이 되시오"[31] 했을 때 의식 발달과 그 인지적 측면을 짚은 말이라 할 수 있습니다. 하느님은 우리가 변화되길 원하십니다. 그런데 바울로는 어떻게 변화가 일어나는지 그 실마리를 보여 줍니다. 즉, 마음을 새롭게 하는 것입니다. 그것이 영적 자각의 나선형 궤도를 따라 위로 올라갈 수 있는 실마리입니다. 모든 것을 에고의 제한된 관점이 아니라 하느님의 관점으로 보라는 말입니다. 물론 우리가 새로운 수준에 거하기 위해서는 실제로 그 수준을 경험할 수 있어야 합니다. 하지만 경험 이전에 다음 수준이 무엇인지 인지하는 일이 먼저일 때가 많습니다.

더 높은 수준들을 예견한 예수

예수는 계속 진화하는 영성 생활에 더 높은 단계가 있음을 시사했습니다.

---

30 *Against Marcion, Tertullian,* bk 1, 8 June 2008,
   www.newadvent.org/fathers/0312.htm.
31 로마 12:2.

아직도 나는 할 말이 많지만 지금은 너희가 그 말을 알아들을 수 없을 것이
다. 그러나 진리의 성령이 오시면 너희를 이끌어 진리를 온전히 깨닫게
하여주실 것이다.[32]

통합이론의 용어로 말하자면, 예수는 앞으로도 더 많은 의식의 수준과
단계가 있음을 말한 것입니다. 우리가 영에 귀 기울인다면 앞으로도 계속
진화하리라는 것이지요. 한껏 줄여 얘기해본다면, 예수는 세 단계를 말합니
다. 옛 단계, 현 단계, 다음 단계입니다. 그런데 위에 인용한 예수의 말씀은
다음 단계가 하나가 아니고 한참 많다는 겁니다. 그러니 영은 계속해서 우
리가 진보하도록 가르치신다는 뜻이라고 저는 믿습니다. 즉, 사랑과 해방을
더 많이 품는 방향으로 진화하는 일이 파도가 끝없이 밀려들 듯하리라는
의미로 저는 이해합니다.

예수는 인간 발달과 그 단계를 깊이 이해하고 있습니다. "지금은 너희가
감당할 수 없다"라는 말은 그들이 이전 단계를 아직 충분히 거치지 않았기
때문입니다. 그러니 현재 소개하는 단계도 모르는데 다음을 알 리 만무하지
요. 단계는 건너뛸 수 없습니다. 누가 이렇게 묻더군요. "친구가 자기 단계를
넘어서게 하려면 제가 뭘 해야 합니까?" 제 대답은 이랬습니다. "우리가 남
을 넘게 할 수는 없습니다. 그저 현 단계를 잘 걷도록 도울 수 있을 뿐이죠."

바울로도 영적 변화는 점진적이라는 사실을 이렇게 말합니다. "우리 모
두 너울을 벗은 얼굴로 거울처럼 주님의 영광을 바라보고 반사함으로써 그
분과 동일한 형상으로 변화되어 영광에서 영광으로 이릅니다."[33] 우리가 발
달 단계이론이라 부르는 것을 바울로는 참 멋지게 얘기한 셈입니다. 우리가
점차 변화되어 그리스도와 같은 모습이 된답니다. 점점 더 그리스도 닮은

---

32 요한 16:12-13.
33 2고린 3:18.

모습으로 보이게끔 점진적 발달의 단계들을 밟으리라는 얘기이니까요.

하느님의 영은 2천 년 전 예수를 통해 '더 큰 일'을 보여 주었습니다. 그 못지않게 흥미진진하고 혁명적인 일을 하느님의 영은 우리에게도 하실 것입니다. 그 일은 도전적이면서 우리의 의식을 더 해방하는 일일 것입니다. 우리는 그런 일을 감당할 수 있을까요? 기꺼이 귀 기울일 채비는 되어 있는 걸까요? 아니 우리가 '더 큰 일'을 찾기나 하는 걸까요? 여러분은 '더 큰 일'을 찾는 교회의 일원입니까? 통합 교회란 영은 과거뿐만 아니라 현재와 미래에서도 우리를 찾아오신다는 사실을 잘 아는 교회입니다. 영은 아직 펼쳐지지 않은 미래로 우리를 인도하십니다. 정말 기대되지 않나요?

더 높은 단계에서 오신 예수

의식 발달과 그 단계에 대한 예수의 관점은 이 한 마디에 압축되어 있습니다. 십자가상에서 "아버지, 저들은 자신들이 무슨 일을 하는지 알지 못하니 용서하여주십시오" 하신 말씀입니다.[34] 예수는 자신을 십자가에 처형하는 사람들을 용서할 수 있었습니다. 그들이 어느 의식단계에서 작동하는지 이해하기 때문입니다. 그들은 예수가 누군지 알아보지 못합니다. 예수를 십자가에 매달고 못을 박아야 하는 체제와 권력이 어떤 것인지 깨어나 알 수 있는 의식에 이르질 못했습니다. 법과 질서라는 전통 의식 수준에서 보자면 그들의 행동은 말이 됩니다. 그들은 단지 예수가 보는 것을 볼 수 없을 따름입니다.

예수는 남이 억압받는 것을 보면 분노했습니다. 그리고 하느님의 이름으로 거짓말을 하는 종교 지도자들과 서슴없이 충돌했습니다. 이방인들은 마냥 배척하면서 장삿속으로 성전 한 귀퉁이에서나 예배드리게 하는 당시

---

34 루가 23:34.

성전 체제에도 그는 분노하며 비난하였습니다. "내 집은 모든 민족이 기도하는 집이라고 불려야 한다"[35]라고 소리치면서 말입니다.

그렇지만 자신이 체제의 공격을 받아 결국 십자가형을 당하면서도 예수는 그것을 개인적 원한으로 삼지는 않았습니다. 자신을 십자가에 매달고 못을 박는 병사들의 잔인한 행위가 어디에서 기인하는지 그는 이해했습니다. 또 종교 지도자들 역시 어떤 의식에 기인해서 행동하는 존재들인지 이해했습니다. 예수는 큰 그림을 보았고 종교, 사회, 정치 체제들이 계속 발달해가는 문화의 흐름 속에서 어디에 위치하는지 꿰뚫어 보았습니다. 그가 이해한 것은 무엇일까요?

그 이해가 함축된 말이 "아버지, 저들은 자신이 무슨 짓을 하는지 알지 못하니 용서하여주십시오"입니다. 이 속 깊은 말로 우리가 그 시대의 발달 수준이라 부르는 것에 대한 자신의 이해를 표명한 것입니다. 그러니까 그 사람들은 그저 모를 뿐입니다. 그들은 자각하지 못하고 있습니다. 무의식중에 그렇게 행합니다. 잠들어 있습니다. 깨닫지 못하고 있습니다. 이 진실이야말로 우리 삶의 소프트웨어라 할 모든 행동 프로그램 배후에 작동하고 있는 것입니다. 물론 그 진실을 말하는 방식이야 통합이론 말고도 다양하지만 말입니다.

그들은 무엇을 모르고 있었을까요? 더 높은 의식의 단계에서 자기네 세상이 어떻게 보일지 그들은 몰랐습니다. **우리는 자기 세계관이 허용하는 것만 보며 삽니다.**

영적 성장을 파동이나 수준으로 이해하면 자기가 처한 단계의 세상만 보인다는 말을 이해할 수 있습니다. 다음 단계의 더 크고, 더 사랑하고, 더 포용하며, 더 진실한 관점은 아직 우리에게 없습니다. 가까이 다가왔을 수는 있겠지요. 예수가 어떤 사람에게 "그대는 하느님 나라에서 멀지 않다"

---

35 마르 11:17.

했듯이 말입니다. 그러나 그것이 우리 안에 들어오지 않는 한 알지는 못합니다. 그 땅에 들어가 소유하기 전까지 더 위대한 전망은 아직 우리 것이 아닙니다.

한 수준의 문제는 그 윗 수준이라야 해결 가능

아인슈타인이 어떤 문제든 그 문제를 발생한 단계에서 해결할 수는 없다고 말했답니다. 문제가 종교적이든 사회적이든 아니면 정치적이든 간에 원리는 마찬가지입니다. 예수와 같은 순수한 선을 십자가에 처형하고야 마는 문제를 동일 수준에서 해결할 수는 없다는 말입니다. 명령을 수행하는 군인들이든 대중을 선동하고 부추긴 정치 종교 지도자들이든 그들은 전 이성적 신화의 수준에서만 세상을 볼 수 있습니다. 반면 예수는 한참 더 높은 수준에서 세상을 봅니다. 따라서 그들이 자신을 이해할 수 없으리란 사실도 잘 알고 있었습니다. 물론 예수는 그들도 일깨우기 위해 세상에 왔습니다. 하지만 그들은 아직 그 지점에 이르지 못했습니다. 소위 통합 의식 수준이란 다른 사람들이 현재 어느 지점에 있는지 두루 헤아릴 수 있는 첫 번째 수준입니다. 그쯤 가야 이렇게 생각할 수 있습니다. "그들은 나를 공격하는데 자기네가 무슨 짓을 하는지 도무지 몰라. 그러니 내가 그런 걸 개인적으로 받아들이며 상처받을 필요는 없지. 그들이 다른 사람을 광포하게 억누르면 나는 단호히 말하련다. 약자를 겁박하고 억누르지 말라고. 그러나 모든 사람은 자기 현 위치에서 보이는 것만 볼 수 있을 따름임을 나는 이해한다." 바로 이러한 관점에서 예수는 사람들이 자신도 모르는 짓을 한다는 진실을 말씀했던 것입니다.

우리도 마찬가지입니다. 우리가 얼마나 각성했고 어떤 수준의 의식을 지니고 있든지 간에 말입니다. 우리도 뭐가 뭔지 "알지 못하고 행하는" 일들이 있을 거라는 얘기입니다. 문제는 그 행위가 현재의 전망에선 보이지 않는다는 점입니다. 저는 이 책을 쓰면서 통합 수준의 이해를 대변하고자 했습니다. 그렇지만 통합 이후의 단계를 소개하기란 현재의 저로선 벅찬 일입니다. 세월이 흘러 더 높은 수준에 도달하고 나서 지금을 돌아보면 그제야 지금의 제가 얼마나 뭘 몰랐는지 알 것입니다. 이 점을 알아야 세상을 좀 더 따뜻하고 친절하게 바라볼 수 있습니다. 또 그것은 계속해서 다음 단계로 나아가라는 소명이기도 합니다. 더 성장하라! 문제가 생긴 수준에서 좀 더 나아가야 문제는 해결된다 하고 말입니다. 세상은 겉만 바꿔 가지곤 안 됩니다. 의식, 즉 속이 바뀌어야 합니다. 관건은 우리가 더 진화하라는 영의 부르심을 따르는 데 있습니다.

예수 이후 등장한 해석자들

신약의 문헌들은 예수가 소개한 새로운 의식단계 이후에 진행된(혹은 추락한) 사태를 기록으로 보여 줍니다. 이 신약의 예수 해석자들은 예수의 메시지를 제대로 이해하기도, 이해하지 못하기도 했습니다. 예수보다 낮은 의식의 수준에서 메시지를 다시 짜깁는 일도 빈번했습니다. 이는 해석자들의 의식 수준이 그러했기 때문입니다. 그걸 죄다 나쁘다고 보긴 어렵습니다. 단계를 이동할 때 그 과정을 천천히 ―어떨 땐 정말 천천히― 경험할 필요성도 있기 때문입니다. 성서를 읽을 때 이 점을 볼 필요가 있습니다. 이 해석자들로선 눈앞의 대중과 눈높이를 맞춰야 했습니다. 그들의 낮은 단계로 내려가 거기서부터 그들을 끌어안고 더 높은 단계로 데리고 가야 하는 과제도 있었을 겁니다. 즉 의도적으로 낮은 수준을 높은 수준과 뒤섞은 면도 있으리라는 겁니다. 여하튼 예수의 본래 메시지는 이래저래 왜곡되고 말았습니다.

신약에서 전사 단계의 복수하는 하느님 개념을 뒤섞은 예 셋만 들어보겠습니다. 요한복음에는 "아들에게 순종하지 않는 사람은 생명을 보지 못하고, 오히려 하느님의 진노가 그 사람 위에 머물러 있습니다"[36]라는 구절이 나옵니다. 이는 복음서 저자의 해설인데 예수와는 맞지 않는 낮은 수준의 해석이 반영된 것입니다.

데살로니가교회에 보낸 두 번째 편지에는 이런 구절이 등장합니다. "하느님은 공의로운 분이시므로 여러분에게 환란을 가져다주는 이들에게는 환란으로 갚아주시고… 하느님을 모르는 이들에게 형벌을 내리실 때… 그들은 영원한 멸망의 형벌을 받을 것입니다."[37]

요한묵시록에는 이런 구절이 나옵니다. "나는 성전에서 나오는 큰 음성이 일곱 천사에게 '가서 하느님의 분노의 일곱 대접을 땅에 쏟아라' 하는 것을 들었습니다."[38]

영 분별의 필요성

성서를 물론이고 하느님의 말씀이라 하는 그 어떤 메시지든 영 분별을 해야 합니다. 위에 인용한 세 구절은 예수의 삶과 가르침을 낮은 수준에서 이해한 예입니다. 그렇듯이 복음서 및 신약의 다른 책의 저자들은 예수의 메시지를 자기네 의식 수준에 맞추어 해석하고 기록하였습니다. 그러나 예수의 원래 메시지는 꿰뚫어 볼 수 있는 사람들에게 지금도 환히 빛나고 있습니다.

---

36 요한 3:36.
37 2데살 1:6-9.
38 묵시 16:1.

II부

상태

Integral Christianity

8장_ 영의 주파수 대역 — 영의 흐름에 들어가기

9장_ 영의 대역과 예수 — 모든 이의 원형

10장_ 영의 대역과 초대교회
　　　— "하루는 내가 무아지경 상태에 들어갔는데…"

11장_ 오늘날 영의 대역 — 나의 여정

상태란 의식이 드러나는 양상을 말합니다. 우리한테 가장 익숙한 양상 혹은 양식은 깨어 있는 상태, 꿈꾸는 상태, 꿈도 없는 깊은 잠의 상태입니다. 이 책을 읽는 지금 여러분은 깨어 있는 의식 상태입니다. 하지만 깊은 기도를 한다든지 조용히 묵상할 때와 같은 변성 의식 상태도 우리는 알고 있습니다. 술에 취하거나 약물로 인한 환각 상태와 같은 것들도 있습니다. 때로 우리는 어떤 문제를 해결하느라 깊이 몰입한 의식 상태, 예술적 창의성이 저절로 우러나오는 것과 같은 의식 상태를 경험하기도 합니다. 장엄한 자연경관을 바라본다든가 훌륭한 음악을 듣다가 강렬한 변성 의식에 들어갈 때도 있습니다.

2부에서는 영적 체험과 연관된 의식 상태들을 살펴볼 것입니다.

8장 ㅣ 영의 주파수 대역
— 영의 흐름에 들어가기

혹시 운동경기나 음악공연, 영화 관람을 할 기회가 있거들랑 주위의 관중을 한번 둘러보십시오. 그게 록 음악 공연장에서 열광하는 관중이든 교향악단의 연주를 조용히 듣는 관객이든 그들은 음악에 몰입해서 다른 종류 의식들은 점차 사라지는 경험을 하고 있을 겁니다.

재밌는 영화는 관객이 화면에 시선을 고정하고 거기 펼쳐지는 드라마에 푹 빠지게 합니다. 이러한 일상의 경험들이 특정 의식의 주파수'대역' 혹은 '흐름'에 들어가는 경험 사례들입니다.[1]

야구 시합을 현장에서 본 사람은 주위 사람들이 죄다 시합의 열기에 빠져 완전히 몰두하는 게 뭔지 알 겁니다. 관중은 둘째치고 선수들부터가 어떤 의식'대역'에 들어가 있습니다. 그 순간 그들은 머리의 생각에서 벗어나 시합 자체에 몰입해 있습니다. 이러한 의식의 흐름에서 평소의 능력 이상이 발휘되곤 합니다.

연구자들이 운동선수 3백 명을 대상으로 최고의 기량을 발휘할 때가 언제인지 물었습니다. 그 결과 최고 기량을 발휘하는 상태의 특징 열두 가지를 정리했는데 다음과 같습니다. 몸은 이완되고, 마음은 고요하며, 별로 불안하지 않고, 에너지가 솟고, 낙관적이고, 즐기면서 하고, 노력하지 않아도 저절로 되는 것 같고, 기능을 저절로 발휘되며, 한껏 각성해 있고, 집중하

---

1 일상의 몰입 경험에 대해서는 Csikszenthmihalyi, *Finding Flow*를 보라.

며, 자신감 넘치고, 제어가 잘 된다는 특징입니다.[2] 그런데 이 열두 가지 특징은 예전의 신비가들, 기도를 깊이 했던 인물들의 경험과 놀라우리만치 유사합니다.[3]

영의 대역

제가 '영의 대역'라 이름 붙였습니다만 이 상태는 비일상적 의식, 높은 각성 상태, 깊은 명상 상태, 직접적 하느님 체험, 초월의식, 황홀경, 누미노제, 트랜스 등으로 부르기도 합니다.

영의 대역 혹은 영의 흐름에 들어가게 되면 절정 체험이 언제 어디서고 일어날 수 있습니다. 몇 가지 사례를 들어보겠습니다.

▶ 침대에 누워 책을 읽고 있는데 갑자기 내가 둥둥 떠다니며 모든 것의 일부인 것 같은 느낌이 들었습니다. 어디서 내가 끝나고 나머지가 시작되는지 경계를 알 수 없었어요. 마음이 무척 평화롭고 생생했습니다. 마치 긴 잠에서 깨어난 것 같았어요.

▶ 집 근처 공원이 무척 예쁜데 거기서 산책하며 기도하고 있었습니다. 그런데 어느 순간 내가 땅을 그저 흙과 바위로 보지 않고 살아 있는 현존으로 보는 거예요. 내가 한 번도 태어난 적도 없고 죽은 적도 없다는 사실을 깨달았습니다. 내가 영원한 생명의 일부이고 그 생명에는 시간도 공간도 없었습니다. 이런 상태가 몇 분간 계속됐습니다.

▶ 고민하는 문제를 생각하며 잠자리에 들었습니다. 그런데 자다 말고 뭔가 섭

---

2 Young, 'The Zone.'
3 나는 '제어'라는 말을 영적 의식 상태에서는 에고가 아니라 참 나가 제어한다는 의미로 신중하게 사용하고 있다.

광처럼 머리를 스쳐 깼는데 문제를 해결할 만한 아이디어가 떠올랐습니다. 그 생각이 어디서 왔는지 알 순 없으나 하여간 놀라운 경험이었습니다.

▶ 교회에서 성가를 부르고 있는데 마음이 한껏 벅차올랐습니다. 마음만 먹으면 무엇이든 할 수 있을 것 같았죠. 정말 기분 좋았습니다.

▶ 버스정류장에 앉아 있는데 갑자기 나한테서 사랑이 넘쳐 주위 모든 것으로 흘러가는 거예요. 정치인도 미워하고 옛 친구도 미워했는데 이 순간 분노가 멈추면서 자애롭고 모든 걸 이해할 수 있었습니다. 악한 사람이란 없고 그저 무지하고 상처받은 사람들만이 있을 따름이라는 사실을 알았습니다. 버스에 올라타고도 그 상태가 계속되었고 아마 온종일 그랬던 거 같습니다. 다음날이 되니까 그 농도는 좀 약해졌으나 그 여운은 며칠이나 계속되더라고요.

영적 경험은 의외로 흔하다

사실 영적 의식, 즉 '영적 대역' 체험을 하는 사람들은 의외로 많습니다. 이런저런 여론조사를 보면 약 75%에 달하는 사람들이 모종의 신비 체험, 영적이고 종교적인 체험이나 변성 의식 상태를 경험했다고 나옵니다.[4] 그리고 하느님의 음성을 들었다고 말하는 사람이 다섯 명에 한 명꼴입니다.[5] 2005년 8월 뉴스위크지가 종교와 영성에 대해 행한 여론조사에 따르면, 개인 응답자 약 75%가 자신이 종교적이라 답했습니다. 그리고 하느님, 더 높은 힘 혹은 붓다와 접하고 하나 되길 원한다 했습니다. 물론 이 응답은 즉각적인 초월 경험, 영과의 개인적 관계, 그런 체험으로 인한 변화 등을 다 포함한 것입니다. 의사 웨일(Andrew Weil)은 사람들은 섹스보다 초월 경

---

4 Wilber, *The Integral Vision*, 147.
5 The Baylor Religion Survey.

험을 더 원한다고 말합니다.[6]

마리아 마음, 마르타 마음, 예수 마음

루가복음 10장의 마리아와 마르타 이야기에서 세 가지 의식 상태를 구별할 수 있습니다. 예수는 마르타의 집을 방문합니다. 그런데 마르타의 동생 마리아는 예수의 발치에 앉아 그의 말을 집중합니다. 마리아는 일종의 트랜스 상태, 즉 예수의 현존을 강하게 느끼며 그가 하는 얘기에 몰입한 상태입니다. 말하자면 예수 안에서, 예수를 통해 하느님의 현존에 흠뻑 빠진 상태였던 겁니다.

한편 마르타는 손님 접대하느라 그 준비로 부산합니다. 어느 순간 마르타는 예수에게 불평합니다. 마리아가 일은 죄다 자기한테 맡기고 아무것도 안 한다, 그러니 야단 좀 쳐라 한 것입니다. 그런데 예수는 마르타가 너무 걱정이 많고 일에 마음을 뺏기고 있음을 지적합니다. 그래서 자신과 마음이 통할 기회도 놓치고 하느님의 지혜와 현존을 경험할 기회도 잃고 있다는 겁니다. 그러면서 "마리아는 좋은 몫을 택했으니 누구도 그것을 빼앗을 수 없다" 하고 말씀합니다. 예수는 아주 간명한 사실 하나를 짚습니다. 마르타의 분주함이 더 좋은 무엇을 놓치게 한다고 말입니다. 반면 마리아는 예수와 이어져 있는 것이 무엇보다 중요했습니다. 의식의 관점에서 보자면 마르타는 일상의 분주한 의식 상태에 머물렀습니다. 반면 마리아는 영적 각성 상태에 들어가 예수와 깊이 연결되는 경험을 할 수 있었던 것입니다.

이 하나의 이야기 안에 세 가지 다른 의식 상태가 등장합니다. 우선 마르타는 평범한 일상의 의식으로 하루를 이어가고 있습니다. 늘 그러하듯 불평하고 푸념하며 희생자 역할을 취하는 의식입니다. 마르타는 평소에도 그런

---

6 Weil, *The Natural Mind*, 23.

마음의 습관으로 살았을 겁니다.

하지만 마리아는 예수에게 매료되어 온전히 그에게 몰입했습니다. 이 집중, 대상과 하나로 어우러진 상태가 마리아에게는 영적 각성 상태였던 것입니다. 마리아는 그 순간 진하게 예수와 연결되어 있습니다. 예수에게서 흘러나오는 영적 실재와 강렬하게 이어져 있었던 것입니다.

마지막으로 예수가 있습니다. 그는 말하고 움직이고 사람들과 상호작용을 할 때 늘 압바 하느님과 깊이 이어진 의식 상태에서 그렇게 합니다. 예수에게는 늘 하느님과 자신이 하나라는 의식이 있었습니다. 그의 모든 행위는 이렇게 내면에서 신성에 몰입하고 거기 일치해 있는 의식 상태에서 이루어집니다. 예수는 영에 연결되어 있을 뿐만 아니라 그 내면의 신성한 빛에 자신을 동일시했습니다. 그는 존재의 깊은 상태에 기반을 두고 산 인물입니다.

이 세 종류의 의식을 도표로 그리면 다음과 같습니다.

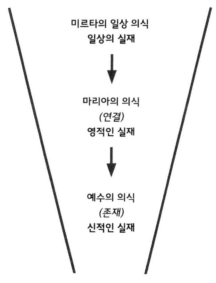

이 세 가지 의식 상태는 세계의 여러 다른 종교 전통의 성자들도 경험한 것입니다. 그리고 역사 내내 오늘날까지도 계속 등장하는 의식 경험입니다.

거기엔 우선 마르타의 일상 의식과 같은 것이 있습니다. 즉, 매일 육체에 기반을 두고 살아가는 의식입니다. 다음은 마리아처럼 영성과 연결된 의식이 있습니다. 즉, 비육체적인 영적 실재를 의식하는 상태입니다. 마지막으로 예수처럼 신성과 자신을 하나로 동일시하는 의식 상태가 있습니다. 이 세 가지 의식 상태를 통합이론에서는 거친 의식, 정묘(精妙) 의식, 시원(始原) 의식으로 부르기도 합니다.[7] 아니면 위 도표에서 설명한 대로 일상의 의식, 영적인 의식, 신성한 의식으로 불러도 무방합니다.

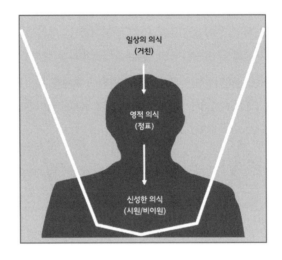

매일 경험하는 주기적 의식 상태와 비슷

우리는 세 가지 의식 상태를 매일 반복해서 경험합니다. 깨어 있는 상태, 꿈꾸며 잠자는 상태, 꿈도 없는 깊은 잠의 상태를 자연스럽게 경험하지 않습니까. 그런데도 그것을 당연하게 생각합니다. 직장에서 집에서 이런저런

---

7 켄 윌버와 짐 매리언은 이 점을 자신들 책을 통해 상세히 풀어놓고 있다. 매리언은 일시적으로 지나가는 경험이기보다 보다 항구적으로 접근 가능한 단계-상태로 말한다.

일로 분주하게 하루를 사는 일상의 의식이 깨어 있는 상태입니다. 이 의식 상태로 우리는 물질세계를 보고 듣고 냄새 맡고 느낍니다. 이렇듯 물질 우주를 의식하는 상태를 일러 거친 의식이라 부르기도 합니다.

그런데 잠이 들고 꿈을 꾸기 시작하면 물질 대상의 거친 세계에서 비물질 대상의 정묘한 세계로 이동합니다. 꿈의 세계에서도 나름의 감각과 활동, 모험이 펼쳐집니다. 여기서도 우리는 보고 듣고 느낍니다. 그 경험도 나름 현실적이지만 물질세계와는 다른 방식으로 그렇습니다. 꿈을 꾸며 자는 상태를 정묘 의식 상태라 부르기도 합니다. 이 상태에서 갖는 대상 경험과 감각이 물질세계의 경험보다는 정교하고 미묘한 에너지 경험이기 때문입니다.

잠을 자다가 어느 순간부터 꿈도 없는 깊은 잠으로 들어갑니다. 이 상태에서 우리는 아무런 대상도 감정도 생각도 경험하지 않습니다. 하지만 이 깊은 잠의 상태 덕분에 우리는 제대로 쉬고 재충전될 수 있는 것입니다.

마리아와 연결 의식 상태

예수의 발치에 앉은 채로 마리아는 예수와 깊이 연결된 의식 상태를 경험하고 있었습니다. 이 예수는 말하자면 물질세계에 의인화된 영성이라 할 수 있을 겁니다. 당시에 예수는 신체적으로 현현해 있었고 지금은 영적으로 현존합니다. 우리가 비물질의 영적 실재와 이어지는 법을 알기만 하면 지금 우리도 마리아처럼 그를 경험할 수 있습니다. 물론 이 영적 실재에는 예수도 있고 다른 영적 대상들도 있습니다. 신성한 치유의 에너지도 있고 그냥 영의 현존이라 해야 할 것도 있습니다. 어쨌든 대상과 관계하는 의식 상태이기 때문에 '연결 의식'이라 하는 것입니다.

역사 내내 예수를 따르는 사람들은 이 의식 상태를 체험했습니다. 그리스도인뿐만 아니라 다른 여러 영적 전통의 구도자들도 이 상태를 체험했습니다. 그들은 예배하고 기도하며 명상할 때 꿈같은 정묘 수준의 의식을 경험하면서도 깨어 있는 법을 알았습니다.

이 의식 상태에서 우리는 마음의 스크린에 펼쳐지는 환시를 보기도 하고, 머리에 들려오는 영의 메시지를 들으며, 기쁨과 평화를 맛보기도 하고 누가 손을 대는 것 같은 감각, 진동, 따스함, 에너지가 충만해지는 경험을 합니다. 또 수호령이나 천사를 만나기도 하고, 새로운 통찰이 솟으며, 치유 에너지를 전하게도 되며, 이상한 심령 언어를 말하는 등 여러 의식 각성의 현상들을 경험합니다. 그런 일들이 신약에도 기록되어 있습니다. 과거뿐만 아니라 오늘날의 그리스도인들도 경험하고 있습니다. 그리고 다른 영적 전통의 신비가들도 경험하는 것들입니다.

이 의식 상태를 영의 대역이라 하는 것입니다. 의식이 온통 영적 실재에 모아진 상태이기 때문입니다. 이때 영적 실재는 심상이나 생각, 감정, 감각의 형태로 나타나되 물리적인 실재와는 다릅니다. 보통 물리적 실재란 일상에서 우리가 보고 듣고 만지고 맛보고 냄새 맡을 수 있는 감각의 세계를 말합니다. 그런데 이 영적 실재의 세계에서 보고 듣고 만지고 맛보고 냄새 맡는 것은 훨씬 '내적'이고 '정묘'합니다. 꿈을 꿀 때 이러한 감각 경험을 제공하는 것은 우리의 내적 감각입니다. 외부의 물리적 신체와 그 오감이 아닙니다. 이 경험도 나름 실재적이지만 신체 감각을 통한 일상 의식에는 드러나지 않는 게 보통입니다. 그런데 우리가 소위 이 '연결 의식'에 들어갔을 때 비로소 경험하는 것이지요. 그래서 비물질적 영의 세계와 그 실재에 이어진 의식이라고 말하는 것입니다.

예수가 드러내는 '존재 의식'

다음 장에서 살펴보겠지만 예수는 영적 실재와 이어지는 일에 능숙했습니다. 하지만 예수는 더 깊은 의식 수준에서 사신 분입니다. 곧 하느님과 하나가 된 의식, 자신의 신성을 자각하는 상태에서 살았습니다. 마리아는 아직 이런 경험은 하지 못합니다. 나름 훌륭한 유대교 신자로서 마리아는 자신이 신성하다거나 하느님과 하나라는 생각은 감히 하지 못했을 것입니다. 마리아로서는 외부로 드러나는 영적 현상에 따라 경험을 진술하는 게 최선이었을 뿐 자기 내면 깊숙한 곳에 자리한 신성한 영적 자아를 깨닫지는 못했습니다.

그런데 예수는 남들 앞에 서서 가르치고 치유할 때 그는 신성한 정체성 의식으로 행했습니다. 단순한 연결 의식보다 훨씬 깊고 보다 몰입한 상태의 합일 의식으로 그렇게 했다는 말입니다. 저는 이 의식 상태를 '존재 의식'이라 부르겠습니다. 예수는 참 나, 즉 신성한 존재 의식으로 산 인물이기 때문입니다.

존재 의식의 기도는 연결 의식의 기도와 다릅니다. 존재 의식에서는 모든 심상, 지각, 형태가 꿈도 없는 깊은 잠의 상태처럼 사라집니다. 다만 깨어 있을 뿐입니다. 거기엔 뭐라 형언할 수 없는 하느님 현존을 아는, 하느님과 직접 일치하고 있는 경험만 남아 있습니다.[8] 이것은 그저 영 안에 존재하고 있을 뿐이라는 의식입니다. 그리스도인에게 이 의식은 자신이 신성한 영적 존재라는 것을 아는 경험입니다. 자신이 하느님과 동일시되는 경험은 하느님과 그저 연결되는 것 이상입니다. 자신의 가장 깊은 자아, 참'나'는 신성임을 아는 의식입니다. 요한복음에서 예수의 "나는 무엇이다"(I am) 하는 선언들은 다 이 고양된 의식 상태에서 나온 것입니다.

---

8 『무지의 구름』을 잇는 책 *The Book of Privy Counseling*에서 저자는 자신의 '실체'(substance)로 신을 예배하는 것을 말한다. 이는 "순수한 날 것의 존재를 맹목적으로 느끼는" 가운데 의식이 쉬는 상태를 말하는 것인데 결국 하느님이 자신의 존재 바탕임을 알게 되는 것이다. *Wandering Joy: Meister Eckhart's Mystical Philosophy*, The Estate of Reiner Schurmann, 2001. 그리스도교의 천재적 신비가라 할 마이스터 에크하르트는 비슷하게도 "이다"(isness)가 신의 본성이라고 말한다. "'~이다'는 참 고귀하다. 어떤 피조물도 이게 없는 것은 없다. 하느님이란 무엇인가? 하느님은 바로 '이다'이다." *The Cloud of Unknowing and the Book of Privy Counseling*. Ed. Willam Johnston, Author unknown, Doubleday, 1966, 156.

존재 의식은 모든 형상을 넘어섭니다. 그래서 텅 빈 것처럼 보이거니와 실제로 어떤 종교 전통에서는 '공'(空)이라 부릅니다. 그러나 그냥 비어 있는 것이 아닙니다. '무'(無)의 의식, 즉 '대상 없음'의 의식입니다. 이렇듯 의식에 아무 대상도 형태도 없으므로 아무런 매개 없이 순수한 영을 깊이 경험하는 것입니다. 형태와 상징이 죄다 사라지면 하느님의 현존을 직접 경험하는 것만 남습니다. 이를 일러 '시원'(始原) 의식 상태라 부르기도 합니다. 이 대상 의식이 없는 상태가 물질이나 정묘 차원의 온갖 것들이 시작되는 처음 자리 혹은 계속해서 샘솟는 시원으로 보기 때문입니다. 이 시원 의식이 더 진행되면 그 끝에서 만나는 의식이 '비이원성' 의식입니다.

그리스도인들은 이 존재 의식을 여러 가지 이름으로 부릅니다. 하느님의 나라, 그리스도 의식, 합일 의식, 깨어남, 분리(죄) 없음, 신성 등등으로 말입니다. 예수가 "아버지와 나는 하나"9라고 했을 때 바로 이 의식을 말씀한 것입니다. 바울로는 이 의식을 "이제는 내가 사는 것이 아니라 그리스도가 내 안에 사시는 것"10이라고 표현했습니다.

모든 종교 전통의 신비가는 다 이 연결 의식과 존재 의식을 체험한 사람들입니다. 그들은 하나같이 우리를 기다리는 영적 각성의 보물이 엄청나다고 말합니다. 이러한 초월의 신령한 의식 상태에서 우리는 하느님을 직접 경험할 수 있게 됩니다.

상태와 단계는 다른 것

의식의 상태는 2장과 7장에서 다룬 의식의 단계와는 다른 개념입니다. 의식의 단계는 상당한 시간을 들여 점진적으로 진입하는 것입니다. 한번

---

9 요한 10:30.
10 갈라 2:20.

특정 단계에 진입하면 짧게는 몇 년, 길게는 평생을 거기 머물기도 하는 그런 것이지요. 하지만 의식 상태는 일시적이며 지나가는 것입니다. 문득 도래해서 잠깐 머물렀다가 일상 의식을 회복하면서 사라집니다. 고로 상태는 일시적입니다. 상당히 항구적으로 의식구조의 역할을 하는 단계와는 차이가 있습니다. 어느 한 가지 의식 상태에 들면 다른 의식 상태들은 자동으로 사라집니다. 깨어 있는 일상 의식의 상태에 있으면 꿈꾸는 상태에 있지는 않다는 말입니다. 예배를 드리며 한참 은혜를 받는 의식 상태에 있을 때 밀린 납부금을 어떻게 낼까 걱정하는 상태는 지워집니다. 이런 점이 단계와 다릅니다. 단계는 이전의 모든 단계를 품고 인지할 수 있습니다. 이전 단계들을 기초로 하면서 언제든 하위단계에 접할 수 있습니다. 그런 의미에서 단계는 포용적이지만 상태는 배타적입니다.

상태를 해석하는 것은 단계

어느 단계에서든 영적으로 각성해서 연결 의식을 경험하거나 신성을 깨닫는 존재 의식을 경험할 수 있습니다. 문제는 체험은 고차원적이어도 해석은 체험자 자신이나 교회의 현재 단계에서 이루어진다는 점입니다. 즉, 자신이 속한 의식단계의 상징들로 체험을 해석하게 되는 것입니다. 어떤 사람이 예수 현존의 체험을 강하게 해서 그 체험이 몇 분간 이어졌다 칩시다. 부족 단계의 교회라면 그 체험을 예수의 영과 접신했다는 식으로 말할 것입니다. 전사 단계 교회라면 주께서 나를 불러 무장시켜주었다는 식으로 표현할 거 같습니다. 전통 단계는 아마도 이를 회심 체험이라든지 영적 재헌신 혹은 성령세례 같은 식으로 표현할 것입니다. 근대 단계라면 무한의식을 체험했다거나 아니면 아예 환각을 경험한 것으로 평가절하할 수도 있습니다. 포스트모던 교회라면 경험자 자신에게 의미가 있는 사고의 틀로 알아서 해석해 보라고 권고할 것입니다. 통합단계 교회는 이를 영의 초월적 영역에 들어가는 각성 체험 혹은 영의 영역이 새롭게 열리는 체험이라 했을 것입니다.

어떤 신자가 악인들이 자신을 해하려 덤비는 꿈을 꾸었다 칩시다. 부족 교회 신자라면 불운이 다가오고 있다고 불안해할 것입니다. 전사 교회 수준이라면 악이 자신을 공격하고 있다고 여길 것입니다. 전통 단계라면 흉몽으로 보되 오순절교회 신자라면 영 분별의 은사나 예언의 은사를 지닌 사람에게 그 의미를 물을 것입니다. 근대 교회라면 그런 꿈을 계속 꾼다면 정신과 치료를 받으라고 할 것입니다. 포스트모던 수준이라면 자기 동네 영매나 점쟁이를 찾아갈지도 모르지요. 통합 수준의 신자라면 그림자 작업을 통해 전사된 그림자를 다시 자기 것으로 되돌리려 할 것입니다(이에 대해서는 16장을 읽어 보십시오).

어떤 여성이 집에서 눈에 보이진 않는데 누군가 있는 것 같다는 느낌을 가끔 받습니다. 부족 교회는 악령이라 생각하며 불안해할 것입니다. 전사 교회는 구마 의식을 행하려 들 것입니다. 전통 교회는 그냥 무시하거나 설명하기 힘든 현상 정도로 치부해버릴 겁니다. 반면 전통 교회지만 오순절이나 성령 운동파 교회라면 영 분별의 은사를 지닌 사람더러 분별해 달라고 할지도 모르겠습니다. 근대 교회는 그냥 기분이 그런 것일 뿐이라고 무시해버릴 겁니다. 포스트모던 교회는 직관이나 심령 능력이 있는 사람과 얘기해 보라 할 것 같습니다. 통합 수준의 교회라면 아마 당사자더러 그 느낌을 향해 자신을 드러내라고 말을 걸어 보라든지, 연결 의식에 들 수 있는 사람이 있는 기도회에 참석해서 그러러 무슨 일이 벌어지고 있는지 또 그 부정적 에너지에서 놓이고 치유 받을 수 있는 기운을 발휘해 달라고 하든지 할 것 같습니다.

어떤 사람이 처음엔 황금빛이 나타나더니 점차 빛나는 예수의 모습으로 화하는 광경을 목도했다 칩시다. 부족 의식단계에 있는 그리스도인이라면 물 위를 걷고 죽은 자를 살리며 물을 포도주로 바꿀 수 있는 마법의 예수가 온갖 재앙에서 그를 지켜주기 위해 온 것이라 여길 것입니다. 전사 수준이라면 능력의 예수가 기적적으로 그의 삶에 개입하여 악을 무찌르고 승리를 선사하기 위해 오셨다 할 수 있습니다. 전통 세계관의 소유자라면 이 예수를 신자들을 지옥에서 건져주시며 성서를 통해 계명을 주시는 분으로 이해했을 것입니다. 근대의 고도에 있다면 이 경험이 사라진 후 환각을 경험한 것으로 치부할 것입니다. 인류애의 보편적 사랑을 가르치는 멋진 인간 예수를 만났다고 생각할 수 있을 겁니다. 포스트모던 수준이라면 우리에게 해방을 가져다주는 위대한 영적 스승의 한 분인 예수를 만나는 체험을 했다고 할 것입니다. 통합 수준의 의식이라면 그리스도 의식이 예수의 모습으로 나타난 걸 보았다 할 것입니다. 이때 그리스도 의식이란 어느 종교 전통을 따르건 상관없이 누구나 접할 수 있는 초월적 의식을 말합니다. 그러므로 체험자는 하느님과의 합일 의식이 예수의 형상으로 나타났다며 환영할 것입니다. 물론 그 모습이 예수가 아니라 크리슈나, 붓다 혹은 여타 전통의 성인이더라도 상관없습니다.

여하튼 요점은 변성 의식의 상태를 경험하더라도 그 해석은 경험한 사람이 속한 단계에 좌우된다는 것입니다.

글을 쓰는 동안

저는 이 장을 집필하는 동안 고양된 의식, 즉 연결 의식을 경험했습니다. 하필이면 운전 중에 그런 경험을 했습니다. 사실 이런 상황이 닥치면 주의해야 합니다. 그래서 저는 차를 갓길로 뺐습니다. 운전하다가 그러면 자칫 사고의 위험이 있기 때문이지요. 어쩌면 이 체험은 한 달 전쯤 타나스(Richard Tarnas)의 좀 별난 책 *Cosmos and Psyche*를 읽는 바람에 발아된 건지도 모르겠습니다. 워낙 그 저자의 *Passion of the Western Mind*를 애독했던 터였습니다. 그런데 *Cosmos and Psyche*에서 저자는 삶의 의미와 문화적 변화, 행성들이 신비롭게 서로 연결되어 있음을 시사해 주는 연구물들을 다룹니다. 그들 사이에 인과율이 작동한다는 게 아니라 모종의 동시성 같은 게 있다는 얘기였습니다. 이는 신문에서 흔히 볼 수 있는 점성술 얘기가 아닙니다. 물론 얘기가 상당히 추론적이긴 하지만 말입니다. 영은 지금의 우리로선 좀 이상한 것을 통해서 우리를 진화하도록 부추길 수 있습니다. 어쨌든 이 책을 읽으면서 우리 인간이 이 창조 세계 전체와 어떻게 연결되어 있는지 새삼 생각해 보게 되었습니다. 유기농 상점에 들렀다가 집으로 운전해 돌아오는 길에 하늘을 보았더니 청명한 하늘에 흰 뭉게구름들이 보였습니다. 그 너머로 펼쳐진 우리 태양계를 생각했고 더 너머의 우주를 생각했습니다. 그 큰 우주가 약 150억 년 전에 바늘 끝보다도 더 작은 소립자 하나에서 폭발해 나왔다는 걸 생각했습니다. 소위 이 빅뱅 이면에 창조적 지성이 있다고 말하는 과학자와 철학자들을 또한 생각했는데 이들 말로는 이 지성은 모든 것의 일부이면서 동시에 모든 것을 넘어서서 있다고 합니다. 갑자기 저는 이 모든 게 새삼 놀라웠고 외경심에 사로잡혔습니다. 그리고 모든 것과 하나가 되는 듯한 기분을 느꼈습니다. 이렇게 느끼고 생각하는 한편으로 나는 양자물리학의 비국소적 미립자 실험들을 떠올렸습니다. 이 실험들에 따르면 한때 같이 있었던 미립자들은 아무리 멀리 떨어져 있어도 어느 하나가 영향을 받으면 다른 하나도 같은 영향을 받는다고 합니다. 여하튼 저는 고속도로를 운전하다가 만물과의 일체감을 진하게 경험한 것입니다. 집에 도착하고 나서야 운전 중에 경험한 것이 비록 짧지만 신비가들이 자연 신비주의의 정묘 체험이라 부르는 것임을 깨달았습니다.

시편에는 이런 빼어난 문장이 나옵니다. "너희는 주님의 어지심을 맛들이고 깨달아라."[11] 하느님 혹은 위대한 영은 그에 관해서 생각하거나 성찰할 게 아니라 직접 맛보고 그 맛에 익숙해지라는 겁니다. 우리가 '하느님

---

11 시 34:8.

의식', 즉 높은 의식 상태에서 하느님을 맛본다면 하느님은 어지시다는 걸 바로 알 수 있습니다. 이것은 머리의 믿음이 아니라 경험이고 내적 깨달음입니다. 우리는 신체 감각으로만 맛을 보는 게 아니라 영적 감각으로도 맛볼 수 있습니다. 영의 차원에서 아는 것도 물질 차원에서 아는 것만큼이나 유효한 앎입니다. 소위 깊고 영적인 의식 상태란 영을 맛보는 기막힌 순간을 말하는 것입니다.

물론 일상의 활동을 이런 고양된 의식 상태에서 할 수는 없습니다. 하지만 깊이 알아차림, 그 영적 몰입상태야말로 통합 및 그 이상의 교회에서는 예배를 드리건 기도를 하건 의도하는 목표는 바로 그것입니다. 이렇게 고양된 의식의 상태를 원하기만 하면 늘 들어갈 수 있습니다. 다음 장에서는 예수의 삶, 신약에 기록된 초대교회의 삶, 오늘 우리의 삶에 이러한 의식 상태가 어떻게 등장하는지 살펴보도록 하겠습니다.

9장 | 영의 대역과 예수
— 모든 이의 원형

예수는 여러 변성 의식 상태에 능숙했습니다. 예수는 그 의식들로 살았으니 변성 의식은 예수 의식의 본거지라 할 수 있습니다. 저는 예수의 삶에서 변성 의식이 얼마나 중요한지 모르는 그리스도인과 학자가 너무 많다는 사실에 놀랍니다. 어찌 보면 놀랄 일도 아니겠습니다. 그들은 예수를 전통 의식 아니면 학문적 시각이라는 채색 창을 통해서만 볼 테니 말입니다. 예수의 변성 의식이나 신비 체험은 그가 별난 존재임을 말해 주는 부록 정도로 취급합니다. 게다가 그런 신비 체험이 지금은 일어나지 않는다고 생각해서 그런 체험이 아예 존재하지 않거나, 과거의 일이거나 아니면 별로 중요하지 않은 일로 취급해버립니다. 그래서 예수가 자신의 신비 체험을 제자들에게 전수했다는 사실을 간과합니다. 오늘날 그리스도인 생활에 비일상적 의식이 전반적으로 실종하게 된 데는 이 부주의 탓이 큽니다.

예수 이후 2백 년도 채 지나기 전에 영적 의식들은 쇠퇴합니다. 교회는 미리 정해놓은 교리 묶음만 고수하는 기관으로 전락했습니다. 예수를 따르는 사람이 되는 일은 이제 예수와 동행하며 무엇을 체험하는가가 아닙니다. 예수에 관해 무엇을 믿는가가 더 중요해졌습니다.

사도로부터 이어옴, 소위 사도 계승(apostolic succession)이란 잘 생각해보면 예수의 영적 깨달음이 제자들에게 체험으로 전수되는 일이어야 맞습니다. 그런데 그런 깨달음의 체험이 사라지고 나면 남는 것은 정해진 예식과 교리, 제도화된 절차를 통해 지도자를 임명하는 일밖엔 없게 됩니다.

아기 예수

저는 학자들이 복음서에서 예수의 실제 말씀이나 행적과 후대 사람들의 첨삭과 편집을 구별하려는 노력은 중요하다고 생각합니다. 하지만 이 장에서 저는 복음서가 전하는 예수의 행적은 어떤 식으로든 예수와 연관되며 예수에 기원을 둔다고 전제할 것입니다.

사 복음서는 예수의 공생애 이전에 대해선 별다른 말이 없습니다. 그렇지만 예수도 남달리 비상했는지는 몰라도 정상적인 인간 성장의 단계들을 거쳤으리라 생각합니다. 아무리 예수라도 아기 때 울지도 않고 옹알이도 안 하고 똥도 안 쌌다고 생각하지는 말자는 겁니다. 엄마 품에 안겨서 엄마의 눈을 바라보면서 "당신은 내가 아기라고 생각하겠지만 사실 난 신성한 의식을 지닌 존재라오"라고 하지는 않았을 거라는 얘깁니다. 예수도 우리처럼 서서히 자라야 했을 겁니다.

어린 예수

루가는 "예수는 몸과 지혜가 자라면서 하느님과 사람의 총애를 더욱 많이 받게 되었다"고 기록합니다.[1] 적어도 이 무렵 예수가 별종으로 보이지는 않았음을 알게 해주는 구절입니다. 그도 다른 아이들처럼 지성도 감성도 점차 성장했던 것인데 열두 살 무렵에는 예루살렘 성전의 학자들과 토론할 정도가 된 것입니다. 그런 성장 과정 어디쯤에선가 예수는 유대교가 가르치는 두렵고 멀리 떨어진 하느님을 아주 가깝고 친밀한 존재로 경험하기 시작했을 것입니다. 그래서 당시 자신이 속한 문화권에서 아이들이 아버지를 친밀히 부르는 압바로 하느님을 호칭하기 시작했을 것인데 압바는 아빠라

---

1 루가 2:52

는 뜻입니다. 그 시절 아이건 어른이건 자기 아버지에게 친밀감과 존경심을 갖고 부르는 호칭이었습니다.[2] 예수는 궁극의 실재를 압바로 부를 정도로 직접적이고 친밀한 관계를 경험했던 것입니다. 그리고 그런 의식 경험 덕분에 획기적인 성장을 했다고 보는 게 맞을 겁니다.

예수의 세례, 신비 사건

예수가 영을 고양된 의식으로 체험하는 첫 번째 주요 사건이 세례입니다. 예수의 세례라고 해도 흔히 그렇듯 그저 몸을 물에 담그고 끝날 수도 있는 겁니다. 하지만 예수는 그 순간 온몸으로 진하게 느끼며 비전도 보고 하느님의 음성도 듣는 체험을 합니다. 물에서 나올 때 "하늘이 열리는 것을 보았다"라고 복음서는 전합니다. 이는 그가 물질세계에 있으면서도 영의 세계를 들여다볼 수 있었음을 의미합니다. 그리고 영이 비둘기 같은 모습으로 내려와 그에게 머무는 걸 느끼는 시각적이고도 촉각적인 경험이 일어납니다. 동시에 그의 존재를 인정하는 하느님의 음성도 듣습니다. 이렇게 영의 세계를 보고 듣고 느끼는 신비 체험이 예수 공생애의 출발점이 됩니다. 하지만 이 세례 사건 이전에도 예수는 훨씬 많은 변성 의식 체험을 했다고 봐야 합니다.

광야에서 경험한 에고의 죽음

세례에서 이렇듯 고양된 의식을 체험하고 난 뒤 예수는 광야에서 40일 동안 환시를 경험하며 자기성찰의 시간을 갖습니다. 이 과정에서 예수는

---

2 예수가 신을 압바와 같은 특정 성별의 언어로 호칭했던 뜻과 의미에 대해 내가 쓴 책 『신을 어머니로 불러도 좋은가?』(*Is It Okay to Call God Mother?*)를 보라.

고도로 발달한 자신의 영 능력을 어찌 사용할 것인지 씨름합니다. 이때 그는 자신의 에고와 씨름을 한 것인데 에고가 밖으로 투사되고 의인화된 게 사탄입니다. 이 사탄과 맞서면서 영 능력을 어느 방향으로 사용할 것인지 성찰했던 것입니다. 예수도 한 인간으로서 누구나 갖는 에고가 있습니다. 예수는 자신이 가진 영적인 힘을 에고를 위해 쓸 것인지 아니면 하느님을 위해 쓸 것인지 씨름해야 했습니다. 지금도 영의 길을 가고자 하는 모든 구도자가 맞이하는 문제입니다. 어떤 교회나 뉴에이지 쪽에서 특히 그러하다고 말할 수 있을 겁니다. 사실 '번영의 신앙'을 말하는 대다수는 예수처럼 자신의 거짓 자아(에고와 동일시하는 의식)를 부정하고 참 나(하느님과 동일시하고 하느님을 섬기는 그리스도 의식)를 높이는 선택을 하지 않습니다.

예수의 광야 체험은 연결 의식이 지속하면서 동시에 정묘 차원의 의식을 체험하는 것입니다. 우리가 알아야 할 체험입니다. 이를 '악마와 씨름하기'로 부를 수도 있고 '에고와 벌이는 사투'나 '영혼의 어두운 밤'이라고 부를 수도 있겠습니다. 여하튼 이 사건은 깊은 영의 의식이라고 늘 기분 좋은 것도 아니고 쉽게 통과할 수 있는 것도 아님을 말해줍니다.

히브리서 2장 10절은 예수가 "고난을 통해 완전하게 되었다"고 말합니다. 여기서 '완전'이란 단어는 온전함, 완성, 성숙, 자라남 등으로 번역할 수 있는 말입니다.[3] 따라서 광야뿐만 아니라 여러 경험의 자리에서 영은 예수가 분투하면서 더욱 완성된 인간으로 성장케 했다고 말할 수 있습니다. 영은 우리에게도 같은 일을 하십니다.

텔레파시 능력자 예수

예수는 나다나엘을 만나면서 그를 "교활함이 없는 이스라엘사람"이라

---

3 Kittel, *Theological Dictionary*, VIII: 84.

했습니다. 이에 놀라 나다나엘이 되묻습니다. "어떻게 저를 아십니까?" 그러자 예수는 "그대가 무화과나무 아래 있을 때에 내가 그대를 보았다" 하고 대답합니다. 분명 예수는 육신의 눈으로 나다나엘을 보았다고 말하는 게 아닙니다. 아마 나다나엘은 기도하면서 사람들이 말하는 예수가 누군지 궁금해했던 모양입니다. 그래서 나다나엘은 "내 생각을 아시는 걸 보니 당신은 메시아가 틀림없다"라는 식의 말을 합니다. 이때 예수는 "내가 무화과나무 아래 있는 그대를 보았다고 해서 믿는가? 그대는 이보다 더 큰 일을 볼 것이다" 하고 말씀합니다.[4] 어떤 이들은 연결 의식 혹은 정묘 의식의 낮은 수준을 심령 의식이라고 얘기합니다. 원거리에서 다른 사람의 생각과 감정을 감지하는 걸 텔레파시라 부릅니다. 이런 심령 현상은 과거에도 있었고 오늘날에도 있습니다. 예수는 이 심령 수준의 능력을 나다나엘에게 드러낸 셈인데 다른 사건들과 비교하면 그리 대단할 것도 없습니다.

예수는 성전의 정결 예식을 제대로 따르지 않은 소위 죄인에게 그의 죄가 이미 용서받았다고 말씀한 적이 있습니다. 그러자 종교 지도자들은 멋대로 죄를 용서하다니 신성모독이 아닌가 속으로 불편해합니다.[5] 그런데 마르코복음은 예수가 그들이 이렇게 속으로 따지고 있는 것을 즉시 "영 안에서 다 알고" 되물었다고 기록합니다. "어찌하여 너희는 그런 생각을 품고 있느냐?" 말하자면 예수는 심령 능력으로 그들이 속으로 하는 생각을 감지할 수 있었던 것입니다.

우물가의 여인과 대화할 때 예수는 그 여자에게 남편 다섯이 있었고 지금 동거하는 남자는 남편이 아님을 알았습니다. 그러자 여인이 당신은 예언자가 틀림없다고 반응합니다. 다시금 예수는 텔레파시 심령 능력으로 여인이 처한 삶의 조건들을 꿰뚫어 본 것입니다. 이를 통해 여인에게 구원

---

4 요한 2:50.
5 마르 2:8.

의 기회를 마련해 준 것이고요.

저는 심령 현상을 악마적이라 단정하는 교회 지도자들을 보면 늘 놀랍니다. 예수는 종종 이 의식을 활용하며 일하셨는데 말입니다. 다른 것도 마찬가지지만 심령 현상도 분별이 필요한 건 맞습니다. 그것이 전하는 진리의 수준이 어떤 것인지 분별해야 하지요. 그러나 그 현상을 송두리째 거부하는 것은 예수를 부정하는 것과 다름이 없습니다.

에너지 치유자 예수

예수가 행한 치유의 기적들은 참된 역사성이 있다고 학자들은 대부분 인정합니다. 역사 내내 치유의 기적이 일어나고 오늘날도 일어나고 있는데 부정할 까닭이 없습니다. 예수의 사역에 그토록 많이 일어났던 치유 사건은 확실히 비일상적 의식 상태에서 발생했을 것입니다. 예수에게는 그런 의식이 오히려 일상적이었던 걸로 보입니다. 말하자면 예수는 높은 영적 각성 수준을 간간이 경험하는 정도가 아니라 그 각성 수준을 내내 유지한 것입니다. 비일상적 의식이 그분에게는 일상이었던 것이지요.

예수는 이 영의 의식 상태에서 자신에게서 치유 에너지가 흘러나와 다른 이에게 전해지게 했습니다. "온 무리가 예수를 만지려고 애썼는데 왜냐하면 능력이 그에게서 나와 모든 사람을 낫게 하였기 때문이다."[6] 이는 예수가 늘 고양된 영적 의식에 머무는 치유 에너지의 전도체였음을 말해 줍니다. 그래서 사람들이 그를 만지기만 해도 치유가 일어난 것입니다. 그리고 예수 자신도 누가 손을 대면 치유의 능력이 나가는 것을 알았습니다.[7]

필딩(Fielding) 대학원의 문화와 미디어 교수인 이스바우츠(Jean-Pierre

---

6 루가 6:19.
7 마르 5:30.

Isbouts)는 이 본문을 놓고 이런 말을 했습니다. "예수는 가만히 있기만 해도 모종의 에너지가 자동으로 흘러나갔다. 굳이 의도하지 않았더라도 말이다." 그는 예수가 에너지 치유자로서 전자기에너지가 자신에게서 다른 사람에게 흘러가게끔 하는 치유 방법을 썼던 것으로 봅니다.[8]

예수에게서 저절로 빠져나가는 이 '능력'을 신약은 두나미스(dunamis)라 했습니다. 다이너마이트란 말이 여기서 유래합니다. 이 능력은 하느님의 사랑과 치유, 생기를 이 세상에 풀어놓는 에너지입니다.[9]

우리는 보통 예수가 저 위에 계신 하느님께 기적의 손길을 베풀어달라고 요청하는 방식으로 치유했다고 생각합니다. 지금도 전통 의식 수준에 있는 그리스도인은 그렇게 생각하며 기도합니다. 그러나 예수가 그런 식으로 기도했다는 기록은 어디에도 없습니다. 오히려 위에서 말했듯 예수는 영적 주파수 대역의 의식 상태에서 치유의 에너지를 다른 사람들에게 전한 것이라 보는 게 타당합니다. 온전히 인간이며 온전히 신성했던 예수는 하느님의 능력을 내면에 갖고 있었거니와 자신이 능력 그 자체였습니다. 그가 제자들에게 전수한 치유 방식도 그것입니다. 오늘 우리가 타인을 위해 기도할 때 따라야 할 모범이기도 합니다. 그러니 저 바깥에 계신 하느님이 개입해서 손을 대달라고 요청하는 전통 수준의 의식에서 탈피할 필요가 있습니다. 우리 내면에, 우리로 계신 영이 이 치유 에너지의 출처로 아는 것이 맞습니다. 예수처럼 치유 에너지를 전하는 능력이란 오늘날 우리도 계발하고 강화할 수 있는 보편의 잠재력이라 생각합니다.

중국의 기공사들이나 대체 요법 치유자들도 예수처럼 치유 에너지를 전하는 일을 합니다. 저도 영적으로 잘 계발된 에너지 치유자에게 십 년째 거의 매주 치료를 받고 있습니다. 육체적으로나 영적으로 큰 도움이 됩니다.

---

8 Isbouts, *Young Jesus*, 155.
9 '능력' 내지 '유능하다' 혹은 무언가를 성취한다는 뜻의 어원에서 비롯되었다(키텔, 『신학사전』, II: 284).

이런 것이 통합 및 그 너머 수준의 치유 기도입니다. 짐 매리언은 이를 "위아래로 에너지 전하기"라 부릅니다.[10] 영 에너지로 몸과 마음을 치유하는 형태라 하겠습니다.

각성 의식 상태에서 치유 에너지를 전하는 법을 예수는 제자들에게 전수하여 그들도 같은 능력으로 남을 치유할 수 있었습니다. "예수는 열두 제자를 불러 모으시고, 모든 귀신을 제압하고 병을 고치는 능력과 권위를 주셨다."[11]

예수는 제자들도 자신처럼 남을 치유할 수 있게 가르쳤습니다. 하지만 내 밖의 하느님더러 고쳐 달라고 청하라는 식으로 가르치지 않았습니다. 오히려 자신들 내면의 영적 에너지로 치유하도록 가르쳤습니다. 어떤 근거로 그렇게 한 것일까요? 제자들도 자신처럼 신성한 존재들이며 그 신성의 문을 열고 들어가기만 하면 자신처럼 치유할 수 있음을 알았기 때문입니다. 제자들도 신성한 의식 상태에서 치유의 힘을 끌어내도록 한 것입니다. 그런데 만약 제자들이 당시에 이런 식으로 남들에게 말했더라면 어찌 되었을까 상상해 보십시오. 아마 남은 고사하고 자신들도 받아들이기 힘들었을 겁니다. 제자들은 예수에게서 치유의 권위를 받았다고 생각했을 겁니다. 그렇게 생각하는 게 차라리 권위가 있다고 느꼈을 법합니다.

예수는 산을 움직이고 싶으면 하느님께 청하라고 말씀하지 않았습니다. 오히려 산을 향해 움직이라 명령하라는 것입니다![12] 예수처럼 자기 신성을 받아들이면 그렇게 할 수 있습니다. 그렇지 않기 때문에 자꾸 '저 밖에' 계신 하느님께 해달라고 요구하는 것입니다. 우리가 낮은 의식 수준의 신앙으로 작동하고 있기 때문입니다.

사실 산을 움직이라는 말씀은 우리가 하느님께 요구하는 모든 일에 적용할 수 있는 방식입니다. 물론 하느님께 도와달라고 부르짖는 게 잘못은

---

10 Marion, *The Death of the Mythic God*, 133.
11 루가 9:1.
12 마태 17:20.

아닙니다. 어떤 때는 그것 말고 달리할 수 있는 일이 없지요. 그러나 높은 수준의 신앙이란 믿음으로 산을 움직이는 일입니다. 혹시 이게 마법 수준의 신앙 같이 들리나요? 마법적 의식을 통해서 그렇게 된다고 생각하면 맞습니다. 하지만 나 자신이 신성한 영의 화신임을 알고 그리 행한다면 그건 마법이 아닙니다. 자신의 영성을 표현하는 영적인 행위이지요. 아래 도표는 전통 수준과 통합 수준의 치유 기도가 어떻게 다른지 보여 줍니다.

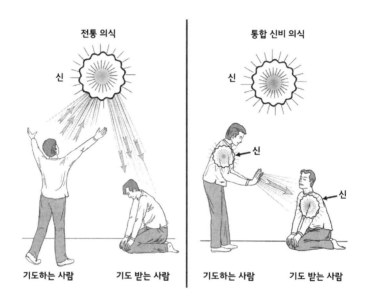

예수는 전통 수준을 존중하면서 신비를 행했다

예수는 당대 전통 수준의 기도를 무시하지 않았습니다. 그러면서도 자신은 우리가 통합 및 그 너머의 수준이라 명명한 더 높은 수준의 기도를 가르치고 실천하였던 겁니다. 라자로를 죽음에서 되살리면서 기도하는 예수는 전통 수준을 존중하는 모습을 보입니다. 본인은 더 높은 차원의 기도를 하면서 말입니다. "예수는 눈을 들어 우러러보시고 말씀하였다. '아버지,

아버지께서 나의 말을 들어주신 것에 감사합니다. 아버지께서 항상 나의 말을 들어주시는 줄을 내가 압니다. 그러나 내가 이 말씀을 드린 것은 여기 둘러서 있는 무리 때문인데, 아버지께서 나를 보내신 것을 그들이 믿도록 하려는 것입니다.' 예수는 이 말씀을 하고 큰소리로 외쳤다. '라자로, 나오시오!' 그러자 죽었던 그가 나왔는데⋯."[13]

예수가 대중 앞에서 기도하면서 하늘을 우러러보았음에 주목하십시오. 그리고 말하길 하느님이 저 위에서 자기 말을 항상 들어주는 줄 안다고 말합니다. 그런데 다음에 이어지는 말이 의미심장합니다. "내가 이 말씀을 드린 것은 여기 둘러서 있는 무리 때문인데, 아버지께서 나를 보내신 것을 그들이 믿도록 하려는 것"이라 한 것입니다. 그러니까 둘러선 사람들과 그들의 전통 의식 수준에 맞춰 자신은 "저 위에서 언제나 들어주시는" 하느님께 기도한다는 식입니다. 그리고 이어진 행위는 평소 그가 치유할 때 언제나 하던 방식입니다. 즉, 저 위에 계신 하느님께 살려내라 하지 않았습니다. 하느님은 아예 언급도 않습니다! 대신 신성한 영의 화신으로서 내면의 하느님 의식 자리에서 발설합니다. 라자로에게, 라자로의 육체를 향해서인지 거기 아직 주위에 머무는 영체를 향해서인지는 모르지만 "나오라!" 하고 명령한 것입니다. 그랬더니 라자로가 다시 육체의 몸으로 돌아와 나왔습니다!

예수는 안내령들과 대화했다

저는 예수 생애의 주요 영적 경험 중 하나로 '변모' 사건을 꼽습니다. 이 사건 직전에 예수는 굉장히 특이한 발언을 합니다. 그를 따르는 사람 중에는 "죽기 전에 하느님의 나라가 능력으로 오는 걸 볼 사람들이 있다"라는 말씀입니다.[14] 다른 어디에서도 영의 영역이 능력으로 지금 여기를 가득

---

13 요한 11:41-44.

채울 것이며 사람들이 그 일을 목격할 것이라는 식으로 얘기한 적이 없습니다. 그런데 그 말씀 이후 "육 일이 지나서"[15] 예수의 변모 사건이 일어났다고 복음서는 전합니다. 하느님의 나라가 어떤 것인지 보고 싶다면 "자 봐라, 이런 것이다" 하고 보여 준 셈입니다!

십자가 사건은 신약과 초대교회 관심의 초점이었습니다. 초기 그리스도인들이 어떻게 자신들의 영웅이 십자가형을 받게 되었는지 이해하고자 했기 때문입니다. 사도 바울로는 영리하게도 예수의 십자가를 당시 성전 제사 시스템에 대입하여 하느님에게 바치는 완전한 희생제물이라는 개념을 발전시킵니다. 하지만 예수 삶의 실제 맥락에서 보자면 저는 십자가보다 변모 사건이 더 핵심적이라고 믿습니다. 이 사건에서 예수는 모세와 엘리야, 즉 두 안내자 영과 만나 다가올 죽음을 놓고 이야기 나눕니다. 이 놀라운 체험이 일어날 때 예수는 친구 중에서도 내부자그룹이라 할 베드로, 야고보, 요한만을 데리고 산으로 기도하러 갔습니다. 이때 예수의 영적 신체적 에너지 체계가 환히 빛을 내는데 세 친구 눈에도 보일 지경이었습니다. "예수의 모습이 그들 앞에서 변하여 얼굴은 해와 같이 빛나고 옷은 빛과 같이 눈부셨다." 그런 다음 제자들은 예수가 친구 영이라 할 모세와 엘리야에게 예루살렘에서 있을 '떠남'에 대해 이야기 나누는 모습을 목격합니다.[16]

그런데 저는 성서 주석들이 이 사건에서 실제로 벌어진 일이 무엇인지 말하지 않는다는 게 놀랍습니다. 그저 모세는 율법을 대표하고 엘리야는 예언자를 대표한다는 신학적 언급을 할 뿐입니다. 그리고 예수를 인정하는 하느님의 음성이 들려왔다는 기록의 신학적 의미만을 논하고 맙니다. 하지만 과거나 현재나 수많은 성서학자가 방에 코끼리가 있는데도 외면했다는

---

14 마르 9:1.
15 마르 9:2.
16 루가 9:28-31. 여기서 '떠남'은(한글로는 '죽음'으로 번역되었지만) 헬라어로는 '엑소더스' 다. 따옴표로 인용한 성서 구절은 마태 17장 2절이다.

인상을 피할 길이 없습니다. 유대교가 존경해마지 않는 두 인물이지만, 오래전에 육체적으로는 이미 죽은 인물들과 예수가 연결 의식 혹은 정묘 의식 상태에서 만나 대화했다는 사실 말입니다! 예수는 당대의 억압적인 종교, 정치, 사회체제를 공격했던 인물입니다. 그 결과가 무엇일지 예수도 안내와 격려가 필요했을 것입니다. 그것을 예수는 자신이 속한 종교 전통의 두 영웅을 통해 받은 것입니다. 말하자면 모세와 엘리야는 예수가 걸어야 할 길을 돕는 안내자 영이었다 할 수 있습니다.

그가 누구였건 죽은 자와 대화를 나눈다는 건 오늘날 종교 집단 내에서는 그리 환영받지 못하는 생각입니다. 하지만 예수에게는 문제가 아니었습니다. 그리고 모세와 엘리야에게도 문제가 아니었습니다. 모세에게 저술의 권위를 돌린 책에는 "혼백에게 물어보는 자가 있어서는 안 된다"라는 금지법이 있습니다.[17] 그렇다면 모세도 사후에 생각이 바뀐 모양이지요. 여하튼 이렇게 산 자와 죽은 자의 경계를 넘나드는 대화가 벌어집니다. 이후 제자들에게 하느님의 음성이 들려옵니다. "예수는 신성의 특별한 통로이니 너희는 그의 말을 들어라"라는 메시지입니다. 외부 상황이 어떻게 전개됐든 자신이 참된 영의 길을 걷고 있음이 친애하는 압바 하느님에게 새삼 인정을 받은 셈입니다. 그러니 예수는 이 체험을 통해 얼마나 확신을 얻었겠습니까! 따르던 사람들이 대부분 떨어져 나가고 자신은 전기의자에서 생을 마감할 사형선고를 받는 것과 비슷한 처지인데 말입니다. 오늘날 성공 지향 복음과는 얼마나 거리가 먼 사태인지 모르겠지만 말입니다.

변모 사건이라는 초월의식 상태 경험 이후에 이어진 사건도 의미심장합니다. 변성 의식으로 기도하는 게 얼마나 중요한지 말해 주는 좋은 가르침이라 생각합니다. 예수와 세 친구가 산에서 내려와 보니 제자들이 간질 앓는 아이를 고치려다 못 고쳤음을 알게 됩니다. 예수는 아이를 고쳐 줍니다.

---

17 신명 18:11.

제자들이 왜 자신들은 못 했는지 묻습니다. 예수는 그들이 더 기도했어야 했다고 말해 줍니다. 제자들은 이 말에 반발심이 들었을 것 같습니다. 자신들도 아이를 위해 몇 시간씩 기도했는데 말입니다. 예수는 자신이 말하는 기도가 "아이를 위해" 기도하는 것과 같은 게 아니라고 설명했을 것입니다. 산 위에서 자신이 한 것과 같은 기도, 즉 "모든 걸 뒤로 하고" 변성 의식에 들어가 영적 실재들과 이어져 안내와 격려도 얻는 식의 기도가 필요하다고 말했을 것입니다. 그래야 치유 에너지를 제대로 전할 수 있기 때문입니다.

예수는 기도할 때 무슨 일이 있었을까?

예수는 홀로 기도하는 일이 많았습니다.[18] 이 긴 시간 동안 예수는 홀로 무엇을 하였을까요? 주기도문만 줄곧 반복하지는 않았을 것입니다. 광야에서 한 달 넘은 시간, 겟세마네의 기도 시간에 예수는 자기 에고와 씨름하고 마침내 이겨냈다는 사실을 우리는 압니다. "내 뜻대로 마시고 아버지의 뜻대로 하소서." 저는 이 기도를 '연결 의식' 수준의 기도라고 해석했습니다. 기도하면서 내면의 영적 실재들과 이어지는 경험을 하는 것이기 때문입니다.

예수가 '존재' 수준의 기도에 들어갔다는 구체적 기록이 있는 건 아닙니다. 다만 광야에서 밤낮으로 기도할 때 압바 하느님을 깊이 느낄 기회는 많았으리라 추정할 따름입니다. 그 기록을 남긴 복음서 저자들이 연결이니 존재니 하는 의식 수준의 차이를 알았을 것 같지는 않습니다. 우리한테도 새로운 개념이니까 말입니다. 그들은 그저 어떤 행동이 있었는지 보고하는 정도 차원에서 기록했을 뿐입니다. 예수의 치유 사건을 기록할 때도 마찬가지입니다. 그저 눈에 보이는 현상을 기록했을 뿐입니다. 이는 엑스레이가 없던 그 시절에 내장 기관이 어떻게 비칠지 기록할 재간이 없는 것과 마찬

---

18 루가 4:42, 5:16, 6:12.

가지입니다.

예수가 젊은 시절 다양한 수행 전통을 접하고, 깊은 명상법 혹은 밀교의 기도 방법을 익혔으리라 추정하는 학자들도 있습니다. 이에 관해 역사의 직접 증거는 없습니다. 하지만 당시 유대교 신비주의자들은 흔히 그렇게 했으니 예수 역시 그랬을 수 있습니다.[19] 그래서 예수는 깊은 의식 상태에 드는 일에 능숙했다, 그래서 하느님과 자신을 동일시할 수 있게 된 거다 추정하는 게 합리적일 수 있겠습니다. 여하튼 그가 구체적으로 어떤 영적 기법을 수행했던 간에 예수처럼 오랜 시간 정기적으로 기도하여 영성을 유지하는 모습은 우리 모두 본받을 만합니다. 영적 대역에 드는 기도, 명상, 예배를 각기 혹은 같이 묶어 그렇게 할 때 우리도 예수처럼 할 수 있을 것입니다.

영은 안에서 밖으로

복음서 본문에는 영의 주파수 대역에 들어가 영과 만나는 체험을 말하는 유별난 대목이 있습니다. 예수가 자기한테 오는 사람은 "그 속에서 샘솟는 물이 강물처럼 흘러나올 것"이라 말씀하는 대목입니다.[20] 모든 영적 각성 경험을 아름답고도 정확하게 짚은 말씀입니다. 즉, 영은 우리 내면 깊숙한 곳에 이미, 늘 현존해 있는데 그 영이 밖으로 표출될 때는 강물이 흘러넘치듯 하는 흐름을 따라 살게 된다는 말씀이니까요. 소위 성령 충만, 즉 "영으로 가득한" 삶이란 늘 그와 같습니다.

복음서 저자는 그 말씀에 이렇게 해설을 답니다. "이것은 예수께서 당신을 믿는 사람들이 받을 성령을 가리켜 하신 말씀이었다. 그때는 예수께서

---

19 Borg, *Meeting Jesus*, 35.
20 요한 7:38.

영광을 받지 않으셨기 때문에 성령이 아직 사람들에게 와 계시지 않으셨던 것이다."[21] 예수의 말씀은 내면에 현존해 계신 영이 흘러넘치는 것을 표현하는, 이미 자신이 실현하고 있는 초월의식 수준의 체험을 말하는 것입니다. 그런데 복음서 저자의 해설은 그것보다는 낮은 수준의 의식을 반영합니다. 저 바깥에서 와야 할 성령이 아직 오지 않았다는 식입니다. 제가 보기엔 이후 예수를 따르는 사람들이 내면에서 영이 풀려나오는 경험을 워낙 강렬하게 체험하다 보니 예수가 말씀했던 시점과 자기네 진한 경험의 시점 사이는 아직 영이 오시지 않은 기간으로 생각했던 게 아닌가 싶습니다. 구약은 어떤 지도자나 예언자에게 영이 '임했다는' 식으로 말합니다. 베드로가 오순절 날 인용한 요엘서의 말씀은 하느님의 영이 언젠가는 만민에게 임하시리라는 예언입니다.[22] 베드로는 오순절 성령강림 사건을 바로 이 예언이 성취된 일로 해석한 것입니다.

사실 초대교회 저자들이 영의 체험을 늘 높은 의식 수준에서 해석했다고 보긴 어렵습니다. 이들은 종종 성령이 '저 밖에서' '여기 이 안으로' 임했다는 식으로 해석합니다. 하지만 예수 자신의 말씀을 보면 성령은 안에서 밖으로 흘러넘치는 것이지 밖에서 오는 무엇이 아닙니다.

게다가 초대교회만 해도 종족 중심의 의식 수준이어서 오직 자기네만 성령이 있고 예수를 믿는 사람만 성령을 받을 수 있다고 믿었습니다. 하지만 통합 의식 수준에서 보자면 영은 종교가 있건 없건 누구에게나 이미 언제나 현존합니다. 그렇다고 누구나 영의 현존을 자각하거나 발현하고 있다는 말은 아닙니다. 하지만 모든 사람 내면 가장 깊숙한 곳에 영은 이미 현존합니다. 요한복음 서두는 예수 안에 있는 '생명'은 '모든 사람의 빛'이라고 말합니다.[23] 어떤 사람들이나 몇몇 사람이 아닌 모든 사람입니다. 요한

---

21 요한 7:39.
22 사도 2:17.
23 요한 1:4.

은 매우 강력한 표현을 쓴 것이지요. 예수를 따르는 사람들에게는 그 영 혹은 '생명'은 새로운 방식으로 풀려나왔을 따름입니다. 어느 종교 어느 영의 길이든 이미 있는 영을 깨닫고 각성한다든지, 이미 있는 영이 풀려나온 다든지 하는 인식이 있습니다. 그래야 영이 예수의 말씀처럼 솟아나 흘러넘칠 수 있습니다. 요한은 예수를 그렇게 영적 의식을 구현한 인물로 말하고 있는 겁니다. 그런 의미에서 예수는 과연 모든 사람의 빛이건만 모두가 이 빛을 알아보지는 못하더라는 말을 한 셈입니다. 이 빛을 뭐라고 부르던 간에 말입니다. (어떤 사람들은 불성 혹은 붓다 의식, 크리슈나 의식 혹은 그리스도 의식이라 부릅니다) 이 빛, 이 의식으로 깨어나게 하는 일이 이 세상에서 모든 종교, 영성 전통들을 통해 성령이 하고 계신 일입니다.

사복음서 중에 예수의 초월의식을 가장 강조하는 것이 요한복음입니다. 요한복음은 예수가 존재 의식, 즉 하느님과 자신을 동일시하는 시원의 의식으로 말씀하는 내용을 가장 많이 담고 있습니다. "나는 세상의 빛이다" 혹은 "나는 생명의 양식이다"와 같은 "나는 ~이다"(I am)라는 선언문들이 그것입니다.[24] 이러한 요한복음의 말씀에 대해 데이비스(Stevan Davies)는 이렇게 말합니다.

> '요한복음 스타일'의 말씀들은 '공관복음서 스타일'의 예수 말씀들만큼 이나 역사적으로 참되다. 변성 의식 상태에서 그가 한 말씀들은 사실 그를 통해 영이 말씀한 것이라고 해야 맞다. 사실 유대교의 예언자 패러다임이 란 바로 그런 것이다.[25]

도마복음에서 예수는 자신 안에 자신으로 존재하는 빛, 우리 모두 안에

---

24 요한 6:35, 8:12.
25 Davies, *Jesus the Healer*, 151-152.

있는 빛에 대해 이렇게 말씀합니다. "너희가 너희 속에 있는 그것이 열매를 맺게 하면 너희에게 있는 그것이 너희를 구할 것이로되, 너희 속에 있는 그것이 열매를 맺지 못하게 하면 너희 속에 없는 그것이 너희를 죽이리라."[26] 우리 안에 이미 있는 그것이 우리를 구원한답니다. 바로 하느님의 영을 말하는 것입니다!

예수는 또 이렇게 말합니다. "나는 만유 위에 있는 빛이라. 내가 곧 만유라. 만유가 나로부터 나왔고 만유가 나에게 이르노라. 통나무를 쪼개라. 그러면 내가 거기 있다. 돌을 들라. 그러면 거기서 나를 찾으리라."[27] 영이 없는 곳도 있을까요? 아니, 그런 곳은 없습니다! '나다'(I am)의 영의 빛은 어디에나 있고 모든 것 안에 있습니다.

이런 말씀도 나옵니다. "너 자신을 알라. 그러면 남도 너희를 알 것이고, 너희도 너희가 살아 계신 아버지의 자녀라는 것을 알게 되리라. 그러나 너희가 너희 자신을 알지 못하면 너희는 가난에 처하고, 너희가 가난 그 자체라."[28] 자신의 참 나, 즉 우리 내면에 현존하는 신성한 자아를 알 때 비로소 우리가 하느님께 속한 존재임을 알 것이라는 말씀입니다. 우리 내면에 이미 언제나 있는 그것을 찾지 못하고 사는 것이 가난에 처한 것입니다.

분명히 해둡시다. 예수는 신비의 의식, 즉 초월의식 상태에 익숙했습니다. 그리고 그는 우리도 같은 체험을 통해 신적 실재와 동일시할 수 있도록 초대한 것입니다.

---

26 도마복음, 70.
27 도마복음, 77.
28 도마복음, 3절b.

10장 ∣ 영의 대역과 초대교회
― "하루는 내가 무아지경 상태에 들어갔는데…"

젊고 열렬한 그리스도인으로서 저는 수없이 남침례교회의 설교를 듣고 성경 공부도 하였습니다. 게다가 수년간 신학교도 다녔습니다. 하지만 한 번도 신약의 '무아지경' 개념에 대해 들어본 적이 없습니다. 그래서 무아지경 어쩌고 하는 건 뉴에이지이지 초대교회의 경험이라는 생각은 해보지 못했습니다. 제가 틀렸습니다. 무아지경이라는 용어는 사도행전에서만 세 번이나 언급됩니다. 사실 무아지경은 영의 주파수 대역을 말하는 또 한 가지 방식입니다. 더 중요한 사실은 무아지경의 의식 경험이 계기가 되어 초대교회가 이방인을 예수의 길에 받아들이게 되었다는 사실입니다.

사도행전엔 이런 기록이 나옵니다. "베드로는 기도를 드리러 옥상에 올라가 있었다… 베드로는 시장기가 들어 무엇을 좀 먹었으면 하는 생각을 하다가 무아지경에 빠져들어 갔다."[1]

이 사건은 얼마나 중요했는지 사도행전은 재차 언급합니다. 이번에는 베드로가 예루살렘교회에 자기 체험담을 다시 들려주는 형식으로 들려줍니다. "내가 요빠 시에서 기도를 드리다가 무아지경에서 신비로운 영상을 보았는데…."[2]

---

1 사도 10:10.
2 사도 11:5.

'무아지경'이란 무엇인가?

　'무아지경'이란 말은 헬라어로 엑스타시스(ekstasis)인데 황홀경을 뜻하는 영어의 엑스타시(ecstasy)도 여기서 파생됩니다. 엑스타시스란 의식이 확장, 변성되고 거기 깊이 몰입한 상태를 말합니다. "신이 보여 주는 실재를 신체의 눈과 귀로 지각한다는" 뜻입니다.3 이 상태는 또 이렇게 설명할 수 있습니다. "황홀경에 빠진 사람은 하느님으로 가득하거나, 영감에 차거나, 능력을 은사로 받는 것이다."4 신약성서의 이런 기록은 무아지경이니 황홀경이니 하는 것과 애당초 거리를 두고 싶은 그리스도인들을 당혹스럽게 합니다. 그래서 그냥 무시해버리고 맙니다. 안타까운 현실입니다. 반면 신약에서 변성 의식 상태의 자취를 찾고자 하는 사람들한테는 원하는 바로 그것이 아닐 수 없습니다! 사도 베드로가 무아지경을 체험했다! 사도 바울로도 체험했다! "하루는 내가 성전에서 기도하고 있을 때 무아지경에 빠져 주님을 뵈었습니다. 그때 주님은 '어서 빨리 예루살렘을 떠나거라. 예루살렘 사람들이 나를 증언하는 네 말을 받아들이지 않을 것이다' 하고 말씀하셨습니다."5

　사실 신약에서 무아지경 체험이 이례적이라고 볼 근거는 없습니다. 다만 신약의 초점이 무아지경 자체보다는 그 체험으로 인해 달라진 삶에 있었을 뿐입니다. 연결 의식 수준의 체험들이 있어 결정적으로 삶이 바뀌고 행위가 달라지는 것입니다.

　신약학자 던(James Dunn)은 신약성서의 무아지경 및 온갖 황홀경에 대해 이렇게 말합니다.

　황홀경이란 비일상적으로 감정이 고양되고 거기 완전히 빨려 들어가 몰

---

3 Thayer, *Greek English Lexicon*, 199.
4 Kittel, *Theological Dictionary* II: 450.
5 사도 22:17.

입함으로써 다른 환경이나 자극은 아예 모르게 되는 경험인데, 이때 진한 환희심이 일거나 무아지경이 되어 일상의 의식기능이 단기 혹은 장기간 중지되는 경험을 하며, 경험 주체는 환시를 보거나 방언과 같은 '자동언어'를 쏟아놓는다.[6]

베드로가 무아지경에 빠졌을 때 무슨 일이 일어났는가?

사도행전은 베드로의 영의 대역 체험에 대해 이렇게 기술합니다.

하늘이 열리고 큰 보자기와 같은 그릇이 네 귀퉁이에 끈이 달려서 땅으로 내려오는 것이 보였다. 그 속에는 온갖 네 발 가진 짐승과 땅을 기어 다니는 짐승과 하늘의 날짐승이 들어 있었다. 그때 "베드로야, 어서 잡아먹어라" 하는 음성이 들려왔다. 베드로는 "절대로 안 됩니다, 주님 저는 일찍이 속된 것이나 더러운 것은 한 번도 입에 대어본 적이 없습니다" 하고 대답하자 "하느님께서 깨끗하게 만드신 것을 속되다고 하지 말라" 하는 음성이 다시 들려왔다. 이와 같은 말이 세 번 오고 간 뒤에 그 그릇은 갑자기 하늘로 들려 올라갔다.[7]

이 체험의 순간에 마침 베드로는 배가 고팠고 아래층에서는 음식 준비하는 냄새가 올라오고 있던 때였으니 영은 그 순간을 활용한 셈입니다. 베드로는 평소에도 이방인들이 그 짐승들을 잡아 요리하는 것을 지나가다가 냄새 맡으면서 맛은 어떨지 궁금하기도 했을 것입니다. 하필 그 짐승들이 환시로 보인 것입니다. 아마 맛있는 냄새도 나지 않았을까 싶습니다. 이렇듯 하느님은 순간의

---

6 Dunn, *Jesus and the Spirit*, 84.
7 사도 10:11-16.

문법에 맞춰 우리와 소통하십니다. 여하튼 베드로는 이 체험을 소홀히 하지 않았습니다. 우리 같으면 "어휴, 내가 배가 고프니까 헛것이 다 보이네" 했을지도 모를 일입니다.

사실 유대인으로서 베드로는 토라의 율법이 몸에 밴 사람입니다. 율법에 하느님이 하지 말라 한 것은 안 했던 사람입니다. 그런데 광주리에 담긴 짐승들은 구약의 정결법에 어긋나는 부정한 것들입니다. 그러니 같은 대화를 세 번이나 반복하고 나서야 겨우 베드로는 하느님의 뜻을 수용할 수 있었던 겁니다. 하느님께서 우리가 알아들을 때까지 반복해서 말씀하신다는 사실이 반갑습니다.

원래 예수를 따르는 사람이 아니었던 고르넬리오도 때마침 기도하다가 하느님께서 보여 주시는 환시 체험을 하고 베드로를 맞이할 준비를 합니다 (그렇습니다. 예수를 믿지 않는 사람들도 하느님과 직통하며 환시를 볼 수 있습니다!). 그리하여 베드로는 고르넬리오와 그 일가를 만나 예수에 관해 이야기를 나누게 됩니다. 당시 유대인들은 소위 '부정한' 이방인들과는 엮이길 꺼렸습니다. 따라서 이 만남은 실로 인종과 종교, 사회의 장벽을 넘어서는 주목할 만한 사건입니다. 게다가 "베드로가 말을 하고 있을 때 성령께서 말씀을 듣고 있는 모든 사람에게 내려오셨다, 이방인들도 기이한 언어로 말하며 하느님을 높이 찬양하는 것을 들었기 때문이다"라고 했으니 얼마나 극적인 사건입니까![8] 베드로의 무아지경 체험에 고르넬리오의 무아지경 체험이 합작하더니 주위의 이방인들마저 무아지경을 체험하게 된 셈입니다. 이 모든 것이 세 번의 연결 의식 체험, 즉 무아지경 체험에서 비롯된 것입니다.

어떻게 이런 일이 일어날 수 있었을까요? 변성 의식 체험이 왜 그리도 빈번하게 일어났던 걸까요?

---

8 사도 10:46.

교회는 영의 주파수 대역 체험으로 탄생한다

교회는 오순절 성령강림으로 탄생했다고 보는 것이 전통입니다. 사도행전 2장의 기록을 보면 이때 두드러진 영의 대역 체험이 일어났음을 알 수 있습니다. 당시 예수의 제자들은 영이 새롭고 강력하게 풀려나기로 예견된 날을 기다리며 한 장소에 모여 있었습니다. 갑자기 그들은 날카로운 바람소리를 들었고 불꽃들이 그들 위에 머물더니 모두 환희에 가득 차 '다른 언어들로' 말하기 시작합니다. 게다가 이 사건을 목격한 군중은 이들의 말을 제각기 자기네 나라말로 알아들을 수 있었다는 겁니다. 이렇듯 교회는 변성 의식 체험을 불씨로 시작됩니다.

영감받은 의식 상태가 지속되다

사도행전은 베드로와 요한이 담대하게 공중 연설을 하고 기도해 주면서 영의 에너지를 전했다고 기록합니다. "그들이 기도를 다 마치자 모여 있던 곳이 흔들리고 사람들은 모두 성령으로 가득 차서 하느님의 말씀을 담대히 전하게 되었다."[9] 말하자면 집단이 함께 영의 대역 체험을 하는데 신체 감각으로도 흔들리는 것을 느꼈고 비상한 확신과 권위를 경험하면서 말씀을 담대히 전하게 되었다는 것입니다.

영의 전달

사도행전 8장을 보면 베드로와 요한이 사마리아로 가서 새 신자들을 위해 기도하는 장면이 나옵니다. 새로 개종한 사람들에게 안수하자 그들은

---

9 사도 4:31.

"성령을 받았다"라는 것입니다. 그런데 이 일을 목격한 한 남자가 베드로와 요한에게 돈을 줄 터이니 그 능력을 달라고 합니다. 그는 베드로에게 호되게 꾸지람을 듣습니다. 이렇듯 "영을 받는" 변성 의식의 체험은 워낙 극적이고 강렬해서 다른 사람들이 다 알아볼 지경이라는 점을 기억해두기로 합시다. 성령을 받는 일은 2장 및 10, 19장에 기록된바 고양된 의식 및 영감을 받는 상태와 같은 경험일 걸로 생각됩니다. 이 상태, 즉 영을 전달받아 영이 통하는 상태가 되면 알지 못할 기이한 언어 혹은 남이 알아들을 수 있는 언어로 하느님께 기도하고 찬양을 하게 됩니다.

변성 의식 체험으로 삶이 바뀐 바울로

사도행전 9장은 바울로가 일종의 무아지경 체험을 바탕으로 삶이 극적으로 바뀌는 장면을 담고 있습니다. 바울로는 하늘에서 빛이 그를 비추자 땅에 엎어지고 예수의 음성을 듣는 체험을 합니다. 이때 바울로는 눈이 멀게 돼 다른 사람에 이끌려 다마스쿠스로 가는데 거기서 아나니아라는 사람을 만납니다. 아나니아 자신도 환시 체험을 통해 바울로를 찾아가 기도해 주게 된 것인데요. 그가 기도하자 바울로는 시력을 되찾고 "성령을 가득히 받는" 일이 벌어집니다. 이러한 변성 의식 체험들로 해서 바울로는 예수를 따르는 일생일대의 여정을 시작하게 되는 것입니다. 이후 신약이 "성령을 가득 받음"으로 표현하는 영의 주파수 대역 체험이 바울로에게는 일상적인 게 됩니다.

바울로는 환시 체험을 거듭한다

바울로는 남 얘기하듯 3인칭으로 자신의 무아지경 혹은 변성 의식 체험을 이렇게 말합니다. "이제 나는 주님께서 보여 주신 신비로운 영상과 계시에 대하여 말씀드리겠습니다. 내가 잘 아는 그리스도인 하나가 십사 년 전에 셋째 하늘까지 붙들려 올라간 일이 있었습니다. 몸 째 올라갔는지 몸을 떠나서 올라갔는지 나는 모릅니다."[10]

바울로는 후에 이런 말도 합니다. "하루는 내가 성전에서 기도하고 있을 때 무아지경에 빠져 주님을 뵈었습니다."[11] 그런데 바울로는 이렇게 무아지경에 드는 일을 별난 일로 표현하지 않습니다. 베드로처럼 바울로에게도 그런 체험은 흔했던 것 같습니다. 여하튼 바울로는 그 변성 의식 상태에서 예수를 뵙고 "예루살렘을 빨리 벗어나라" 하는 매우 현실적인 조언을 듣게 됩니다.

신약과 교회의 역사 내내 그리스도인들은 환시 체험을 했습니다. 오늘날도 그런 체험을 하는 그리스도인들이 존재합니다. 제가 목회자로 교회에서 일한 45년간에도 그런 일은 흔했습니다. 그런데도 많은(대다수) 그리스도인이 그런 체험을 이상한 것으로 여깁니다. 의식이 고양된 상태에 드는 일이 그리스도인 생활의 지극히 정상적이고 활력을 얻는 요소임을 알았더라면 그렇게 반응하지는 않을 텐데 말입니다.

기이한 언어(방언)와 영 통신(채널링)

사도행전 19장은 열두 명쯤 되는 사람들이 한꺼번에 의식이 고양되어 이를 밖으로 표출하는 한 사건을 얘기합니다. "바울로가 그들에게 손을 얹자 성령께서 그들에게 내리셨다. 그러자 그들은 이상한 언어로 말을 하고 예언을 하기 시작하였다."[12] 이는 사도행전 내내 반복되는 유형입니다. 내면의 영이 풀려나오길 고대하는 사람들에게 이미 그 경험을 한 사람이 가서

---

10 2고린 12:1-2.
11 사도 22:17-18.
12 사도 19:6.

안수하면 벌어지는 일입니다. 이 소위 '성령세례'란 개체 의식이 보편의식과 합하는 일입니다. 초대교회 그리스도인들은 갑자기 이 보편의식 혹은 우주 의식으로 각성해 자신이 하느님과 하나라는 사실을 깨닫곤 했습니다. 물론 이 경험 자체는 지나가는 것이지만 그 효과는 삶을 바꿔놓는 것이었습니다. 이 경험을 할 때면 그들은 기쁨에 압도되고 강력한 영적 실재와 접합니다. 여러 종교 전통의 신비가가 역사 전반에 걸쳐 이 체험을 했고 오늘날도 이런 체험은 일어나고 있습니다.

성서의 기록상 초대교회가 가장 많이 드러낸 현상은 기쁨에 넘쳐 하느님께 기도하고 찬양할 때 초이성적 형태의 말(성서 역본들이 흔히 '방언'이라 번역한)로 하거나, 알아들을 수 있는 말이로되 영의 감동으로 격려, 위안, 도전의 말을 자동으로 쏟아내는 현상(성서 역본들이 흔히 '예언'이라 한)입니다.

방언, 그때와 지금

사도행전에서 가장 흔하게 보고되는 변성 의식 체험이 오늘날 보통 '방언'이라 부르는 것입니다. 최근 미국에서 성인을 대상으로 조사해보니 그리스도인 열 명 중 한 명꼴로 주 1회 이상 방언으로 기도하고 찬양을 한다고 응답했습니다.[13] 1960년대 성령 운동 덕분에 많은 사람이 방언 기도를 알게 됩니다. 오늘날 미국인의 36%가 성령 운동 혹은 오순절 계통의 그리스도인이라고 합니다. 대략 8천만에 달하는 어마어마한 숫자입니다.[14]

바나(Barna) 그룹의 2008년도 조사에 따르면 미국 개신교회 네 개 중

---

13 2008년도 9월에 공개된 Pew 연구센터의 "종교와 공공생활 지형도 조사"에서 개신교 신자의 9%, 가톨릭 신자의 9%, 동방정교회 신자의 12% 주 1회 이상 방언 기도를 하는 것으로 나타났다.
14 종교연구기관인 Barna 그룹에서 행한 조사 결과에 따르면 이 사람들은 자신을 성령 운동이나 오순절 그리스도인이라 말하면서 성령 충만을 경험해봤고 방언 및 신유 같은 성령의 은사가 오늘날에도 유효하다고 말하는 사람들이다.

하나는 성령 운동계열의 교회라고 합니다. 자신을 거듭난 그리스도인이라 말하는 사람 중 다수가 성령 운동계입니다. 개신교교회를 다니는 신자 거의 절반이 또한 성령 운동계입니다. 남침례교회의 7%, 주류교단의 6% 정도가 성령 운동계일 것으로 그 교단 지도자들은 보고 있답니다.[15] 이것은 그리스도교 신자 가운데 변성 의식을 체험하고 방언 기도를 하는 숫자가 점점 더 늘고 있음을 말해 주는 통계수치입니다.

전 세계적으로 그리스도교 내에서 가장 빠르게 성장하는 집단이 오순절, 성령 운동계열입니다. 모든 그리스도교 신자 4분의 1이 여기 해당합니다.[16] 그런데 이들의 핵심 특징이 방언을 강조(때론 지나치게 강조)한다는 점입니다.

그리스도교는 '예언'과 '방언'이라는, 즉 하나는 이성적으로 알아들을 수 있는 말이고 다른 하나는 초이성적이라 알아들을 수 없는 말을 하는 고양된 의식 체험으로 시작되었다 해도 과언이 아닙니다. 사도행전 저자가 "모두가 갖가지 다른 언어들로 말하기 시작하였다"라고 기록하리만치 오순절에 예루살렘에 모였던 사람들에게 이 의식 체험이 광범위하게 공유됨으로써 교회는 탄생하였으니 말입니다.[17] 그리고 사도행전에서 예수의 제자가 되기로 개종하는 사람마다 이런 체험을 합니다. 그리고 우리가 당대의 학자요 그리스도교를 오늘의 모습이 되게 한 사람으로 꼽는 바울로도 방언으로 기도하는 사람이었습니다. 그가 고린토교회에 보낸 서신을 보면 "나는 여러분 중 어느 누구보다도 이상한 언어를 더 많이 말할 수 있다"라고 말합니다.[18]

---

15 Barna Group, "미국 그리스도교는 성령 운동파로 화할 것인가?"
16 Anderson, *An Introduction to Pentecostalism*, 11-12.
17 사도 2:4.
18 1고린 14:18.

방언이란 무엇인가?

　　미국에서 열에 한 명꼴로 방언을 한다지만 여전히 이 현상은 기이하게 보입니다. 그리고 헬라어 '글로사'(glossa)를 '방언'이라 번역해서 이 현상을 칭하는 것도 좀 이상합니다.[19] 오늘날 방언을 '글로소랠리아'(glossolalia)라는 용어로 일컫기도 합니다. 그런데 이 원어인 헬라어 뜻으로 보자면 그저 헬라어 단어 둘의 단순 조합으로 "언어로 말하다"라는 뜻에 불과합니다.[20] 그러니 이 말도 방언 못지않게 이상하긴 마찬가지입니다. 사람들이 방언 현상을 보면서 알아들을 순 없지만 뭔가 말을 한다고 느꼈을 정도의 감만 전할 뿐이지요. 여하튼 저로선 둘 다 별로 사용하고 싶지 않은 용어입니다.

　　저는 그냥 "기도와 찬양의 언어"라 부릅니다. 보다 기술적으로 정의하자면, 저는 방언을 고양된 영적 각성 상태에서 흘러나오는 특별하되 개인적이며, 초이성적이고 상징적인 찬양과 기도의 언어라고 이해한다는 뜻입니다.

　　방언이 특별한 이유는 그것이 일상의 대화에서 쓰는 언어도 아니고 어떤 언어학적 양식에서 통용되는 언어도 아니기 때문입니다.

　　'개인적'이라 하는 까닭은 방언이 개인마다 다 다르고 독특하기 때문입니다. 제가 경험한 바로는 어떤 사람의 기도와 찬양의 언어가 다른 사람과 같았던 적은 한 번도 없었습니다. 즉, 개별적이고 유일무이하더라는 뜻입니다.

　　'초이성적'이라 하는 까닭은 그 언어상징이 이성을 넘어서 재즈나 자유로운 춤, 즉흥 연주나 미술처럼 자발적으로 흘러나오는 예술 표현을 닮았기 때문입니다.

　　저는 방언을 일종의 '상징 언어'로 생각하는 게 도움이 된다고 봅니다. 물론 일상 언어의 단어들도 상징입니다. 그러나 방언은 우리가 아는 그 어

---

19 본디 glossa란 "자기 나라에서 멀리 떨어진 곳에 사는 특정 부족이 쓰는 언어"를 의미하는 말이다. Thayer, *Greek English Lexicon*, 118.
20 글로소랠리아는 '지방 언어'라는 뜻의 글로싸와 '말하다'는 뜻의 랄레인이 결합한 말이다.

떤 말보다 더 상징적입니다. 이 상징 언어로 우리는 하느님께 기도하고 찬양하며 외경심, 감사, 숭배, 헌신 등의 온갖 진심 어린 감정들을 표현합니다. 다만 이를 말로 표현하는 형태라는 점에서 언어와 같을 뿐입니다. 우리는 정식학교 교육을 통해서 조리 있게 말하기를 배우고 구문론과 정확한 발음, 적절한 어법을 배웁니다. 하지만 방언 같은 상징 언어가 그런 기준을 따라야 할 필요는 없습니다. 그저 언어라는 기막힌 수단을 통해 자기 자신을 자유롭게 표현할 수 있으면 족합니다. 군이 문법을 따라야 하는 세상의 언어 기준에 제약받을 필요가 없는 것입니다.

방언이라는 언어적 자기표현은 한 사람의 영이 자기 궁극의 근원을 향하여 기도하고 예배드리는 영의 대역 경험으로 볼 수 있습니다. 그리고 이런 현상은 그리스도교에만 국한된 것이 아니고 다른 종교 전통에서도 발견할 수 있는 것입니다.

저는 방언 기도가 높은 의식의 상태와 흐름에 들어가게 해 준다고 믿습니다. 이는 우리 두뇌가 그런 식으로 배열되어 있기 때문입니다. 미주신경(迷走神經, vagus nerve. 제10 뇌 신경이라고도 하며 뇌에서 시작하여 안면과 가슴 부위를 거쳐 복부에 이르는 신경. -역자 주)은 감사나 찬양, 숭배 등의 감정에 자극을 받으면 목에서 위로 상승하는 감각을 일으킨다고 합니다. 그런데 언어중추는 삶의 현실적인 면을 다루는 좌뇌에 위치합니다. 반면 우뇌는 창의적이고 직관적이며 흐름과 관련이 있는 의식 요소들을 다룹니다. 그런데 무아지경은 우뇌 작용으로 발생합니다. 사도 바울로의 표현대로 심령으로 기도하기, 즉 방언 기도란 좌뇌의 경계 구별성 언어중추가 무경계의 우뇌와 연합한 활동입니다. 이렇게 뇌의 좌우 반구가 유연하게 동기화되면 전체와 하나가 된 일체감이 생깁니다. 좌뇌의 '인성'이 우뇌의 '신성'과 이어진 것입니다. 인간의 개체 의식이 보편적 신성의 일체감에 융합된 현상 혹은 보편의식과 개체 의식이 연합한 것이라고 말해도 좋을 것입니다.

이렇게 비일상적인 변성 의식 상태에서 기도와 찬양을 하는 사례가 신약에서 여섯 차례 언급됩니다.

- ▸ 오순절("그들은 모두 여러 가지 다른 언어로 말하기 시작했다." 사도 2:4)
- ▸ 이방인들("그들은 이방인들이 다른 언어들로 말하고 하느님을 높이 찬양하는 것을 들었기 때문이다." 사도 10:46)
- ▸ 에페소의 새 신자들("그러자 그들은 이상한 언어로 말을 하고 예언을 하기 시작하였다." 사도 19:6)
- ▸ 방언이 널리 퍼진 고린토교회(1고린 12-14장)
- ▸ 바울로가 자신의 방언 기도에 대해 말함("나는 여러분 중 어느 누구보다도 이상한 언어를 더 많이 말할 수 있다는 것을 하느님께 감사드립니다." 1고린 14:18)
- ▸ 성령의 개입에 대한 언급("우리를 대신해서 말로 다 할 수 없을 만큼 깊이 탄식하시며 하느님께 간구해 주십니다." 로마 8:26)

이것이 하나의 유형처럼 반복되는 사실로 보아 높은 의식에 들어 하느님께 기도하고 찬양하는 소위 방언이란 초대교회에는 널리 퍼진, 어쩌면 보편적이었을 현상이라 짐작할 수 있습니다. 저는 이 점을 좀 더 상세히 다루도록 할 터인데, 초대 그리스도교회뿐만 아니라 오늘날에도 영의 상태에 드는 체험의 의미를 밝혀줄 것이라 기대하기 때문입니다.

고린토교회에 보낸 첫 번째 편지에 보면 사도 바울로는 이 기도와 찬양의 언어에 대해 여섯 가지 의미심장한 주장을 폅니다.

① 이 신령한 언어는 오로지 하느님을 향한 것이지 사람을 향한 게 아니다(14:2).
② 다른 사람들은 이 언어를 알아들을 수 없는 신비로운 것이다(14:2).
③ 이 언어로 하느님께 자기를 표현하면 그 사람은 자기 내면을 든든히 할 수 있다(14:4).
④ 이것은 영으로 드리는 기도이지 정신을 사용하는 것이 아니다(14:14).

⑤ 바울로는 어떤 때는 영으로 기도드리고 어떤 때는 생각을 활용해서 기도하라고 권한다(14:15).

⑥ 영으로 기도하고 찬양하는 것을 금해서는 안 된다(14:39).

그런데 희한하게도 성서의 모든 기록이 하느님의 말씀이며 우리 실제 생활에 도움이 된다고 열심히 주장하는 교회가 정작 위에 열거한 바울로의 여섯 가지 주장은 깡그리 무시합니다. 근대 의식 수준의 교회는 방언 기도를 바보 같은 정서적 열광주의로 격하합니다. 둘 다 옳지 않습니다.

바울로가 시끄러운 고린토교회의 상황에 대해 조언한 한 가지 방법이 모두가 방언을 말할 수 있더라도 함께 모여 예배를 드릴 때는 두 번이나 세 번 정도 하고 그치라는 것입니다. 게다가 그 방언을 모두 알아들을 수 있게 통역할 수 있는 사람이 있을 때만 그렇게 하랍니다. 그러니까 바울로가 다른 사람들보다 더 방언 기도를 할 줄 알면서도 방언이란 기본적으로 개인 기도에 적합한 방식으로 이해했음을 알 수 있습니다.[21]

기도와 찬양의 언어란 부드러운 영적 속삭임입니다. 내면의 영이 풀려 나오면서 우리를 술 취하듯 만들고 이완시켜줍니다. 우리 내면의 영을 풀어내어 발현케 하는 한 수단이라고 할 수 있습니다. 오순절파 그리스도인들이 방언을 몹시 사랑하는 이유가 거기 있습니다.[22]

하버드신학대학교의 전 학장 스텐달(Krister Stendhal)은 이렇게 말합니다.

내가 바울로의 서신들을 읽으면 읽을수록 선명해지는 사실은 장로교, 성공회, 루터교, 천주교를 포함한 소위 '번듯한' 그리스도교회 신자들이 의식 혹은 무의식적으로 방언과 같은 현상을 억누르지 않았다면 또 어떤 교

---

21 1고린 14:18-19.
22 사회학적인 이유도 있다. 방언은 보통 경제적으로 낮은 계층 사람들의 영성의 한 표지로 간주되기도 한다.

단처럼 매우 특별한 것으로 장려하지 않았다면, 오히려 방언을 포함한 영의 은사들은 그리스도인 체험의 공통분모처럼 되었을 것이라는 점이다. 나는 방언이 미지근하지 않은 종교라면 필연적으로 나타나야 할 한 측면이라고 본다. 분명히 어떤 사람들, 어떤 상황에서는 소위 영의 현상들이란 게 아주 '자연스러운' 일로 받아들여진다. 그리스도교회는 물론이고 여타 종교에서도 무아지경은 역사적으로 늘 존중받았다. 도대체 누가 이성적인 게 아니면 침묵만이 적절하다고 주장하는가?[23]

'예언'이란 무엇인가?

신약에서 예언을 맨 처음 언급하는 대목은 사도 바울로가 "성령의 불을 끄지 말고 예언을 멸시하지 말며 모든 것을 시험해보라"라고 말한 것입니다.[24] 이 구절로 미루건대 당시에도 예언을 멸시하는 풍조가 있었습니다. 예언은 사도행전에도 등장하거니와 바울로가 고린토교회에 보낸 첫 번째 편지에서 상세히 다루는 주제이기도 합니다. 대체 '예언'이란 무엇일까요?

오늘날 같으면 '예언'은 영의 채널링이라고 이해했을 것입니다. 예언이라 하면 미래를 예견하는 일과 상관이 있을 것 같지만 그렇지 않습니다. 예수가 요한복음에서 "나는 ~이다"(I am) 하면서 하느님으로서 말씀하는 대목이 예언입니다. 변모 사건에서 예수는 모세, 엘리야와 채널링한 것이라고 볼 수 있습니다. 하느님의 영을 채널링하는 일은 내면에서 영에 파장을 맞춤으로써 비일상적 의식에 들고 이 상태에서 영의 감화를 받은 인상, 말씀, 심상들을 수신하면서 일어납니다. 그렇게 수신한 것을 말과 글, 극이나 예술, 음악, 춤 등으로 표현할 수도 있습니다. 예언에 관한 바울로의 입장은

---

23 Stendahl, *Paul Among the Jews and Gentiles*, 120.
24 1데살 5:19-21.

철석같습니다. 아주 가치 있는 영의 선물이므로 우리 모두 예언을 사모해야 한다는 것입니다. "영적인 은사들을 간절히 사모하되 특히 예언하도록 하십시오. 예언하는 사람은 교회를 세웁니다."[25] 바울로가 열거하는 성령의 은사 목록은 다양하지만, 어디서고 예언이 빠지는 법은 없습니다.

위에서 언급한 대로 바울로는 예언을 무시해서는 안 된다고 분명히 짚습니다.[26] 그런데 오늘날은 예언을 무시하는 풍조가 교회들에 만연해 있습니다. 예언처럼 변성 의식에서 영의 말씀을 듣는 일이 불건전하다는 가르침을 늘어놓아 아주 효과적으로 질식시키고 있습니다. 어떤 이들은 "그 모든 현상이 끝나고 성서로 대체되었다"라고 주장합니다. "그런 건 뉴에이지 운동에서나 주장하는 채널링이고 하느님이 금하시는 짓"이라고 하는 사람들도 있습니다. 현재 교회 안팎에서 예언은 조롱받습니다. "지가 하느님이라도 되는 줄 아나?"라고 합니다. 아니면 아예 없는 것 취급을 해버립니다.

바울로의 서신에서 특별한 선물로 언급되긴 하지만, 하느님의 음성을 들을 수 있는 능력이란 어느 정도는 누구에게나 가능한 일인 것 같습니다.[27] 누구나 영을 경험할 수 있지만 어떤 사람들에겐 영이 비범하고 강력하게 발현되고 어떤 사람들에겐 좀 평범하게 발현되는 정도의 차이 같습니다. 가르치는 일도 마찬가지입니다. 가르치는 재능을 비상하게 타고난 사람들이 있습니다. 하지만 누구나 필요할 때는 무언가를 설명하고 가르칠 수 있습니다. 어떤 사람들은 굉장히 강력하고 비범하게 치유를 행사합니다. 하지만 누구라도 나름 믿음의 수준에 따라 치유 에너지를 전할 수 있는 것입니다. 이런 차이를 재능과 역할의 차이로 설명하기도 합니다. 그야말로 은사 수준에서 목회의 능력을 발휘하는 사람들이 있습니다. 그러나 누구라도 목회자 역할을 어느 정도는 수행할 수 있습니다. 교회는 둘 다 필요로 합니다.

---

25 1고린 14:1, 4.
26 1데살 5:20.
27 1고린 14:31.

그런 의미에서 누구라도 내적으로 영의 음성을 듣는 법을 배울 수 있습니다.

다른 사람들을 위한 하느님의 말씀을 비범하게 들을 능력이 있는 사람들을 일러 신약은 예언자라 했습니다. 신학자 보링(Eugene Boring)은 이렇게 말합니다.

초대교회 그리스도인들에게 예언자들이란 영감을 받아 부활하신 예수를 대변하는 인물들이었다. 그들은 그리스도인 공동체를 향해, 때론 그 공동체를 대신해서 대중에게 메시지를 전하라는 명령을 받았다고 느낀다. 예언자들은 죄다 하느님에게서 직접 계시를 받았다는 확신이 있었다. 그러한 계시란 심령 상태에서 받는 것이로되 이때의 상태란 자신의 의식과 의지 작용이 아예 사라진 황홀경에서부터 성찰과 의지의 정신적 기능은 살아 있는 채로 직관을 통해 강한 확신을 얻는 경우처럼 그 스펙트럼이 다양하다.[28]

보링은 사복음서의 일부는 역사적 예수가 말씀한 기록이고 일부는 예언자들을 통한 부활 예수의 메시지일 것으로 봅니다. "교회는 계시를 증언할 때 이중 과업을 늘 안고 있었으니 나자렛 예수를 통해 전달된 계시뿐만 아니라 부활하여 살아계신 주님의 계속되는 음성을 전해야 하는 일"이라고 보링은 말합니다.[29]

신약성서 어디에도 영이 말씀하시길 중지했다고 볼 만한 말씀이 없습니다. 오히려 그 반대입니다. 예수는 명백히 영은 말씀을 멈추지 않고 계속하실 것이라 했습니다.[30] 그리고 바울로는 예언이란 다른 사람을 세워 주는 것으로 그 어떤 은사보다 으뜸이라고 했습니다.[31] 신약성서의 나머지는 정

---

28 Boring, *The Continuing Voice of Jesus,* 38, 84.
29 위의 책, 272. 이탤릭체는 보링이 넣은 것이다.
30 요한 16:12-13.
31 1고린 14:1.

확히 그 말씀대로였음을 증언합니다. 영은 그때나 지금이나 계속 말씀하고 계십니다.

하느님에게서 온 말씀인가 아닌가?

영의 말씀이라는 어떤 주장도 정말 하느님의 영에서 비롯된 것인지 아닌지 분별해 보아야 합니다.[32] 그 내용이 높은 수준인지 낮은 수준인지 살펴야 합니다. 영이 아닌 존재, 높은 존재가 아닌 낮은 존재들과 채널링이 될 수도 있기 때문입니다. 그러므로 도날드 월시의 『신과 나눈 이야기』를 읽든, 점쟁이를 만나든, 설교자가 감동 있게 전하는 설교든 신의 말씀이라 주장하는 일체가 정말 영의 말씀인지 아닌지 분별해야 합니다. 그리고 십중팔구는 어느 만큼이 영으로부터 온 것이고 어느 만큼이 사람의 에고에서 비롯된 것인지 분간해야 할 것입니다. 여하튼 "영들을 시험하기"라는 숙제는 늘 해야 합니다.

하느님의 영이나 높은 영적 존재들에게 감화된 말씀을 들을 때는 그 어떤 영적 체험이나 확장된 의식 체험보다 힘을 얻고 격려와 위안을 경험하며 도전을 받습니다.[33] 이렇게 깊고 드높은 의식 체험이 없으면서 교회가 진짜 교회다울 수 있다고는 생각되지 않습니다.

초기 그리스도인들은 영적 체험을 잘 알아보았다

초기 그리스도인들에게는 어떤 교리를 믿느냐보다 어떤 체험을 하였느냐가 더 중요했습니다. 그들은 예수를 따르면서 하느님을 체험하는 사람들

---

32 1고린 14:29. 1요한 4:1.
33 1고린 14:3.

이었습니다. 베드로는 이방인들도 그리스도인이라고 확신하며 받아들일 수 있었습니다. 이는 이방인들도 성령을 체험하더라는 사실 때문이지 특정 교리를 수용했기 때문이 아닙니다.[34] 사실 교리로 보자면 초기 그리스도교 역사는 실로 다양한 입장들이 있었음을 보여 줍니다. 영지주의자들(어떤 앎을 강조하는)이 있었고, 도마복음을 따르는 집단이 있었으며, 에비온파(유대인들로 예수를 메시아로 받아들이는 파)가 있었는가 하면 마르키온파(유대교에 반하는 파)가 존재했고, 에르만(Bart Ehrman)이 원-정통파(Proto-orthodox)라 명명한 이들(정통그리스도교를 규정해 낸, 오늘날의 그리스도교와 같은 믿음을 지닌 이들)이 있었습니다.[35] 하지만 어느 집단이든 나름으로 영적 체험을 하고 있었습니다. 시간이 지나면서 교리로 주류의 위치를 점하는 건 소위 원-정통파 집단입니다. 하지만 이들도 영적 체험에 관한 한 어느 그룹보다 못하지 않았습니다. 사도행전만 읽어봐도 그리스도교란 하느님 체험을 불씨로 해서 탄생했음을 알 수 있습니다. 그 전에 복음서를 읽어보면 예수 자신이 아주 친밀하고도 사람을 변화시키는 하느님 체험으로 가득한 삶을 살았습니다. 시간이 흐르면서 하느님 체험이 뒷전으로 밀려나고 제도 및 정치적 요소가 전면에 등장합니다. 그러면서 교리가 그리스도인임을 규정하는 주요 표지가 되는 것은 나중의 일입니다.

오늘날 우리가 영을 지적으로 이해하는 게 중요치 않다는 말이 아닙니다. 전혀 그렇지 않습니다. 지금은 우리가 그리스도인 생활에서 예수의 실제 삶과 가르침이 어땠는지 아는 게 새삼 중요해진 시대입니다. 다만 그러한 지식이 영적 체험을 대체할 수는 없다고 말할 뿐입니다. 단계가 상태를 대신하지도 않고 상태가 단계를 대신할 수도 없습니다. 그리스도인이 또 교회가 제대로 진화하려면 상태와 단계 양면이 다 필요합니다.

---

34 사도 10:44-48.

35 Ehrman, *Lost Christianities*, 135-157.

교회가 존재하는 목적은 우리가 영성 생활의 단계들을 알 뿐만 아니라 영성의 상태들을 실제로 체험할 수 있도록 돕는 것입니다.

하느님 체험의 왕도

영적으로 각성해서 초월 체험을 한다는 것은 그저 또 하나의 의식 수준이거나 흥미로운 현상 정도가 아닙니다. 그것이야말로 하느님을 체험하는 왕도입니다. 의식의 높은 상태들을 알고 이를 체험하는 것이 통합 및 그 수준 이상의 교회에서는 무척 중요한 일입니다. 현대 교회들이 이 확장된 의식 상태들을 전반적으로 무시하고 있지만 말입니다. 그 의식 체험들을 모색하고 경험해야 진정으로 의식이 진화할 수 있습니다.

성서의 영의 대역 체험이 오늘날 무시당하고 있다

앞에서도 말했지만, 학자들은 성서의 변성 의식과 영적 체험들을 전반적으로 무시해왔습니다. 그저 그 기록들의 신학적 의미만 물었을 뿐 실제로 그게 어떤 체험들이었는지 또 오늘날도 경험 가능한 것들인지는 묻지 않습니다. 하지만 통합(혹은 이 수준을 뭐라고 부르든지 간에) 수준의 교회는 그러한 경험이 당연히 가능할 뿐만 아니라 예수가 보여 준 영의 길의 본질이라고 봅니다.

교회가 높은 영적 의식에 대해 몰이해한 것은 학자들이 도무지 이런 체험들 언저리에도 가본 적이 없다는 사실에서 비롯되는 것 같습니다. 그들은 심지어 오순절이나 성령 운동의 체험에 대해서도 잘 모릅니다. 물론 학자들이 영의 대역 체험을 아름답고 감동적으로 기록한 그리스도교 신비가들의 저술을 읽어봤을 수는 있습니다. 하지만 읽기만 했지 실제로 그 체험들을 해보라고 이끄는 사람은 만나본 적은 없습니다. 그러니 성서의 변성 의식 체험기록에서도 그저 신학적인 의미만 읽어낼 뿐이지요. 그런 체험이 오늘날도 가능한지는 생각하지 않으면서 말입니다. 혹여 그런 체험 쪽으로 이끌린 사람이 있다손 치더라도 그런 사람은 그때부터 학계의 규범 같은 건 소홀히 했을 공산도 있습니다. 워낙 학자들이란 생각에 치우치는 사람들입니다. 생각과 체험을 고루 갖추기란 드문 사람들이지요.

영의 대역이 주는 도전

심리학자 에이브러햄 매슬로는 이런 말을 했습니다. "세상에 알려진 모든 고급종교는 그 기원이 명민하고 감수성 강한 예언자 혹은 선각자 개인이 홀로 고독하게 계시나 조명을 받거나 무아지경을 드는 체험에 있다. 그것이 그 종교 고유의 핵심이요 본질이자 토대이다."[36] 예수를 정확히 설명하는 말이 아닐 수 없습니다! 그런데 아쉽게도 이 예언자나 선각자를 따른다는 사람들이 끼어들어 물을 흐리게 합니다. 초대교회도 마찬가지였습니다. 창시자의 체험과 비전은 흐려지기 시작하더니 나중엔 애초의 비전은 알아볼 수도 없으리만치 왜곡되고 맙니다.

신약성서에서 가장 이른 기록 가운데 하나가 아마도 서기 53년에서 57년 사이에 기록되었을 바울로의 고린토교회에 보내는 첫 번째 편지입니다. 이 편지에는 초창기 교회에 모여 사람들이 어떤 고양된 의식 혹은 초월의식을 체험했는지 그려 주는 내용이 담겨 있습니다.

바울로가 고린토교회에 편지를 쓰게 된 계기도 바로 이러한 의식 체험들이 예배를 혼란스럽게 했기 때문입니다. 예배와 기도에 깊이 몰입한 나머지 의식이 고양되고 하느님과 하나 되는 체험이 하도 강렬해서 고린토교회 신자들은 이를 잘 통제하지 못하고 있었습니다.

---

36 Maslow, *Religions, Values, and Peak-Experiences*, 19.

우리도 의식이 높이 고양되는 체험을 할 수 있습니다. 그러나 그 상태 체험을 해석하고 설명하는 것은 어디까지나 발달 단계의 몫입니다. 낮은 성장단계에 속한 사람들이 진하게 영적 체험을 하더라도 이를 자신들만이 진리를 갖고 있고 다른 사람들은 죄다 틀렸다는 증거로 삼을 수 있습니다. 혹은 "내가 체험한 것이 네가 체험한 것보다 우월하니까 내가 너보다 더 영적"이라는 식의 엘리트 의식을 가질 수 있습니다. 실제로 이와 같은 분열 과 갈등, 엘리트 의식이 고린토교회 공동체 내에 나타났습니다. 초월의식 경험에 익숙지 못한 사람들은 이를 절제하는 데 어려움을 겪을 수 있다는 사실 또한 증언하는 것이기도 합니다.

낮은 단계와는 달리 통합 혹은 그 이상의 높은 발달 단계에서 영적 체험 이나 무아지경 체험은 일치와 조화, 상호연대라는 열매로 이끌어 줍니다.

고요하고 명상적인 의식영역

신약성서가 보고하는 변성 의식사건들이란 그야말로 보고입니다. 즉, 사람들이 목격한 사건들의 공적 기록물이라는 말입니다. 그러다 보니 초기 그리스도인들이 고요히 침묵하면서 명상적으로 깊이 들어간 내용은 기록에 서 배제되는 경향이 있습니다. 예컨대 베드로나 바울로가 개인기도 중에 무아지경에 들어 어떤 체험을 했는지는 신약성서는 낱낱이 기록하지 않습 니다. 그런 기록은 후대의 그리스도교 신비주의자들에 이르러서나 등장합 니다. 십자가의 요한이나 마이스터 에크하르트, 아빌라의 데레사, 오늘날의 로버츠(Bernadette Roberts)나 짐 매리언 같은 신비가들 말입니다. 그리고 동 방 교회 전통 역시 관상의 의식 상태에 대해 오랫동안 경험했기 때문에 우리에게 가르쳐 줄 것이 많습니다.

변성 의식은 그리스도인에게 정상이며
오늘날도 경험 가능한 것

제가 신약성서의 변성 의식 체험을 언급하는 목적은 두 가지입니다. 하나는 우선 그런 체험들이 예수의 삶에서나 초기 그리스도인들의 삶에선 지극히 정상적인 요소였음을 강조하려는 것입니다. 다른 하나는 그런 체험들이 전부 혹은 적어도 일부는 우리도 할 수 있고 중요하다는 점을 말하려는 것입니다. 그런 신비 체험은 성서의 정경화 작업과 더불어 끝났다는 전통 교회의 주장은 성서적으로나 역사적으로 또 경험적으로도 근거가 없습니다.

저는 변성 의식 체험을 다룸에 있어 세 가지를 제안하고자 합니다. ① 그 체험들은 마법, 전통, 부족 단계를 넘어서는 방향으로 해석하는 것이 좋습니다. ② 그 체험들은 적어도 같은 체험에 시간과 에너지를 들인 사람들이 하는 이성적 검증과 성찰에 열려 있어야 합니다. 그리고 무엇보다도 ③ 그 체험들은 자신과 남을 변화시키고 힘을 주는 방향으로 이끄는 것이라야 합니다.

11장 ┃ 오늘날 영의 대역
─ 나의 여정

첫 체험

저는 스물세 살에 처음으로 초월의식, 즉 변성 의식 체험을 했습니다. 체험이 있기 2주 전 저는 성공회의 주말 피정에 참여했습니다. 저는 신학적으로 깊이가 있으면서 나대지 않는 성공회 신자들이 편했습니다. 저 자신도 그런 사람이라 생각했기 때문입니다. 비록 저는 침례교 집안에 태어나 침례교에서 자라고 침례교에서 죽을 사람이라 생각했으면서도 성공회 신자들이 좋았습니다. 성공회 신자들이란 시대에 뒤떨어진 일만 아니라면 하느님을 위해 못 할 게 없는 사람들 같았습니다. 적어도 그땐 그랬습니다. 반면 침례교 신자들은 시대에 뒤떨어지건 말건 뭐든지 하느님을 위해 할 수 있는 사람들이었지요.

하지만 주말 피정에서 만난 사람들은 예사 성공회 신자들이 아니었습니다. 그 당시 '신오순절파'라 불리는 사람들이었습니다. 말하자면 초창기 성령 운동에 속한 이들로서 피정이나 수련회에 은근슬쩍 성령 체험을 '밀매하는' 지하조직 같은 사람들이었습니다. 피정 어느 시점에 이르면 기도받기 원하는 사람은 앞에 나와 의자에 앉으라고 합니다. 그러면 소그룹이 그를 둘러싸고 기도해 주는 시간입니다. 저는 망설임도 있고 두렵기도 했지만 초청에 응해 나가 앉았습니다. 그런데 덩치 크고 호탕한 흑인 여성 하나가 저를 보고 큰소리로 "와, 침례교 목사님이 납시었네!" 하며 손뼉을 치는 바람에 깜짝 놀라 하마터면 일어나 내뺄 뻔했습니다.

사람들은 조용히 저를 둘러싸고 기도해 주었습니다. 하지만 어떤 사람들은 조용하지만 알아들을 수 없는 말로 기도했습니다. 적어도 그날 저에겐 아무 일도 일어나지 않았습니다. 제가 원하던 바였습니다. 당시 저는 감정에 제동장치를 달고 살았습니다. 하물며 다른 사람들이 보는 앞에서 감정적이든 영적이든 뭔가 '체험'하길 원치 않았던 것이지요. 게다가 저는 목사가 될 사람으로서 필요한 건 이미 다 갖고 있다고 생각했습니다. 그러니 더는 뭐든 사양하고 싶었습니다. 제게 아무 일도 안 일어나도 누구도 개의치 않았습니다. 그들은 저 같은 종류에 익숙했고 시간이 더 필요하다는 사실을 알고 있었습니다.

2주 후 저는 밤에 잠자리에 누워 아가타 크리스티의 추리소설을 읽고 있었습니다. 갑자기 이상한 감정이 몰려왔습니다. 침례교 신자로서 저는 술을 아예 입에 대지 않았습니다. 하지만 나중에 이때를 돌아보니 소위 즐겁게 취한 상태 비슷한 것 같았습니다. 갑자기 모든 사람이 사랑스럽고 모든 만물이 사랑스러웠습니다. 방의 벽들도 사랑스러웠습니다. 부모님을 향해서도 사랑하는 마음이 올라왔는데 당시로선 아주 놀라운 일이었습니다. 그리고 작가 아가타 크리스티가 사랑스러웠습니다. 천주교 신자들도 사랑스러웠습니다(당시엔 침례교 목사들이 천주교 신자를 사랑할 만한 대상으로 설교하지 않을 때입니다). 저는 심지어 하느님도 사랑스러웠습니다. 그때까지 저는 그저 하느님을 섬겼을 뿐 사랑하지는 않았습니다. 하물며 온 마음을 다해 열렬히 사랑하는 마음이 있을 리 없습니다. 그러니 하느님에게 사랑받는다는 느낌도 부재했습니다. 나중에 이날 밤의 체험을 돌아보니 만물과 일체감을 느끼는 신비 체험을 내가 했구나 싶었습니다. 이 체험은 몇 시간 정도였지만 그 영향은 평생 남게 됩니다.

이 체험은 제가 우주의 마음과 잠시 하나가 되는 체험이었습니다. 그 체험 이후로 며칠 지나서 가만 생각해 보니 제가 사물을 새로운 관점으로 보고 있음을 알아차렸습니다. 그때 이후 여러 가지 체험이 계속되고 저도 영성 훈련을 계속했습니다. 책을 쓰고 있는 지금도 그날 체험의 차원을 계속 경험하고 있습니다. 그러니 그날의 체험은 제 평생의 삶을 바꿔놓은 체험이라 하겠습니다.

성령에 취함

체험 이후 저는 신약의 "술 취하지 말고 성령을 가득히 받으시오" 하는 구절을 새로운 관점으로 보기 시작했습니다.[1] 전에는 그저 도덕적 권고 정도로 받아들였습니다. "술집에 가서 술에 떡이 되지 말고 집에 일찍 가서 성경책이나 보라" 아니면 "술 먹지 말고 교회나 다녀라" 하는 정도로 말이지요. 그러나 사실 바울로는 굉장히 구체적인 경험의 언어로 말했던 것입니다. 즉, 알코올에 취하지 말고 영에 취하라는 것입니다. 술 취하는 것과 성령에 취하는 것 사이에 무슨 상관관계가 있는 걸까요? 초기 그리스도인들이 경험해보니 이 둘 사이엔 유사성이 분명히 있었던 겁니다. 오순절 성령강림 때 예수의 제자들이 얼마나 행복감에 젖었는지 남들이 볼 땐 술 취했다고 할 정도였습니다! 저 역시 술 취한 것처럼 성령을 체험했던 터라 그 상관성을 이해합니다.

예수는 그 둘 사이의 유사성을 도마복음에서 이렇게 표현했습니다. "자네는 내게서 솟아나는 샘물을 마시고 취했네."[2]

몇 년 뒤에 윌리엄 제임스를 읽으니 이런 내용이 나옵니다.

술이 인류에 만연하게 된 데는 명백히 술이 인간 본성의 신비적인 면을

---

1 에페 4:18.
2 도마복음 13절.

건드리는 힘이 있기 때문이다. 맨정신에서는 차가운 사실 및 건조한 비평에 치어 숨죽이게 되는 면이 말이다. 맨정신은 축소하고 차별하고 아니라고 말하는데 술 취한 정신은 확장되고 결합하며 예라고 말한다. 술은 사실 인간 안에 예하는 기능을 몹시 흥분시킨다. 그래서 술을 마시는 사람이 사물의 차가운 외곽에 머물지 않고 그 찬란한 핵심에 이르게 한다. 그 순간 그는 진리와 하나가 된다. 사람들이 술을 애호하는 게 그저 옹고집 때문만은 아니다.[3]

이후 저는 제 체험을 신학적으로 이해하고자 애쓰는 과정에서 하버드 신학대학의 전 학장 크리스터 스텐달의 이런 글을 접했습니다.

성령 운동을 억누르는 교회들은 종교체험을 넉넉히 표현할 수 있도록 열려야 한다. 그리스도교가 손전등에 넣는 배터리 볼트 정도여서는 마약 습관과 싸울 힘이 없다. 어느 종교든 근본적인 종교체험을 날것으로 싱싱하게 주입하지 않고서는 자기 갱신이란 있을 수 없다.[4]

최근에는 켄 윌버가 종교체험을 통합이론의 언어로 해설하는 것이 마음에 와서 닿았습니다.

작금에 영적 상태 체험은 대다수 정통종교의 주류 담론에서 배제되는 것이 보통이고 다른 맥락에서도 억제되는 것이 보통이다. 상태 체험이 표면상에 모습을 드러내는 건 대개 복음주의의 부흥 운동이나 오순절파의 열광적인 모임 정도다. 이때의 체험도 대개는 정묘 상태 정도의 체험이고

---

3 James, *The Varieties of Religious Experience*, 338.
4 Krister Stendahl, *Paul Among the Jews and Gentiles*, 122.

언더힐이 말하는 조명과 은총의 상태는 어쩌다가 한 번인데 그마저도 적색 의식(전사 단계), 고작해야 호박색 의식(전통 단계)에서 해석되는 게 보통이다. 영적 전통들이 더 높은 의식 상태 및 발달 단계로 가는 길을 빨리 제시할 수 있어야 근대와 후 근대세계에서 새로운 역할을 찾아낼 수 있을 것이다. 인간성 발달의 컨베이어벨트가 되는 역할 말이다.[5]

신비주의자들과 어울림

저는 평생을 성서를 중시하는 남침례교회에서 보냈고 남침례신학교에서 신약과 신학전공으로 석사 공부를 했습니다. 그때는 영적 의식 상태를 체험하는 일이란 그야말로 금기사항이었습니다. 오순절파 신자들은 그저 비웃음과 조롱의 대상이었을 뿐이었고요. 침례교인들이 그토록 신봉하는 성서에 변성 의식 체험의 기록이 그리도 빈번하고 명백하게 들어 있음을 말해 주는 사람은 아무도 없었습니다. 그러니 제가 딴 석사학위 명칭이 "신성에 숙달한 사람"(Master of Divinity)이건만 도대체 제가 신성에 대해 체험적으로 할 말은 거의 없었던 마당입니다.

그런데 이십 대 후반쯤에 저는 당시 종교 세계의 은밀한 지하 네트워크라 할 만한 소위 "신오순절파(neo-pentecostals) 모임이나 수련회에 정기적으로 참석하기에 이르렀습니다. 고양된 의식 상태의 체험에 대해 듣고 배우고 실천해볼 수 있는 자리들이었지요. 60년대와 70년대, 80년대에 걸쳐 저는 로바크(Frank Laubach: "Each One Teach One"이라는 문맹 퇴치 운동의 창시자이자 *A Modern Mystic*의 저자), 샌포드(Agnes Sanford: 내적 치유 운동의 창시자), 멈퍼드(Bob Mumford)와 프린스(Derek Prince: 둘 다 국제적으로 알려진 오순절 운동의 지도자들이다), 윔버(John Wimber: 빈야드 운동의 창시자), 스테이플턴

---

5 Wilber, *Integral Spirituality*, 196.

(Ruth Carter Stapleton: 지미 카터 대통령의 누이이자 성령 운동 지도자), 타이슨 (Tommy Tyson: 감리교의 설교자로서 성령 운동의 지도자. 개인적으로 나의 멘토이기도 하다), 맥너트(Francis McNutt: 천주교 신부로서 성령 쇄신 운동 지도자. *The Nearly Perfect Crime: How the Church Almost Killed the Ministry of Healing* 을 비롯하여 많은 책을 썼다) 등을 만났고 그들에게 영향을 받았습니다. 프랜시스 맥너트 신부와 저는 아그네스 샌포드가 이끄는 피정에 함께 참여했는데 맥너트 신부는 거기서 처음으로 성령 체험을 합니다. 그 시절 저도 루스나 토미와 함께 수련회, 피정 등을 이끌곤 했습니다. 그 둘은 맥너트 신부와 더불어 70년대와 80년대 우리 교회 강단에 단골로 초청됐던 인물들입니다. 지금 통합이론의 틀로 다시 바라보니 그때의 경험이 더욱 소중하게 느껴집니다.

이런 과정을 거치면서 저는 하느님을 어떤 개념이나 신념이 아니라 경험할 수 있는 실체로 보기 시작했습니다. 어느 날 문득 생각해 보니 제가 그리스도인 신비주의자들을 만나면 어울리기 좋아하는, 제 자신이 이제 막 부화한 햇병아리 신비주의자임을 알았습니다.

그리스도인 신비가들이란 어떤 사람들인가?

저명한 천주교 신학자 카를 라너가 한 말은 지금도 널리 인용됩니다. "미래의 그리스도인은 신비가가 되든지 아예 그리스도인이 아니든지 할 것"이라는 말입니다.[6]

신비가란 모름지기 하느님과 직접 친밀하게 이어지고자 하는 사람을 말합니다. 신비 상태에서 하느님과 우리의 거리는 사라지고 맙니다. 신비주의란 하느님과 하나 됨을 실천하는 것입니다.

---

6 그 문장을 전면으로 인용한다면 이렇다. "미래에 독실한 그리스도인이라면 무언가를 경험한 '신비가'가 되든지 아니라면 아예 그리스도인이길 그만두는 사람일 것이다." (*Theological Investigations*. I:7, 15)

그리스도교 신비주의를 윌버는 자신의 고유한 통합이론의 언어로 이렇게 표현합니다.

어떤 그리스도교 신자가 의식단계가 적색이든 호박색이든 오렌지색이든 아님 녹색이든 간에 묵상 혹은 관상을 하거나 오순절파의 경험을 하거나 향심 기도를 하거나 할 수 있다. 그럼으로써 거친, 정묘, 시원 혹은 비이원의 의식 상태에 들 수 있다.[7]

오늘날 그리스도교가 된 종교의 창시자라 할 예수는 무엇보다 신비가였습니다. 매우 합리적인 신비가이되, 여하튼 신비가입니다. 켄 윌버의 통합이론은 확실히 신비주의적입니다. 통합 및 그 이상 단계의 그리스도교란 본질상 신비주의 그리스도교라는 점에 놀랄 게 없습니다.

신비 체험은 누구나 가능합니다. 인간성의 자연스럽고 정상적인 부분이기 때문입니다. 그런데 종교와 사회는 이를 밀어냅니다. 사실 신비란 정상적인 인간입니다. 오히려 신비가가 아닌 인간이 비정상적입니다!

윌버는 이렇게 말합니다. "신비가란 신을 하나의 대상으로 보는 사람이 아니라 신을 대기처럼 삼고 신 안에 잠기는 사람이다."[8]

신비가에게 신은 자연, 우정, 사랑, 예술, 음악, 춤, 웃음, 고통, 괴로움, 가난하고 억압받는 사람들 안에 현존합니다.

우리 모두 현대의 신비가가 될 수 있는 잠재력이 있습니다. 누구나 근저에 그 가능성을 이미 갖고 있다는 말입니다. 그러므로 우리는 깨어나 이미 참인 것을 우리 의식에 등장시키고 지속해서 이 각성된 의식을 쓸 수 있습니다.

그리스도인 신비가란 예수의 삶과 가르침을 통해 신비에 이르는 사람입

---

7 Wilber, *Integral Spirituality*, 5.
8 Wilber, *One Taste*, 21.

니다. 물론 붓다나 크리슈나를 보고 혹은 결국에 누구나 그리하듯 그저 자기 내면에서 신비를 발견할 사람들도 있겠지만 말입니다.

신비의 영성이란 과거를 동경하는 게 아니라 오히려 미래를 향하는 것입니다. 영은 미래에서 오지 과거에서 오는 것이 아닙니다.

신비가들은 그저 믿으라고 하지 않습니다. 오히려 이런저런 실험을 통해 스스로 각성하고 체험하라고 말합니다. 이때 실험실이란 바로 우리 마음입니다. 기도와 명상 혹은 그 무엇이든 우리를 영에 연결되게 하는 것을 해보는 것이 실험입니다. 그렇게 스스로 실험한 것을 다른 사람이 실험을 통해 내놓는 바와 비교해 보는 것입니다. 그런데 신비가들이 실험 끝에 하나같이 하는 놀라운 말은 우리 존재의 핵심은 바로 하느님이라는 것입니다. 저 역시 이제껏 살면서 발견한 사실이 바로 그것입니다.

윌버는 말합니다.

신비주의는 초이성적이며 그것은 우리의 집단적 과거에 있는 것이 아니라 집단적 미래에 놓여 있다. 오로빈도나 테야르 드 샤르댕이 말했듯이 신비주의는 진화, 진보하는 것이지 퇴화, 후퇴하는 것이 아니다. 내가 보기에 과학은 영에 대한 유아기, 청소년기의 관점을 제거하는 역할을 한다. 그럼으로써 우리가 전이성적 관점을 벗고 진정으로 초이성적 통찰, 발달의 고차적 단계, 참된 신비주의 혹은 관조적 발달의 자아 초월적 단계로 나아갈 여지를 갖도록 돕는다.[9]

매튜 폭스는 스스로 "신비주의에 대한 스물한 가지 통상적, 작업적, 경험적 정의"라 이름한 내용을 소개합니다. 그 제목만 살펴보면 다음과 같습니다.

경험, 비이원론, 자비, 연결 짓기, 근본적인 놀람, 세계가 통으로 하나라고

---

9 Wilber, *Grace and Grit*, 234.

인정하기, 우뇌, 자기성찰, 가슴으로 알기, 근원으로 돌아가기, 여성주의
자, 범재신론, 이미지 산출, 침묵, 무와 어둠, 아이처럼 놀기, 정의의 심령,
예언자적, 존재와 더불어 존재하기, 참 나, 전지구적 보편주의.[10]

신비가란 하느님을 직접 경험하는 사람입니다. 물론 하느님이란 이름
대신 신성이나 무엇이든 궁극을 가리키는 말로 대신해도 좋습니다. 이 관점
에서 보자면 신비가들은 제각기 다른 개념과 명칭을 사용할지 몰라도 대단
히 유사한 경험을 하는 사람들입니다.[11] "신비주의의 본질은 우리 존재의
심층, 우리가 지닌 순수 의식이라는 중심에서 우리는 근본적으로 영 혹은
신성과 하나이며 만물과 하나라는 것입니다. 그것은 무시간적이고 영원불
변의 진리입니다."[12]

장로교 목회자 가네트(David Garnett)는 초교파 모임에서 많은 사람의
심금을 울리는 말을 했습니다.

덴버에서 저는 계속 생각했습니다. 대체 우리 교회 안에 신비가들은 어디
있을까? 법률가들은 수도 없이 많습니다. 하지만 예술가, 꿈꾸는 사람, 연
인들은 어디 있을까? 만약 우리 시대가 좀 더 침묵하며 함께 앉아 있을
수 있었다면, 침묵 가운데 기도하면서 여백의 공간, 서로 다르고 좋아하는
것도 다르지만 서로 수용할 수 있는 친절의 공간을 더 많이 만들었다면,
남을 사랑하기보다는 맘대로 주무르려는 욕구를 좀 더 포기할 수 있었다
면, 그래서 둘씩, 셋씩, 넷씩 모여서 성서의 이야기와 자기 삶의 이야기를

---

10 Movement of Inner Spiritual Awareness.
11 짐 매리언은 '신비가'라는 말을 세심하게 사용한다. "중요한 것은 그리스도교 전통이 관상
   가라 호칭하는, 즉 진지한 명상가가 되는 것이다. 신비가를 모종의 심령 능력을 지닌 관상가
   라 한다면 우린 굳이 신비가가 될 필요는 없다." (Putting on the Mind of Christ, 78.)
12 Wilber, Grace and Grit, 22.

함께 나누고, 음악과 시, 꿈에 귀를 기울이고, 사색의 기술을 익히고, 서로 이어져 관계망을 이루고, 꿈을 나누고 서로의 꿈에 동참했더라면 어찌 되었을까 하고 말입니다.[13]

시편 기자도 신비가입니다. "암사슴이 시냇물을 찾듯이, 하느님, 이 몸은 애타게 당신을 찾습니다. 하느님, 생명을 주시는 나의 하느님, 당신이 그리워 목이 탑니다. 언제나 임 계신 데 이르러 당신의 얼굴을 뵈오리이까?"[14]

도마복음은 영을 향해 자신을 여는 것이 중요함을 센 어조로 말합니다. "아버지를 훼방하는 자는 사함을 얻을 수 있고, 아들을 훼방하는 자도 사함을 얻을 수 있으되, 성령을 훼방하는 자는 땅에서나 하늘에서나 사함을 얻지 못하리라."[15]

이 신비로운 말씀은 후대에나 정착하게 될 삼위일체의 언어를 사용하고 있습니다. 즉, 우리가 하느님(아버지)에 관한 올바른 사고가 중요한 것도 아니고 예수(아들)를 옳게 사고할 필요도 없다는 겁니다. 그러나 영에 자신을 개방하지 못한다면 현재든 미래든 우리는 옴짝달싹 못 하게 될 것이고 그게 진정 중요한 문제라는 것입니다.

신비란 전 이성적 마법이 아니라 초이성적 실재라는 점을 지적하면서 윌버는 이렇게 말합니다.

마법은 장차 신화에 잠식당할 거라곤 꿈에도 생각 못 했을 것이다. 그리고 신화의 신과 여신들 또한 이성이 그들을 무너뜨릴 미래를 결코 상상하지 못했을 것이다. 이제 우리는 이성적 세계관에 안주하여 거드름을 피우며 그 무언가 뜬금없이 나타나 우리의 굳건한 기초를 흔들고 쓸어버리는 일

---

13 Garnett, *Minister Commissioner Report.*
14 시 42:1.
15 도마복음, 44절.

따윈 없다고 확신한다. 하지만 초이성적 단계가 저기 기다리고 서 있다. 모퉁이만 돌면 새벽 여명처럼 나타나려고 말이다. 모든 단계가 전 단계를 품고 초월한다. 내일의 세계에는 이성을 많은 면에서 초월하는 내일의 태양이 뜨리라는 사실은 피할 수도 부정할 수도 없다.[16]

인생이라는 레스토랑

그리스도인들이 인생이라는 레스토랑에 앉아 있는데 웨이터가 다가와 성서라는 메뉴판을 보여 줍니다. 그리스도인들은 메뉴판을 세심히 연구하면서 이 식당이 무슨 음식을 내놓는지 알아봅니다. 그런데 시간이 한참 지났는데도 그리스도인들은 음식을 주문하지 않습니다. 대신 그들은 메뉴판을 핥기로 한 것입니다! 그리스도인들이 종종 성질이 비뚤어진 영양실조의 교리주의자 같아 보이는 것도 이상할 게 없습니다. 메뉴판의 음식을 주문해서 먹질 않고 메뉴판만 핥는 것이 전통 교회가 생각하는 영적 경험의 전부(복음주의 교회의 회심 체험이나 성령운동 교회의 예배 체험을 제외하면)입니다. 주문해야 비로소 진짜 음식, 영양가 있고 맛있는 훌륭한 음식을 먹을 수 있습니다. 지식으로 인지의 틀을 갖추는 건 나름 중요하고 도움이 되지만 그게 전부가 아닙니다. 지도는 실제 영토가 아닙니다. 메뉴판이 진짜 음식은 아닙니다.

신비 체험

마커스 보그는 이렇게 말합니다.

영의 사람, 종교적 황홀경을 체험하는 사람은 신성을 생생하게 자주 경험

---

16 Wilber, *A Brief History*, 60.

하는 사람을 말한다. 그 경험에는 일상적이지 않은 의식 상태의 경험, 환시나 샤먼의 영적 여행, 신비 체험 및 깨달음의 체험이 들어 있다.[17]

배키 해럴슨(Becki Jayne Harrelson)은 그리스도인 예술가인데 베키의 그림 여섯 점이 우리 교회 갤러리에 전시되어 있습니다. 그 갤러리에는 세계 각처에서 수집한 예수의 초상화 240점이 걸려 있습니다. 그런데 베키는 그림 그리면서 갖게 된 경험을 다음과 같이 말합니다.

나는 변성 의식 상태, 조용한 무아경에 들어간다. 그 상태에서 심상을 불러낸달까 아니, 그냥 노력하지 않고 심상이 나타나는 대로 받는다고 말해야 할 것 같다. 그 일은 눈 깜빡할 새에 일어난다. 어떤 때는 뭐라 형언하기 힘든 기쁨을 느껴 나도 모르게 킥킥대기도 한다. 그 상태에 있다가 일상으로 돌아오려면 시간이 좀 걸린다. 마치 날아오를 것 같은 기분이다.

1991년 어느 날 나는 신경쇠약이 발작했다(나로선 신경쇠약이기보다 비약이지만 말이다). 어린 시절 해변에서 성적, 정서적, 신체적 학대를 경험했던 기억이 강렬하게 되살아났다. 이 경험을 하는 동안 나는 기도했다. 아주 많이. 그날 이후 나는 예수, 성모마리아, 흰빛의 기둥이 꿈에서나 명상 중에 많이 나타나기 시작했다. 어느 순간 그들은 내 예술작업을 지도하기 시작했다. 빛기둥을 향해 내게 왜 예술적 재능을 주었으며 그걸로 뭘 해야 하는지 물었다. 바람에 날리는 눈보라처럼 선명하게 대답이 주어졌다. "사랑하라. 네 물음에 사랑이 대답하노라." 그래서 나는 사랑의 소명에 충실하게 작업하고자 노력하고 있다.

나는 명상과 같은 그림 그리기를 실천한다. 마음을 텅 비우고 그림을 그리노라면 속삭이는 작은 음성이 들릴 때가 있다. "이거 해보렴." 최후의 만찬

---

17 Borg, "A Portrait of Jesus."

을 그리면서 사도 한 명의 손에 돈을 그려 넣은 것도 그 때문이다. 나는 새삼 안내를 청하는 일을 그만둔 지 오래다. 그저 내 지각과 지식을 넘어서서 최고, 최선을 향해 봉사하기로 헌신했기 때문이다. 나는 내면의 작은 음성에 권위를 부여한다. 우리 내면에 거주하시는 지혜의 성령이 말씀하는 것이라 믿기 때문이다. 우리가 인정하기만 하면 누구나 들을 수 있다. 그 음성이 얼마나 고유한 방식으로 내게 축복했는지 생각하면 정말 기쁘다. 내 재능이 사람들을 치유하는 일에 보탬이 되었길 빌 따름이다.[18]

월버는 세계의 모든 종교에는 '관상적 핵심'이 들어 있음을 지적합니다. "관상적 핵심이란 감각이나 정신 차원을 넘어서 초감각적, 초 정신적, 자아 초월적 의식을 직접 경험하는 것으로서 육체의 눈, 정신의 눈으로는 알 수 없고 명상이나 관상, 요가 등을 통해 관조의 눈으로만 파악 가능한 것을 말한다."[19]

그리스도교회에서 오순절이나 성령운동 교회를 제외하면 이러한 경험은 전반적으로 제거되거나 숨죽이고 있습니다. 그리고 오순절이나 성령운동 교회에서도 고작해야 방언이나 예언 정도가 인정될 뿐입니다. 그나마도 해석은 전통 신학의 관점으로 이루어집니다. 반면 통합 교회는 초월 경험의 가치를 신중하게 분별하고 해석에 따르는 신학의 한계도 뛰어넘고자 합니다. 예컨대 방언이 성령을 받은 증거라거나 오직 그리스도인만이 하느님의 영을 경험할 수 있다는 식의 해석 말입니다.

오늘날 영에 대한 직접 체험을 가르치는 과목이 있는 신학교가 몇 개나 될까요? 그걸 익숙하게 지도할 수 있는 교수가 몇 명이나 될까요? 그저 가르치고 끝나는 게 아니라 실제로 각성할 수 있도록 학생들을 지도하고

---

18 2008년 5월 8일자 개인서신.
19 Wilber, *The Marriage of Sense and Soul*, 163, 166.

조언할 수 있는 교수 말입니다. 사도행전을 보면 지도자가 따르는 사람들에게 깨달음과 각성을 전수하고 전달할 수 있음이 영적 성장에 굉장히 중요한 요소임을 알 수 있습니다. 동방정교회 전통에서는 이러한 스승의 전수가 무척 중시됩니다. 하지만 직접 체험을 이해하고 훈련 시켜주는 스승과 공동체가 없는 한 그리스도교 전통에서 확장된 의식의 경험이란 계속 질식된 채로 갈 수밖에 없습니다.

포스트모던 신학자인 마커스 보그는 자신의 영적 여정을 밝히는데 영적 진화 과정의 좋은 예입니다. 그는 어린 시절 루터교회에서 신앙생활을 처음 시작했습니다. 대학 및 신학교 시절 보그는 근대의 합리성 고도를 수용했고 하느님이란 말을 놓고 뭘 할 수 있는지 혼란스러워했답니다. 그러다가 포스트모던 단계로 의식이 이동하면서 예수를 영의 사람으로 볼 수 있게 됩니다. 그리고 자신도 황홀경을 체험하게 됩니다. 그의 설명을 들어보지요.

삼십 대 중반에 나는 지금 같으면 '자연 신비주의'라 했을 경험을 여러 번 가졌다. 윌리엄 제임스가 이미 한 세기 전에 『종교경험의 다양성』, 이젠 고전이 된 그 책에서 설명한 경험들에 비하면 대단할 것도 없다. 그렇지만 내게는 그 경험들이 하느님, 예수, 종교와 그리스도교를 획기적으로 다르게 이해하도록 만든 계기였다.
그 경험들에는 아브라함 헤셸이 '근본적 놀람'이라 부른 특징이 들어 있다. 땅이 "하느님의 영광으로 가득한" 것을 보는 순간이었고 자연이 신의 현존으로 빛나는 것을 목격하는 순간, 그래서 내 관념이 달라지는 순간이었다. 그리고 내가 느끼기로 있음 그대로에 연결되는 순간이기도 했다. 루돌프 오토가 두려움과 매혹을 자아내는 경험, 즉 라틴어로 미스테리움 트레멘둠 에트 파스키난스(두려워 떨게 만들면서도 한편으로는 이끌리지 않을 수 없는 신비라는 뜻)로 정의한 누미노제의 경험과도 유사해 보였다. 신비의 재발견, 즉 지적 신비가 아니라 거룩한 신비의 경험이 있음을 재발견한 사건이기도 하다.

그 경험들은 황홀경이기도 하지만 내게는 '아하!' 하는 깨달음의 순간이기도 했다. 나는 '하느님'이란 말의 의미를 새롭게 이해하기 시작했다. '하느님'은 '저 바깥에' 있는 초자연적 존재를 말하는 게 아니라는 사실을 깨달았다(어릴 때부터 하느님은 "저 위 하늘에" 있는 어떤 존재로 이해해왔는데 말이다). 오히려 나는 '하느님'을 존재의 중심에 있는 '신성함' 내지 우리 주위에 또 우리 안에 있는 '거룩한 신비'의 의미로 이해하기 시작했다. 하느님은 비물질적 기반이자 근원, 현존으로서 바울로의 말을 인용하자면 "우리가 그 안에서 살고 움직이고 존재하는" 무엇이었다(사도 17:28).[20]

교회는 신비가들을 몰아냈다

앞에서 살펴본 것처럼 영의 의식 상태 경험이란 예수에게나 초대교회에는 일상적인 일이었습니다. 불행히도 지난 이천 년 교회의 역사에서 그러한 경험은 철저히 무시되거나 "그때나 있었던 일"이라는 식의 환원주의에 희생되곤 하였습니다. 예수가 전한 영성의 길 대신 제도 교회가 그 자리를 차지했습니다. 자유롭게 전수되던 영적 경험이 종교적 개념의 습득으로 대체되었고 그것이 역으로 예수가 모범으로 보여 준 영적 경험을 차단하는 결과를 초래하였습니다. 저도 수없이 들었던 그런 주장의 예를 몇 가지 들어보겠습니다.

- ▸ 그런 경험은 교회가 처음 시작될 때나 필요했고 그때로 끝난 것이다.
- ▸ 실제로 그런 경험이 일어났겠지만 우린 그저 연구만 하면 된다.
- ▸ 우리에겐 성서와 교회, 신조가 있으므로 그런 경험은 불필요하다.

---

20 Borg, "Me & Jesus."

- 그런 희한한 경험이나 추구하는 건 미숙한 신앙이다.
- 종교는 그렇게 극단적으로 치우치면 곤란하다.
- 정말 중요한 건 억압에 저항한 예수의 가르침과 행동이지 그런 신비주의적 경험이 아니다.
- 예수가 했다고 말하는 그런 환상적 경험들이란 후대의 성서편집자들이 예수의 이미지를 미화하느라 첨가한 기록이다.
- 신비 체험 운운하는 건 뉴에이지에서나 떠드는 짓이다.
- 정서적 흥분 따위를 추구하기보다 올바른 삶을 살려고 해라.
- 빈자들을 돕고 세계평화를 위해서 일하는 게 중요하다. 배꼽이나 들여다보고 앉아서 허튼소리 하는 짓은 집어치우라.

이런 주장은 끝도 없이 계속되면서 영을 직접 체험하는 일을 위축시키고 숨죽이게 만듭니다. 우리가 정말 인생을 풍성하게 살고 세상에 보탬이 될 수 있게 하는 게 그런 체험인데 말입니다. 심리학자 에이브러햄 매슬로는 영적 경험을 광범위하게 연구한 끝에 쓴 *Religions, Values, and Peak-Experiences*의 주제를 이렇게 요약합니다. "제도종교와 교회가 종교경험 및 경험자의 가장 큰 적이다."[21]

제가 보기에 이런 일은 우리 시대만의 일은 아닙니다. 예수가 자신의 영적 경험을 사람들과 나누기 시작한 이후 불과 백 년도 안 되어 벌어진 일이기도 합니다. 삶을 변화시키는 영적 경험의 산물로 출현한 그리스도교가 지금은 그 영적 경험의 주적이 됐습니다!

---

21 Maslow, *Religions, Values, and Peak-Experiences*, viii.

신비가들을 교회로 다시 불러들이기

그리스도교 역사 전반에 걸쳐 신비가들의 영적 경험에 대해 기록이 남아 있습니다. 어떻게 하면 그 기록들 속의 영적 경험을 오늘날 교회 생활에 다시 불러들일 수 있을까요? 어떻게 하면 성서에 기록되고 이천 년 역사의 성인, 신비가들이 반복해서 입증했던 영의 직접 체험을 우리도 할 수 있을까요? 또 어떻게 하면 그런 경험에 달라붙기 일쑤인 감정적 과장, 속임수, 선정주의, 신화적 신학을 극복할 수 있을까요?

통합 교회는 높은 단계를 지적으로 이해하고 높은 상태를 경험하게끔 모델을 제시하고 격려하여 위의 과제를 성취하고자 합니다. 이때 초대교회의 성령 운동, 과거 역사의 성인들이 한 경험은 물론이고 그리스도교 아닌 다른 전통, 예컨대 유대교, 불교, 힌두교, 수피즘 신비가들의 경험도 배웁니다. 그리고 경험들을 통합이론의 틀에 담아 해석합니다. 그럼으로써 신비의 상징과 실재를 혼동하곤 하는 전통, 신화적 신학의 해석이 경험과 혼재된 것을 구별하고 넘어설 수 있습니다.

짐 매리언은 제가 아는 한 그리스도교 맥락에서 신비 수준의 의식을 가장 잘 설명하는 책 *Putting on the Mind of Christ*와 *The Death of the Mythic God*을 썼습니다. 그는 심령, 정묘, 시원, 비이원의 네 단계를 다룹니다. 신비 의식의 여러 중요한 면을 이해하기 위해서도 이 책들 읽어보길 추천하는 바입니다.

오순절/성령 운동 교회들

10장에서 신약이 기록한 어떤 영적 경험들은 오순절이나 성령 운동 교회들과 유사해 보인다는 점을 지적한 바 있습니다. 그러니 솔직히 그 교회들도 뭔가 알고 있음은 인정해 주어야 할 것입니다. 만약 바울로와 베드로가 오늘날의 교회를 와본다면 근엄한 표정으로 주고받는 예식문과 전문성 직자가 하는 직업적인 설교에 상당히 놀랄 것입니다. 신자들은 앉아서 듣기만 하는 모습을 보고 도대체 자신들이 어디 있는 것인지, 이게 교회가 맞는지 의구심이 들었을 것입니다.

전 세계에는 5억4천3백만 명의 오순절/성령 운동 그리스도인들이 있다고 합니다.[22] 21억 그리스도인의 대략 4분지 1에 해당하는 숫자입니다. 어느 종교집단이나 수치상의 부풀림이 있음을 고려해도 이는 대단히 높은 숫자입니다. 비록 전통 수준의 세계관으로 해석한다손 치더라도 나름의 신비 체험을 하는 그리스도인들이 상당히 많다는 사실을 의미합니다. 현재 세계에서 가장 빠른 속도로 성장하는 그리스도인 집단이 이들입니다.

성령 운동 그리스도교는 과거나 현대에나 다음과 같은 체험에 익숙합니다.

▶ 고차 의식 상태에서 하느님을 직접 체험
▶ 다른 차원의 실재를 흘낏 엿보는 '환시' 체험
▶ 말씀, 이미지, 내적 감각 등을 채널링하면서 지혜와 위로를 주는 체험
▶ '방언'이라 부르는 사적인 기도와 찬양의 언어 체험
▶ 열정적으로 드리는 집단 혹은 개인 예배
▶ 성령의 치유 에너지를 전하고 받는 체험

오랄 로버츠나 패트 로버트슨 같은 전통 교회 지도자들도 달라이 라마나 수피, 그리스도인 신비가들 같은 변성 의식 체험을 했을 수 있습니다. 문제는 그런 체험을 해석하고 표현하는 방식이 아주 다르다는 것이지요. 경험을 해석하는 건 의식 수준이기 때문에 어쩔 수가 없습니다.

---

22 Barrett, World Evangelization Research Center. 이 보고서에 의하면 2020년 오순절/성령 운동 계열의 신자 수는 8억1천1백만에 달할 것이라 한다.

성령 운동 교회들이 보여 주는 초월의식, 즉 정묘 변성 의식 체험들은 신약에 널리 기록된 것들입니다. 정작 이런 경험들은 오늘날 통합 운동에서는 그리 주목을 받지 못합니다. 운동의 지도자들이 이런 경험들에는 익숙하지 않은 탓입니다. 명상하는 사람들은 대체로 형상도 없는 시원 의식 차원을 겨냥합니다. 그런 명상을 하는 사람들은 정묘 차원의 환시나 형상 있는 경험에 대해서는 잘 모릅니다. 통합 의식 수련자를 자처하는 사람들은 대체로 정묘 차원의 경험을 중시하지 않습니다. 자칫 정신 사나운 오순절파나 마법 지향적인 뉴에이지의 일원으로 오해받을까 우려하는 면이 없지 않습니다. 그런 건 모두 전 이성적인 걸로 비치기 때문입니다. 물론 그 차원을 건너뛰고 형상 없는 심층의 시원의식만을 원하는 탓도 있습니다. 하지만 이는 큰 손실이라고 생각합니다.

특히나 그리스도교의 길에서 보자면 이는 명백히 큰 손실입니다. 만약 그리스도교라는 영적 에스컬레이터가 오순절/성령 운동 신자들을 더 높은 의식단계로 이끌어간다면 얼마나 좋겠습니까. 그리스도교 전체적으론 얼마나 놀라운 일이 벌어질지 누가 알겠습니까. 그들이 이미 하는 높은 영적 의식 경험을 무시하지 않는다면 말입니다.

나의 누미노제 연결 의식 체험

제가 대학생 시절 다니던 침례교회에 아주 경건한 집사 사업가 한 분이 있었습니다. 당시 저는 교회에서 음악사역자로 일했는데 이분은 저를 영적인 아들로 삼았습니다. 앞에서 얘기한 기도 모임도 이분 덕에 참석하게 된 것입니다. 이분이 저를 그런 기도 모임에 자주 끌고 갔기 때문에 저는 쉽게 볼 수 없었던 에너지 넘치고 하느님과 직접 연결된 듯한 경험들을 목격할 수 있었습니다. 물론 그 전에 성서도 읽었고 다른 책들을 통해서도 그런 영성에 대해서는 알고는 있었지요. 하지만 직접 눈으로 생생하게 본 것은 처음이었습니다. 저는 금방 매료되었고 저도 그런 걸 경험하길 원했습니다. 하지만 저는 배움이 느린 사람입니다. 그래도 시간이 가면서 제가 성공회 기도 모임에서 경험한 것처럼 저도 남을 위해 그렇게 기도할 수 있게 되었습니다. 그리고 기도를 받은 사람이 영적으로 재충전되고, 육체의 치유는 물론 내적 치유라 하는 일도 일어나고, 때론 '영 안의 안식'이라 부르는 깊은 휴식 경험도 일어났습니다. 그런데 지금 생각해 보면 당시의 저는 남을 위해 기도한다는 데서 오는 만족감 말고는 별다른 느낌이 없었다는 게 희한합니다.

어느 때 저는 초대교회에서 방언이 얼마나 일상적이었는지 알게 되었습니다. 그래서 하루는 그저 입에서 흘러나오는 대로 말하며 기도해보기로 작심했습니다. 물론 배운 언어가 아닌 말, 즉 영어, 라틴어, 히브리어, 헬라어가 아닌 말로 말입니다. 우선 주위에 아무도 없는지 확인했습니다. 남에게 들키면 대단히 민망할 것 같았기 때문입니다. 우선 되는대로 튀어나오는 말을 크게 소리 내 보았습니다. 정말 민망했습니다. 이런 생각이 떠올랐다. "너 드디어 미쳤구나. 이런 건 하느님과 무관한 짓 아냐? 스스로 지어내는 짓이잖아. 남들이 알면 뭐라고 하겠어." 그래도 저는 일주일 내내 그 실험을 계속했습니다. 마침내 내면에서 비판의 목소리가 사그라들었습니다. 몇 달 지나자 그런 식으로 기도할 때마다 의식이 고양되는 걸 뚜렷이 경험할 수 있었습니다. 비판의 소리는 아예 자취를 감췄습니다. 그리고 지난 40여 년 동안 그 비판의 소리는 돌아온 적이 없습니다.

기도하노라면 가슴 한복판에서 목으로 치밀어 오르는 부드러운 감각을 느낍니다. 그러면 아주 조용하고 부드럽게 속삭이는 소리로 하느님을 향한 기도와 찬미가 방언으로 흘러나옵니다. 어떨 때는 아예 기도를 그렇게 시작하기도 하지요. 그러면 마음에서 감사가 솟구칩니다. 회중과 더불어 예배드리는 시간에도 저는 혼자서 조용히 이런 식으로 하느님을 향하여 기도합니다. 마음이 오로지 기도와 찬미에 집중된 가운데 부드러운 초월의식을 경험하는 것인데, 하느님이 내 안팎에 가까이 계심을 알고 기쁨과 감사를 느끼게 되지요.

버지니아대학의 도덕 심리학자 하이트(Jonathan Haidt)는 이런 말을 했습니다. "고양된 의식을 힘있게 경험하면 정신이 초기화되는 효과가 발생한다. 그리고 냉소가 사라지고 희망과 사랑, 낙천성 및 도덕성이 활성화되는 경향이 나타난다."[23] 저도 자주 경험하는 바입니다.

저는 채널링에 대해서도 알아보고자 했습니다. 저한테 가장 잘 먹히는 방식은 질문하기입니다. 즉, 저 자신이나 타인, 상황에 대해서 아주 구체적인 질문을 기도하면서 던지는 것이지요. 이때 뭘 어쩌려고 하기 이전에 불쑥 떠오르는 생각, 단어, 문장을 '포착'하는 게 중요함을 배웠습니다. 대개 이런 것들이 평상시 의식과는 다른 더 높은 의식의 근원에서 솟는 지혜, 영감, 안내인 경우가 많습니다.

저는 이렇게 내적으로 듣는 단어, 구절, 짧은 문장을 기록해두곤 합니다. 이런 식으로 "영의 음성 듣기"를 벌써 35년 동안 실천하고 있습니다. 매일 아침 저는 잠자리에서 일어나기 전 아니면 일어나서 의자에 앉아 1~2분 정도 펜과 종이를 준비하고 간단히 질문을 던집니다. "하느님, 오늘 제게 주실 말씀이 있으신지요?" 그리고 마음속에 떠오르는 단어를 재빨리 적습니다. 보통 몇 개의 단어가 떠오릅니다. 제 경우는 어떤 사람들처럼 음성적인 경험이기보다 내면에서 단어가 솟아오르는 경험이 보통입니다. 이런 단어들의 가치를 신뢰하게 되기까지 시간이 좀 걸렸습니다. 그냥 의미 없이 스치는 단어일 때도 있고 엄청난 도움이 되는 말씀일 때도 있었습니다. 어떤 사람이나 상황을 놓고 인도를 청할 때는 관련된 단어 하나 적어놓고 시작합니다. 그리고 마음으로 영을 향해 질문을 던집니다. 그러면 보통 한두 단어가 떠오르는데 이를 얼른 받아 적습니다. 방금 이 장을 쓰는 과정에서도 주실 말씀이 있는지 물었습니다. "내면의 흐름을 따라가라"라고 들었습니다. 제게는 단순하고도 말이 되는 좋은 조언이라고 느꼈습니다. 기이하거나

---

23 Emily Yoffe blog.

충격적이고 비범해야만 영의 음성이라고 생각하지 말아야 합니다. 저는 하느님이 단순하고 합리적인 방식으로 우리와 소통하신다고 생각합니다. 우리에게 필요한 조언이 대체로 그렇기 때문입니다.

남을 위해 치유 기도를 할 때도 뭔가 보이거나 들리곤 합니다. 이렇게 단어나 심상이 채널링되는 경험은 브로드웨이교회 동역자 마르시아가 저보다 훨씬 더 자주 갖습니다. 마르시아는 남을 위해 기도하거나 옆에 같이 있기만 해도 영의 음성을 듣는 비범한 재능이 있습니다. 마르시아가 저를 위해서 보고 들은 말씀이나 이미지를 전해주면 놀라운 통찰과 치유를 경험하게 됩니다.

저는 또 매일 한 시간 이상 떼어 영적 독서(그냥 독서가 아니라)와 침묵, 영의 음성 듣기, 깊은 영의 주파수 대역에 드는 기도를 드립니다. 뭘 구하는 청원 기도는 가끔 한 번씩 합니다. 남을 위해 기도할 때는 마음속으로 간단한 기도를 한 다음 하느님의 영을 의식하고 상대방 내면의 영을 의식합니다. 그리고 그 둘이 하나로 합일되는 것을 마음으로 바라봅니다. 저로서는 그 사람이 정말로 뭐가 필요한지 알 수 없으나 하느님은 아신다는 것을 신뢰하면서 말입니다.

우리 교회는 물론 어느 교회를 방문해도 내면에서 고양 의식 상태에 들어갈 때가 많습니다. 그 교회가 가톨릭이든 프로테스탄트든 오순절교회든 간에 말입니다. 물론 어떨 때는 그날의 분주함을 떨치기가 쉽지 않을 때도 있습니다. 예배 중에 제가 맡은 순서에 신경 쓰느라 그럴 때도 있고요. 그래도 내면에 침잠하면서 음악이나 교회 건축, 전례가 저를 이끌어 예배에 몰입하게 됩니다. 그러면 저는 영의 현존을 느끼게 됩니다.

지금껏 거의 50년 동안 우리 교회에서는 예배나 사역 중에 소그룹으로 나눠 서로 안수해주면서 기도하기를 실천해 왔습니다. 매년 동역자 마르시아와 함께 안수해 준 사람이 가히 수백 수천에 달합니다. 이때 마르시아는 말씀이나 심상을 채널링하는 재능으로 안수하는 저를 돕곤 합니다. 저는 그저 영의 치유 에너지가 제 손을 통해 상대방에게 전달되길 빌어줄 따름입니다.

이렇게 기도해 주면 괄목할 만한 일들이 벌어지곤 합니다. 기도 이후에도 마찬가지입니다. 그래서 자꾸만 이런 방식으로 기도하게 됩니다. 그리고 이런 일을 하지 않는 다른 교회 목회자와 신자들은 뭘 하고 지내는지 의아해합니다. 이렇게 남을 위해 기도하거나 기도를 받으면 에너지가 충만해집니다. 그리고 제가 그리스도 안에 있는 존재이며 제 소명이 무엇인지 더 잘 자각하게 됩니다.

지난 몇 년간 브로드웨이교회에서는 소그룹으로 모여 "하느님 체험하기"라 명명한 시간을 가졌습니다. 이 시간은 보통 안내 명상으로 시작합니다. 그런 다음 가운데 의자를 하나 놓고, 누구든 원하는 사람이 거기 앉아 그룹의 기도를 받게 합니다. 이때 그룹은 단어나 심상을 보거나 들으면서 서로에게 치유 에너지를 보내는 경험을 합니다. 보통 서로 이렇게 얘기를 나눕니다. "이게 뭘 의미하는지는 모르겠지만 이런 게 보이고 들렸는데 혹시 본인에게 어떤 의미가 있는지요?"

이렇게 우리는 영으로 '충만'해지는 경험을 합니다. 사도 바울로가 "술 취하지 말고 성령의 충만함을 받으라" 하고 권고한 바를 이렇게 실천하면서 활기를 얻는 겁니다. 실제로 술 취한 듯 킥킥대고 웃고 혹은 울고, 술 취해 뻗은 것처럼 입신하며 '영 안의 안식'을 취합니다. 이럴 때는 외부를 향한 회로가 끊어지기라도 한 듯 서 있기가 힘들어 의자에 앉거나 바닥에 눕게 됩니다. 그리고는 하느님의 현존을 맛보며 치유가 일어납니다.

안내령들

지난 한 육 년은 새로운 종류의 연결 의식 상태를 경험했습니다. 예수의 변모 사건을 묵상한 끝에 저도 예수처럼 모세와 엘리야 같은 안내령을 만나는 체험을 할 수 있을지 알아보기로 했습니다. 예수처럼 대단한 경험을 했다고는 말하지 않겠습니다. 남들이 제가 환한 빛에 싸이는 걸 봤다는 말도 해준 적이 없습니다. 그리고 예수의 제자들이 목격했듯 저의 안내령이 남이 볼 수 있게 나타난 적도 없습니다. 그러나 제게는 변화의 힘이 있었던 이 경험이 어떻게 시작되었는지 말해보려고 합니다.[24]

이 책을 쓰기 시작할 무렵 저는 시어링(Patricia Searing) 박사와 십 년째 매주 만나던 참입니다. 필딩 대학원에서 박사학위를 땄고 안수받은 성직자이기도 한 패트리시아는 제게 신체, 정서, 정신, 영체에 대한 에너지 치유를 해 주었습니다. 매주 한 시간 정도 저는 마사지 테이블에 누워 패트리시아와 얘기를 나누면서 안수를 받습니다. 제 에너지장과 영으로부터 부단히 정보를 얻으면서 패트리시아는 여러 차원에서 저와 상호작용을 합니다. 그러노라면 저의 네 차원의 '체'가 모두 이 시간을 통해 좋아지는 것을 경험합니다. 그런데 패트리시아와 안내령 얘기를 처음 나눈 게 육 년 전입니다. 우연히 예수가 모세와 엘리야를 만나는 사건을 얘기하게 되면서 패트리시아에게 비슷한 경험이 있느냐고 묻게 된 것이지요. 그러자 패트리시아는 제게 인생의 안내자 역할을 한 사람이 누군지 한번 생각해 보라 하더군요. 제가 아무나 괜찮냐고 묻자 그렇다는 겁니다. 그래서 제가 말했습니다. "글쎄, 저는 늘 예수의 제자 중에서도 요한에게 맘이 끌립니다." 그러자 패트리시아는 그럼 요한에게 안내자가 되어달라는 청을 해보라고 했습니다. 저는 "그분은 너무 유명하고 바빠서 그래 줄 것 같지가 않다"라고 대답했습니다. 저 말고도 수없이 많은 사람이 그의 도움을 청했을 텐데 저까지 순서가 돌아오겠느냐는 뜻이었지요. 패트리시아는 그래도 물어봐야 알 것 아니냐

---

24 안내령을 자아의 다중음성으로 이해하는 것도 도움이 될 거 같다. 우리는 실제로 내면의 여러 목소리와 대화하면서 산다. 머젤(Dennis Genpo Merzel)이 빅 마인드, 빅 하트를 얘기하면서 하는 말은 안내령과 만나는 일과 비슷해 보이는 측면이 있다. 게슈탈트 치료의 빈 의자 기법처럼 자아의 부분들끼리 대화를 나누는 것이다. 내적 대화의 여러 목소리는 때로 누구나 접할 수 있는 영적 존재, 안내령들의 목소리도 포함될 수 있는 걸로 볼 수 있다. 이렇게 볼 수도 있고 저렇게 볼 수도 있는 일이다.

하더군요. 그래서 시키는 대로 큰 소리로 청해봤습니다. 저의 안내자가 되어달라고 말입니다. 그러자 즉각 내면에서 이런 말이 들려왔습니다. "물론. 나는 이미 그대와 오랫동안 함께 했다. 그대가 내게 관심이 있었던 까닭도 거기 있다." 저는 감사함에 울음이 터지고 말았습니다(이때쯤엔 저도 정서적 목석이 더는 아니었습니다).

이리하여 저는 예수의 사랑받는 제자 요한이라 생각하는 존재와의 의식적인 관계가 시작되었습니다. 최초의 대화 이후로 저는 요한과 나눈 대화를 늘 컴퓨터 일기장에 적어두는데, 그는 한두 단어를 들려주는 식으로 대화하지는 않을 거라고 했습니다. 저는 늘 머리로 사느라 몸과는 끊어진 채 살았습니다. 그런데 요한은 자신이 나타날 때면 늘 제 오른쪽 어깨에 손을 올려놓겠다고 했습니다. 제 오른쪽 등 뒤에 나타나겠다는 것입니다. 따라서 그 감각을 요한의 현존을 알아차리는 신호로 삼았습니다. 요한은 자신을 시각화해서 보는 일은 없을 거라고도 했습니다. 그 이유는 그것이 제 몸과의 연결을 훼방할 것이기 때문이라고 했습니다. 현명한 존재입니다! 제게 필요한 게 바로 그런 것이었고 손을 대는 감각은 저로 몸에 주의를 기울이게 하는 효과가 있었습니다. 컴퓨터로 글을 쓰다가도 그런 감각을 경험할 수 있습니다.

나중에 저는 예수의 어머니 마리아에게도 안내자가 되어달라는 청을 드렸습니다. 근데 마리아는 늘 제 왼쪽에 나타났습니다. 그리고 미카엘이라는 고대 학자(미카엘 대천사가 아니라)는 또한 제 오른쪽에 나타납니다. 예수는 늘 제 전면에 나타납니다. 나타난다는 말은 마음의 스크린에 비치는 모습을 말하는 것이지 육체의 눈으로 본다는 말이 아닙니다. 최근에는 4세기에 살았던 예수의 제자들이라 하는 한 그룹이 나타났는데 저는 그냥 '그 스승들'이라 부릅니다. 이들도 현현해 지금껏 저와 소통하고 있습니다.[25]

---

25 나는 이들 4세기 수도공동체의 일원이었다는 십 수 명의 남녀들에게 가르침을 받았다. 이들 중 일부는 수도원에서 같이 살았고 일부는 근처 마을에서 살았다고 한다. 그 시대에 그런 집단이 있었다는 걸 처음엔 몰랐다. 더구나 여성들도 거기 포함되고 근처에 살면서 수도원

영적 실재를 보기

저는 성서를 진지하게 받아들이는 그리스도인들이 이 책에서 제가 하는 말도 진지하게 들어주길 바랍니다. 그래서 이 장 끄트머리에서 다룰 내용이 좀 뉴에이지 같이 들릴까 봐 좀 걱정이 됩니다. 앞에서도 얘기했듯 신약의 의미심장한 내용이 요즘은 뉴에이지 잡탕처럼 들릴 수 있습니다. 신약에는 무아지경에 관한 이야기도 나오고, 성령이 알아들을 수 없는 말을 하게 만드는가 하면, 이미 죽은 과거의 인물과 대화하고, 치유 에너지에 관한 이야기며 영의 채널링과도 같은 예언에 온갖 초상 현상들이 등장합니다. 그래서 그런 게 이상하다고 뉴에이지를 공격하는 그리스도인들은 우선 신약부터 잘 살펴볼 필요가 있습니다. 뉴에이지가 그런 이상한 걸 떠든다고 비난하기 전에 말입니다. 그리스도교 신앙을 진지하게 생각하는 사람이라면 성서가 성령에서 비롯된 일이라고 말하는 현상들을 어떻게 수용할지부터 생각해두어야 합니다. 분별의 중요성은 오늘날 더 커졌습니다. 모든 심령 현상, 모든 변성 의식이 죄다 성령에게서 비롯되는 것은 아니기 때문입니다. 하느님의 영은 오직 고차적인 사랑의 차원과 치유를 전합니다. 그런데 훨씬 낮은 수준의 아스트랄계의 속이고 사랑이 없는 영들도 등장해서 엉뚱하고 어리석은 메시지를 전하기도 합니다. 마치 진정한 영적 경험인 양 위장하면서 말입니다.

몇 년 전부터는 사람들의 오라가 보이기 시작했습니다. 오라는 사람들의 몸이나 손, 머리 주위의 자기장 에너지의 형태를 말합니다. 예술가들이 예수나 성인들 머리에 황금색 후광을 그려 넣는 이유도 오라 때문이 아닐까

의 영성 생활을 공유했다는 것도 나중에 연구해 보고 알았다. 그들은 니케아공의회의 신조를 받아들이든지 아니면 재산과 신분을 몰수하겠다는 콘스탄티누스 황제의 칙령을 놓고 격통을 겪었다고 했다. 이들은 도마복음과 비슷한 관점 및 평등주의적 이해를 품고 여성도 지도자가 될 뿐만 아니라 하느님의 이미지에서도 여성성을 긍정했다. 그런데 콘스탄티누스의 등장으로 이 모든 것이 억압당한 것이다.

생각합니다.

　대략 삼 년 전부터는 저도 눈을 감거나 환하지 않은 방에서 눈을 뜨고 기도하거나 묵상하면 심상이 잘 보이기 시작했습니다. 보통 심상은 어두운 우주 공간에 작은 별들이 수없이 깜빡이는 모습으로 시작됩니다. 밤하늘을 올려다보면 볼 수 있는 광경과 비슷합니다. 시간이 좀 흐르면 저는 몸에서 빠져나와 바깥 공간을 떠도는 것 같습니다. 그런 다음에 형형색색의 선들이 나타나 기하학적 형태를 이루며 움직이는 모습이 보입니다. 환히 빛나는 원형의 선이 전면에 아름답게 나타나고 빛나는 선들, 나선들, 회오리치는 불꽃에 청색, 적색, 녹색, 보라색, 황금색의 기하학적 패턴들이 여기저기 보입니다. 그런 다음엔 색깔의 파장들과 함께 황금색 빛나는 구름이 먼 데서 나타나 빠른 속도로 제게 다가옵니다. 그래서 제 시야를 가득 메운 다음 사라집니다. 한번은 그 황금 구름 안으로 들어갔는데 황금색 벽으로 둘러싸인 내부가 마치 물체처럼 느껴졌습니다. 그 단단하고도 물결치듯 무늬를 이룬 둔중한 벽을 손으로 만지는 것처럼 느낄 수 있었는데 저로선 감동적인 경험이었습니다.

　눈앞에 커다란 TV 화면 같은 게 나타난 적도 있습니다. 세계지도 같은 게 나타나더니 시야에서 빠르게 지나갔습니다. 그러자 저는 힘들이지 않고 세계를 구석구석 몸으로 여행하는 것 같았습니다. 바다가 보이고 도시의 빌딩 숲이 보이고 여러 나라 사람들이 보였습니다. 손을 뻗으면 만질 수 있을 것처럼 생생했습니다.

　정말 희한한 일이 제가 눈을 감고 수면안대까지 착용한 상태에서 벌어졌습니다.[26] 주위의 사물들이 보이는 것이었습니다. 그런 일이 여러 번 있었습니다. 공원에서 빠르게 걷기를 할 때 일부러 눈가리개를 한 적도 있습니다. 나무가 가까이 다가오는 것도 보이고 심지어 나무껍질도 생생하게 보였습니다. 다른 사물들도 마찬가지였습니다. 마술쇼를 해도 될 것 같았습니다.

―――――――――――――――――――

26 나는 Alex Grey Mindfold라는 제품을 사용하는데 불빛을 잘 차단하고 눈 뜨기도 편하다.

희한한 경험이었지요.

환각제나 해리성 마취제를 사용해본 사람 중에는 CEV(closed eye visual, 즉 눈감고 보기)를 경험하기도 한다는데 그와 유사한 경험이 아닌가 합니다. 기도와 명상을 하다가 비슷한 경험이 있었다는 보고는 적지 않습니다. 제가 굳이 이런 경험담을 나누는 까닭은 혹시 독자들도 영성 훈련을 하다가 희한한 경험을 하게 되면 너무 놀라거나 걱정하지도 말고, 신나 하거나 무시하지도 말고 분별해 보라는 뜻입니다. 자신이 너무 바닥을 치는 게 아닌가 걱정되거들랑 몇몇 사람과 경험을 놓고 이야기를 나눠보는 것도 좋습니다. 영성 생활에서 바닥을 치는 게 좋은 일일 수도 있습니다.

어느 수도승 이야기를 마지막으로 하겠습니다. 그 수도승은 기도하다가 공중 부양을 하기 시작했답니다. 그는 신나서 장상에게 달려가 이 사실을 보고했습니다. 장상은 심드렁하게 말했습니다. "알겠는데 그게 기도를 방해하지 않도록 하시오." 좋은 충고입니다.

뇌파 동조 기술

저는 다양한 기도 방법을 실험해 봤습니다. 깊은 의식 상태에 들게끔 특별 제작한 CD를 활용한 지 벌써 육 년째입니다.[27] 그런 CD에는 보통 빗소리나 부드러운 음악이 들어 있습니다. 스테레오 헤드셋을 끼고 들으면 귀로 들을 수 있는 음역과 들리지 않는 음역이 왼쪽과 오른쪽에 각각 흘러 나옵니다. 이게 입체 비트를 만들어 소위 뇌파 동조를 일으킵니다. 그래서 그 들리지 않는 톤이 알파, 세타, 델타파로 이동하면서 두뇌가 명상 상태가 되게끔 유도합니다. 한 주간에도 여러 차례 저는 이 기술을 활용하는데 심

---

27 나는 처음에 몬로 헤미싱크(hemisync) 시리즈로 시작했다가 나중에 홀로싱크(holosync) 시리즈로 바꿨다. 이런 입체 음향 명상 CD는 다양하다.

신이 깊이 이완되면서 활기를 얻습니다.

헤드폰을 끼고 뇌파 동조 CD를 들으면서 저는 하느님의 세 얼굴에 드리는 의식을 거행하곤 합니다(12장 참조). 그런 다음엔 척추를 따라 위치한 일곱 개의 에너지 중심에 집중하는 시간도 갖습니다. 그러면 중심이 단단히 잡히면서 집중이 강화됩니다. 보통 그러고 나면 '연결' 의식 상태의 기도가 저절로 되는데 이때 예수나 어떤 영적 존재들이 나타나기도 하고 여러 이미지가 자발적으로 나타나기도 합니다. 때론 유체 이탈 같은 체험이 일어나기도 합니다. 기도 시간이 끝날 무렵에는 보통 하느님 안에 깊이 거하는 의식(형상이 없는 '존재' 상태)이 됩니다.

한 주를 지내면서 보통 아침에 그저 한 5분에서 길게는 30분 정도 영적 실재들에 집중하는 시간도 갖곤 합니다. 이때는 조용히 앉아 복음서나 도마복음을 읽으면서 시작합니다. 루미나 하피즈의 시를 읽을 때도 있습니다. 그런 다음엔 호흡에 집중하면서 중심을 잡고 마음을 고요히 합니다. 그리고 어떤 때는 알아듣는 말로 어떤 때는 심령 언어로 감사와 찬미를 드립니다. 그러노라면 영적 샘에서 물이 솟는 것 같습니다. 기도 중에 어떤 사람이나 상황에 대해 듣거나 보는 건 늘 기록해둡니다. 이때는 "아무개에 관하여 하실 말씀이 있으신지요?" 하고 묻습니다. 그리고 떠오르는 단어나 문장을 기록합니다. 거기서 늘 도움을 얻고 위로를 발견하게 되지요. 때론 생각이 봇물 터진 것처럼 흘러넘칠 때가 있습니다. 그러면 얼른 컴퓨터로 달려가 입력합니다. 그리고 제게 의미 있는 기도문이나 긍정의 말을 천천히 되새기면서 기도를 마칩니다.

명상에 관한 관찰 하나

저 자신의 수련 및 경험담을 적은 연유는 독자도 자극받아 자기만의 수련기법을 찾아냈으면 하는 마음에서입니다. 마음이 끌리지도 않는데 제가 하는 방법을 따라 할 필요는 없겠지요. 독자 자신에게 흥미로운 방법을 자기 영적 발달 수준에 맞는지만 판단해서 실천하면 그만입니다. 여하튼 상태와 단계 모두 성장시킬 방법을 채택하십시오. 모든 영성 훈련의 목표는 내면의 신성한 자아를 각성하고 온갖 영적 실재와 연결되는 데 있습니다. 예수도 초대교회도 역사상의 모든 성인도 그렇게 했습니다.

그런데 어떤 사람들은 명상하면서 모든 집착과 형상을 끊고 '존재' 의식 상태에만 들려고 합니다. 그만한 깊이에 도달하려면 보통 여러 해가 걸립니다. 초창기 그리스도인들이 경험한 의식 상태는 '연결'이었습니다. 상대적으로 그들에게 손쉬운 경험이었기 때문입니다. 그런데 제가 보기엔 지금 명상공동체는 물론 불교든 그리스도교든 연결 의식 또는 정묘 의식 체험에 대해서는 좀 낯설어하는 것 같습니다. 그런 체험을 격려받은 적이 없기 때문입니다. 격려는 고사하고 오히려 말립니다. 대다수 명상과 그리스도교의 어떤 기도방식은 정묘 차원의 경험을 피하라고 권합니다. 정신을 흐트러뜨리고 깊이도 얕다는 것이지요. 그러나 제가 보기에 연결 의식의 체험은 깊은 영적 차원을 향해 시동을 걸 수 있습니다. '존재' 의식으로 가는 문을 열어준다는 말입니다. 그 체험이 다른 체험들과 상호작용하면서 재충전 및 심화 작용을 합니다. 그래서 저는 독자들이 이제껏 하던 대로 하느님에게 말하는 기도를 하되 답을 들어보려는 시도를 해봤으면 합니다. 이때 자기 의도를 분명히 밝히십시오. 자신이 원하는 게 무언지 분명히 자각하십시오. 그리고 마음에 와서 닿는 것에 침잠하십시오. 떠오르는 이미지나 감각을 무시하지 마십시오. 하느님에게 마음을 쏟을 때는 온 마음을 다하십시오. 찬미가 저절로 나오고 깊은 침묵이 흐르게 하십시오. 도움이 된다고 생각하면 몸동작도 서슴지 마십시오. 존재 의식과 달리 연결 의식 상태에서 수동적일 필요가 없습니다. 그러면 풍성한 영적 체험의 보물창고가 열릴 것입니다.

가슴에서 쏟아지는 보석의 강

예수는 우리 내면에서 생수의 강이 흐를 것이라 했습니다.[28] 저는 이 장을 신비 시인 하피즈의 <위대한 비밀>로 마감하고 싶습니다.[29] 그 시의 신비로운 흐름은 저를 취하게 만듭니다.

신은 간밤에 술이 과했다네,

너무 과한 나머지

위대한 비밀 하나를 흘렸으니,

그가 말하길

이 세상에 내 용서가 필요한 사람은

단 한 사람도 없다,

왜냐면 그런 게 없기 때문이다,

그런 게

죄 같은 게!

사랑하는 이가 정신을 잃고 미쳐

자신을 내게 미친 듯 들이부었다,

나도 지복에 가득 차 취하고 흘러넘쳤으니

친애하는 세상이여

---

28 요한 7:38. 헬라어 원어는 '배'(belly)를 의미한다. 복부에는 세 번째와 네 번째 에너지 센터가 있다.

29 하피즈(1315~1390)는 시이테 무슬림으로 페르시아의 서정시인이다. 그의 시는 현대에도 애송될 만큼 인기 있다. 이슬람의 신비주의 밀교인 수피즘의 영향을 받았거니와 그 자신 수피일 가능성도 있다. 정통 이슬람 성직자들은 그를 핍박했고 이슬람식으로 매장되지도 못하게 막았다. 랄프 왈도 에머슨은 그를 가리켜 "시인 중의 시인"이라 했다. 나는 그의 시 여섯 편을 이 책에 인용했다. 아름답고 영적 깊이가 있는 그의 시는 그리스도교가 아닌 다른 전통의 신비신학과 체험을 짐작게 해준다. 덧붙여 래딘스키(Ladinsky)의 번역문은 마냥 즐겁다.

내 달콤한 몸에서 생명을 뽑아가라,

친애하는 여행객 영혼이여

와서 당신 몫 보석의 생수를 마시라,

신이 내 가슴을

영생의 샘으로 만드셨으니.30

---

30 Hafiz, *I Heard God Laughing*, 27.

III부

관점

Integral Christianity

12장_ 하느님의 세 얼굴 — 3D 하느님

13장_ 자기 신성을 긍정하기 — 이단이 아닌 건강한 방식으로

14장_ 종교 에스컬레이터 — 계속 위로 오르는

15장_ 통합 교회 — 새로운 최전선

관점이란 우리의 삶과 관련된 모든 것, 즉 모든 대상과 사건, 순간, 인물을 바라보는 견지를 말합니다. 여기엔 하느님과 영적 실재도 포함됩니다. 관점이란 모든 걸 한눈에 담는 조망이기도 합니다. 현대 언어에서는 이러한 관점 내지는 조망을 1, 2, 3인칭이라고 부릅니다. 즉, 나라는 주관성의 관점에서 만사가 어떻게 보이는지(1인칭), 너라는 타자에게는 어떻게 보이는지(2인칭), 그것에 관한 사실을 객관성의 관점에서 어떻게 보이는지(3인칭)를 따지는 것이지요. 언어학적인 용어로 말해보면 1인칭은 말하는 사람의 주관적 '나' 영역을 말합니다. 2인칭은 말하는 대상의 상호주관적 '너' 영역을 말합니다. 3인칭은 말해지는 것의 객관적 '그것' 영역을 말합니다.

이 세 가지 관점은 서로 다르나 전부 중요합니다. 어느 실재를 한 가지 관점으로만 봐서는 나머지 두 관점에서는 어떻게 보이는지 알 길이 없습니다. 세 가지 관점 모두로 보지 않는다면 전체 그림을 놓칠 수밖에 없는 것입니다.

12장 ┃ 하느님의 세 얼굴
― 3D 하느님

하느님을 만나면 알아볼 수 있을까요? 얼굴을 보고도 사람을 못 알아보는 걸 기술적인 용어로 '안면인식 불능증'(prosopagnosia)이라 합니다. 과학자들이 최근에 연구한 바로는 이 증상이 유전되는 것이며 생각보다 훨씬 흔하게 나타난답니다. 50명 중 한 명꼴로 이런 증세가 어떤 식으로든 나타난다는 것이지요. 미국에서만도 대략 5백만 명에 달합니다. 가장 흔한 형태가 같은 얼굴을 다시 보는데도 알아보지 못하는 것입니다. 전에 본 사람을 다시 봐도 몰라볼 뿐만 아니라 영화 줄거리도 따라가기 힘들게 된다는 얘깁니다. 그중에도 심한 경우가 콜로라도 볼더에 사는 40세의 주부 게일린 하워드 같은 사람입니다. 이 여성은 사람 많은 화장실에서 거울을 보면서 묘한 표정을 짓습니다. 그리고 "아, 이제 저 사람들 가운데 내가 누군지 알겠다!" 이럽니다. 안면인식 불능증이 심한 사람은 자기 자녀들도 알아보지 못합니다. 이러한 얼굴 색맹들은 주위 사람들로부터 사람이 차갑다, 무관심하다 소리를 듣습니다. 분명히 전에 만났는데 외면하고 지나가는 것만 같기 때문이지요. 하지만 그들은 실제로 모릅니다.[1]

인간은 오랫동안 하느님의 얼굴을 알아보려 노력해 왔습니다. 고고학자들은 수천 년 묵은 오래된 동굴벽화에서 종교적인 상징과 그림들을 발견했습니다. 인간이 하느님의 얼굴을 찾은 흔적들입니다. 안면인식 불능증 같은 것이

---

1 *Time magazine* July 10, 2006.

있긴 해도 인간은 영성을 찾게끔 타고난 존재임을 과학자들도 발견하고 있습니다. 사실 인간은 신성함과 초월성을 알아보는 능력을 생래적으로 타고납니다. 한 유기체 내에서도 물리적 복잡성이 증가하는 방향으로 진화는 진행되거니와 의식과 영적 자각 또한 점점 더 확대되는 방향을 취합니다. 지구상의 온갖 생물 중에 인간이 으뜸으로 하느님의 얼굴을 알아볼 수 있는 존재인 것 같습니다. 하지만 우리의 선입견, 낮은 이해 수준, 부족한 가르침 등으로 해서 우리가 하느님을 보거나 느끼거나 맛보거나 감지하는 데 장애가 발생합니다.

예수는 어떻게 하느님과 연결되었는가?

예수는 우리가 그리스도교라 부르는 영성의 길에 결정적인 영감을 준 존재입니다. 그는 어떻게 하느님의 얼굴을 알아보았을까요? 그리스도인 생활의 요점은 예수처럼 하느님을 이해하고, 예수처럼 하느님과 관계를 맺고, 예수가 그 이해와 관계를 세상에 표현한 것처럼 우리도 세상을 향해 그렇게 하는 것입니다. 그러니 예수가 하느님을 보았던 방식은 그리스도인에게 엄청 중요합니다.

예수가 하느님을 말하는 세 가지 방식이 있습니다. **하느님에 관해 말하고, 하느님을 향해 말하고, 하느님으로서 말하는 것**입니다. 이 간단한 문장에 예수가 하느님을 이해하고 경험한 비할 데 없는 계시가 다 들어 있는 셈입니다. 예수를 따르는 사람은 거기서 새롭고 고차원적인 길을 찾을 수 있습니다. 다음 두 장에 걸쳐 그 점을 짚어보도록 하겠습니다. 우선 요약해 보자면 이렇습니다.

> ▶ **예수는 하느님의 무한한 얼굴에 관해 말하였다.** 예수는 평생 하느님을 생각하고 그분에 관해 숙고했습니다. 나자렛이라는 작은 시골 마을에 살면서 예수는 자연의 아름다움을 접할 기회가 많았을 것입니다. 그리고 시편을 묵상하면

서 이 세상과 자연이 하느님의 영광으로 가득함을 배웠을 것입니다. 예수가 호흡하며 자란 유대교에는 하느님이 인류 역사에 드러난 이야기로 가득합니다. 예수가 하느님에 관해 말하고 비유한 내용을 보십시오. 그가 아브라함과 이사악과 야곱의 하느님에 깊이 연결되어 있음을 알 수 있습니다. 예수는 어릴 적부터 하느님과 인생을 숙고했던 모양입니다. 그가 열두 살 때 이미 성전의 종교학자들과 토론할 능력이 있었다는 사실을 보면 알 수 있습니다. 이렇게 예수가 말한 하느님이란 하느님의 객관적이며 인지적인 얼굴이라 할 수 있습니다.

예수가 "하느님은 나보다 크신 분"[2]이라 할 때 이 얼굴을 말하는 것으로 볼 수 있습니다. 이 하느님은 쉼 없이 창조하시는 신성의 에너지이십니다. 신성, 즉 하느님의 무한한 얼굴이란 바로 이 쉼 없는 창조가 진화의 근원이요 과정이요 발현이자 목적으로서 더 큰 진리와 선함과 아름다움을 펼치는 것에 대한 은유입니다.

▶ **예수는 하느님의 친밀한 얼굴을 향해 말하였다.** 예수는 밤의 정적이나 광야의 한적함으로 들어가 하느님을 향해 기도했습니다. 이때 하느님은 그가 압바, 즉 친밀한 아버지요 아빠로 불렀던 대상입니다.[3] 예수는 기도를 통해 힘을 얻고 안내를 받아 만사를 행한 분입니다. 하느님을 친밀한 인격으로 대하며 대화하는 건 그에게 숨 쉬는 것만큼이나 자연스러웠습니다. 광야에서 밤을 새워 기도할 때나 겟세마네에서 예수는 하느님과 씨름하고 번민하였습니다. 그러면서도 마침내는 늘 자기 존재 깊숙한 곳에서 하느님에게 굴복하였습니다. 이것이 하느님의 관계적인 면목과 깊이 교제하는 모습입니다.

---

2 요한 14:28.
3 이에 관한 보다 상세한 논의는 Smith, *Is It Okay to Call God Mother*, 96을 보라.

▶ 예수는 하느님의 내밀한 얼굴로서 말하였다. 생애 어느 순간부터 예수는 내면 깊숙이 자신이 하느님의 형상임을 자각하기 시작했습니다. 하느님의 현존하심, 내면 깊은 곳에 임재하신 하느님이 바로 예수 자신의 가장 깊고 참된 자아이자 지고의 정체성임을 말합니다. 요한복음에서 예수는 "아버지(또한 어머니)와 나는 하나"라고 말씀합니다.[4] 이는 체험에서 우러나오는 말이지 그냥 신학적 이해를 밝히는 말이 아닙니다. 예수는 내면의 신성을 끌어안고 하느님으로서 지상을 거닐었습니다. 이것이 예수의 가장 깊은 자아로 자리한 하느님의 내적이고 주관적인 얼굴입니다. 예수의 다음과 같은 발언은 하느님으로서 말한 것입니다.

나는 세상의 빛이다.[5]
나는 길이요 진리요 생명이다.[6]
나를 보았으면 곧 아버지를 본 것이다.[7]
나는 아브라함이 태어나기 전부터 있었다.[8]

초대교회에는 실로 다양한 집단들이 있었으나 거의 모두가 예수는 신성한 분이라고 확신했습니다. 다만 어떤 의미에서 신성하냐만 놓고 달랐을 뿐입니다. 이후 등장하는 신조들은 나름의 한계도 없지 않지만 하나같이 예수의 신성을 진리로 고백합니다.

---

4 요한 10:30.
5 요한 8:12.
6 요한 14:6.
7 요한 14:9.
8 요한 8:58.

예수는 하느님의 세 얼굴 모두 관계 맺었다[9]

9 통합 철학의 관점에서 신의 세 관점 혹은 세 얼굴에 관해 간명하면서도 집약적으로 설명하는
방식이 있다. 잘 익혀둔다면 독자가 세상을 이해하는 데 아름답고도 포괄적인 시선이 될 만
하다. 우리는 뭐든지 세 가지 관점에서 바라볼 필요가 있다.

켄 윌버는 이 세 관점을 나, 너/우리, 그것이라는 '빅 쓰리'(Big Three)로 말한다. 사실은 네
관점 혹은 사상이라고 해야겠지만 윌버는 셋으로 축약해 말하곤 한다(윌버의 네 번째 관
점이란 그것의 복수형 '그것들'이다). 이러한 세 가지 주요 관점이 거의 모든 언어에 1인칭
(나), 2인칭(너), 3인칭(그것) 대명사로 구현되어 나타난다. 우리는 어느 대상이나 사건도 나
라는 입장에서 보거나(1인칭), 너라는 다른 사람의 입장에서 보거나(2인칭), 그것에 관한 객
관적 사실이라는 입장에서 보거나(3인칭) 한다. 언어학의 용어로 말해보자면, 1인칭이란 자
기 자신으로서 말하는 사람으로 주관적인 '나' 영역에 해당한다. 2인칭이란 향하여 말하는
대상으로서 상호주관적인 '너' 혹은 '우리' 영역을 말한다. 3인칭이란 그것에 관해 말하는 객관
적 '그것' 영역이다.

혹은 이 세 관점을 주관적 영역(나), 상호주관적 영역(너/우리), 객관적 영역(그것)으로 말
해도 좋다. 진화의 영역에서 빅 쓰리를 말해보자면, 자아, 문화, 자연의 영역으로 나눠볼 수
있는데 각각 예술과 도덕과 과학을 담당한다고 볼 수 있다. 전통적으로 플라톤을 이를 미,
선, 진으로 구분했다. 미란 우리의 주관적 자아, 즉 '나'에서 비롯된다. 선이란 우리 사이에
벌어지는 일로 '우리' 영역에서 비롯된다. 진이란 '그것', 즉 경험적 사실의 영역에서 발견할
수 있다. 이 셋이 실재의 세 가지 기초 영역으로써 세계의 위대한 사상가들이 모두 인정하는
바다. 인간이 이 세상에서 행위하며 살아가는데 이 세 가지 관점은 기본적으로 등장하고 있
음을 관찰할 수 있다.

빅 쓰리를 인칭으로 다시금 서술해보면 다음과 같다:

1인칭 = 나 = 주관적 = 자아 = 미
2인칭 = 너 = 상호주관적 = 문화 = 도덕 = 선
3인칭 = 그것 = 객관적 = 자연 = 과학 = 진

우리는 어느 순간, 어느 사건, 어느 사람, 어느 사물이든 내면의 심리영적 지각(1인칭)을 통
해 바라보거나, 상호주관적 문화적 인식(2인칭)으로 바라보거나, 객관적 물리적 인식(3인
칭)을 통해 바라볼 수 있다.

이 설명이 너무 복잡하게 느껴지거든 내가 앞에서 말한 간단한 한 문장을 기억하는 것도 좋
겠다: 예수는 신에 관해, 신에게, 신으로서 말했다!

세 가지 관점의 필요성을 이렇게 예증할 수도 있다: 교회에 간다 치자. 이 일을 세 가지 관점
을 다 동원해서 바라볼 수 있다.

1인칭 주관성의 관점에서 나는 왜 교회를 가고, 그 일에 대해 기분이 어떻고 과거 교회에 다
녔던 기억을 떠올릴 수 있다.

2인칭 상호주관성 관점에서 나는 내가 교회 가는 행동이 같은 교회에 다니는 다른 사람들에
게 어떤 영향을 주는지 알 수 있다. 나를 좋아하는 사람이 그 교회에 있다. 그 사람은 나를
보고 기뻐할 것이다. 나를 안 좋게 생각하는 사람이 있다. 그는 나를 보고 기분이 언짢을 것
이다. 교회 회계 담당은 늘 나를 보면 좋아한다. 내가 헌금을 많이 내기 때문이다.

3인칭 객관성 관점에서 교회에 갈 때 내 몸은 두뇌의 신경망으로부터 일어나 몸을 움직여

① 예수는 무한하고 영광스러운 존재로 하느님에 관해 말하였습니다. ② 예수는 압바, 즉 아빠-엄마 같은 친밀한 인격적 관계의 대상으로 하느님을 향해 말하였습니다. ③ 예수는 내면의 신성이 인간의 형태로 나타나 말하는, 즉 하느님의 형상으로서 말하였습니다. 이렇게 하느님의 세 얼굴은 ① 경이롭고 무한한 하느님에 관해 '그것'의 관점에서 숙고하며 바라본 얼굴, ② 하느님을 소중하고도 친밀한 타자로서 '너/우리'의 관점에서 만나며 바라본 얼굴, ③ 내면의 '나다'(I am)로서 '나'로 동일시하며 하느님을 드러내는 얼굴입니다.

당신이 믿는 하느님에 관한 세 가지 질문

1. 그 하느님은 큰 하느님인가?

현대인들은 하느님을 하늘에 버티고 앉은 슈퍼맨 같은 존재로 생각하며 조롱하곤 합니다. 하지만 그런 하느님이란 충분히 큰 존재라 할 수 없습니다. 이 어마어마하게 광활한 우주의 은하계들을 창조하시고 그 안에 거하시며 그 모든 걸 지탱하시는 하느님, 즉 제가 **하느님의 무한한 얼굴**이라 칭한 면모의 하느님을 믿고 있는가 말입니다.

차를 몰고 교회로 가라는 신호를 받는다. 오래된 구닥다리 내 차는 도시의 공기 오염 지수에 보태면서 나를 교회에 데려다준다. 가다가 주유소에 들러 기름을 넣어야 하니 객관적으로 말해서 차라는 게 기름이 없이는 달릴 수 없는 물건이기 때문이다. 이렇듯 교회에 가는 행위 하나를 놓고도 세 가지 관점 모두에서 말할 수 있고 그렇게 할 때 전체상을 얻을 수 있다. 예수와 신의 관계에서도 이 세 관점을 찾아볼 수 있다. 예수는 3인칭 관점에서 신에 관해 말했다. 2인칭 관점으로 신에게 말했다. 그리고 1인칭 관점에서 신으로서 말했다. 그는 '크신' 신에 관해 말했고 '친밀하신' 신께 말했고 내면의 신 의식으로 말했다. 이것을 나는 신의 세 가지 주요 차원, 즉 신의 무한한, 친밀한, 내적인 얼굴로 이해할 수 있다고 제안한 것이다.

2. 그 하느님은 가까운 하느님인가?

무한한 하느님밖에 모른다면 이 역시 문제입니다. 어떤 철학자들이나 이신
론자들은 이런 하느님만 인정할지 모르겠으나 예수의 길에서는 충분치 않습니
다. "저 위에 계신 분"이라는 전통적 신 관념은 충분히 크지도 충분히 친밀하지
도 못합니다. 이렇게 크지도 가깝지도 않은 "어중간한 하느님"은 이제 포기해야
합니다. 예수는 이 우주의 신비롭고 헤아릴 수 없는 하느님이 너무나 우리에게
친밀하고 가까운 아빠·엄마 같은 존재라고 알려줍니다. 이 가까운 하느님을 저
는 하느님의 친밀한 얼굴이라 부른 것입니다.

3. 그 하느님은 당신 자신인가?

예수는 우리가 하느님의 형상이라는 사실을 받아들였을 때의 모습을 청사
진처럼 알려 주는 분입니다. 그는 자신의 신성한 자아를 온전히 끌어안았고
우리도 그와 같이 되라고 초대하는 분입니다. 예수는 최고 수준에서 자신의
신성을 드러낸 존재였습니다. 그러니 우리가 하느님을 그저 "저 위에 계신 어떤
분" 정도로 알면 하느님의 무한한 얼굴이나 친밀한 얼굴을 제대로 아는 게 아닙
니다. 인류의 지난 의식단계에서 등장한 '하늘의 신' 개념은 우리 내면에 깃든
하느님, 우리의 참 나로 존재하시는 하느님을 제대로 말할 수 없습니다. 예수는
자신의 영원한 진면목은 곧 하느님이며 이 하느님이 모든 사람 안에 깃들어 있음
을 일러주었습니다. 이 하느님을 저는 하느님의 내밀한 얼굴이라 한 것입니다.

예수는 하느님의 세 얼굴을 다 끌어안았습니다. 무한한 얼굴, 친밀한 얼굴, 내밀한
얼굴 모두 말입니다. 예수는 하느님과의 온전한 관계를 전부 드러내신 것입니다. 그러
므로 예수를 따르는 길의 핵심이란 우리도 예수를 본받아 하느님의 세 얼굴 모두와 관
계를 맺을 수 있다는 데 있습니다. 이 셋 모두 우리가 하느님을 알고 경험할 수
있는 가장 직접적인 방식입니다. 하느님의 영은 3인칭으로 하느님의 무한

한 면목으로 드러나고, 2인칭으로는 하느님의 친밀한 면목으로 드러나며, 1인칭으로는 하느님의 내밀한 면목으로 드러납니다. 이를 일러 하느님의 세 얼굴이라 합니다.

하느님의 세 얼굴을 모두 끌어안는다는 건 정말 놀랍고도 심원한 일입니다. 저 개인적으로도 이를 받아들이고 실천에 옮긴다면 깊은 변화를 경험할 수 있다고 증언하는 바입니다!

하느님의 무한한(범재신론적) 얼굴

우리가 무한한 하느님의 진리를 찾는다고 할 때는 3인칭 관점에서 하느님을 보고 있는 것입니다. 이 3인칭 하느님의 면목이란 하늘과 땅의 창조주이신 놀라운 하느님에 관해 연구하고 사색하고 논할 때의 하느님입니다. 이때 하느님은 근원이라든지 진화의 추동력이라든지 창조의 에너지 혹은 존재의 기반이라는 식의 비인격적 실재로서 논하게 됩니다. 하느님을 대상, 즉 '그것'으로 보는 셈입니다. 하느님을 '그것'이라고 하면 좀 평가절하 같지만 두 다른 관점과 구별하자면 그렇다는 말입니다. 하느님은 인간이 말로는 다할 수 없고 완전히 이해할 수도 없는 무한한 존재임을 기억합시다. 그런데도 우리가 하느님에 대해 입을 열어야 한다면 별수 없이 언어와 비유를 동원하지 않을 수 없습니다. 그 점을 잊지 말고 세계의 주요 종교 내에서 하느님을 생각하는 세 가지 방식을 살펴보기로 합시다.(물론 불교의 경우 붓다는 하느님을 말하지는 않았습니다. 그는 하느님 운운이 별 소용이 없다고 생각했습니다.)

1. 일신론(Theism)

하느님을 묘사할 때 아마도 우리에게 가장 친숙한 관점은 **초자연적 일신론**(supernatural theism)일 것입니다. 일신론의 하느님은 전능하되 우리와는 분리되어 저만치 떨어져 있는 인격신입니다. 전통 의식 수준의 유대교, 그리스도교, 이슬람교가 이러한 일신론적 관점을 드러냅니다. 이 지고의 존재가 세상을 창조하나 세상은 창조자와 완전히 별개로 존재합니다. 하느님은 여기가 아닌 어딘가에 멀리 떨어져 '저 바깥에' 혹은 '저 위에' 계신다는 식으로 묘사됩니다. 그런데 이 '위층에 사는 남자'(Man Upstairs)는 가끔 아래층으로 내려와 휘저을 때도 있습니다.

대개 남성대명사로 지칭되는 이 남자 하느님은 힘이 대단해서 마음만 먹으면 세상을 완전히 쓸어버릴 수도 있습니다. 그리스의 제우스 신 같은 이 존재는 하늘의 높은 보좌에 앉아 만사를 주무릅니다. 그런데 이 하느님은 어떨 때는 사랑과 친절을 베풀지만 어떨 때는 화가 나서 복수심에 불타 사람들에게 분노를 퍼붓곤 합니다. 그래도 이 하느님은 늘 옳고 의롭다고 말해야 합니다. 설령 사람들을 벌주더라도 하느님이 잘못할 리는 없기 때문이지요.

이런 신 관념은 어디서 비롯되는 걸까요? 대개는 성서를 재료 삼아 안셀무스(1033~1109) 같은 옛 신학자들이나 후기 르네상스 화가들이 세공해 준 대로 받아들인 관념입니다. 성서는 우주를 삼층으로 보았습니다. 저 위 하늘에는 하느님이 거주하시고 여기 이 땅은 인간이 사는 곳입니다. 그리고 지하에는 죽은 자들의 세계, 그리스도인들이 지옥이라 부르는 세계가 있습니다.

그런데 코페르니쿠스(1473~1543)의 이론이 옳았음을 입증한 갈릴레오(1564~1642) 이래로 사람들은 이러한 관념에 환멸을 느끼기 시작했습니다. 왜냐면 지구가 더는 우주의 중심이 아님이 밝혀졌기 때문입니다. 그전까지 그리스도인들은 태양과 행성들이 지구 주위를 돌고, 별들은 지구 천장에 붙박이로 있고, 평평한 지구 아래층에는 지옥이 있다는 식인 성서의 우주론을 믿었습니다. 말하자면 예수는 저 위 신이 계신 곳에서 내려온 존재였습니다. 그리고 그는 저 아래, 지구 밑의 지옥을 조심하도록 경고하셨다는 식으로 믿었던 것입니다.

사실 "우리를 내려다보시는 하느님"이란 하느님이 본래로 창조자요 우리를 돌보시는 존재라고 말하는 방식이었습니다. 하지만 초자연적 일신론은 그런 의도보다는 하느님을 문자 그대로 저 위 어딘가에 맴도는 거대한 감시위성처럼 생각하게 만들곤 합니다. 이런 하느님 관념에 대해 앞의 질문을 던져보십시오. "이런 하느님은 충분히 큰 존재인가?" 오늘날 현대인의 우주 이해에 걸맞게 말입니다.

2. 범신론(Pantheism)

하느님을 생각하는 두 번째 관점은 범신론인데 힌두교 같은 동양 종교와 흔히 연관 짓는 관념입니다. 범신론은 하느님과 우주 혹은 자연이 같은 것이라고 봅니다. 하느님은 말하자면 과거에 있었던 것, 현재 있는 것, 미래에 있을 것 전부입니다. 하느님은 만물이고 실재이며 존재하는 모든 것입니다. 앞의 일신론과는 달리 이 하느님은 세계와 동떨어져 있지 않습니다. 오히려 하느님은 세계 전체입니다. 범신론은 그리스도인들이 볼 때 예수의 하느님을 이해하기엔 별로 좋은 방식이 아닙니다.

3. 범재신론(Panentheism)

범재신론은 하느님의 무한한 얼굴을 보는 세 번째 관념인데 단어 속 'en'이라는 음절이 강조됩니다. 범재신론은 일신론이나 범신론과는 아주 다릅니다. 일신론의 하느님은 우주와 동떨어져 있습니다. 범신론의 하느님은 우주 그 자체이고 그밖엔 아무것도 없습니다. 그러나 범재신론에서 하느님은 우주 안에 있고 우주는 하느님 안에 있습니다. 일신론은 하느님을 분리된 존재, 만물과 동떨어진 존재로 봅니다. 범신론은 하느님이 곧 만물이라고 봅니다. 하지만 그 하느님은 만물 안에 갇혀 있습니다. 이와는 달리 범재신론의 하느님은 만물과 함께 있되 만물을 넘어 있습니다. 하느님은 만물 안에 있고 만물은 하느님 안에 있습니다. 하느님은 우리를 넘어서지만 우리와 몹시 가까이 계십니다. 하느님이 우리 안에, 우리는 하느님 안에 있는 것입니다.

사도 바울로는 이렇게 말합니다. "사람들이 하느님께 관해서 알 만한 것은 하느님께서 밝히 보여 주셨기 때문에 너무나도 명백합니다. 하느님께서 세상을 창조하신 때부터 창조물을 통하여 당신의 영원하신 능력과 신성과 같은 보이지 않는 특성을 나타내 보이셔서 인간이 보고 깨달을 수 있게 하셨습니다."[10]

만물이 하느님에 관해 무엇을 보여 줄까요? 지금 알려진 우주에만 별이 700해(垓. 원문의 sextrillion은 0이 21개 붙은 숫자다. 우리말로는 0이 12개 붙은 수를 조, 16개 붙은 수를 경, 20개 붙은 수를 해라 부른다. 따라서 sextrillion은 10해, 원문의 '70 sextrillion'은 700해가 된다. -역자 주)나 된다고 합니다. 이 700해라는 수는 지구의 모든 사막과 해변의 모래를 다 합친 수보다도 많은 것이라 합니다. 게다가 알려진 우주 너머에는 더 많은 별이 있을 것으로 추정되니 가히 그 수는 무한대일 것으로 보입니다.[11] 여러분이 책을 몇 쪽 더 넘길 때쯤이면 우주는 사방으로 몇십억 마일 더 팽창했을 것입니다. 그리고 그 팽창 속도는 점점 더 빨라지고 있답니다.

그러니 대다수 교회가 견지하고 있는 일신론의 하느님이란 우주의 무한한 크기, 시간과 공간의 어마어마한 척도를 생각할 때 너무나 왜소하다 하지 않을 수 없습니다. 이런 하느님은 우리가 경배할 만큼 충분히 큰 존재라 하기 어렵습니다. 그런데 범재신론의 관점에서 하느님은 이 우주만큼 클 뿐만 아니라 우주보다 더 큰 존재라 합니다. 이것이 일신론이나 범신론과

---

10 로마 1:19-20.
11 2003년 7월 23일 CNN 뉴스에 보도된 호주 국립대학 천문학자들의 연구 결과다.
　https://www.cnn.com/2003/TECH/space/07/22/stars.survery.

다른 점입니다. 신학자들은 내재적(immanent)이란 말과 초월적(transcendent)
이란 말로 하느님을 여기 계신 하느님(내재적 신)인 동시에 저기 계신 하느님
(초월적 신)이라고 말합니다. 범재신론이야말로 하느님을 여기 계시며 저 너머
에 계신 분으로 말하는 방식입니다.

　　성서에도 하느님을 여기 계시면서도 저 너머에 계신 분으로 말하려고
애쓴 흔적이 여기저기 나타납니다.

- ▶ 저 하늘, 저 꼭대기 하늘도 좁아서 못 계실 분에게…[12]
- ▶ 당신 생각을 벗어나 어디로 가리이까? 당신 앞을 떠나 어디로 도망치리이까?
  하늘에 올라가도 거기에 계시고 지하에 가서 자리 깔고 누워도 거기에도 계
  시며, 새벽의 날개 붙잡고 동녘에 가도, 바다 끝 서쪽으로 가서 자리를 잡아
  보아도 거기에서도 당신 손은 나를 인도하시고 그 오른손이 나를 꼭 붙드십
  니다.[13]
- ▶ 하늘과 땅 어디를 가나 내가 없는 곳은 없다.[14]
- ▶ 그들이 입을 다물면 돌들이 소리 지를 것이다.[15]
- ▶ 모든 것은 말씀을 통하여 생겨났고 이 말씀 없이 생겨난 것은 하나도 없다. 생겨
  난 모든 것이 그에게서 생명을 얻었으며 그 생명은 사람들의 빛이었다.[16]
- ▶ 예수께서 이르시되, "통나무를 쪼개라. 그러면 내가 거기 있다. 돌을 들라.
  그러면 거기서 나를 찾으리라."[17]
- ▶ 우리는 그분 안에서 숨 쉬고 움직이며 살아갑니다.[18] 그분은 만물보다 앞서

---

12 대하 2:6.
13 시 139:7-10.
14 예레 23:24.
15 루가 19:40.
16 요한 1:3-4.
17 도마복음 77절.

계시고 만물은 그분으로 말미암아 존속합니다.[19]

▶ 오직 그리스도만이 전부로서 모든 사람 위에 군림하십니다.[20]

▶ 그때에는 하느님께서 만물을 완전히 지배하시게 될 것입니다.[21]

▶ 만물을 완성하시는 분의 계획이 그 안에서 완전히 이루어집니다.[22]

▶ 만민의 아버지(그리고 어머니)이신 하느님도 한 분이십니다. 그분은 만물 위에 계시고 만물을 꿰뚫어계시며 만물 안에 계십니다.[23]

▶ 하느님은 사랑이십니다. 사랑 안에 있는 사람은 하느님 안에 있으며 신께서는 그 사람 안에 계십니다.[24]

성공회 사제이자 신학자인 테일러(Barbara Brown Taylor)는 이런 말을 합니다.

하느님은 저 위에도 여기 아래에도 계시고 내 피부 안에도 계시고 바깥에도 계신다. 하느님은 망이고 에너지이며 그 공간, 그 빛이시다. 그러나 마치 그 개념들이 가리키는 그 모두를 하나로 엮은 것보다 더 실재라는 듯이 그 개념들 안에 갇혀 계시지도 않는다. 다만 거기 있는 모든 것에 생기를 주는 광활한 관계망, 통으로 하나인 그것을 통해 자신을 드러내시는 하느님이시다.[25]

---

18 사도 17:28.
19 골로 1:17.
20 골로 3:11.
21 1고린 15:28.
22 에페 1:23.
23 에페 4:6.
24 1요한 4:16.
25 Taylor, *The Luminous Web*, 74.

신학자이자 철학자인 폴 틸리히는 하느님을 "존재 그 자체로서의 존재 혹은 존재의 근거이자 힘"이라 불렀습니다.[26] 즉 하느님은 존재의 근거입니다. 모든 존재가 거기 근거해 존재하고 거기서 생겨났습니다.

깨달음의 스승 코헨(Andrew Cohen)은 이에 대해 나름의 관점을 보탭니다.

존재의 근거란 모든 것이 텅 비어 있음이다. 대상도 없고 시간, 공간도 없고 생각도 없는 비어 있음이다. 그러나 당신과 나를 포함해서 존재하는 모든 것이 이 없음의 자리에서 생겨났다. 모든 것이 솟은 근거로서의 텅 빔이란 온 우주를 낳은 자궁이다. 140억 년 전 무에서 유가 생겨났다고 해서 무가 어디로 사라진 것은 아니다. 이 태어나지도 않고 드러나지도 않는 차원이 늘 있어 존재의 근거로서 만물이 계속해서 그 안에서 솟아나게 하는 자리다.[27]

여기서 저명한 이론 물리학자이자 과학철학자인 데스파냐(Bernard d'Espagnat)의 "베일에 싸인 실재"라는 이론을 잠시 생각해 보기로 하지요. 그는 이 이론으로 2009년도 템플턴 상을 받았습니다. 데스파냐의 주장인즉 물질은 시간과 공간, 에너지 배후에 존재하는 "베일에 싸인 실재" 안에 서로 얽혀 있습니다. 과학을 통해 우리는 베일 너머 실재의 기본구조 일부를 훔쳐볼 수 있지만, 대부분은 무한하고 영원한 신비로 남아 있습니다. "단순한 외관 너머에 '베일에 싸인 실재'가 분명히 있건만 과학은 이를 설명할 수 없고 단지 불확실하게 흘낏 훔쳐볼 따름이다. 물질만이 유일한 실재라고 주장하는 사람들의 생각과 달리 영성과 여타 접근법도 궁극의 실재를 들여다보는 창이 될 가능성이 있다. 이는 과학적 논증에서도 마찬가지다."

데스파냐는 가끔 이 베일에 싸인 실재를 존재, 독립된 실재라고도 하고

---

26 Tillich, *Systematic Theology Vol. 2*, 10.
27 Adrew Cohen, https://www.andrewcohen.org/quote/?quote=148.

심지어 "위대한 초 우주적 신"이라고도 부릅니다. 그는 이것을 시간과 공간 너머에 놓인 전일적이고 비물질적인 실재라고 말합니다.

데스파냐는 과학이 존재의 본성에 대해서는 아무것도 확실하게 말해 줄 수 없으므로 무엇이 존재가 아닌지도 확실하게 말해 줄 수 없다고 믿습니다. 따라서 신비는 제거해야 할 부정적인 게 아니라고 말합니다

오히려 신비는 존재의 구성요소 중 하나다. 나는 인간의 개념화 능력이 못 미치는 사물의 근저, 아득한 옛날부터 사상가들이 '신성'이라 불렸던 존재의 기반을 믿을 만한 건전한 이유가 있다고 본다. 우리는 종종 그 사상가들이 소박하다고 생각하지만 사실 그렇지 않다. 그런데 나는 이 존재의 기반을 무한히 사랑스럽다고 생각하길 좋아한다. 그래서 우리 시대에도 존재의 영적 차원을 믿고 거기에 맞춰 살아가는 사람들이 전적으로 옳다고 확신하는 바이다.[28]

가끔은 과학자들이 신학자들보다 더 신비적이라는 사실이 흥미롭기만 합니다.

데스파냐가 말하는 이러한 실재의 성질이 성 패트릭의 '흉갑'이라는 아름다운 기도문에서는 그리스도의 우주적 현존으로 묘사됩니다. 다분히 그리스도교인 표현방식으로 묘사됩니다.

그리스도께서는 나와 함께 계시고, 내 안에 계시며,
그리스도께서는 내 뒤에 계시고, 내 앞에 계시며,
그리스도께서는 나를 위로하시고, 회복시키시며,
그리스도께서는 내 아래 계시고, 내 위에 계시며,

---

28 D'Espagnat, *On Physics and Philosophy*, 277.

그리스도께서는 고요함 중에 계시고, 위험 중에 계시며,

그리스도께서는 나를 사랑하는 모든 이의 마음 안에 계시며,

그리스도께서는 친구와 낯선 이의 입에 계시나이다.[29]

성서에서도 찾아볼 수 있는 범재신론은 이렇게 하느님을 인간과 관련된 '인격적'인 존재로 제시합니다. 신학자들은 이를 내재적인 하느님이라 부릅니다. 한편 하느님은 인간을 무한히 넘어서 있는 존재입니다. 이를 일러서는 초월적인 하느님이라 합니다. 하느님의 무한함을 전하기 위해서 성서는 여러 가지 비인격적인 이미지를 동원합니다. 몇 가지 꼽아보면 태양(말라기 3:20), 말씀(요한 1:1), 바위(1고린 10:4), 불(히브 12:29), 빛(1요한 1:5), 생명수의 강(묵시 22:1), 지혜(잠언 1:20), 사랑(1요한 4:8) 등을 들 수 있겠습니다.

하느님을 그분이라고 인격적으로 말하는 것은 물론 은유입니다(하느님에 관한 지시대명사는 어느 것이나 궁극의 신비를 가리키기엔 사실 부적절합니다). 하느님은 전통적인 의미의 인격을 무한히 넘어선 분이십니다. 빛을 창조하신 분은 빛을 넘어선 빛이시듯 말입니다.[30]

하느님은 동사다

풀러(Buckminster Fuller)는 제가 알기로 하느님은 명사가 아니라 동사라고 말한 첫 번째 사람입니다. 처음 그 말을 들었을 때는 뭐라고 해야 할지 잘 몰랐습니다. 지금은 그 말이 하느님의 3인칭 면목, 그 무한한 얼굴을 아름답게 표현하는 말로 알아듣습니다. 동사인 하느님은 대상이 아니라 과정입니다. 창조의 추진력이자 진화적 충동으로서 말입니다. 이렇게 봐야 하

---

29 https://blog.beliefnet.com/prayerplainandsimple/2009/07/praying-st-patricks-breastplate.html.

30 Jon Zuck, *The Wild Things of God*.

느님의 무한한 얼굴을 상상할 때 "하늘에 앉아 있는 큰 사람" 식으로 생각하지 않습니다. 하느님이 동사라는 말을 1인칭 관점으로 옮겨보면 하느님의 육화로서 우리야말로 하느님의 동사입니다. 우리가 바로 여기 이 세상에서 하느님의 창조과정을 이행하는 하느님의 음성이요 손길이요 심장이자 발길인 것입니다.

에살렌 연구소의 공동설립자인 머피(Michael Murphy)는 이렇게 말했습니다.

> 진화론적 범재신론에 의하면 신성은 초월적인 동시에 현상세계의 진화과정에 전적으로 가담한다. 역사를 통해 존재의 새로운 형태가 출현하는 과정, 무 생물적 물질에서 생명의 탄생을 거쳐 인간의 의식이 나타나는 과정은 숨어 있던 신성이 드러나는 과정으로 볼 수 있다. 만물 안의 영이 점차 자신을 드러내면서 잠재한 것이 명시적으로 되어가는 과정이라고 말이다.[31]

그러므로 하느님은 그, 그녀, 그것처럼 많은 대상 가운데 하나라는 의미의 '존재'가 아닙니다. 범재신론이란 말에 들어 있는 'en'은 자칫 실제 공간에서 한 대상이 위치를 점한다든지 한 대상이 다른 대상의 부분이 된다든지 하는 식으로 생각하게 만들 수 있습니다. 하느님을 그런 문자적인 표현 때문에 뭔가 담는 그릇처럼 생각해서는 안 됩니다. 만물이 된 하느님이란 생각은 멋지긴 하지만 모든 유비가 그렇듯 한계가 있습니다. 시인들 같으면 차라리 이렇게 노래했을 겁니다.

하느님이시여, 당신에게서 나오고, 당신께로 돌아가는 저는

---

31 「*Enlighten Next*」 22, 2009. 3.~2009. 5.

온종일 샘처럼 흐릅니다.

내민 당신 손에 비틀거리며

티끌처럼 당신 전능하신 광채에 타오릅니다.

_ 제라드 맨리 홉킨스[32]

자연을 보고 과학을 보고 우주와 그 너머를 보십시오. 원자와 쿼크, 끈 이론을 생각해 보십시오. 과학자들이 그런 것을 연구할 때 그들은 실로 하느님의 영광을 탐구하고 있는 겁니다. 그 위대한 신비를 묵상해보십시오. 모든 존재의 기반을 깊이 들여다보십시오. 여러분은 하느님의 3인칭 얼굴, 모든 것이면서 그 이상이신 존재를 숙고하는 것입니다. 외경심으로 대면해야 할 하느님의 면목입니다. 어디서든 이 하느님의 무한한 얼굴 찾기를 주저하지 마십시오.

하느님의 무한한 얼굴

성서는 하느님을 자주 '타자'로 말합니다. 하느님을 2인칭으로 또 인격적으로 예배하고 헌신하기에 알맞은 방식입니다. 이 하느님은 친밀한 얼굴, 아름다운 타자, 마르틴 부버의 '나와 너'에서 말하는 '너'입니다.[33]

예수는 이 하느님을 전통적인 번역에 따르면 "하늘에 계신 우리 아버지" 하고 불렀습니다. 마커스 보그는 유대인들에게 하늘은 먼 곳이 아니었다는 점을 지적합니다. 그들에게 우주는 별로 크지 않아서 그저 해와 달에다 땅에 그리 멀지 않은 돔에 별들이 좀 있는 정도입니다. 예수는 하늘나라는 사실 우리 내면에 또 우리 사이에 있다고 했습니다.[34] 정말 가까운 하늘입니다.

---

32 Hopkins, 49.

33 Buber, *I and Thou.*

34 루가 17:21, 도마복음 2절.

교회는 전통적으로 2인칭 하느님에 익숙합니다. 이 하느님은 우리와 관계 맺는 하느님입니다. 창조적 지성으로 현현하여 우리와 대화하는 하느님입니다. 이러한 하느님은 너무나 인격적이고 친밀해서 예수는 '압바', 즉 '파파' 혹은 '아빠'라고 불렀을 정도였습니다.

근대 의식 수준에 있는 어떤 사람들은 이런 식의 하느님을 불편하게 여깁니다. "저 위 어디" 있는 신화적 신을 연상시키기 때문입니다. 어느 날 제가 이런 생각과 씨름하고 있을 때 다음과 같은 말이 내면에서 솟았습니다. 내면의 안내령이 들려주는 말 같았습니다.

너희 인간은 타자와 2인칭으로 관계하는 존재다. 여기엔 외적으로 보고 듣고 하는, 우리가 관계라 부르는 것의 특성들이 게재한다. 그러니 그런 것 없이 가려고 하지 마라. 그게 없이는 궁핍을 면치 못한다. 기도란 생명 있음의 모든 것(3인칭)에 거는 말이 아니다. 기도란 너의 자기(1인칭)에 거는 말도 아니다. 관계 맺을 수 있는 타자로서 하느님에게 말 거는 것이 기도다.

1. 하느님의 친밀한 얼굴이란 우리와 가까이 있는 하느님이다

3인칭 신의 무한한 얼굴이 다음처럼 2인칭 인격의 친밀성에서 살아 숨쉽니다.

▸ 우주의 하느님이 우리에게 달려와 입맞춤한다.
▸ 진화의 충동이 식탁에 마주 앉아 우리와 음식을 나눈다.
▸ 신성한 지성이 소파에 나란히 앉아 우리와 대화한다.
▸ 거룩한 사랑이 가장 어둡고 암담할 때 우리 어깨에 팔을 두르고 다독인다.
▸ 천지의 창조주가 가만히 멈추고 우리 심장의 말에 귀 기울인다.

2인칭 하느님을 자각하기 위해서는 하느님을 위대한 타자로 느끼게 하는 사람이나 사물을 바라보십시오. 성서는 하느님의 이 면목을 말하기 위해 수많은 은유를 사용합니다. 그러니 우리도 따라 할 수 있습니다. 하느님을 2인칭 인격으로 말하는 성서의 명칭과 은유를 몇 가지 들면, 아버지(교회가 2인칭 하느님을 즐겨 말하는 방식), 압바(예수가 즐겨 말했던 아빠라는 뜻의 아람어 호칭), 어머니, 창조자, 거룩하신 분, 예수, 전능자, 할머니, 할아버지, 주, 구원자, 높으신 능력, 큰마음, 구세주, 지키시는 분, 성령, 예수의 영, 주 예수 그리스도, 나의 사랑 등입니다.

우리는 하느님을 2인칭의 말 걸 수 있는 타자로 대합니다. 우리가 예배하고 찬양하고 순복하며 에고를 낮추며 대하는 신성, 하느님의 얼굴입니다. 예배드릴 때 우리는 이 하느님의 얼굴을 찬양합니다. 예수를 바라보며 우리는 이 친밀한 하느님의 얼굴에 감사합니다. 이 신성한 분에게 손을 들어 항복하십시오. 이 위대한 사랑의 존재와 기쁨으로 어울려 춤을 추십시오. 소리 높여 우리 영혼의 연인에게 노래하십시오. 말로 충분치 않을 때 말을 뛰어넘은 말로 전능자 주님, 만유에 뛰어나신 분께 쉼 없는 기도가 흐르게 하십시오. 늘 가까이 계신 분께 마음을 두십시오. 참 나며 위대한 빛이신 분께 감사하십시오. 이 아름다운 타자는 내 안에서 감사와 지복, 사랑과 순종, 헌신의 마음이 솟게 하실 것입니다. 자신의 영적인 길이 무엇이든 거기서 자신을 이 사랑의 대상에게 드리길 주저하지 마십시오.

시인 하피즈(Hafiz)는 이 하느님의 얼굴을 <내게 입맞춤을 하지 그래요>라는 시로 눈부시게 노래했습니다.

집어던지시오
동냥 그릇 따위는 죄다 신의 문전에
나는 들었으니 그 사랑하는 이는
차라리 달콤한 협박과 고함을 좋아한다는

그러니 다음과 같이 말해보시오

이봐요, 사랑하는 이여

내 심장은 분노한 화산처럼

당신을 향한 사랑으로 맹렬하니

어서 내게 입맞춤을 하지 그래요

아니면 다른 무엇이든![35]

하느님의 내밀한 얼굴

서구 영성 전통에 속한 이들에게는 가장 낯선 하느님의 면목입니다. 많은 그리스도인에게는 충격적이다 못해 이단처럼 들리기도 할 겁니다. 그토록 낯선 것이기에 저는 다음 장 전체를 성서의 관점에서 이 얼굴을 이해해 보는 데 할애했습니다. 어쩌면 다음 장을 먼저 읽고 여기를 읽는 게 좋을 수도 있습니다. 우리의 가장 깊은 내면이 신성임을 알면 하느님과 우리의 경계는 무너집니다. 이때 하느님과의 합일을 알고 느낄 수 있습니다. 그러면 우리가 원래 신성하고 영적인 존재임을 이해하게 됩니다. 1인칭 하느님의 얼굴을 찾는 건 우리가 자신을 거울처럼 비추어보면서 에고와 온갖 왜곡 너머를 보는 일입니다. 깊이 또 충분히 들여다본다면 우리는 자신의 참 나가 하느님의 형상임을 발견할 것입니다. 우리 내면의 '아기'이신 신성을 보는 일로 시작해 봅시다.

그리 쉬운 일은 아닙니다. 그동안 우리는 죄인이라고 배웠습니다. 지옥에 떨어져야 마땅한 몹쓸 존재들이라고 말입니다. 그래서 제대로 믿고 제대로 행동하지 않으면 멸망할 수밖에 없다고요. 그러리만치 우리는 좋지 않은 존재들입니다.

한편으로는 우리 에고만큼 하느님 노릇을 즐기는 것도 달리 없습니다.

---

35 Hafiz, *I Heard God Laughing*, 40.

어느 성인이 조언을 구하며 찾아온 사람에게 말했습니다. "당신은 분명히 인생을 잘 살았고 많은 걸 성취했구려. 당신 자신을 넘어설 수 있겠소?" 그래서 예수도 우리가 거짓 자아를 부인해야 참 자아를 찾을 수 있다고 말했던 것입니다.[36] 예수가 신성하듯 우리도 똑같이 신성합니다. 차이가 있다면 예수는 이를 경험으로 확실히 알았다는 것입니다. 우리는 그렇지 못합니다. 예수와 우리의 차이는 정도의 차이지 종의 차이가 아닙니다. 다만 우리의 신성은 에고로 가득한 양동이 속에 파묻혀 있을 뿐입니다.

예수는 자신을 본 사람은 하느님을 본 것이라고 했습니다. 그러면서도 하느님은 자신보다 크다고도 했습니다.[37] 예수가 하느님의 전부는 아니라는 말입니다. 물론 우리도 하느님의 전모는 될 수 없습니다. 우리는 그저 하느님과 같을 뿐이지요. 예수의 두 말씀을 합치면 아름답고도 포괄적인 문장이 됩니다. "나는 하느님이다"와 "하느님은 나보다 위대하시다"라는 두 말씀 말입니다. 그리고 그것은 우리에게도 적용됩니다. 우리는 하느님입니다. 하지만 하느님은 우리보다 위대하십니다. 그 차이를 분명히 하려면 우리를 하느님이라 말할 때는 소문자를 쓰는 방법도 있습니다. 우리는 하느님(god)이다, 하지만 하느님(God)은 우리보다 위대하시다 하는 식으로 말입니다.

예수의 말씀에 그 방식을 도입한다면 이런 식의 말이 될 것입니다. "여러분이 나를 보았으면 하느님, 즉 작은 하느님을 본 것과 같습니다. 그러나 하느님은 나보다 크십니다. 그분은 크신 하느님이십니다." 우리의 신적 자아는 큰 자아(Big Self)입니다. 그래서 저는 가끔 이런 식으로 말합니다. "우리는 모두 하느님의 단편들입니다." 혹은 "우리는 모두 신성한 아기들입니다."

디퍼나(Dustin DiPerna)는 이렇게 말합니다.

---

36 루가 9:24-25.
37 요한 14:9, 28.

그리스도인들은 예수의 생애와 가르침을 본으로 삼기보다는 예외로 삼는 일이 더 많다. 그리스도에게는 일상적이었을 절정 체험은 서서히 조각상 받침대처럼 되고 만다. 그렇게 되면 신성과의 동일시를 주장할 수 있는 이는 그리스도 한 분밖에 없게 된다. 동양에서는 신성과의 동일시가 일시적으로든 지속적이든 원하는 사람 누구에게나 열려 있다. 하지만 서양에서는 신성은 오로지 그리스도에게만 적용된다고 한정 지었다.[38]

지금까지 어떤 종교도 하느님의 세 얼굴을 통합하거나 균형 잡지 못했습니다. 하루는 인도의 어느 가톨릭 본당 사제가 학교에 가서 아이들에게 물었습니다. "하느님이 어디 계시지?" 아이들 일부는 힌두교였고 일부는 그리스도교였습니다. 모든 그리스도인 아이가 하늘을 가리켰습니다. 하느님은 하늘에 있다는 것이지요. 그런데 모든 힌두교도 학생들은 자기 가슴을 가리켰습니다. 자기들 내면에 하느님이 있다고 말입니다. 이것이 하느님을 이해하는 일반적으로 가장 차이가 나는 두 가지 방식입니다. 물론 둘 다 중요합니다. 그리스도교 학생들은 아마도 전통적인 수준이거나 통합적인 수준에 놓여 있을 수 있습니다. 하늘을 가리킨다는 것은 모든 것 안에 계시면서 동시에 뛰어넘는 하느님의 무한성을 의미할 수도 있습니다. 아니면 높은 데서 우리를 내려다보시는 하느님의 친밀성을 의미할 수도 있습니다. 반면 가슴을 가리킨다는 건 하느님의 내밀성을 말하는 겁니다. 사실 예수는 둘 다 말했지요. 안과 바깥 어디에나 계신 하느님을 말입니다.

대체로 동양 종교는 2인칭 면목을 받아들이길 주저하는 것 같습니다. 비록 대중에게는 무척 흔한 방식이긴 하지만 말입니다. 붓다 자신은 신에 대해 말하는 것이 별 도움이 되지 않는다고 여겼습니다. 하지만 불교도들은 붓다를 신처럼 대하고 공경합니다. 그리스도교, 이슬람, 유대교는 3인칭 하

38 DiPerna, *The Infinite Ladder*, 123.

느님의 무한한 영광에 적응하기 힘들어합니다. 대신 그들은 "저 위에 계신 거인"으로 만족하는 경향이 있습니다. 하지만 하느님의 1인칭 얼굴은 얘기가 훨씬 어렵습니다. 그리스도인들이 예수처럼 이 세상에서 하느님의 손발이자 하느님의 마음, 하느님의 음성이 되어 살아야 한다는 말을 믿는 건 어렵지 않습니다. 문제는 그게 실제로 가능하다고 생각하지는 않는다는 점입니다! 왜냐면 예수는 신성하지만 우리는 아니라고 믿기 때문이지요. 그리스도인들이 마음을 바꾸고(즉, 회개하고) 예수가 우리 모두 '신'이라 하신 말씀이 옳다고 받아들이면 어찌 될까요?[39]

예수가 우리를 신들이라고 말씀했으니 우리가 개인적으로 '나는 신'이라고 말하지 못할 이유는 없습니다. 물론 "나의 진정한 자아, 참 나가 하느님"이라고 말하는 방식이 좀 더 나을 것 같긴 하지만 말입니다. 둘 다 옳은 말입니다. 그렇긴 해도 후자가 좀 더 온건하면서 미묘한 차이를 잘 드러내 오해를 피할 말이라고 생각합니다.

하피즈는 <내가 신에게 입맞춤하고 싶을 때>라는 시에서 그 점을 잘 포착하고 있습니다.[40]

아무도
보고 있지 않을 때
나는 사막과 구름을 삼키고
산들을 씹으니 그들은 안다.
자기네가 얼마나 맛있는 뼈인지!
아무도 보고 있지 않을 때
내가 신에게

---

39 요한 10:34.
40 Hafiz, *The Gift*, 304.

입맞춤하고 싶을 때

나는 그저 손을 올려

내 입에

댄다.

2. 하느님의 세 얼굴 중 어느 것도 빼지 말라

저는 그리스도교 신론에 있어 하느님의 세 얼굴론이 4세기경 삼위일체론 정립 이래 가장 의미심장한 발전이라고 생각합니다. 이 관점이야말로 우리가 하느님을 이해하고 관계 맺을 수 있는 방식을 모두 설명해 주기 때문입니다.

예수가 하느님은 자신보다 크신 분이라 했을 때 인간의 이해를 넘어서는 하느님의 무한한 얼굴을 말씀한 것입니다. 우리의 언설이 부적절하지만 그래도 3인칭 언어로 말하며 접근하는 하느님이 바로 이 '크신 하느님'입니다. 우리는 한껏 넓고 깊고 크게 하느님을 말해야 합니다. 그렇지 않으면 자칫 하느님을 너무 왜소하게 만들 수 있습니다. 무한한 하느님 의식을 빼면 우리의 하느님 이해는 제약될 수밖에 없습니다. 성령이 주시는 마음을 갖고 최대한으로 하느님을 생각해야 하는데 말입니다.

예수가 하느님을 압바-엄마-아빠로 말했을 때는 바로 하느님의 친밀한 얼굴을 말한 것입니다. 예수에게는 그것이 하느님과 인격적으로 친밀하게 이어지는 방식이었습니다. 이러한 2인칭 이해 방식으로 우리도 하느님과 연결될 수 있습니다. 우리에게 의미 있고 인격적으로 소중하게 다가오는 방식이라면 무엇이든 좋습니다. 우리는 하느님이 우리보다 위대하심을 압니다. 그렇지만 우리는 인격적 존재인지라 우리의 근원과도 인격적 관계가 필요합니다. 이 친밀한 인격적 관계를 뺀다면 우리는 하느님과 의미 있게 연결되는 방식 하나를 상실하는 것입니다.

하느님의 친밀한 얼굴을 빼면 자칫 나르시시즘에 떨어질 수 있습니다. 에고를 자신의 진정한 자아로 혼동하기 때문입니다. 에고는 자신을 하느님으로 삼고 싶어 합니다. 어떤 친구가 뻐기며 이렇게 말하더랍니다. "나 나르시시즘 테스트에서 만점 맞았어. 한 문제도 안 틀렸다고!"

우리는 하느님을 친밀한 타자로 만나야 에고를 겸손히 낮추고 순복할 수 있습니다. 이 하느님을 조롱하는 듯한 티셔츠 문구를 본 적이 있습니다. "당신은 자신을 구세주로 영접하셨습니까?" 예수는 겟세마네에서 "당신의 뜻이 이루어지이다" 하고 기도했습니다. 자신으로부터, 자신의 에고에서 벗어나길 기도한 것입니다. 이때 예수는 누구에게 기도했던가요? 자신에게? 당연히 아닙니다. 기도하면서 신성한 타자의 뜻에 자신을 복종시킨 것입니다. 에고는 자신이 하느님인 양 1인칭 안에 숨길 좋아합니다. 오직 2인칭 하느님의 친밀한 얼굴이 주는 감수성만이 우리를 그러한 거짓에서 벗어나게 해줍니다.

하느님의 친밀한 면목과 인격적인 관계를 맺게 되면 그때부터 우리의 삶은 변화를 향해 개방되는 것입니다. 우리가 사랑받고 소중한 존재임을 알게 되기 때문이지요. 인격 대 인격이라는 사람을 변화시키는 사랑의 역동성 관계에 들어간 것입니다. 저는 좋은 신학자요 학자이면서 예수처럼 신비가이길 원하는 한 사람으로서 하느님의 친밀한 사랑이 저를 생각보다 훨씬 더 많이 변화시켰음을 기쁘게 증언할 수 있습니다. 저는 사랑받는 존재입니다!

마지막으로 예수가 자신을 보면 하느님을 본 것이라 했을 때 그는 내면에서 자신과 동일시하고 있는 하느님의 내밀한 얼굴을 말한 것입니다. 그는 이 진리를 보여 주었습니다. 우리의 가장 깊은 '나'는 하느님의 '나'라는 진리를 말입니다. 이 진리를 빼면 예수가 세상의 빛이듯 우리도 세상의 빛이라고 말씀하신 걸 부정하는 셈이 됩니다. 우리가 하느님의 거룩한 자녀라는 사실을 말입니다.

하느님의 내밀한 얼굴을 부정한다면 우리가 심층에 고귀한 하느님의 형상을 지닌 존재라는 사실을 부정하는 것입니다. 우리의 진정한 '나'는 하느님입니다. 물론 우리는 앞으로 무한히 자라나야 할 아기 신들이라고 할 수는 있습니다. 하지만 예수가 신성하듯 우리도 신성한 존재입니다.

이 모든 것을 하나로 묶어보지요. 하느님을 온전히 이해하고 관계 맺으려면 이 세 관점, 즉 무한한 신성을 관조하기, 친밀한 신성과 소통하기, 내밀한 신성과 합일하기를 모두 끌어안을 수 있어야 합니다.

3. 하느님의 세 얼굴은 고전적 삼위일체론과는 어떻게 맞을까?

사실 둘은 놀라우리만치 잘 맞습니다. 물론 그 둘이 같지는 않습니다. 그렇지만 제가 왜 하느님의 세 얼굴이 "성부와 성자와 성령"이라는 고전적 삼위일체론을 존중하면서도 그 의미를 확장해준다고 생각하는지 얘기해 보기로 하지요.

4. 삼위일체론에 이르게 된 과정

하느님이 "성부와 성자와 성령"이라는 삼위일체론이 어떻게 시작되는지 살펴봅시다. 예수 당시 유대교는 하느님을 한 분이신 존재로 생각했습니다. 그리고 그 생각을 다양하게 표현하는데 "창조자, 통치자, 왕, 하늘에 거하시는 분, 전능자, 전지하신 분, 어디에나 계신 분, 이스라엘의 아버지, 구원자, 심판자, 의로우신 분, 두려운 분, 자애로우신 분, 관대하고 오래 참으시는 분" 등등입니다.[41]

아브라함과 이사악과 야곱의 하느님은 놀랍고 두려운 분이며 보복하면

---

41 Ralph Marcus, "Divine Names," Proceedings of the American Academy for Jewish Research Vol. 3 (1931~1932), 43-120.

서도 자애로운 하느님이었습니다. 그런데 예수는 이 하느님을 "거할 곳이 많은" 하느님으로 말합니다. 이는 급진적이고 새로운 관점입니다. 그에게 하느님은 '압바'였고 '사랑하는 아버지'였고 '파파'였습니다. 여기엔 어른과 아이 사이에 있을 존경심과 친밀감이 다 들어 있습니다.[42] 예수는 제자들도 하느님을 압바로 알고 기도하도록 가르쳤습니다. 그래서 그들은 하느님을 아버지, 즉 성부 하느님으로 알았습니다.

다음 초기 그리스도인들은 하느님을 **프뉴마**, 즉 그리스어로 '숨'이기도 하고 '영'이기도 한 이름으로 불렀습니다. 창조 때 수면 위를 운행하셨던 하느님의 영이자 '바람'이 프뉴마입니다.[43] 그들은 하느님의 영이 지도자들이나 예언자들에게 임하였다는 구약의 이야기들에 익숙했습니다. 요엘은 장차 모든 이에게 하느님의 영이 임할 것이라 예언했습니다.[44] 초기 그리스도인들은 이 예언이 오순절 성령강림 때 이루어졌다고 믿었습니다.[45] 이들에게 하느님은 해방과 치유, 넘치는 기쁨의 영이었습니다. 그래서 그들은 하느님을 영, 즉 성령 하느님으로 알았습니다.

그런데 또 어떤 일이 벌어졌습니다. 예수는 워낙 하느님으로 가득한 인물이다 보니 주위 사람들에겐 예수가 하느님으로 보이기 시작했습니다. 예수도 자신을 보면 하느님을 본 것이나 다름이 없다고 했습니다. 물론 한편으로는 하느님이 자신보다 위대하시다고 했지만 말입니다. 사실 예수를 처음 따랐던 유대교 일신론자들로선 꽤 혼란스러운 사태였습니다. 이들은 하느님은 한 분이고 인간과는 동떨어진 분으로 알았기 때문입니다. 도대체 하느님처럼 말하고 행동하는 인간을 무엇이라 해야 할까요? 예수를 따르지

---

42 예수 시대에 압바란 말은 '엄마'의 의미를 포함한다. 압바란 유다 가정의 집단인격을 말하는 것이기 때문이다. 이 점을 더 살펴보려면 나의 책 *Is It Okay to Call God Mother?*를 보라.
43 창세 1:2.
44 요엘 2:28.
45 사도 2:16.

않는 유대교 지도자들은 이를 불경이요 신성모독이라 여겼습니다. 예수를 죽게 한 이유 중 하나가 그것입니다. 요한복음 10장을 보면 예수는 그들 앞에 하느님이 서 있다고 발설합니다. 그렇지만 예수를 따르는 초기 제자들은 거의 전부가 그를 하느님이라 여겼습니다. 성자 하느님으로 말입니다.

이들은 자기네 경험을 어떻게 이해했을까요? 일신론자로서 하느님은 오직 한 분뿐이라고 믿고 있었는데 말입니다. "우리 주 하느님은 한 분이시다." 그러면 이 하느님은 예수가 '압바'하며 기도하고 말 걸었던 하느님일까요? 아니면 나자렛의 예수라는 이 사람이 그 하느님일까요? 아니면 그들을 휘감아 사로잡으며 내면에서 강처럼 분출했던 이 창조적 지성이면서 인격적인 에너지일까요?

딜레마였습니다! 일신론의 입장에서 그들은 자기네가 경험한 세 가지 신성을 조화롭게 이해할 필요가 있었습니다. 무려 2~3백 년의 세월을 숙고한 끝에 그리스도인 사상가들은 빛나는 해결책을 찾아냅니다. 그러면서 성서에는 없는 새 용어를 창안했으니 삼위일체, 즉 하느님은 셋이면서 한 분이라는 말입니다.

유대교, 이슬람, 그리스도교는 모두 유일신 종교입니다. 삼위일체론은 "온건한 유일신론"이라 할 수 있습니다. 예수든 누구든 신성을 공유하는 어떤 존재도 상정하지 않는 유대교나 이슬람의 "강경한 유일신론"에 비하면 그렇습니다. '삼위일체'란 말을 처음 사용한 인물은 초대 그리스도교 지도자 테르툴리아누스(156~222)였습니다.

마침내 초대 그리스도인들은 회의를 열고 '삼위일체'를 공식 교리로 채택합니다. 이 회의란 로마와 그리스 문화의 방식을 따라 초대교회 지도자들이 모였던 공의회를 말합니다. 로마 황제 콘스탄티누스가 소집한 이 공의회는 325년 비티니아(오늘날 터키의 이즈닉) 지방 니케아에서 열렸습니다. 이 회의를 통해 그리스도교 신앙을 그리스 사상의 틀에 담아서 하느님은 성부, 성자, 성령의 삼위일체라는 공식 교리가 정착합니다.

삼위일체론은 초대 그리스도인들이 자신들이 경험한 하느님을 자기네 의식 수준에서 공식화한 것이라 할 수 있습니다. 원래 유대교인이었던 제자들은 하느님을 토라의 '주님'으로 알면서 자랐습니다. 그러다 예수를 만나서는 예수의 **압바**에게 기도하게 됩니다. 나중에는 예수 안의 하느님이 예수와 동일시되고 예수를 주님으로 경험합니다. 그러니 예수는 인간이면서 하느님이었습니다. 그래서 그들은 예수에게 기도하기에 이릅니다. 한편 그들은 자신들을 거세게 휘감는 신비와 환희의 숨결, 하느님의 영을 경험합니다. 그들은 이 영을 향해서도 기도했습니다. 초대 그리스도인들은 이 세 가지 다른 관계 경험을 하나로 이해할 수 있길 원했습니다. 그래서 그들은 하느님을 '삼위일체'로 알게 된 것입니다. 따라서 삼위일체론의 확립은 성령이 신약성서의 기록을 넘어 교회가 눈앞에 놓인 진실, "거할 곳이 많은" 진리로 이끈 사례라 할 수 있습니다.

삼위일체론은 당시 전통 의식 발달 수준에 있던 초대 그리스도인들의 의식을 돌파하고 획기적으로 등장한 하느님 이해 방식입니다. 우리 이해를 넘어서는 하느님을 좀 더 온전하게 이해하려는 시도였던 것입니다. 그때부터 삼위일체론은 오랜 세월 그리스도교 공동체에 굳건한 중력의 중심이 되었습니다.

5. 영은 우리에게 더 가르쳐줄 것이 있다

오늘날은 예수의 초기 제자들이 예수의 가르침을 잘 몰랐거나 곡해했다고 생각하는 그리스도인의 수가 적잖이 늘고 있습니다. 제자들이 예수의 의식 수준만큼은 아니었기 때문입니다. 그리고 그 제자들이 상대해야 했던 사람들은 더 의식 수준이 낮았습니다. 별로 새로울 건 없는 얘기입니다. 빛나고 심오한 영적 지도자가 나타나면 그를 따르는 제자들이 생깁니다. 하지만 제자들이 그 지도자만큼의 의식 수준에 도달하지 못하면 스승을 오해하는 일이 종종 발생합니다.

또 하나의 요인은 교회의 공식 지도층이 커지면서 예수에 관한 초기 이해의 상당 부분을 억압하는 일이 생겼다는 점입니다. 특히나 우리 내면의 성스러운 중심에 대한 가르침은 교회 권력을 위협할 소지가 다분합니다. 하느님이 사제들을 통해서만 얘기한다고 제한하지 않으면 사람들이 통제의 손아귀에서 벗어납니다. 최소한 사제들의 손은 떠나게 되지요. 사실 초창기 교회는 사제제도와는 거리가 멀었습니다. 성전이라는 것이 없었던 만큼 사제도 있지 않았습니다. 그렇지만 지도층이 생기고 이들이 예수의 가르침을 독점하면서 이들은 사제직도 재도입합니다. 이들의 가르침을 오늘날은 그리스도교 전통이라고 알고 있는데 상당 부분이 공적 지도층이 가졌던 권력의 힘 때문에 형성된 것입니다. 물론 이들의 지도력이 있었기 때문에 제도 교회가 생존한 것도 사실이지만 왜곡된 형태로서 살아남은 셈입니다.[46]

6. 전통적 삼위일체론의 한계

오늘날 그리스도교 신론을 삼위일체론으로 한정하는 것은 전통입니다. 이는 전통 의식 수준을 넘어 성장하는 데 만만찮은 장벽이 되고 있습니다. 예수만이 성자이고 하느님의 독생자라고 믿는 방식이 우리 자신의 신성을 깨닫는 일 또 이 세상에서 예수처럼 참인간이자 참 하느님으로서 살아가는 일에 도움이 되지 않습니다. 전통의 가르침처럼 예수만이 고유하고 반복 불가능한 존재라면 우리가 1인칭이라 칭한 하느님의 면목은 누구도 찾을 수 없습니다.

---

46 사제직은 초기의 낮은 단계로 되돌아간 것이며 예수 메시지를 줄곧 왜곡시켜온 근원이기도 하다. 신과 우리 사이를 매개하는 중간자란 사실 필요치 않다. 신약 안에서도 가장 이른 메시지 중 하나가 우리 모두 사제라는 가르침이다. 하지만 시간이 흐르면서 그 메시지는 방기되었고 신자들 사이에 거짓된 분리가 일어나면서 사제들이 등장한다. 평신도라 번역하는 그리스말의 라오스는 원래 신의 백성 모두를 일컫는 말이다. 그런데 이제 '사제'(개신교라면 '목사')라는 특별한 신의 백성을 빼고 나머지 평범한 집단을 이르는 말이 되었다.

예수가 자신만 하느님과의 동일시를 품고 위로 올라가면서 다른 사람들은 올라오지 못하도록 사다리를 치웠다는 식이 됩니다.[47] 그런데 예수는 완전히 다른 것을 보여 줬고 가르쳤다는 사실이 문제입니다. 전통적 삼위일체론은 예수가 누구냐 하는 문제에 예수의 삶과 가르침, 활동을 충분히 고려하지 못합니다. 그저 예수만이 홀로 하느님의 아들이라 하고 끝납니다. 그러면 우리는 예수처럼 신성의 참여자가 될 수 없고 신성이 우리 존재의 중심이라는 사실을 볼 수 없게 됩니다.

또 전통 삼위일체론은 만물을 품고 초월하시는 하느님의 무한성을 제대로 파악하지 못하게 합니다. 그저 대중이 상상하듯 "위층에 사는 거인"이 우주의 흐름을 통제하는 이미지나 떠올리게 합니다. 나름 이해할 만한 이미지이긴 하나 무한한 우주를 끌어안은 하느님의 장엄함을 떠올리기엔 적절치 않은 방식입니다.

삼위일체에서 3인칭이라 할 성령에는 모든 것을 초월하는 무한성과 내밀한 내면성 양편이 모두 있습니다. 그렇지만 현실로는 신학적으로나 실천적으로 성령은 그저 삼위일체의 한 위격으로만 상상될 따름입니다. 때론 성부와 성자가 나누는 사랑의 관계가 성령이라는 식으로 해석되기도 합니다. 이 모두가 2인칭 관점에 해당합니다. 전통적으로 성령은 우리 안에 내주한다고 이해합니다. 그렇다고 성령을 우리 자신으로 아는 것은 아니고 다만 우리 내면에서 우리와 2인칭 관점의 관계를 맺는 대상으로 이해할 따름입니다.

삼위일체론은 초대 그리스도인들의 경험과 이해 방식에서 비롯되었다고 했습니다. 하느님의 세 얼굴은 예수 하느님 경험과 이해 방식에서 비롯됩니다. 예수는 3, 2, 1인칭 관점(무한, 친밀, 내밀) 모두로 하느님을 알았습니다. 그는 하느님에 대해 말했고, 하느님에게 말했고, 하느님으로서 말했습니다. 하느님의 세 얼굴은 오늘날 우리 의식이 전보다 진화해서 등장하는 것

---

47 Ken Wilber, *A Sociable God*, 80을 내 식으로 풀어쓴 말이다.

이기도 합니다. 그리스도인인 우리가 삼위일체론을 그 자체로 존경하고 사랑하는 게 맞습니다. 예수를 따랐던 초기 제자들이 하느님을 경험했던 방식이 그것이기 때문입니다. 오늘날 우리에게도 하느님의 세 얼굴로 가는 첫걸음이 되어줄 수 있습니다. 그런데 첫걸음은 있어야 하지만 거기 머물러서도 안 됩니다. 하느님을 성부와 성자와 성령으로 아는 삼위일체론을 통해서도 변화의 관계를 경험할 수 있습니다. 하느님을 압바 아버지로 경험하고 성육신하신 예수로 만나며 우리 내면에 거하시는 영으로 경험할 수 있는 겁니다. 분명 우리가 사랑하고 기쁨으로 끌어안을 수 있는 관계들이지요. 이 관계들은 주로 하느님의 친밀한 얼굴을 보여 줍니다. 하지만 거기엔 하느님의 무한한 얼굴, 모든 인격성을 넘어선 초월성이 빠져있고, 우리 자신의 진면목이기도 한 하느님의 내밀한 얼굴도 빠져있습니다. 그 얼굴들은 어떻게 찾을까요?

7. 삼위일체 너머의 삼위일체: 확장된 삼위일체론

삼위일체론은 과거에는 혁명적이었습니다. 그런데 이제 전통적인 삼위일체론만으론 충분치 않습니다. 더 큰 하느님의 면목이 필요합니다. 하느님의 친밀한 얼굴에서 그치지 않고 더 크신 하느님을 알려면 전통적 삼위일체론이 허용하는 것을 넘어서야만 합니다. 그것이 바로 모든 인격성, 모든 의인화를 넘어서는 초월적 하느님, 경이롭고 신비로운 하느님의 면목입니다. 바울로가 말했듯 "그 안에서 우리가 살고 숨 쉬고 존재하는" 하느님, 틸리히가 말하는 존재의 기반, 보그가 범재신론을 통해 말하는 하느님을 찾아야 합니다.

또 자신이 누구인지 알 필요가 있습니다. 나는 예수와 같은가 아닌가? 예수는 나와 같을까 아닐까? 내가 예수와 같다면 나 또한 내 안에서 하느님의 형상을 나의 진면목으로 찾아낼 수 있을까? 이 질문에 답을 찾으려면 전통적 삼위일체론이 허용하는 것보다도 더 깊이 들어가야 합니다. 나의 참 나가 하느님의 내밀한 얼굴임을 깨달아야만 하는 것입니다.

그래서 저는 전통적 삼위일체론을 하느님의 친밀한 얼굴을 표현하는 한 관점으로 **하느님의 세 얼굴**이라는 더 큰 그림 속에 위치시킵니다. 즉, 전통적 삼위일체론은 하느님의 세 얼굴이라는 더 크고 더 풍성한 확장판의 한 부분으로 여전히 빛날 수 있다고 보는 것이지요. 삼위일체 너머의 삼위일체란 바로 그런 말입니다. 이것이야말로 "거할 곳이 많은" 집입니다.

복음주의, 성령 운동 및 가톨릭 그리스도인들은 하느님의 친밀한 얼굴과 그 변화의 힘에 익숙합니다. 주류 교단 그리스도인들은 대체로 하느님의 무한한 얼굴에 초점이 맞춰져 있습니다. 테오시스(神化)를 말하는 동방정교회 신자들이나 그리스도교 신비주의자들은 다른 어떤 그리스도인들보다 하느님의 내밀한 얼굴에 친숙한 편이라고 할 수 있겠습니다.

저는 통합적인 공간을 마련하면 모두가 함께할 수 있다고 제안하는 바입니다. **위의 세 강조점은 제각기 부분적인 진실만 말하고 있습니다.** 그러므로 어떤 사람들은 친밀한 하느님을 강조하고, 어떤 사람들은 무한한 하느님 또 어떤 사람들은 내밀한 하느님을 강조하지만 모두 하느님의 세 얼굴로 통합시키면 더욱 완전하고 확장된 삼위일체론이 된다는 말입니다.

이것은 경험이 뒷받침되지 않는 한 아직은 정신적인 영역이므로 다시 되짚어보기로 합니다. 하느님의 세 얼굴이란:

① **'나' - 하느님의 내밀한 얼굴**: 1인칭 하느님이란 나의 참 나가 하느님의 형상이요 그리스도 자아요, 진아, 고유한 나, 불성, 영원한 I AM, 순수 의식, 순수 자각, 진면목 I Amness임을 말하는 것입니다.

② **'당신' - 하느님의 친밀한 얼굴**: 2인칭 하느님이란 고전적 삼위일체론이 말하는 하느님, 즉 자애로운 압바 아버지/어머니, 우리의 주님이자 동반자 형제인

예수, 끝없이 흘러나오는 기쁨과 창의성의 동력이신 성령을 말합니다. 우리에게 사랑의 대상으로 다가오는 거룩하신 분에 관한 온갖 명칭을 여기에 다 포함할 수 있습니다.

③ '그것 - 하느님의 무한한 얼굴': 3인칭 하느님이란 창조적 진화의 과정, 생명의 망, 존재의 기반, 위대한 신비인데 그리스도교적 언어로 하자면 골로사이 2:15-20이 말하는 만물을 창조하고 결속하는 우주적 그리스도를 말합니다.

하느님의 내밀한 얼굴과는 1인칭의 동일시가 필요하고, 하느님의 친밀한 얼굴에는 2인칭의 헌신이 필요하며, 하느님의 무한한 얼굴에는 3인칭의 탐구가 필요합니다.

하느님의 얼굴 각각에서 얻는 것도 다르고 이어지는 실천의 내용도 다릅니다.

▸ 내밀한 얼굴을 향하는 내향성으로 보면, 영은 우리 심층의 성스러운 자아로 내주하면서 우리를 통해 빛나 우리가 세상의 빛으로 살게 합니다. 이 신성의 참여자로서 나는 오늘 이 세상에서 하느님의 손과 발, 마음과 음성이 되어 살라는 부르심을 받습니다.

▸ 따스한 얼굴을 향하는 친밀성으로 보면, 영은 우리에게 가까이 다가와 사랑하는 연인의 촉촉한 숨결을 느끼게 합니다. 이때 우리에겐 모든 의식 있는 것들을 사랑하는 마음이 솟아납니다.

▸ 신비한 얼굴을 향하는 무한성으로 보면, 영은 이 형상 세계에 자태를 드러내는데 우리는 그 하느님에 관해 숙고합니다. 하피즈의 표현을 빌자면 "신은 이 세상의 아름다움으로 우리를 유혹"합니다.[48] 우리는 상호 연결된 전체우주에 매

---

48 현재 출판 전인 Penguin book, *A Year with Hafiz, Daily Contemplations*(copyright by Daniel Ladinsky)에서 허락을 받고 인용.

료되고 과학적 탐구를 통해 이 하느님의 얼굴을 바라봅니다. "그 빛나는 자각 속에서, 모든 나는 하느님이 되고, 모든 우리는 하느님의 참된 예배가 되며, 모든 그것은 하느님의 우아한 신전이 된다."[49]

8. 동작기도 ─ 새로운 전례 행위

"성부, 성자, 성령"이라는 전통 삼위일체 신조는 오랜 세월 반향, 반복된 탓에 우리 문화와 개인의식에 깊이 스며들었습니다. 서구인이 '신'이란 말을 내뱉을 때는 대개 그리스도교 전통의 삼위일체에 기초한 의미로 말합니다. 그런데 이제는 의도적으로 더 진화된 만트라를 채택할 필요가 있습니다. 전통 삼위일체론의 아름답고 참되지만 제한된 의미를 확장하기 위해서 말입니다. 예수가 누구고 무엇을 가르쳤는지 제대로 반영하기 위해서는 보다 포괄적인 언어의 틀이 필요합니다.

"성부, 성자, 성령"은 친숙하고 기억하기 쉽습니다. 무한하고 친밀하고 내밀한 하느님도 기억하기 어렵진 않으나 친숙하진 않습니다. 하지만 시간이 지나고 자꾸 사용하면 달라질 것입니다.

제 개인적으로도 사용하고 신자들에게도 가르쳤던 기도 방법 하나를 소개합니다. 저는 혼자 기도할 때 하느님의 세 얼굴을 향하는 의례로 10초 간 '동작기도'를 드립니다. 교회에서 신자들에게는 이 동작을 하느님의 세 얼굴에 헌신하는 전례 행위로 소개합니다. 그래서 가끔 예배 시간에 한목소리로 함께 드립니다.

우선 위를 올려다보면서 양팔을 옆으로 활짝 벌립니다. 이 동작은 만물을 품고 있는 하느님의 무한한 얼굴을 상징합니다. 이 동작을 하면서 사도행전에 나오는 바울로의 말을 소리 내어 암송합니다. **"무한하신 하느님 안에**

---

49 Wilber, *A Brief History of Everything*, 201.

서 저는 살고 움직이고 존재합니다."[50]

그런 다음 양팔을 앞으로 뻗었다가 모아들이면서 두 손을 모으는 전통적인 기도 자세를 취합니다. 소위 '나마스테' 자세라고도 합니다. 동양에서 나마스테 자세로 인사하는 건 상대방 안의 신을 공경하는 행위입니다. 서양에서는 같은 자세를 기도, 즉 사랑하는 하느님에게 말을 건넬 때 하지요. 나마스테 자세처럼 두 손을 앞으로 모아 아름답게 합장하는 것입니다. 이 동작은 가까이 계신 하느님, 내 앞에 계신 하느님, 나를 안아주시는 하느님의 친밀한 얼굴을 향한다는 의미가 됩니다. 이 동작을 하면서 언제나 우리

1. "무한하신 하느님 안에서
저는 살고, 움직이고, 존재합니다."

2. "친밀하신 하느님
당신은 언제나 저와 함께 하십니다."

3. "내밀하신 하느님
저는 세상의 빛입니다."

---

50 사도 17:28.

와 함께하겠다는 예수의 약속을 기억하며 이렇게 말합니다. **"친밀하신 하느님, 당신은 언제나 저와 함께하십니다."**[51]

마지막으로 두 손바닥을 펴서 가슴에 둡니다. 이는 우리 내면의 참 나 곧 하느님의 내밀한 얼굴을 의미하는 것입니다. 이 동작을 하면서 예수가 우리(나아가 모든 사람) 정체성에 대해 선언하신 말씀을 외웁니다. **"내밀하신 하느님, 저는 세상의 빛입니다."**[52]

이렇게 간단한 세 동작만으로 무한한 신성의 경이로움, 친밀한 신성의 따스함, 내밀한 신성의 자각을 다 표현할 수 있습니다. 이 '동작기도', 전례적으로 표현해서 "하느님의 세 얼굴 기도문"을 어떻게 드리면 되는지 위의 그림을 참조하십시오.

9. 3D 하느님

그리스도인들이나 교회는 대개 하느님에 대해 일차원적 이미지만 고수하고 있습니다. 삼위일체론에 들어 있는 하느님의 친밀한 얼굴, 신성한 타자로서의 이미지입니다. 여기에 어떤 사람들은 나름으로 하느님의 무한한 얼굴, 끝없는 창조성을 발휘하되 만물을 초월해 있는 하느님의 이미지를 더해 이차원으로 만들기도 합니다. 하느님의 무한성 차원은 상대적으로 근대 교회가 잘 끌어안았습니다. 친밀성 차원은 전통 교회가 잘 담고 있었다면 말이지요. 그런데 하느님의 내밀성 차원은 양자 모두에 결핍되어 있습니다. 그러니 교회는 고작해야 이차원 이미지만 보유한 셈입니다. 오늘날의 그리스도교는 예수에게 있었던 삼차원 관점이 부족합니다. 3D 하느님이란 하느님의 성스러운 얼굴을 삼차원으로 보는 것을 말합니다. 우리가 이제부터 끌어안아야 할 방식입니다.

---

51 마태 28:20.
52 마태 5:14.

비트겐슈타인은 "언어는 존재의 집"이라 했습니다.[53] 그런데 전통 삼위일체론이 하느님에 관해서 그리스도인들에게 제공된 유일한 언어의 집이었습니다. 나쁘지 않은 집이었지요. 이전 세대에게 이 방 세 개짜리 집만으로도 넉넉했습니다. 하지만 점점 사람들의 의식이 확장되었습니다. 이제 그 확장된 각성과 의식을 욱여넣기엔 삼위일체 언어의 집은 협소해 보이기 시작했습니다. 그만큼 우리 의식이 성장했기 때문입니다. 예전의 집은 이제 더 맞지 않습니다. 우주 창조의 무한성을 담을 수 없는 집입니다. 그리고 그 분명한 가부장적 편향성으로 인해 여성성이 배제되었고 언어적으로 최소한 하느님의 3분지 2는 남성이 되고 말았습니다. 이보다 더 배타적인 것은 예수만 빼고 신성에서 모든 인간이 배제된 점입니다.

과거에 성전의 지성소만으론 하느님의 큰 존재를 담을 수 없어 지성소 휘장이 찢어져야만 했던 때가 있었습니다. 이제는 전통 삼위일체론이라는 언어의 집에도 담아두기엔 하느님이 너무 큰 존재임을 알게 되었습니다. 옛 집터 위에 새롭고 더 큰 집을 올려야 할 때입니다. 거할 곳이 많은 집, 새롭고도 확장된 의식과 언어로 지은 집에서 성장해야 할 때입니다.

저는 기본적으로 무한성, 친밀성, 내밀성을 하느님에 관한 언어로 제안했습니다. 이제 시인들이 나서서 이 언어의 집을 훨씬 아름답게 빚어주길 기다릴 따름입니다. 새로 등장하는 언어란 어차피 익숙한 온기와 공유된 의미의 기억이 결핍될 수밖에 없는 운명입니다. 그래도 어디선가 시작해야 합니다. 그래서 저도 3D 하느님, 훨씬 입체적인 하느님을 애써 표현해 보는 것입니다.

우리 교회에서는 주제에 따라 성찬례 예문을 작성하곤 합니다. 그 주제 중 하나가 하느님의 세 얼굴입니다. 예배 시간에 인도자가 그 예문을 갖고 인도하면 신자들은 제단 앞 흰 벽면, 그 돔 천장까지 이어진 아름다운 흰

---

53 Wittgenstein, *Philosophical Investigation*, 184.

벽에 프로젝터로 비춘 예문을 함께 낭독하며 참여합니다. 다음은 그 성찬례 예문입니다.

성찬례-삼중기도

(인도자)

예수께서 제자들과 함께하신 만찬을 기념하는 자리에 오신 여러분, 환영합니다. 살아계신 그리스도 및 서로와 상통하는 이 시간을 놓고 사람들은 제각기 다른 믿음을 갖고 있습니다. 여러분은 누구고 어떤 믿음을 갖고 있든지 이 제단에 오신 것을 환영합니다.

(빵과 잔을 높이 든다.)

이 순간 만물을 채우시는 하느님의 세 얼굴을 긍정하고자 합니다.
예수께서는 이 빵과 잔 안에,
또 그 너머에 계신 하느님의 무한한 얼굴에 대해 말씀하셨습니다.
예수께서는 이 빵과 잔으로서 우리를 찾아오시고
함께하시는 하느님의 친밀한 얼굴을 향해 말씀하셨습니다.
예수께서는 우리가 이 빵과 잔을 먹고 마실 때
우리 안에 계신 하느님의 내밀한 얼굴로서 말씀하셨습니다.
그러므로 우리가 이 빵과 잔이 되었습니다.
다 함께 삼중기도에 동참합시다.

무한하신 하느님, 그 안에서 나는 살고, 움직이고, 존재합니다.

친밀하신 하느님, 당신은 언제나 우리와 함께 계십니다.

내밀하신 하느님, 우리는 세상의 빛입니다.

1. "무한하신 하느님 안에서
저는 살고, 움직이고, 존재합니다."

2. "친밀하신 하느님
당신은 언제나 저와 함께 하십니다."

3. "내밀하신 하느님
저는 세상의 빛입니다."

(인도자)

우리는 이 빵과 잔을
우리 너머에, 우리와 함께, 우리로 계신 하느님을
기념하는 상징으로 들어 올립니다.
예수께서는 아무도 거절하지 않으셨습니다.
우리도 그러할 것입니다.
여기 계신 분 모두 이 성찬의 빵과 잔을 받으십시오.
여러분이 누구든
지금 어떤 처지에 있든
그 모습 그대로
이 식탁에 나아오십시오.

(빵과 잔을 나눈다.)

여기 네 개의 축복기도문을 소개한다:

우리가 하느님의 놀라운 얼굴을 관상하게 하소서.
주는 만물 안에, 만물 위에 계시나이다.

우리가 하느님의 자애로운 얼굴과 친교하게 하소서.
주는 언제나 우리와 함께하시나이다.

우리가 하느님의 내밀한 얼굴로 살게 하소서.
세상을 비추는 빛이 되게 하소서.
…………

우리가 그 안에서 살고 움직이고 존재를 얻는
무한하신 분의 이름으로,

늘 우리와 함께하시는
친밀한 사랑이신 분의 이름으로,

우리의 가장 깊은 곳에 참 나이자 세상의 빛으로 계신
내밀한 아름다움이신 분의 이름으로
기도합니다.
…………

하느님께서 여러분을 축복하시고 지켜주시길
하느님께서 얼굴을 여러분에게 돌리시길
우주 삼라만상에 환히 빛나시는 무한한 얼굴로
자비로 우리를 이끄시는 친밀한 얼굴로
생명의 샘으로 흘러 여러분에게 평화를 주시는 내밀한 얼굴로.
…………

(아래 기도는 인도자가 천천히 바쳐 신자들이 손동작과 함께할 수 있도록 한다.)

우리가 사랑하는 무한하시고 친밀하시고 내밀하신 주님의 이름으로 기도하나이다. 아멘.

13장 ㅣ 자기 신성을 긍정하기
― 이단이 아닌 건강한 방식으로

이사는 무척 성가신 일입니다. 한곳에서 오래 살다가 이사하려면 더욱 이 그렇습니다. 쌓인 물건도 많고 어떤 건 있는지조차 잊고 삽니다. 그러다 이사하려면 그 모든 짐을 꾸려야 하고 이젠 더 필요 없을 것 같은 물건들은 내다 버리는 서운한 경험도 해야 합니다.

아이들이 커서 떠나는 바람에 저도 큰 집에서 작은 아파트로 옮기게 되었습니다. 그 바람에 이사를 새로운 방식으로 경험했습니다. 저는 열네 살 때부터 마술이 취미였습니다. 매년 추수감사절이면 교회에서 마술쇼를 하곤 했답니다. 그러느라 공중 부양, 신체 분할 트릭용 상자, 조수를 사라졌 다 나타나게 하는 도구 등 온갖 마술용품들이 쌓였습니다. 살 돈이 모자라 자작한 물품도 많습니다. 세심히 고안해서 잘 다듬고 보기도 좋게 만들려고 노력한 것들입니다. 크기도 만만치 않습니다. 창고 두 개를 가득 채웠던 물 건들을 새로 이사하면서 보관할 데가 없게 되었습니다. 결국은 동네 고등학 교 마술클럽에 몽땅 기부하기로 속 쓰린 결정을 내려야 했습니다. 물론 그 10대 마술사들이야 신났지요. 하지만 저로서는 마치 제 아이들을 내주는 것만 같았습니다.

그런데 생활을 그렇게 축소하고 보니 어디든 움직이기가 쉬워졌습니다. 그런데 하느님도 저와 비슷한 문제를 과거에 겪으셨던 것 같습니다. 오늘날 도 문제는 계속되지만 말입니다. 무슨 말인지 설명해 보겠습니다.

하느님은 계속 움직이며 진화하는 표적

앞에서도 이야기했듯 성서 시대 초기엔 하느님이 높은 산에 거한다고 생각했습니다. 그래서 모세도 높은 산에 올라 그 유명한 석판을 새겨야 했습니다. 하지만 하느님은 가끔 인간에게 가까이 다가왔습니다. 불타는 덤불로, 밤엔 불기둥, 낮엔 구름 기둥으로 말입니다. 그러다 하느님은 마침내 예루살렘 성전 지성소에 거주하게 됩니다. 온 우주의 하느님이 방 하나짜리 아파트에 갇힌 셈이니 꽤 답답했을 법합니다.

성전은 꽤 크고 시각적 화려함을 갖춘 장엄한 건축물이었습니다. 기원전 5세기경에 지어진 이 성전은 기원전 20년에 헤롯이 개축합니다. 여러 겹의 안마당을 거쳐 하느님이 거주한다는 가장 내밀한 지성소에 이르는 구조입니다. 사실 성전은 하느님과 인간을 여러 분할구역으로 떼어놓는 방식이었습니다!

고대 역사가 요세푸스는 이 성전 구도에 대한 간단한 기록을 남겼습니다.[1] 성전은 네 마당으로 구성되는데 각 마당은 누가 들어갈 수 있는지로 구분됩니다. 제일 바깥마당은 이방인도 들어갈 수 있는 구역입니다. 다만 생리 중인 여자는 거기도 못 들어갑니다. (이유가 뭘까요!) 유대인 남자와 생리 중이지 않은 유대인 여자는 둘째 마당까지 들어갈 수 있습니다. 셋째 마당에 들어가려면 정결례를 행한 유대인 남자여야 합니다. 넷째 마당은 적절한 복장을 갖춘 사제들, 그러니까 직무수행 중인 사제들만 들어갈 수 있습니다. 마침내 지성소, 즉 성전의 가장 내밀한 작은 방에는 오직 대사제만 들어갈 수 있습니다. 매년 욤 키푸르(속죄일)에 대사제는 복색을 갖추고 지성소에 들어가 이스라엘을 대표해 기도를 올렸습니다.

후대 전설(성서에는 없는)에 의하면 대사제는 발에 줄을 묶고 들어갔다고 합

---

[1] Josephus, *Against Apion*.

니다. 혹시라도 정신을 잃거나 움직일 수 없게 되면 다른 사제들이 그 줄을 잡아당겨 끌어내기 위해서였다지요. 들어갈 자격이 없는 사제가 괜히 지성소에 들어섰다간 죽음을 면치 못한다고 믿었기 때문입니다. 그게 사실이든 아니든 그만큼 지성소는 두려운 곳이었습니다.

성전의 분할 구역은 점점 더 하느님에게 다가가는 과정을 상징하는 것이긴 한데 예수 시대는 사람들을 하느님에게서 멀찌감치 떼어놓는 장벽 역할을 했습니다. 예수가 분노에 차서 성전의 환전상들을 내쫓을 때 이 "사람들을 하느님에게서 멀어지게 함"이라는 면을 공격한 셈입니다. 당시 환전상들은 사람들이 가져온 돈을 성전에서 쓸 수 있는 돈으로 교환해 주는 나름 중요한 기능을 담당하고 있었습니다. 문제는 환전 장소였습니다. 이들은 제일 외곽, 소위 이방인의 마당이라는 곳에서 환전했습니다. 유일하게 이방인도 들어와 하느님에게 예배할 수 있는 곳인데 정신없이 바쁜 시장처럼 되고만 것입니다. 예수는 이사야 56장 7절의 "내 집은 만국 백성이 기도하는 집이 될 것"이라는 말씀을 인용하면서 환전상들을 채찍을 휘둘러 내쫓습니다.[2] 분명히 예수는 제도종교가 이방인들의 예배를 막은 것에 노여워한 것입니다. 예언서들이 증언하는바 불의에 분노하는 하느님이 분노하는 인간의 모습으로 나타나 세상의 해방을 겨냥하는 생생한 모습 아니겠습니까!

이방인만 소외된 게 아닙니다. 남자의 마당에 이르면 어떤 여자도 들어갈 수 없었습니다. 그리고 사제의 마당에 이르면 남자들도 배제됩니다. 지성소에는 사제들도 들어갈 수 없고 대사제만, 그것도 고작 매년 한 번 들어갈 수 있었습니다. 확실히 지금과는 다른 시대였습니다.

아니, 생각해 보니 오늘날도 그런 일은 비일비재하게 벌어지고 있네요. 오늘날도 순전한 집단, 즉 그리스도인들만, 죄 사함을 받았다는 그들만이 성전에 들어갈 수 있으니까요. 그나마도 여자들은 남자들만큼 진입할 수

---

2 마르 11:17.

없습니다. 여자는 사제가 될 수 없으니까 말입니다. 물론 대다수 남자도 사제가 될 수 없습니다. 소수의 '특별한' 남자들만 사제가 됩니다. 그중에서도 한 사람이 가장 중요합니다. 교황이나 담임목사 말입니다.

오늘날의 이 분리된 마당과 장벽들은 옛날 성전의 구조와 법을 닮았습니다. 사람들이 직접 하느님에게 다가서지 못하게 막는 종교적 장애물들입니다. 하느님이 장벽과 법으로 차단된 지성소에만 거주하는 식이라면 그 하느님은 과연 멀기만 한 존재입니다.

예수가 숨을 거둘 때 지성소와 사제의 마당을 가르고 있던 휘장이 위에서 아래로 찢어졌다고 합니다. 하느님이 장벽에서 풀려난 것입니다.

폴 틸리히는 이렇게 말합니다.

사제, 목사, 경건한 신자들이 이 휘장을 어떻게든 복원해보려고 하지만 한 번 찢어진 휘장은 되돌릴 수 없다. 그들은 성공하지 못할 것이다. 모든 곳이 성스럽고 하느님이 계신 곳이었던 분이 십자가에 달릴 때, 성전의 휘장이 둘로 찢어졌을 때, 하느님은 종교를 심판하고 성전을 거절하셨다. 성전을 다른 곳과 분리했던 휘장이 이제 그 분리의 힘을 상실한 것이다.[3]

초기 그리스도인들은 하느님이 이제 지성소를 벗어나 예수 안에 현존했다고 믿었습니다. 우리와 함께하기 위해서 말입니다. 그래서 예수를 "하느님이 우리와 함께 계시다"는 뜻의 '임마누엘'이라 했습니다.[4] 예수는 그를 따르는 사람들에게 그런 의미의 존재였습니다. 이제 하느님이 새롭고 놀라운 방식으로 우리 가까이 다가온 것입니다.

바울로는 하느님의 두 번째 다가옴을 증언했습니다. 예수는 이제 그리

---

3 Paul Tillich, *The New Being*, 55.
4 이사 7:14, 8:8, 마태 1:23.

스도 의식으로 우리 안에 현존한다고 말이지요. "이 비밀은 너희 안에 계신 그리스도시니 곧 영광의 소망이니라."[5] 하느님은 일차로 지성소에서 나와 우리 가까이 다가왔고 이제는 아예 '우리 안에' 거처하십니다. 그러니 하느님은 이제 더 갈데없이 가까이 오신 것입니다. 그렇지 않은가요? 그런데 아닙니다!

하느님은 사실 한 걸음 더 내디뎠습니다(아니면 이미 늘 현존했으나 우리가 미처 알지 못했다고 하든지). 예수의 초기 제자들도 그 점을 놓쳤습니다. 이후 교회는 슬프게도 아예 그 사실을 묻어버렸습니다. 하느님의 또 한 걸음이란 (앞으로 우리 영적 의식이 나아가야 할 방향이기도 한) 우리 **안**에서 우리**로서**의 걸음입니다. 저는 예수가 처음부터 이 깨달음을 우리에게 주고자 했다고 생각합니다. 예수는 우리**로서**의 하느님을 몸소 보여 주고자 한 분입니다.

하느님의 이 마지막 걸음을 얘기할 때 한 가지 문제는 하느님에게 아직도 치우지 못한 이전의 짐들이 남아 있다는 점이다. 불, 유황불, 지진, 복수, 대학살, 성전, 사제들, 정결례, 장벽들, 들일 사람 내칠 사람 등등. 그런 것들이 내면에 거주하는 하느님이든 우리 자신으로서의 하느님이든 간에 우리가 부족하면 당장 지워질 등짐 같이 생각될 수 있습니다.

예수는 하느님이 그 모든 짐을 치우셨다고 말해 주기 위해 왔습니다! 사실 하느님을 생각하든 간에 등짐처럼 우리를 무겁게 할 수 있습니다. 다만 우리가 그렇게 생각했던 것인데 우리는 자기 세계관에 맞는 것만을 볼 수 있기 때문입니다. 지금껏 인류가 지녔던 세계관 대부분은 짐이 없는 하느님을 생각할 수 없었습니다. 그런데 예수는 와서 하느님에게는 그런 짐이 없다고 한 것입니다. 하느님은 사랑이라고, 사랑은 우리에게 그런 짐을 던져주지 않는다고 말입니다.

하느님은 세 번 이동하신 것으로 보입니다. 첫 번째는 저 멀리에서 가까

---

5 골로 1:27(개역개정).

이 이동한 것입니다. 두 번째는 가까이에서 우리 내면으로 이동한 것입니다. 세 번째는 내면에서 아예 우리 자신으로 이동한 것입니다. 그렇게 하느님이 이사하실 때마다 하느님에게 붙어 있던 끔찍한 짐 덩어리들을 줄여야만 했습니다. 그 짐들을 아직도 치우지 못하는 사람들은 우리 내면에 오신 하느님을 여전히 보기 힘들어합니다. 우리 자신이 되신 하느님은 말할 것도 없습니다. 아직도 하느님에게 남은 이동이 있을까요? 틀림없이 있을 겁니다! 저는 하느님의 새로운 이동을 고대하고 있습니다!

영적 성장을 방해하는 인지장애

우리의 영적 성장을 제일 가로막는 인지장애가 있다면 예수만이 유일한 하느님의 독생자라는 믿음입니다. (이것 말고 다른 장애를 꼽으려면 마음의 상처라는 심리적 장애를 들 수 있습니다. 16장을 보십시오.)

켄 윌버는 "이 나자렛 사람만이 극도로 고유해서 반복 불가능, 재생산 불가능한 일을 했다고 믿는 것이 우리가 이 몸, 이 삶, 이 땅에서 영혼의 최종적인 해방을 이루지 못하게 한다"라고 했습니다.[6]

짐 매리언은 이렇게 말합니다.

그리스도교에서 신화적(전통적) 신관이 예수와 그의 가르침을 제대로 이해하지 못하도록 했다. 예수를 자기 신성을 깨달은 인간이 아니라 하늘에서 내려온 신으로 본 것이다. 그런데 이 신이 자기 아버지인 하늘 신을 기쁘게 하려고 인간의 죄를 뒤집어쓰고 십자가에서 죽었다. 아주 오래전 에덴 동산에서 첫 인간 아담과 이브가 지은 죄의 대가를 치르기 위해서 말이다. 이것이 그리스도교의 핵심 신화다. 최근까지도 이 신화를 그리스도교 신

---

6 Wilber, *Sex, Ecology, Spirituality*, 371.

자들은 '주어진' 계시로 받아들였다.[7]

그리스도교 전통은 오직 예수만이 신성하다고 가르쳐왔는데 성서는 정말 그렇게 가르칠까요? 예수는 인간의 신성을 보여 주는 예일까 아니면 예외적인 한 존재일까요? 성서의 영토를 여행하면서 우리의 신성을 탐구해 보기로 하지요.

하느님을 닮은 모습

성서가 인간에 대해 제일 처음 말하는 부분이 예수처럼 우리도 하느님의 형상과 모양이라는 것입니다. 하느님이 인간을 하느님의 형상을 따라 하느님의 모양대로 만들었다는 것입니다.[8]

하느님의 형상과 모양으로 만들었다는 건 무슨 뜻일까요? 우리가 정말 하느님과 같다는 것일까요? 전통적으로는 죄 중에도 가장 큰 죄가 자신을 하느님과 같다고 여기는 것입니다. 하지만 창세기가 말하는 건 우리의 거짓 자아가 아닙니다. 진정한 자아, 참 나에 관한 것입니다. 이 참 나를 하느님이 지으셨다고 말하는 것입니다. 우리가 에고에 집착하는 바람에 이 처음의 자아, 진정한 자신에 구름이 끼고 왜곡되었다고 말할 수 있습니다. 저로서는 창세기 1장 26절이 말하는 바는 각사람 내면 가장 깊은 곳에는 하느님을 꼭 닮은 형상이 있다는 의미라고 봅니다.

하지만 창세기가 그런 의미만으로 끝나지 않습니다. 본문은 우리가 실제로도 '더' 하느님처럼 될 수 있음을 예언합니다. 뱀은 이브에게 선악을 알게 하는 나무의 열매를 먹으면 "눈이 밝아져서 하느님처럼 선과 악을 알

---

7 Marion, *The Death of the Mythic God*, 29.
8 창세 1:26. 학자들은 본문의 '우리'란 군주가 자신을 복수로 지칭하는 식의 언어 장치라 한다. 예컨대 엘리자베스 여왕이 "우리는 왕좌에서 관장하는 것입니다"와 같이 말하는 방식이다.

게 될 것"이라고 유혹했습니다.9 물론 아담과 이브는 이미 하느님을 닮은 존재들입니다. 하지만 아직 그들은 영적인 눈이 뜨이지 않아 그 사실을 자각하지 못하고 있습니다.

깨어나 선과 악을 알게 되는 일은 원래 아담과 이브가 영적으로 발달하면서 일어날 일들이었습니다. 눈이 뜨여야 진화합니다. 오늘날도 선과 악을 구별 못 하는 인간들을 소시오패스라 합니다. 영적 발달의 기본 측면 중 하나가 무엇이 선이고 무엇이 악인지 구별하는 것입니다. 그것은 곧 무엇이 사랑이고 무엇이 사랑이 아닌지 분별하는 능력입니다. 실제로 뱀의 말은 "너희는 깨어나 너희가 하느님처럼 신성하다는 사실을 알게 될 것"이라는 의미입니다.

그동안 우리는 뱀은 거짓말로 이브를 꾀었다고만 배웠습니다. 하지만 뱀은 실제로 진실을 말했습니다! 그리하여 아담과 이브는 그 열매를 먹습니다. 하느님은 그 상황을 다음과 같은 말로 요약합니다. "이제 사람이 우리처럼 선과 악을 알게 되었으니."10 이 말씀에 의하면 이제 우리 인간도 "하느님의 복수형"에 포함된 것입니다. 하느님도 우리 인간이 하느님처럼 위엄 있는 존재가 되었음을 인정합니다. 이제 우리 인간도 신 존재의 일부가 된 것입니다.

놀랍게도 창세기는 하느님의 의도가 인간의 영적 '진화'에 있음을 말하고 있는 겁니다! 비로소 인간은 '아둔한' 동물에서 선악을 아는 하느님과 같은 존재로 진화하였습니다. 우리는 각성하여 전에 모르던 것을 알기 시작했습니다. 그렇습니다, 여러분. 창세기는 생물학적 진화와 영적 진화를 생생하게 그려주고 있는 겁니다!

저는 하느님이 우리가 선악을 알게 하는 나무 열매를 끝내 먹지 않길

---

9 창세 3:5.
10 창세 3:22.

바랐다고는 생각하지 않습니다. 하느님은 다만 성장의 고통과 고뇌를 경고한 것이지 성장 자체는 하느님이 우리에게 의도하셨다는 말입니다. 저는 창세기 처음 세 장을 인간 **타락**의 이야기로 읽지 않고 인간 **상승**의 이야기로 읽습니다. 그 이야기는 우리가 어떻게 동물과는 다르게 선악을 알게 되었는지를 들려줍니다. 인간이 어떻게 자기 신성을 향해 깨어나기 시작했는지를 들려주는 것입니다.

하느님을 닮는다는 의미는 뭘까요? 전통은 우리가 어떤 "하느님 같은 자질", 예컨대 자유의지라든지, 사랑의 능력, 용서의 힘, 선악을 구별할 줄 아는 능력 같은 걸 보유하고 있다는 의미로 보았습니다. 하지만 우리 존재의 정수가 하느님과 같다는 의미라면 어찌 될까요? 신적인 자질 몇 가지 갖는 정도가 아니라 우리가 본질로 신성하다는 의미라면 말입니다. 우리가 얼마나 하느님을 닮아야 하느님처럼 신성하다 할 수 있을까요? 이 질문에 대한 답은 다음에 논할 성서 구절들에서, 그 안에 담긴 위대한 지혜에서 얻을 수 있습니다. 답을 찾기 위해 물어야 할 질문은 "예수는 우리도 예수처럼 신성하다고 생각했을까?"입니다.

"너희는 세상의 빛이다"

마태오복음에서 예수는 깜짝 놀랄 선언을 합니다. "너희는 세상의 빛이다."[11] 예수는 자신이 세상의 빛이라 했습니다. 어떻게 예수 말고 다른 사람도 세상의 빛일 수 있을까요?[12] 이것은 우리도 예수와 나란히 세상의 빛이라야, 우리도 예수처럼 하느님의 형상이라야 가능한 말입니다.[13] 하지만 다른 곳에서도 이와 비슷한 예수의 가르침을 볼 수 있을까요? 아니면 달랑 이 구절 하나만 예수의 다른 가르침과 충돌하는 걸까요?

---

11 마태 5:14.
12 요한 9:5.
13 부록 E에 이 구절에 대해 보다 자세히 풀어놓았다.

예수가 한 일을 하기

예수는 가르치고 놀라운 치유를 베풀었습니다. 그런데 이렇게 말씀합니다. "나를 믿는 사람은 내가 하는 일을 할 뿐만 아니라 그보다 더 큰 일도 하게 될 것이다."[14]

그런데 정작 우리는 이 구절을 소홀히 합니다. 그저 전통이 강조하는 것처럼 우리가 죄인이라서 할 수 있는 게 많지 않다는 가르침에만 매달립니다. 하지만 예수는 다른 관점을 가졌습니다. 그는 우리가 자신의 영적 수준만 아니라 그 이상도 이룰 수 있다고 본 것입니다. 그렇게 봤을 뿐만 아니라 그렇게 가르쳤습니다. 예수는 제가 자기 신성에 깨어나는 길을 보여 줬다고 생각하면 정말 마음이 들뜹니다.

이 구절은 어떤 차이를 만들어낼까요? 저는 파이프오르간 음악을 좋아합니다. 고전 음악을 좋아하는데 그중에도 오르간 음악만 유별나게 좋아한다는 의미가 아닙니다. 저는 오르간을 연주할 줄 압니다. 실제로 과거에 여러 교회에서 오르간 반주자 역할을 했습니다.

그럼 왜 저는 장엄한 파이프오르간 연주 듣기를 좋아할까요? **들으면서 저 자신이 연주하는 상상을 할 수 있기 때문입니다.** 그러면 정말 기분이 좋습니다. 힘이 납니다. 내 발로 64개 건반 다이아폰 프로푼다 파이프오르간 페달을 밟고 천둥소리를 내며 연주하는 기분입니다. 트럼펫 나팔 소리처럼 장엄한 소리를 내는 건반에 얹은 손은 바로 내 손입니다. 복스 후마나 오르간의 쉽사리 듣기 힘든 감미로운 소리를 내는 건 바로 내 새끼손가락입니다.

최근 자신에게 이런 질문을 해봤습니다. 나도 예수처럼 내 인생을 연주한다고 생각한 적이 있던가? 예수의 힘과 지혜, 지도력을 읽으면서 나도 그렇게 할 수 있다고 생각했던가? 예수 말고 다른 사람은 그렇게 할 수

---

14 요한 14:12.

없다고 배우지 않았던가? 잘못 배웠습니다. 우리도 그렇게 할 수 있습니다. 예수에 의하면 그것은 필연적입니다. 시간이 얼마가 걸리든 간에 말이지요. 우리는 신성의 아기들로 자라는 과정에 있습니다. 하느님은 영원을 두고 우리를 기다리십니다.

"너희들 중 가장 보잘것없는 이에게 한 것이 나에게 한 것이다"

마태오 25장에는 종말론적 색채의 이야기가 나옵니다. 만국이 왕 앞에 모였습니다. 다른 이들을 불의하게 대하고 무시했던 사람들을 '영원한' 벌을 받습니다. 다른 이들을 정의와 자비로 대한 사람들은 '영원한' 생명을 얻습니다. 전통 의식 수준에서 이 말씀은 예수를 믿은 사람들은 믿지 않은 사람들과는 다른 운명에 처한다는 의미로 해석되었습니다. 하지만 그 해석은 틀렸습니다. 이야기 속에서 사람들의 구별은 예수를 믿었느냐, 어떤 종교를 수용했느냐에 있지 않습니다. 예수의 이야기는 그저 우리가 서로를 어떻게 대했느냐를 묻습니다.

하지만 이야기는 한 걸음 더 나아갑니다. 예수는 우리가 서로를 대한 방식이 바로 예수 자신을 대한 방식이라고 말씀합니다! "너희들 중 가장 보잘것없는 이에게 한 것이 바로 나에게 한 것이다."[15] 어째서 그런가요? 어떤 근거에서 누군가를 대한 것과 예수를 대한 것을 동일시할 수 있을까요? 예수는 하느님의 독생자요 하느님이 인간이 된 유일한 존재라는 게 전통의 가르침인데 말입니다. 또 전통은 우린 그저 죄인이라서 구원만이 필요한 존재라고 말하는데 말입니다. 하지만 예수는 다른 관점을 가졌습니다. 그는 모든 인간이 자신과 같다고, 자신처럼 하느님의 거룩한 형상이요

---

15 마태 25:40.

신성을 본질로 지닌 존재로 보았습니다. 이렇게 하느님의 모양인 다른 사람을 불의하게 대하는 것은 예수 및 모든 인간에게 불의를 행하는 것입니다. 자각하든 못하든 간에 우리는 하느님과 합일해 있습니다. 우리는 모두 심층의 본질에서 신성한 영적 존재들입니다. 우리는 이 신성한 자아를 존중하고 경의를 표하든지 무시하고 모욕을 주든지 합니다. 이 사실을 빼고 우리가 서로 대하는 것이 곧 예수를 대하는 것과 같다는 말씀의 근거를 찾을 수 없습니다.

우리는 예수와 같고 예수는 우리와 같다

히브리서는 말합니다. "그는 모든 점에서 우리와 같았습니다."[16] 히브리서 저자는 예수는 인간이었음을, 우리와 똑같은 인간이었음을 강조합니다. 예수에게서 인간성을 벗긴다면 우리는 자신의 신성을 제거하는 셈입니다. 예수가 인간이 아니었다면 우리는 신성할 수 없습니다. 우리가 이 구절을 진지하게 받아들이면 거기서 신약 전체를 관통하는 주제가 반복됨을 볼 수 있습니다. 즉 예수는 온전히 하느님이며 온전히 인간이라는 점입니다. 고로 우리도 온전히 하느님이며 온전히 인간입니다. 예수는 모든 점에서 우리와 같습니다.

하느님과 하나 되기

아버지, 아버지께서 내 안에 계시고, 내가 아버지 안에 있는 것과 같이, 그들도 하나가 되어서 우리 안에 있게 하여 주십시오. 내가 그들 안에 있고 아버지께서 내 안에 계신 것은, 그들이 완전히 하나가 되게 하려는 것입니다.[17]

---

16 히브 2:17.

여기 우리가 신성을 깨닫기 원하는 예수의 간절한 기도가 있습니다. 자신이 하느님과 하나인 것처럼 우리도 하느님과 하나이게 해달라는 기도입니다.

역사가 페이절스(Elaine Pagels)는 하늘나라란 "변형된 의식의 상태를 상징하는 것"이라 했습니다.[18]

페이절스에 동의하면서 신비가 짐 매리언은 더하기를 하늘나라란 인간의식의 최고 수준이라 했습니다. 그의 정의에 따르면 예수가 말하는 하늘나라란 하느님과 인간이 분리(이원성)되지 않고 인간끼리도 분리되지 않는 세계입니다. 우리를 향한 예수의 사랑은 "이렇게 내면에서 하느님과 서로와 실제로 하나임을 아는 의식에서 우러나오는 것"이라 했습니다.[19]

동방정교회라고도 하는 그리스정교회에서는 이런 가르침이 어느 정도 유지되었습니다. 전 세계적으로 그리스정교회 신자는 2억4천만에 달하는데 유럽에서 가장 큰 그리스도인 집단입니다.[20] 이 오랜 그리스도교 전통은 미래에 이루어질 신성의 구현을 신화(神化), 테오시스, 하느님이 되기 혹은 변형 일치라는 이름으로 담대히 주장합니다. 이들이 성목요일에 바치는 연도를 보면 "그리스도께서 말씀하시길 내 나라에서 나는 너희들과 함께 하느님이 되리라 하셨나이다" 하고 기도합니다.[21]

---

17 요한 17:21, 23(표준새번역).

18 Pagels, *The Gnostic Gospels*, 68.

19 Marion, *Putting on the Mind of Christ*, 8-9, 13.

20 두 가지 점에서 내 이해 방식은 정교회 관점과 다르다. 정교회는 신의 '에너지'와 신의 '본질'을 구분한다. 그렇게 구분하지 않으면 범신론에 빠진다고 보기 때문이다. 나아가 정교회는 신처럼 되는 일을 미래에 둔다. 지금 여기 이미 있어서 자각하고 드러내기만 하면 되는 것으로 보지 않는다. 나는 정교회의 구분방식에 어떤 성서적 근거가 있는지 모르겠다.

21 그리스정교회가 말하는 신화를 웨어(Kallistos Ware) 주교는 이렇게 설명한다:
    그리스도인 삶의 목표는 세라핌 천사는 신의 성령을 얻는 걸로 말하거니와 신화라는 말로 정의할 수 있다. 바실리우스는 피조물인 인간이 신이 되는 길이라 설명하고, 아타나시우스는 알다시피 신이 인간이 되신 이유가 인간으로 하여금 신이 되게 하려는 것이라 말한다. "그리스도는 말씀하시길, 내 왕국에서 나는 신들인 너희와 더불어 신이 되려다"(성목요일

동방정교회가 존경하는 초대교회 신학자 둘이 있는데 알렉산드리아의
아타나시우스(293~373)와 고백자 막시무스(580~662)입니다. 아타나시우스
는 "하느님이 인간이 되신 것은 인간이 하느님이 되게 하시려는 것"이라고
했습니다.[22] 막시무스는 "인간 본성이 신성으로 화하리라 희망할 수 있는
보증은 하느님의 육화 덕분이니 이로써 하느님이 인간이 되신 것과 똑같이
인간이 하느님이 될 수 있게 되었다"라고 했습니다.[23]

토마스 아퀴나스(1225~1274)는 "모든 피조물은 어떤 식으로든 신적 본질
의 유사성에 참여한다"라고 썼습니다.[24] 그는 더 나아가 말하길 "성육신이
성취하는 바는 다음과 같으니 하느님이 인간이 되심으로 인간은 하느님이

의 연도, Ode 4, Troparion 3). 정교회의 가르침에 따르면 그것이 모든 그리스도인이 목적
삼아야 할 일이니 곧 신이 되는 일, 테오시스를 획득하는 일, '신화' 혹은 '신성화'이다. 정교
회는 구원과 구속의 의미를 신화로 본다.

신화 교리 배후에는 인간이 원래 삼위일체 신의 형상과 모양으로 지음 받았다는 교리가 있
다. 그리스도는 최후의 만찬에서 "저들이 하나 되게 하소서" 기도한다. "아버지께서 내 안
에, 내가 아버지 안에 있는 것처럼 저들도 우리 안에 있게 하십시오"(요한 17:21). 삼위일체
세 위격이 끊임없는 사랑의 운동으로 서로 안에 '내주'하는데 인간도 그 삼위일체 신의 생명
안에 '내주'하게 해달라는 기도. 삼위일체의 형상으로 지음 받은 인간도 끊임없는 사랑의
운동으로 삼위일체의 생명을 공유하게 해달라고, 이로써 인간도 신성에 들게 해달라고 그
리스도는 기도한 것이다. 고백자 막시무스 같은 성인들은 자신 안의 삼위일체를 드러낸 인
물들이다. 신인이 상호 간 인격적으로 또 유기적으로 합일―신이 우리 안에 내주하고 우리
도 신 안에 내주한다는―한다는 교리는 요한복음에 일관된 주제다. 또 그리스도인의 삶이란
"그리스도 안에 있음"의 삶이라는 바울로 서신들의 주제이기도 하다. 같은 주제가 잘 알려
진 구절에서도 반복된다. "이 약속들로 말미암아 여러분이 신적 성품에 참여하는 사람이 되
게 하시려는 것입니다"(2베드 1:4). 이러한 신약의 맥락을 염두에 두는 것이 중요하다. 정교
회의 신화 교리는 비성서적인 게 아니라(가끔 그렇게들 생각하지만) 굳건한 성서적 기반을
지니고 있다. 베드로의 둘째 편지뿐만 아니라 바울로 및 요한복음에서와 같이 말이다.

그런데 신화는 신의 에너지와 본질을 구분하는 가운데 이해해야 한다. 신과의 합일은 신의
본질이 아니라 에너지와 결합하는 것이다. 정교회는 신화와 합일의 교리를 말하는 한편으
로 모든 형태의 범신론을 거부한다.

정교회 칼리스토스 웨어 주교의 Faith and Worship의 2부에서 발췌한 내용임을 밝힌다.
https://www.synaxis.org/OrthodoxChurchWorship.htm.

22 Athanasius, *On the Incarnation*, 39.
23 Maximus, *The Philokalia*, 178.
24 Aquinas, *Summa Theologica*, 1.15.2.

되어 신성을 공유할 수 있게 되었다는 것"이라 했습니다.[25]

하느님인 우리들

예수는 대중을 향해 이렇게 말했습니다. "아버지(-어머니)와 나는 하나
다."[26] 이 말을 듣고 종교 지도자들은 돌을 들어 예수를 치려 했습니다. 그러
자 예수는 이렇게 묻습니다. "나는 하느님에게서 나오는 여러 선한 일들을
보였다. 그중의 어떤 일로 나를 돌로 치려 하는가?" 그들이 대답합니다. "그
선한 일들 때문이 아니라 당신이 인간이면서 하느님이라 하는 불경 때문이
다." 이 종교 지도자들은 예수의 말씀이 자신을 하느님이라 하는 뜻임을
제대로 안 것입니다. 그러자 예수는 다음과 같은 놀라운 말씀을 합니다.

> 너희의 율법에 '내가 너희를 신들이라고 하였다' 하는 말이 기록되어 있지
> 않으냐? 하나님께서 하나님의 말씀을 받은 사람을 신이라고 하셨다. 또
> 성경은 폐하지 못한다. 그런데 아버지께서 거룩하게 하시어 세상에 보내
> 신 사람이, 자기를 하나님의 아들이라고 한 말을 가지고, 어찌하여 하나님
> 을 모독한다고 하느냐?[27]

예수는 "성경은 폐하지 못한다" 하고 일깨웁니다. 예수가 종교 지도자들
자신의 성서에 대한 믿음을 반박하기 위해 성서를 인용한 점을 주목합시다.
저도 성서를 인용해서 사람들의 성서 이해를 재고하게 만들길 좋아합니다.
예수는 시편을 인용했습니다. "너희는 모두 신들이고, 가장 높으신 분의 아
들들이다."[28]

---

25 Fox, *Cosmic Christ*, 75.
26 요한 10:30.
27 요한 10:34-36(표준새번역).

이 구절은 당대의 부패한 재판관들을 언급한 것인데 예수 시대의 종교 지도자들도 부패하긴 마찬가지였습니다. 예수는 이 혼란스럽고 무지하며 하느님에 반하는 지도자들도 사실 신성을 품은 존재들이라고 일깨웠던 겁니다. 그들이 그렇게 악한데 신성하다면 예수처럼 선한 일을 하는 이가 신성하지 않다는 건 말이 안 되지 않느냐는 논리를 편 것입니다. 예수의 말은 "너희 같은 자도 하느님이라 할 수 있거늘 내가 사는 방식을 보라, 내가 하느님이라는 말을 못 믿을 이유가 무엇이냐"라는 뜻입니다. 우리 모두 신성하다는 예수의 말은 당시 군중들에게도 묻혔거니와 후대 그리스도교 역사에서도 실종되고 말았습니다.

"여러분은 모두 하느님"이라는 설교를 들어본 적이 있습니까? "우리가 하느님"이라는 주제를 담은 성가가 있을까요? 제가 지금 하는 말을 못 믿을 그리스도인들이 많을 것입니다. 심지어 위험한 말이라고까지 느낄 것입니다. 저도 전에는 그랬습니다. 그만치 왜곡된 형태의 그리스도교가 만연했고 우리는 그 영향을 깊이 받은 겁니다.

어떤 이들은 시편 82편 6절의 '신들'이란 신성이 아니라 '재판관들'을 뜻하는 상투어라는 식으로 말합니다. 아니면 하느님이 모세에게 한 "내가 너를 파라오에게 하느님처럼 되게 하겠다"[29]는 식의 말일 뿐이라는 것이지요. 그 구절은 모세가 지상에서 하느님의 대리인임을 말하는 것입니다. 하지

---

28 시 82:6(표준새번역). 존 도미니크 크로산은 시편 82편이 성서 전체에서도 가장 중요한 본문으로 생각한다. 그에 의하면 "약자와 고아를 의롭게 대하고 낮은 자와 궁핍한 자의 권리를 존중하며 약자와 빈궁한 자를 구제하고 그들을 악인의 횡포에서 건지는 것"이 신의 일이다. 이 사악한 거짓 신들은 끌어내림을 당한다. 불의를 행하면서 진짜 신처럼 행동하지 않았기 때문이다(*The Birth of Christianity*[New York: HarperOne, 1998], 575). 나도 이 본문이 가장 중요할 수 있다고 생각하지만 이유 하나가 더 있다. 예수 및 초대교회 예언자에게 임한 예수의 영은 이 구절을 자신 및 당대 타락한 종교 지도자들에게 적용했다.
"너희는 모두 신"이라는 주제는 성서의 지배적인 주제처럼 보이지 않는 이유는 성서 저자들이나 편집자, 해석자, 수집자들의 이해 능력을 넘어선 것이기 때문이다. 하지만 이 장에서 살펴보았듯 성서 본문 여기저기에 자취를 남겼다는 점이 놀라울 따름이다.
29 출애 7:1. 역본들은 대개 '신처럼'이라고 했지만, 히브리 성서 본문에는 '처럼'이란 없다.

만 예수는 분명히 신성의 의미로 말씀한 것입니다. 요한복음의 본문은 예수 자신의 신성을 말하는 내용입니다. 그래서 바리사이파들도 "당신이 한낱 인간이면서 하느님을 자처하느냐?" 하며 분노했던 것입니다. 바리사이파의 비난도 예수의 대답도 신성을 논하는 의미라야 말이 됩니다.[30]

C. S. 루이스는 같은 본문을 이렇게 주석합니다: "'너희도 완전하여라' 라는 명령은 이상주의적 허풍이 아니다. 불가능한 걸 행하라는 억지 명령도 아니다. 하느님은 우리가 그 명령을 따를 수 있는 존재로 지으셨다. 우리가 '신들'이라 하신 말씀은 실제로 유효한 말씀이다."[31]

"너희는 모두 신들이고, 가장 높으신 분의 아들들"이라는 구약의 말씀을 인용할 때 예수는 우리가 크신 하느님이라고 말하는 게 아닙니다. 요한복음 14장을 기억해보십시오. 예수는 자신을 보았으면 하느님을 본 것이라고 말하면서도 한편으로 하느님은 자신보다 위대하다고 말합니다. 난생처음 캘리포니아 해변에서 태평양 바다를 보았을 때 저는 친구에게 이렇게 물었습니다. "이게 정말 바다야?" 친구는 "그럼, 바다지" 하고 대답했습니다. 친구의 말은 제가 바다 전체를 보고 있다는 의미는 물론 아닙니다. 저는 바다 전체를 볼 수는 없습니다. 그저 제 위치에서 볼 수 있는 만큼만 볼 수 있을 따름입니다. 제가 더 높은 곳에 올라가면 더 큰 바다가 보일 것입니다. 충분히 높이 올라간다면(여기선 문자적 의미지만 영적 은유로서도) 태평양 전체를 볼 수도 있습니다! 하지만 제가 태평양의 작은 한 자락만 볼 뿐이라 해도 여전

---

30 '신성'을 어떻게 이해하든 예수는 우리가 그와 같이 될 것이라고 말했다는 점이다. 그가 신성했다면 우리도 신성하다. 예수는 이를 부자지간의 은유로 옮겨 '나는 신의 아들'이라고 했다. 만약 저기독론(low Christology), 즉 예수는 신이 아니라는 입장이라면 이 말은 "나는 신을 대표하는 인물로서 신의 아들이고 너희도 마찬가지"라는 의미가 될 것이다. 나처럼 고기독론(high Christology)적 입장을 갖는다면 그것은 신성을 의미한다. 가족 간 유사성 정도 얘기가 아닌 것이다. 고기독론에서 아들 됨이란 자식이 부모와 동일한 본질을 지님을 의미한다. '신성'이라는 말도 신에 관한 은유일 뿐이다. 누가 신을 정의할 수 있겠는가. 우리는 말로 실재를 가리킬 따름이지 실재를 옮겨쥘 수는 없다. 신의 실재가 어찌 말에 포착되겠는가.

31 Lewis, *Mere Christianity*, 174-175.

히 바다를 보고 있는 것 맞습니다. 우리 의식이 한층 더 깨어난다면 더 크신 하느님을 볼 수 있을 것입니다.

제가 바닷물 한 줌을 손에 움켜쥘 때 그 바닷물이나 광활한 바닷물이나 다를 바 없이 바닷물입니다. 마찬가지로 내가 하느님이라 할 때 그 신성도 하느님의 신성과 다를 바 없이 신성입니다. 여러분도 하느님이 하느님인 것처럼 하느님이라는 말입니다.

노르위치의 줄리안은 하느님과의 합일을 경험하는 황홀경 속에서 이렇게 외칩니다. "보라, 나는 하느님이다! 나는 만물이다! 보라, 무엇이 어긋날 수 있을까?"[32]

예수는 모두가 신성을 공유하고 있다는 뜻을 대담하게 "너희는 신들"이라는 말에 담은 것입니다. 서구 그리스도인들은 대부분 예수의 이 말씀을 불편해합니다. 하지만 저는 불편해하지 않기로 했습니다. 예수의 말씀처럼 우리가 모두 하느님들이냐고요? 그렇습니다. 우린 모두 하느님입니다.

우리는 그와 같이 될 것이다

요한의 첫 번째 편지에서도 우리도 예수처럼 하느님이라는 진실은 계속됩니다. "그리스도께서 나타나시면, 우리도 그와 같이 될 것임을 압니다. 그때에 우리가 그를 참모습 그대로 뵙게 될 것이기 때문입니다."[33] 우리가 조금은 그와 같을 거란 의미인가요? 아니면 꼭 그와 같을 거란 뜻인가요? 이 구절은 우리도 예수처럼 신적 본질을 지닌 존재, 예수처럼 신성을 자각하고 발현할 수 있는 존재가 되리라는 뜻입니다. 우리가 누구고 어떤 존재인지 충분히 자각하는 데 필요한 시간을 하느님은 허락하십니다. 이생에서 이루지 못한다면, 아마

---

32 Wilber, *Simple Feeling*, 105.
33 1요한 3:2(표준새번역).

도 우리 대다수가 그렇겠지만, 다음이 있을 겁니다. 하지만 분명 거기 도달할 것입니다. 우리는 예수와 같이 될 것입니다. 정확히 그와 같은 존재가 될 것입니다.

신성의 혼융

바울로는 같은 내용을 신성의 혼융으로 말합니다. "이제는 내가 사는 것이 아니라 그리스도가 사시는 것입니다."[34] 여기 그리스도인 신비가 바울로가 자신의 신성을 밝히고 있습니다. "그리스도 안에 있음"이라는 이 그림 같은 언어가 바울로의 고유한 방식입니다. 그런데 바울로의 이 빛나는 말이 희석되어 그저 예수가 초대받은 손님으로 와서 우리 마음에 내주하신다는 식의 얘기가 되고 맙니다. 예수를 초대해 마음에 모신다는 건 아름다운 비유이지요. 하지만 바울로가 말한 의미는 그런 게 아닙니다. 그의 말인즉 자기 내면에 실제로 누가 사는지 들여다볼 수 있다면 거기서 에고가 아니라 그리스도로서의 나를 발견하리라는 뜻입니다. 나의 가장 심층에 있는 이는 누군가? 바로 그리스도이십니다. 가장 심층에서 나는 누구인가? 나는 그리스도요 하느님의 아들이요 딸입니다.

신적 본성의 참여자들

베드로의 둘째 편지에는 우리가 신적 본성에 참여한다는 말씀이 나옵니다. "그분은 그 영광과 덕으로, 귀중하고 아주 위대한 약속을 우리에게 주셨습니다. 그것은 이 약속들로 말미암아, 여러분이 세상에서 정욕 때문에 부패하는 사람이 아니라 신적 성품에 참여하는 사람이 되게 하시려는 것입니다."[35] 본문의 맥락으로 미루건대 이 참여는 바로 현재형으로 가능합니다.

---

34 갈라 2:20.

내세에나 가능한 무엇이 아니라 바로 "**이 세상**에서 정욕 때문에 부패하는" 대신 선택할 수 있는 것입니다.

이 심오한 말씀이 동방정교회의 중심 교의를 이루는데 서방교회는 대체로 이를 무시하거나 부정해 왔습니다. 하지만 양편 모두 하느님과 우리의 신성 참여를 구분하느라 애를 쓰기는 마찬가지였습니다. 동방교회는 하느님의 '형상'과 '모상'의 차이를 열심히 강조했습니다. 아담과 이브는 하느님의 형상으로 지어졌지만 모상, 즉 닮기 위해서는 성장이 필요했다는 식입니다. 서방의 가톨릭이나 프로테스탄트 전통은 우리가 **어느 면에서** 하느님을 '닮을' 수는 있지만 실제로 하느님처럼 될 수는 없다고 강조합니다. 왜냐면 하느님은 "지음 받지 않은" 존재지만 우린 "지음 받은" 피조물이기 때문입니다. 전통 신학에 따르면 우리는 하느님과 비슷할 수는 있어도 본질로 하느님과 같을 수는 없다고 강조합니다. 하지만 저는 그런 생각에 반대합니다.

문제는 사실 간단합니다. 그런 주장들은 성서를 전혀 성서적이지 않게 풀이한 신학적 억측입니다. 그런 억측을 성서에 덮어씌운 이유는 전통 그리스도교가 인간의 신성을 수용할 수 없었기 때문입니다. 오직 예수만이 '실제로' 하느님이었고 우린 아니라는 것이지요.

예수는 이 문제를 세 문장으로 정리했습니다. 요한의 진화된 그리스도론이라 할 수 있는 그 세 문장은 이렇습니다: ① "너희가 나를 보았으면 하느님을 본 것이다." ② "하느님은 나보다 크시다." ③ "너희는 모두 신들이다."[36] 예수가 자신과 우리를 어떻게 이해했는지 이 구절들을 보면 알

---

35 2베드 1:4(표준새번역). 우리가 신성에 참여한다는 신약의 이 아름다운 문장은 로마가톨릭 미사에 담기어 전 세계에서 매일 수 없이 반복된다. "오 하느님, 당신은 인간에게 놀라운 존귀를 주셨고 더 놀랍게 이를 회복하시어 이 물과 포도주의 신비를 통해 당신의 아들 예수 그리스도가 되신 당신 신성의 신비에 참여하게 하시나이다."(로마가톨릭 봉헌기도) Ordinary of the Holy Sacrifice of the Mass-The Offertory Prayer, https://www.dailycatholic.org/holymas3.htm

36 요한 14:9, 14:28, 10:34.

수 있습니다. 예수에게서 직접 그리스도론, 신론, 인간론을 추출하고자 한다면 이 구절들을 봐야 합니다. 예수는 육체를 입은 하느님이다, 하지만 예수가 하느님의 '전부'는 아니다, 우리도 예수처럼 육체를 입은 하느님들이다는 의미니까요. 우리와 예수의 차이는 우린 아직 자각하지 못해서 예수처럼 신적인 본성에 충분히 참여하지 못한다는 것뿐입니다.

하느님으로 변화하다

바울로는 말합니다. "우리는 모두 너울을 벗어 버리고, 주님의 영광을 바라봅니다. 이렇게 해서, 우리는 주님과 같은 모습으로 변화하여, 점점 더 큰 영광에 이르게 됩니다."[37] 여러분은 자신이 주님과 같은 모습으로 변화 중이라는 믿음이 있습니까? 뉴에이지도 아니고 신신학도 아니고 전혀 새로운 주장도 아닙니다. 원래 그리스도교가 그런 것입니다.

'모습' 또는 '형상'으로 번역된 그리스어는 에이콘(eikon)입니다. 흔히 쓰는 말 '아이콘'이 여기서 나왔습니다. 골로사이서에도 같은 단어가 나옵니다. "그리스도께서는 보이지 않는 하느님의 형상"(에이콘)이라는 구절입니다.[38] 우리도 문자 그대로 보이지 않는 하느님의 보이는 형상 혹은 아이콘으로 변화하는 중입니다.

하느님의 아들딸들

신약에는 우리를 "하느님의 아들들(그리고 딸들)"이라 표현하는 곳이 많습니다. 전통 그리스도교는 "그게 예수처럼 하느님의 아들이라는 의미는

---

37 2고린 3:18(표준새번역).
38 골로 1:15.

아니다"라고 할 것입니다. 우리는 암만해도 모조품일 뿐이라는 견해에 만족해야 할까요? 우리가 모두 하느님의 아들딸들이라면 어째서 예수만이 하느님의 아들일까요? 예수는 자신을 일러 '사람'(그리스어로는 남녀를 포함하여 '인류'라는 뜻인)의 아들이라 했습니다. 마치 "우리와 같은 한 사람"이라는 듯이 말입니다. 왜 그랬을까요? 우리가 장차 그를 어떻게 취급할지 알았기 때문 아닐까요? 예수는 높이 올리고 자신들은 저 아래 두어 아예 우리가 예수처럼 되어야 한다든지 장차 예수와 같이 될 거라든지 하는 생각을 아예 못하리라는 걸 말입니다. 복음서 저자들과 예수의 해석자들은 예수 자신이 그랬던 것처럼 사람의 아들이라 부르는 대신 예수만 하느님의 아들이라는 식으로 갔습니다. 그리고 아예 예수만 하느님의 외아들이라 부르기 시작했습니다. 예수는 자신의 인간성을 강조했는데 우리는 신성만 강조하면서 우리와는 완전히 다른 존재로 만들어버린 것입니다.

사람이 자녀를 낳으면 그도 사람입니다. 말은 말을 낳고 개는 개를 낳습니다. 코끼리 자식은 코끼리지 다른 게 아닙니다. 그런데 왜 하느님의 자녀는 하느님이라고 하지 않을까요?

공동상속자들

바울로는 우리를 "그리스도와 더불어 공동상속자"라 했습니다.[39] '공동' 상속자란 같은 유산을 상속받는 사람들을 말합니다. 그리스도가 상속받은 걸 우리도 상속받을 거란 의미이지요. 공평하게 상속받는 것이므로 예수의 몫이라고 우리 몫보다 더 많은 게 아닙니다! 그게 아니라면 아마 이래야 할 겁니다. "공동상속자라니 천만의 말씀. 예수 홀로 모든 부동산과 재화를 상속받는 거고 우리 몫이란 고작 옆에서 다달이 용돈이나 타는 정도지!"

---

39 로마 8:17.

하지만 우리는 지금도 그렇고 늘 신성한 존재입니다. 전통의 신조들이 예수에 관해 고백했던 모든 것이 우리에게도 적용됩니다. 우리도 실제로 공동상속자입니다. 자각해야 할 과제가 있긴 하지만 우리가 바로 예수입니다. 영적 여정의 목표는 신성을 깨닫고 표현하는 데 있습니다.

어떤 사람이 "나는 찾았다!"라 새겨진 티셔츠를 입은 걸 봤습니다. 뭘 찾았다는 뜻이냐 묻자 그 사람은 하느님을 찾았다는 뜻이라고 대답했습니다. 저 같으면 이렇게 썼을 겁니다. "나는 잃은 적은 없다! 하지만 늘 까먹는다."

우린 종종 "난 암만해도 내가 하느님 같지는 않아" 합니다. 어떤 걸 느껴야 할까요? 광야의 예수처럼 허기진 채 유혹받는 느낌? 겟세마네 동산의 예수처럼 피 같은 땀을 흘리는 느낌? 그런 느낌이라면 살면서 얼마든지 느끼지 않았나요? 우린 이미 하느님처럼 느끼고 있는 것 같습니다.

도마복음

지금까지 언급한 구절들은 사실 도마복음의 주제이기도 합니다. 도마복음은 아마도 가장 일찍 기록된 복음일 것입니다. 어떤 부분들은 50년경에 기록된 것으로 봅니다. 그 복음에서 예수는 이렇게 말합니다. "내 입으로부터 마시는 자는 나와 같이 될 것이고 나도 그와 같이 되어, 감추어진 것들이 드러날 것이라."40

예수는 보편적 그리스도 의식이 되어 말하길 누구든지 자기 입에서 나오는 것을 마시면 그와 같이 될 것이라 합니다. 그 말씀은 누구라도 자신의 인간성과 신성을 둘 다 알고, 수용하고, 그렇게 살라는 의미입니다. 우리도 예수의 참 나, 그리스도 의식을 우리 자신의 참 나로 깨닫고 경험하게 될 것입니다. 그때 전에는 드러나지 않았던 걸 볼 수 있습니다. 에고는 자신이

---

40 도마복음, 108절.

신인 양 생각할 수는 있습니다. 하지만 예수의 의식은 자신이 하느님임을 그냥 압니다!

하느님의 프랙털

하느님의 형상에 관한 예수의 말씀을 이해하는 데 프랙털(fractal)이 도움이 됩니다. 프랙털이란 기하학적 모양이 분절되어 펼쳐지는데 작은 부분이 전체와 비슷한 모양을 갖고 있습니다. 이러한 특성을 자기 유사성이라 합니다. 정확한 분절들, 근사치들이 넓게 펼쳐져 있는 것이지요. 이 책의 표지도 자연에서 찾을 수 있는 프랙털인 앵무조개의 껍질무늬입니다. 자연에는 이 밖에도 구름, 눈송이, 수정, 산의 능선, 번개, 강줄기, 꽃양배추, 브로콜리, 혈관 시스템, 폐혈관 무늬 같은 프랙털들이 있습니다. 구글에 검색해 보면 초월적이라 할 만치 아름다운 프랙털을 형형색색으로 많이 찾을 수 있습니다. 아래는 컴퓨터에서 찾은 흑백 프랙털입니다.

예수의 말씀을 프랙털에 빗대어 옮겨보면 이렇게 됩니다. "나는 하느님의 정확한 프랙털이다. 나는 전체가 축소된 한 모양이다. 하느님은 전체이시다. 나는 프랙털이다. 너희도 모두 하느님의 프랙털이다." 인간이 신성을 드러내면 드러낼수록 인류는 정말 멋져질 것입니다.

교회는 왜 이것을 억눌렀을까?

제도 교회가 출현하면서 교회 지도자들은 우리의 신적 정체성을 억눌렀는데 여기엔 두 가지 이유가 있습니다. 우선 그들은 이해하지 못했습니다. 그러니 가르칠 수도 없었습니다. 그들의 영적 발달 수준이 예수 근처에도 못 미쳤기 때문입니다. 다음으로 자기 신성을 깨닫는 그리스도인은 신앙의 수호자를 자처하는 사제들에게 위협이 되었습니다. 사람들 위에 군림해야

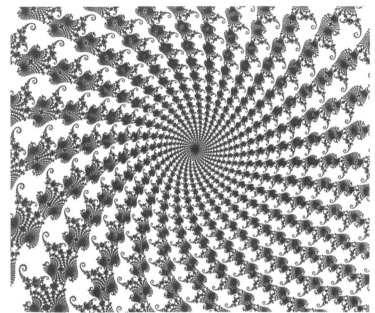

Petigen and Saupe, *The Science of Fractal Images* (Springer-Verlag, 1988), 168.

할 교회로서는 사람들이 저마다 자신의 신성을 주장하는 사태는 바람직하지 못합니다. 교회의 위계 제도로는 자신들만이 하느님에 이르는 길을 위임받았다고 주장해야 하니까요.

다른 초대교회 지도자들

하지만 시대가 흐르면서 우리의 목표가 신성을 자각하고 표현하는 것임을 가르치는 스승들도 나타났습니다. 대 바실리우스(330~379)는 "하느님이 되는 것이 최고의 욕망"이라 했습니다.[41] 성 이레나이우스(130~202)는 "로고스이신 하느님이 우리 인간이 되심으로써 우리가 하느님이 될 수 있게 하셨

---

41 Christensen, *Partakers of the Divine Nature*, 23.

다"라고 썼습니다.[42] 알렉산드리아의 아타나시우스(295~373)는 "인간이 하느님이 될 수 있도록 하느님이 인간이 되셨다"라고 선언합니다.[43] 알렉산드리아의 키릴로스(380~444)는 피조물 최상의 목표는 신화(deification)에 있다고 했습니다.[44]

우리가 하느님에게서 분리된 존재인 것처럼 만드는 종교적 제약들을 넘어서기 위해 다시 시인 하피즈에게로 가 <우리는 당신을 약으로 치료해야 할 거야>라는 시를 읽어봅시다.

거짓말하려는 유혹에 저항하라
당신이 신과 헤어져 있다는 말로,
그러지 않으면,
우린 약으로 치료해야 할 거야
당신을.

바다에서는
보이지 않는 물밑에서 많은 일이 벌어지지.
들어보라,
거기도 병원들이 있다던데
정신 나간 자들
계속해서 지껄이길
"나는 독립해 있다
바다로부터,
신은 늘 주위에 있으면서

---

42 Irenaeus, *Against Heresies*, 1:525.
43 St. Athanasius, De inc. 3, 54: *Patrlogia Graeca* 25, 192B.
44 Yannaras, *The Elements of Faith*, 17.

부드럽게
내 몸을
누르지 않는다."

그러니
거짓말하려는 유혹에 저항하라
당신이 신과 헤어져 있다는 말로.
그러지 않으면,
우린 약으로 치료해야 할 거야
당신을.[45]

오늘 글을 쓰다가 생각해 보니 이번 주가 제 생일입니다. 적어도 이 몸의 차원으로는 그렇습니다. 하지만 저의 가장 깊은, 가장 드높은 참 나는 태어난 적도 없고 죽을 일도 없습니다. 저도 예수처럼 말할 수 있습니다. "아브라함이 있기 전에 나는 있다." 내 부모가 태어나기도 전에 나는 있습니다. 예수 안에 있던 '나 있음'(I Am)이 마찬가지로 내 안에도 있습니다. 예수 안에 있던 그리스도의 마음이 내 안에도 있습니다. 정말 행복한 생일의 깨달음입니다.

저는 줄곧 예수와 우리의 신성이라는 주제를 강조했습니다. 그리스도인들이 예수가 "하느님의 나라"라 칭한 하느님과 하나 됨, 하느님과의 합일이라는 비이원성의 궁극 목표에 다가갈 유일한 길이 거기 있기 때문입니다.

전통 교회는 원죄를 믿습니다. 포스트모던 교회는 원래 선함을 믿습니다. 하지만 통합 교회는 원래의 신성을 믿습니다!

---

45 Hafiz, *The Gift*, 217.

14장 ㅣ 종교 에스컬레이터
— 계속 위로 오르는

자신이 믿는 종교에 더는 자신을 담을 수 없다고 느낄 땐 어떡할까요? 그래도 계속 사원, 모스크, 교회에 다니면서 향수를 달래며 위안을 구하는 사람들이 있습니다. 입구에서 한 번씩 마음을 추스르면서 말입니다. 다른 종교를 기웃거리거나 "나는 영적이지만 종교적이진 않다" 하면서 카페테리아식 영성을 취하는 사람들도 점점 늘어갑니다. 종교는 떠나도 하느님은 놓지 않겠다는 사람들도 많습니다. 하지만 다른 선택도 가능합니다. 자신이 속한 종교의 더 높은 차원으로 이동하는 것입니다! 그것이 바로 통합 및 그 이상 차원의 교회가 지향하는 바입니다. 인생의 나선 어디에 위치하든 더 높은 차원에서 예수를 따를 길이 존재한다는 것이지요. 영의 부르심은 언제나 "거할 곳이 많은" 집을 짓습니다.

어느 영성 전통에나 에스컬레이터처럼 더 올라갈 가능성이 잠재합니다.

에스컬레이터

저는 쇼핑몰에 가면 에스컬레이터 타길 좋아합니다. 백화점, 쇼핑몰, 공항, 회의장, 호텔, 공공건물 어디서든 엘리베이터보다는 에스컬레이터를 탑니다. 끝도 없는 계단보다 좋은 건 두말할 필요 없습니다. 에스컬레이터를 타고 올라가면 점점 더 높은 각도에서 주위를 둘러보게 됩니다. 내려다보면서 올라온 행적을 볼 수도 있고 올려다보면서 어디로 향하는지 볼 수도 있습니다. 엘리베이터는 대개 사방이 막혀 있고 잘못하면 안에 갇힐 수도 있습니다. 저처럼 밀실 공포증이 있는 사람한테는 영 좋지 않은 수단입니다. 하지만 에스컬레이터에서는 빨리 가고 싶으면 걸을 수도 있습니다. 한 번에 두 계단씩 걸을 수도 있고 정말 급하면 뛸 수도 있습니다.

그런데 에스컬레이터 타는 게 늘 쉽지만은 않습니다. 우선 에스컬레이터가 어디 있는지부터 찾아야 합니다. 대형백화점은 에스컬레이터가 기둥이나 계산대에 가려 올라가는 방향, 내려가는 방향 찾기가 은근 까다롭습니다. 위치를 찾았어도 거기까지 가는 것도 일입니다. 특히나 주의해야 할 것이 움직이는 에스컬레이터에 첫발을 디딜 때입니다. 잘못하면 넘어질 수도 있지요. 그리고 올라가는 내내 균형을 잡을 줄도 알아야 합니다. 그리고 내릴 때도 타이밍을 잘 잡고 움직여야 합니다. 다음 층으로 이동하려면 이 모든 과정을 되풀이해야 함은 물론이고요. 종교라는 에스컬레이터도 사정은 마찬가지입니다. 에스컬레이터를 찾아내야 함은 물론이고 모든 과정에서 깨어 나름 부지런해야 위로 오를 수 있는 것입니다.

이 책 1부에서 영성 생활이라는 큰 건물의 층들에 관해 썼습니다. 각층에 에스컬레이터가 있어 전체 층이 유기적으로 연결되어 있습니다. 에스컬레이터를 타고 오르면, 즉 인류가 진화하면 계속 새로운 층들(앵무조개의 동심원 무늬에 빗댄다면 새로운 동심원, 좀 시적으로는 '새로 거할 집')이 나타납니다.

앞에서 말했듯 예수는 전통 유대교의 층에서 새로운 층으로 이동하는 에스컬레이터 역할을 했습니다. 그 층을 기초로 해서 위층으로 오르는 것이지요. 예수는 에스컬레이터이면서 동시에 새로운 층을 여럿 드러내는 역할도 했습니다.

세계의 모든 위대한 종교는 모두 이 에스컬레이터 역할을 할 수 있습니다. 이들을 통해 높은 층으로 오를 수도 있거니와 무엇보다 에스컬레이터 입구 역할을 합니다. 이 장과 다음 장에서는 포스트모던 이후, 즉 통합 의식과 그 너머의 층을 소개하고자 합니다.

통합 의식 및 그 너머

통합단계는 개인이 더 큰 성장을 추구하는 한편으로 전 지구적인 문제들이 이전 단계 의식들로서는 도저히 진정한 해결책을 찾을 수 없음을 자각하면서 등장합니다. 한 단계의 문제는 다음 단계로 가야 해결할 수 있습니다. 통합 및 그 이상의 단계는 내면생활의 더 높은 수준에 이를 새로운 길들을 내놓습니다. 이 길들은 이전 단계의 지적 정서적 장애를 뛰어넘는 것입니다. 통합 및 그 너머의 의식은 세상을 완전히 뒤집습니다. 이 의식은 심리-영적인 수단으로 정서적 상처를 치유하면서 영성이 깨어나게 하는 방식을 선호하는 특성이 있습니다.

모든 단계를 존중하기

에스컬레이터를 타고 꼭대기에 도착하려면 모든 층을 다 통과해야만 합니다. 영성 생활도 마찬가지입니다. 모든 층이 다 중요합니다. 그 층이 있어야 다음 층에 이를 수 있습니다. 통합 의식의 근간이 모든 층(단계)을 이해한다는 것입니다. 각층별로 어떠한지(즉, 상태)도 이해하면서 말이지요. 위계에 대해 좋지 않게 보는 포스트모던 의식과 달리 위계를 성장의 자연스러움으로 이해하는 것도 필요합니다. 통합 단계의 의식은 자기 층만이 아니라 모든 층의 건강을 목적으로 삼습니다. 이 의식 수준에서 작동하는 개인이나 기관은 각층이 다 건강해서 다음 층을 준비할 수 있도록 일합니다. 한편으로 통합 의식은 그 자신도 더 성장할 위층을 내다봅니다.

통합 의식은 이전 단계라 해도 깔보지 않습니다. 각층이 영적 발달에 있어 나름의 중요한 역할을 감당했음을 경축해 줍니다. 각층은 그 자체로 가치가 있습니다. 세상에 태어난 아기는 나름의 발달 과정을 거쳐 대체로 당대 문화가 처한 수준까지는 성장합니다. 당대 문화가 자신을 이해하고 존경해주길 요구하게 마련이니까요. 그 과정에서 개방된 각층은 자기 층에서 건강하게 사는데 필요한 중요한 단면들을 드러냅니다. 부족 의식 수준은 가족/친족의 결속과 충성심을 중요한 가치로 드러냅니다. 전사 의식 수준은 세상을 바꾸는 행동을 중시하게 하고, 전통 의식의 고도는 적응과 안정의 가치를 알려줍니다. 근대 의식은 과학적 탐구와 발견을 중시해서 우리 세계를 넓혀 주었고, 포스트모던 의식은 모두를 존중하는 것이 중요함을 말해 줍니다. 이제 통합 의식은 모든 층이 다 개인이나 문화에 따라 적절한 것이라고 옹호해주는 한편 다음 단계로 성장하도록 격려합니다.

늘 더 나은 관점이 있다

그런데 통합 의식 이전 수준들은 '참 진리'는 자기네 수준에만 있다고 믿습니다. 세상엔 다양한 관점이 있고 어느 관점도 다른 관점보다 더 낮지 않다고 말하는 포스트모던 의식조차도 자기 관점이 최고요 유일하게 정확한 관점이라고 믿습니다. 특히 극단적인 포스트모더니즘은 자기 우월성을 강하게 주장합니다. 하지만 통합 의식 수준은 늘 더 나은 관점이 있음을 압니다.

통합 의식은 각 수준의 '진리들'을 모아 통합적으로 보되 어느 것도 원치 않는 변화를 강요받지 않아야 함과 동시에 모든 것이 동등하다는 식의 상대주의에 빠지지도 않습니다. 통합 의식의 고도에서 이 모든 관점을 바라보는 방식은 포스트모던의 방식과는 같지 않습니다. 통합 의식의 렌즈는 모두를 존중하면서도 비판적으로 평가합니다. 그래서 포스트모던에서 통합 수준으로 이동하는 게 대단히 중요합니다. 그 변화의 의미가 워낙 심대해서 일층 의식에서 이층 의식으로 이동하는 것이라고 말하기도 합니다.

통합 의식의 내면세계는 전통 종교의 도그마나 신화에 기초하는 것은 아닙니다. 하지만 도그마나 신화도 나름의 자리가 있어 그 좋지 않은 면은 피하면서도 최선의 모습으로 받아들입니다. 통합 의식의 렌즈는 1인칭 주관

내면성의 계발, 2인칭의 전 지구적 배려와 지혜, 3인칭의 객관적이고 과학적인 탐구의 면으로 도그마와 신화를 수용합니다.

통합 의식 렌즈의 특성

통합 의식에 이르면 과학과 종교의 오랜 전쟁은 끝이 나고 과학과 영성 모두 진지하게 수용됩니다. 그리고 더 높은 비전과 예언자적 의식을 추구하는 사람들의 공동체에 속해 함께 진화하고자 하는 건강한 모습을 보입니다. 예수, 마하트마 간디, 콜카타의 마더 데레사, 붓다처럼 사심 없이 봉사하는 모습도 통합 의식의 특성 중 하나입니다. 세계평화란 통합 의식 및 그 이상의 의식을 체험한 사람들을 통해서 옵니다. 순수한 기쁨 또한 이 의식의 특징입니다.

매킨토시(Steve McIntosh)는 "통합 의식을 갖는 기분은 어떤 것일까?" 묻고 통찰한 바를 제시합니다. '즐거운 기대감'과 자신이 걷는 길에 대한 자신감이라는 겁니다.

아마도 통합 의식에 나타나는 가장 의미심장한 정서는 다른 사람들에 대해 느끼는 방식일 것이다. 통합 의식수련을 하면 자비심, 공감이 늘고 전에는 편치 않게 느꼈던 사람들도 존중하게 된다. 그런데 이렇게 자비심이 커지면서 현실감도 새로워지는데 낡은 세계관 속에 사는 사람들에 내재한 어쩔 수 없는 한계들을 인식하는 것이다. 통합 의식 수련자들은 자신을 다가올 미래의 사절이라고 생각한다. 사는 게 어찌 신나지 않으랴![1]

추산컨대 현재 세계 인구의 1% 정도가 이 의식 수준입니다. 미국이나

---

1 McIntosh, *Integral Consciousness*, 92.

유럽처럼 진보한 지역에서는 5% 정도 되리라 봅니다. 현재 그 수는 늘고 있는데 의미심장한 일이 아닐 수 없습니다.

자기 종교를 넘어섬

스퐁 주교는 미국에서 가장 빠르게 성장하는 교단은 교회·교회 졸업이라 했습니다. 다른 말로 ABC라고도 합니다. "교회만 빼고 뭐든지"(Anything But Church)라는 뜻입니다. 코미디언 브루스(Lenny Bruce)는 이렇게 말했습니다. "하느님을 찾으러 교회를 떠나는 사람이 매일 늘고 있다." 미국에서는 교회 다니기를 집어치운 사람들이 자신을 "영적이지만 종교적이지는 않은" 사람이라고 표현합니다. 그것을 약자로 SBNR(Spiritual But Not Religious)라 합니다. 대략 다섯 명 중 한 명, 교회를 다니다가 그만둔 사람 절반 가량이 자신을 이런 식으로 묘사합니다. SBNR의 절반이 전통적인 교회를 다니다 그만두었는데 이들은 교회에 속았다고 느꼈다는 것입니다.[2] 이런 사람들은 대개 종교 다원주의나 동양 종교에 개방적인 포스트모던 의식의 영향을 받습니다. 이들이 교회를 떠나는 또 한 이유는 포스트모던 의식 때문이기도 합니다. 포스트모던 의식은 사람들에게 뭘 믿어라, 뭘 해라 강요하는 교회의 억압적 위계, 전통 종교의 엄격한 도그마에 반발하는 경향이 있습니다. 하지만 통합 의식의 교회는 전통 의식 수준의 특징인 배타성을 넘어 그리스도처럼 포용성을 발휘합니다.

통합 교회와 에스컬레이터

통합 교회는 교회의 목적이 공동체를 형성해서 하느님을 이해하는 수준

---

2 *Spiritual, But Not Religious*, Fuller.

에서나 하느님을 경험하는 상태에서나 사람들이 함께 성장하도록 촉진하는 데 있음을 압니다. 이러한 목적을 위해 그리스도교는 세계의 모든 위대한 종교들과 더불어 의식상승의 에스컬레이터 역할을 한다고 봅니다.『통합영성』(*Integral Spirituality*)에서 윌버는 "근대 및 포스트모던 세계에서 종교의 새로운 과제"를 열거합니다. 그의 주장인즉 세계의 모든 위대한 종교들은 다양한 수준의 사람들에게 영적으로 진화하는 길을 제공할 수 있다는 겁니다. "영이 근대와 포스트모던, 통합의 시대로 전개되는 흐름에 발맞춰" 영성의 더 높은 수준과 단계들을 제시해야 한다는 것이지요.[3]

윌버는 "인류가 지닌 여러 수단 중에서도 종교는 단독으로도 인간 의식 성장의 컨베이어벨트가 될 수 있다"라 했습니다.[4] 인간이 거친 모든 발달 단계는 사라지지 않고 늘 우리와 함께할 것입니다. 왜냐면 한 개인이 태어나 자랄 때 발달의 가장 낮은 수준에서 시작해서 점차 모든 단계를 거치며 성장하기 때문입니다.

근본주의도 사라지지 않을 것입니다. 누구든 7세에서 사춘기에 이르는 과정을 거치며 자라야 하니까요. 이후에도 어떤 이들은 내내 그 의식 수준에 머물 것입니다. 부족, 전사, 전통, 근대, 포스트모던의 문화는 오늘날 모두 존재하거니와 앞으로도 그럴 것입니다. 그리고 그 수준들에 속한 교회들도 전 세계에 두루 퍼져있습니다. 통합 및 그 이상의 의식에 속한 교회들이란 현시점에서는 겨우 새로이 나타나는 중이라 할 것입니다. 여하튼 영적 발달의 모든 단계가 다 성스럽고 적법한 세계관입니다. 누구든 특정 단계에 머물며 그 수준의 종교 전통을 따르고 실천할 권리가 있습니다. 각 수준은 나름의 선물과 강점이 있습니다. 다음 수준은 그걸 품고 기반으로 삼아야 합니다. 각 수준 나름의 약점과 한계 또한 있습니다. 다음 수준으로 가려면 반드시

---

3 Wilber, *Integral Spirituality*, 195.
4 *Ibid.*, 192.

이를 극복해야 합니다. 모든 수준이 나름의 존엄성과 질병이 있습니다. 각 단계의 존엄성은 다음 단계의 토대가 되지만 병리는 넘어서야만 합니다.

여섯 가지 다른 태도

의식 수준이 다른 여섯 명이 물이 반쯤 찬 잔을 보면:

▸ 부족 의식은 남은 물이 사라질까 두려워 기도한다. 영들을 달래 남은 물을 지켜 달라고 한다.

▸ 전사 의식은 이웃과 다퉈 잔을 채우고자 한다. 그는 적과 싸울 용맹함을 달라고 기도한다.

▸ 전통 의식은 반이 남아서 됐다고 감사하는 긍정주의자일 수도 있고 반만 남아서 어두운 비관주의자일 수도 있다. 그는 감사 아니면 두려움으로 기도한다.

▸ 근대 의식은 잔이 물의 두 배 용량이라고 판단한다. 기도 같은 건 하지 않는다.

▸ 포스트모던 의식은 잔의 우아함, 수질, 마실 때의 기분, 모두가 충분히 마실 수 있는지 등등을 염려한다. 그는 그 모든 것을 두고 명상한다.

▸ 통합 의식은 모든 관점의 장단점을 숙고하면서 물의 순환과정, 급수 시스템, 잔, 이 모든 것이 있어 목을 축일 수 있음에 감사한다. 그리고 이 물잔 다음에 뭐가 나타날지 기대한다.

왜 내 종교를 고수해야 할까?

사실 세계의 위대한 종교 전통들만큼 고유한 안정성과 역사, 적합성을 갖고 에스컬레이터 기능을 하는 것도 달리 없습니다. 물론 새로운 종교나 영성의 길을 시도해 볼 수도 있겠으나 그것은 바퀴를 새로 만드는 일과 같습니다. 게다가 신흥종교의 안전성이나 적합성이란 시간을 두고 판별해야 하는 일입니다. 기존 종교 전통의 역사적 가치를 기반으로 성장하는 일보다 더한 곡절을 겪을지도 모릅니다. 물론 기존 종교의 장점은 흡수하고 약점은 극복할 필요가 있습니다. 이는 새로운 수준의 발달을 이루려면 필경 거쳐야 하는 과제입니다.

세계 인구 대다수는 역사적 종교 전통과 어떤 식으로든 얽혀 있는 게 현실입니다. 대체로 그 연결고리는 평생 바뀌지 않습니다. 비록 그 종교에 열성을 내지는 않더라도 말이지요. 그런데 만약 그 종교가 영의 움직임과 나란히 할 만한 길을 보여 준다면 사람들은 익숙한 그 종교를 택하지 낯선 새 종교에 뛰어들려 하지는 않습니다! 그러므로 어느 세계 종교든 전통 수준 이상을 제시하기만 하면 개인이나 집단의 의식 진화를 돕는 실질적인 도구가 될 수 있습니다. 미래의 단계로 향하는 영성 발달 가속화 가능성을 지닌 종교로서의 매력을 뿜을 수 있는 겁니다.

전사 단계의 개인이나 집단은 종교 전통을 바꾸지 않고 그 안에서 쉽게 전통 의식 수준으로 가는 길을 찾을 수 있습니다. 앞에서 말했지만 저는 그리스도교의 전통 의식 수준에 감사합니다. 그 수준에서 그리스도를 따를 길을 잘 제시하기 때문입니다. 전사 의식 수준의 누군가가 분노로 적과 투쟁하는 의식에 진력이 났다고 칩시다. 이 사람을 좀 더 사랑에 가까운 의식 수준으로 나아가도록 도울 수 있는 것은 바로 전통 단계입니다. 포스트모던 교회는 아직 이 사람의 눈엔 들어오지 않을 것입니다. 그게 보이려면 근대 합리성 단계를 통과해야 하는데 발달 단계에 건너뛰기란 없습니다. 한 단계에 충분히 머물고 나서 다음 단계로 갈 수 있습니다. 다음 단계를 접할 수 있는 환경에 처했다 해도 에스컬레이터란 게 그렇듯 준비된 사람만이 올라타 다음 층으로 갑니다. 그리고 그리스도교라는 에스컬레이터는 그리스도인에게만 그 일을 할 수 있습니다. 불교 에스컬레이터는 불교도에게 같은 역할을 하는 것이고요. 세계 종교는 지금 자기 내부에서 인간 의식을 통합 수준과 같은 높은 단계로 진화하게끔 하는 형태를 인정하고 받아들이는 추세입니다.

우리 교회의 어떤 영적 구도자라 할 만한 분이 이런 말을 한 적이 있습니다. "저는 동양 종교들을 탐구했고 어느 정도 도움을 얻었습니다. 그런데 그 종교의 이야기들을 저는 잘 모릅니다. 제게 익숙한 건 그리스도교의 이야기들이죠. 그래서 다시 제 뿌리로 돌아와 뭔가 새로운 걸 찾을 수 있는지 알아보기로 한 겁니다." 그분은 과연 그리스도교 내에서 찾던 걸 찾았답니다!

에스컬레이터 이해 방식의 좋은 점이 이런 영적 구도자들한테 자기 종교를 바꾸지 않고도 영적 성장이 가능함을 일깨운다는 점입니다. 여러분이 만약 근대 수준의 그리스도인으로서 더 깊은 영적 체험을 갈망하는 사람이라면 굳이 다른 종교를 기웃거릴 필요가 없습니다. 그저 다음 단계인 포스트모던 수준을 그리스도교 내에서 찾으면 됩니다. 보통 한 수준에서 다음 수준으로 이동하려면 최소한 수년이 걸린다고 보지만 용감한 사람은 좀 더 빨리 성장할 수도 있습니다. 빠르게 다음 수준을 포용하고 마침내 통합이나 그 이후 수준으로 진행할 수 있습니다. 자기 종교에 머물면서 이 성장의 춤을 출 수 있고 더 깊어지는 일이 얼마든지 가능하다는 말입니다. 지금 세상의 모든 위대한 종교 내에서 신자들이 이 각성의 새로운 춤을 추며 경축하는 일이 벌어지고 있습니다.

예수는 종교 에스컬레이터를 모범으로 보여 주었다

예수야말로 한 종교 내에서 한 수준을 품고 다음 수준으로 초월해 가는 모범을 보여 주었습니다. 예수는 유대인으로 태어나 유대인으로 살았습니다. 당연히 유대교가 예수의 종교였습니다. 그리스도교는 이후의 발달 과정, 즉 예수가 자기 종교 전통을 꾸짖고 다음 수준으로 이행할 것을 촉구하면서 등장하는 후대의 일입니다. 예수는 자기 종교 전통을 사랑하고 끌어안았던 1세기 팔레스타인의 유대인이었습니다. 하지만 그는 당대 유대교의 제도와 신념 체계를 고집하지 않았습니다. 자기 종교의 전통적 형태에 만족하지 않았던 것이지요. 예수는 유대교의 최선은 끌어안되 최악은 극복하였습니다. 예수는 오늘 우리에게 종교 전통 내에서 어떻게 품고 초월하는지 모범을 보여 준 셈입니다. 그 바람에 예수는 죽임을 당합니다. 그러니 우리도 용감하면서도 사려 깊게 개혁 운동을 해야 할까 봅니다.

스티브 매킨토시는 이렇게 말합니다.

> 통합 의식이 부상하면서 의당 영성의 진화가 이루어지겠지만 이 진화는 대부분 완전히 새로운 형태가 아니라 기존의 형태를 정련하고 통합하여 개선하는 내용이 될 것이다. 통합세계관의 등장으로 촉진되는 영적 진화란 포스트모더니즘의 과잉이나 미숙함을 극복하는 한편 전통 영성의 지속적인 가치가 더 높은 수준에서 재통합되는 식일 것이다.[5]

달라이 라마는 이런 말을 했습니다. "참된 신앙을 가지려면 한 가지 진리, 한 가지 종교가 있어야 한다. 그렇다고 다른 종교에 대한 존경심을 잃어야 하는 게 아니다."[6]

새로운 영성이라고 해서 온갖 종교를 뒤섞어 새로운 걸 만드는 식은 바람직하지 않습니다. 각각의 종교가 자체로 이미 풍성하고 다양하니 말입니다. 하지만 자체 진화하고 있는 모든 종교와 소위 "영적이지만 종교적이지 않음" 운동이 서로를 지원할 수는 있을 겁니다. 다만 어느 하나로 다른 하나를 대체하거나 완전히 새로운 길을 창안할 필요는 없습니다. 차라리 내가 택한 길을 잘 가기 위해 다른 길들을 배울 수는 있어도 말입니다.

---

5 McIntosh, *Integral Consciousness*, 117.
6 *National Catholic Reporter*, November 25, 2005에서 인용.

카페테리아 종교의 문제

그리스도교 교회가 다른 종교를 자기 중력의 중심으로 삼아버리면 그 교회는 그때부터 교회가 아니라 카페테리아입니다. 영적 카페테리아도 참된 길이 될 수 없는 건 아니나 참 어려운 길입니다. 여러 다른 길을 깊이 알고 잘 종합한다는 게 한 생의 시간과 에너지로는 감당하기 힘든 일입니다.

하지만 카페테리아 종교의 제일 큰 문제는 진정 건강한 영의 양식은 피하는 에고의 경향성입니다. 에고는 몸에 좋은 음식보다는 배부르고 당장 좋은 것만을 취하려 듭니다. 우리는 내버려 두면 매번 도전보다는 편안한 쪽을 택하는 존재들입니다. 자기 부인보다는 자기 위안을 택할 것이라는 말이지요. 반면 종교는 에고를 부인하고 내려놓으라고 촉구합니다. 참된 종교 전통이라면 말입니다. 예수는 우리가 목숨을 잃어야만 얻는다고 했습니다. 에고의 자아를 잃어야 참된 자아를 찾을 수 있다는 말입니다. 카페테리아 영성도 "에고의 내려놓음"을 제공할 수는 있습니다. 하지만 우린 그런 건 주문한 적이 없는 척할 겁니다. 음식으로 치면 먹음직스럽거나 맛있는 냄새가 나질 않을 테니까요. 게다가 카페테리아 종교에는 우리더러 그렇게 해야 한다고 말해 줄 사람도 없습니다. 세계의 주요 종교 전통은 죄다 에고의 죽음과 부활을 말합니다. 윌버는 말합니다.

> 진정한 변화는 믿음의 문제가 아니라 죽음의 문제다. 세상을 해석하는 문제가 아니라 세상을 변형하는 문제다. 위안을 찾는 문제가 아니라 죽음 저편에서 무한을 찾는 문제다. 자아는 만족시킬 대상이 아니라 불태울 대상이다.[7]

---

7 Ken Wilber, *One Taste*, 27.

우리는 개별적으로 깨달음이나 구원을 설계할 수 없습니다. 에고를 넘어서기 위해서는 서로가 필요합니다. 과거와 현재의 성인들과 상통해야 합니다.

길을 고르라

저는 길 하나를 선택하라고 권하고 싶습니다. 선의 지혜는 이렇게 말합니다. "두 마리 토끼를 쫓으면 한 마리도 못 잡는다." 우리 대부분은 이생에서 시간상으로나 에너지로나 두 마리 토끼를 쫓아가기 어렵습니다. 하느님은 모든 것 저변에 흐르는 강입니다. 우물을 파도 한 우물을 파서 지하의 수자원에 이르러야 합니다. 여기저기 20% 정도씩만 파헤친다면 아무것도 얻지 못합니다. 야트막한 구덩이만 잔뜩 파놓고 물이 안 올라온다고 불평하는 꼴이 될 겁니다. 남들이 이미 입증했고 성공한 방식으로 충분히 깊이 파는 게 좋습니다.

힌두교 우물, 그리스도교 우물 혹은 불교 우물에 친숙하다면 그 한 우물을 파는 게 좋지 않겠습니까! 세계의 위대한 종교 전통들이 지금 '더 깊은' 우물을 내놓기 시작했습니다. 얼마나 좋은 기회입니까! 통합 교회는 그리스도교에서 바로 그 일을 하고 있습니다. 귀하고 신나는 일입니다.

예수는 새로운 수준들을 내다보았다

예수는 종교 에스컬레이터의 모범을 보였을 뿐만 아니라 그 에스컬레이터가 데려다줄 미래의 수준들도 내다보았습니다. "아직도 나는 할 말이 많지만 지금은 너희가 그 말을 알아들을 수 없을 것이다. 그러나 진리의 성령이 오시면 너희를 이끌어 진리를 온전히 깨닫게 하여주실 것이다."[8] 지금

---

8 요한 16:12-13.

새로 등장하는 그리스도교와 교회의 모습은 예수가 아직도 할 말이 많다고 한 예언의 성취입니다! 당시에 예수는 따르는 이들이 말해줘도 알아듣지 못할 것을 알았습니다. 그들은 자기 수준에서 알아들을 따름입니다. 그러나 예수는 미래에 성령이 계속해서 우리를 자라게 하면 그때는 알아들을 것이라고 확언합니다. 점점 더 거할 곳이 많은 집으로 나아가라는 영의 음성을 따른다면 말이지요.

결정적인 통합 교회

중력중심이 통합 의식에 있는 그리스도교 영성의 길 형성이 오늘날 결정적인 영의 활동이라고 생각합니다. 통합 교회야말로 그리스도교 전통이 예수의 꿈을 따라 그리스도의 마음을 품는 방향으로 진전하는 것이기 때문입니다. 통합 및 그 이상 의식의 교회는 현재 에스컬레이터의 최첨단 구실을 할 수 있습니다. 그리스도인들이 중간에 내리지 않고 계속 영적 성장을 기할 수 있도록 목표 역할을 하고 있다는 말입니다.

종교의 네 가지 양식

넓게 보아 종교는 네 가지 형태 혹은 양식으로 등장합니다. 저는 그 넷을 4M이라 부릅니다. 마법(magical), 신화(mythical), 정신(mental), 신비(mystical)의 첫 글자를 딴 것이지요. 이 넷은 사랑이 더 큰 사랑으로, 더 예수 닮음으로 전개되는 방향을 말해 줍니다.

① 마법 양식의 종교는 부족 및 전사 의식단계를 내포한다. 이 종교의 내용은 환상으로 가득하다.

② 신화 양식의 종교는 전통 의식 수준을 내포한다. 이 단계의 의식은 영웅에 집중

한다. 모세, 예수, 크리슈나, 붓다는 이 종교의 영웅들이다. 이들은 신화적 언어와 전설들로 채색되어 추종자들이 외경심을 갖고 진지하게 헌신하게 한다.

③ 정신 양식의 종교는 근대 의식의 종교다. 근대 양식은 이성적 정신에 집중한다. 이 수준의 의식은 근대의 비판 정신을 활용해서 성서의 신화적 요소와 그 이면의 깊은 진실을 구분한다. 정신적 접근을 너무 강조하다 보니 종교라기보다는 철학적이라 할 길을 택하기도 한다. 유니테리언 보편주의 교회가 그 예다. 때론 정신과학(Science of the Mind) 교회처럼 포스트모던의 요소가 섞이기도 한다. 이 모든 게 종교의 신화적 성격을 넘어서려는 시도다.

④ 신비 양식의 종교는 최근에 부상하고 있는데 통합 의식 및 그 이상의 수준을 내포한다. 소위 통합을 자처했던 초창기 형태 가운데는 신비를 인정하지 않는 것도 있다. 내가 통합이라 해놓고 늘 '그 이상'이라는 토를 다는 이유다. 통합 및 그 이상은 마법과 신화 수준을 초월해서 신화적 외양 이면의 의미를 찾는다. 그리고 합리성만을 중시해서 비이성적(전이성적인 것과 초이성적인 것을 죄다)인 것은 모두 무시하는 정신 수준을 초월한다. 그리하여 진정으로 신비를 향하여 움직인다. 신비는 우리가 영적 실재와 만나게 하고 궁극적으로 하느님의 실재를 경험하게 한다. 그래서 우리가 모두 하느님의 일부이며 서로의 일부임을 깨닫게 한다.

그리스도교가 의식 진화의 에스컬레이터로 기능하려면 통합 및 그 이상의 의식을 제시할 수 있어야 합니다. 모든 종교는 그 안에 다층의 의식 수준 이해와 다층의 의식 상태 경험을 내포하고 있습니다. 그런 가운데 최상을 향해 나아가도록 사람들을 인도하는 게 종교의 소명이겠습니다. 진화하라고 부르는 영의 음성에 응답하여 모든 종교가 나아가야 할 미래의 방향이 그것입니다.

15장 ┃ 통합 교회
― 새로운 최전선

하느님에 관한 오래된 말 중 하나가 하느님은 늘 새 일을 행하신다는 겁니다. 이 책이 그 사실을 보여 주는 것이길 바랍니다. 특히 오늘날에 말이지요. 하느님이 지금 행하고 있는 새로운 일 중 하나가 교회를 추동해 제가 통합 및 그 이상이라 칭한 의식을 향해 나아가도록 하는 것입니다.

통합 및 이후 수준의 신앙이 중력의 중심인 교회는 현재 몇 안 됩니다. 이런 종류 교회가 워낙 드물다 보니 자기 경험에 기대어 말할 수밖에 없습니다. 우리 교회는 저와 더불어 용감한 실험을 시도한 교회입니다. 저는 우리 교회에 1963년에 부임했으니 이 글을 쓰는 시점에 계산해보면 48년간 이 교회를 담임했습니다. 여하튼 제가 여기서 설명하는 내용이 통합 교회의 전모는 아닙니다. 앞으로 다른 양식의 통합 교회들이 많이 나타날 것입니다.

전통 교회의 믿음은 대개 4~5세기의 신조에 바탕을 둡니다. 그리스도교 회는 등장해서 첫 삼세기를 적대적인 환경에서 생존해야 했습니다. 그런데 콘스탄티누스 황제가 312년 로마제국을 장악하고는 그리스도교에 높은 지위를 부여했습니다. "하나의 신, 하나의 주, 하나의 신앙, 하나의 교회, 하나의 제국, 하나의 황제"가 그의 구호였습니다. 하지만 정작 그가 원했던 하나의 신앙과 하나의 교회는 서로 논쟁하며 심각하게 분열합니다. 일레인 페이절스는 이렇게 말합니다.

콘스탄티누스는 그리스도인들에게 특전을 베풀어 자신의 제국경영을 후

원하는 집단이 되게 했다. 그런데 이 군사 지도자는 잘 조직된 최대집단에 속한 사람들만 인정하기로 선택했다. 그는 이 집단을 "합법적이고 가장 거룩한 가톨릭교회"라 했다. 이러한 콘스탄티누스의 승인으로 이 집단은 많은 혜택을 누린다. 마침내 콘스탄티누스가 소집하여 주교들이 모인 니케아공의회는 황제가 인정하는 유일한 집단인 '가톨릭교회'에 들기 위해선 반드시 수용해야 하는 공식 교리를 확정하는 게 목적이었다. 한편 황제는 모든 '이단과 분열주의자들'(페이절스의 추정으로는 그리스도인 절반에 해당하는)은 일절 모임을 금지했다. 이들은 가정에서도 모일 수 없었다. 그리고 이들의 모든 교회 재산을 가톨릭교회에 내놓도록 강요했다.[1]

이후 5세기에 걸쳐 교회는 소위 '올바른 신앙'을 놓고 전쟁을 벌입니다. 젠킨스(Philip Jenkins)는 *Jesus Wars*(예수 전쟁)라는 책에서 소위 정통교리란 결국 "네 족장, 세 여왕, 두 황제"에 의한 정치적 노력의 산물임을 논증합니다.[2]

이 과정에서 아쉽게도 그리스도인이 된다는 건 어떤 신조를 믿느냐의 문제로 정의하게 되었습니다. 하느님과 어떤 관계를 맺고 어떤 경험을 하느냐의 문제이기보다 말입니다. 이제 믿음이란 예수에 관한 일련의 명제를 믿는 게 되었습니다. 예수의 삶과 가르침을 따르는 게 아니고 말입니다. 그리스도교의 기본이 된 역사적 신조가 4세기의 니케아신경과 사도신경입니다. 이 신경들은 예수를 "동정녀 마리아에게 나시고, 본티오 빌라도에게 고난을 받으신 분"이라 말합니다. 놀랍게도 탄생과 죽음 사이 예수의 삶과 가르침 전체가 콤마 하나로 처리돼버린 것입니다! 그리고 나머지 내용은 4세기와 5세기의 그리스-로마 철학의 프레임에 담은 예수 이해입니다.

미국학자 파스코(Sam Pascoe)의 말을 여기 제 식으로 옮겨봅니다.

---

1 Pagels, *Beyond Belief,* 173-174.
2 Jenkins, *Jesus Wars*를 보라.

그리스도교는 팔레스타인에서 경험으로 시작되어

그리스로 옮겨가 철학이 되었고

이탈리아로 가서 제도가 되었다.

유럽으로 가서 문화가 되었고

미국으로 건너가 사업이 되었다!

통합 그리스도교와 교회는 이 과정을 최선은 건지고 최악은 피하는 식으로 되돌리고자 합니다. 신조를 거부하거나 회피하지도 않습니다. 오히려 통합 교회는 실로 통합적이기 때문에 신조도 편안히 받아들일 수 있습니다. 다음의 내용은 통합단계의 그리스도인들이 무얼 믿고 이전 단계들과는 어떻게 다른지 스냅사진처럼 제시해보는 것입니다.

성서

부족 의식은 성서를 힘 있는 마술로 봅니다. 전사 의식은 성서를 선과 악 사이에 벌어지는 전쟁에 관한 이야기로 읽습니다. 전통 의식의 렌즈에 비친 성서는 참된 하느님의 말씀으로서 하느님과 인간의 관계에 대해 우리가 알아야 할 모든 것을 담고 있는 책입니다. 근대 의식의 눈에 성서는 사실과 신화, 전설, 환상과 지혜가 뒤섞인 책입니다. 포스트모던 의식에 성서는 영적 지혜를 전하는 세상의 수많은 경전 중 하나입니다.

통합 교회는 성서를 존중하는 교회입니다. 물론 이들에게 성서해석에서 전통 의식의 문자적 해석을 놓고 벌어지는 전쟁은 철 지난 것입니다. 이들은 성서를 문서비평의 시각으로 보는 근대 의식의 이성적 연구도 인정하고 받아들입니다. 물론 그 극단적 형태는 구별해서 보지만 말입니다. 근대 의식이 종종 도전하듯 성서가 전근대적인 책이므로 폐기해야 한다는 주장은 통합 교회의 관점에선 그야말로 낡은 이야기입니다. 오히려 성서는 그리스도인의 필수 불가결한 자원으로서 연구하고 참고하고 귀중히 여겨야 할 책입니다. 물론 성서에 대한 다양한 관점은 여전히 존재합니다. 그러나 누구도 그 사실에 분노하지 않습니다. 어떤 아이가 엄마에게 이방인과 그리스도인의 차이가 뭐냐고 물었습니다. 엄마의 대답은 이랬답니다. "그리스도인들은 성서를 놓고 싸우는 사람들이야." 통합 그리스도교는 성서를 놓고 싸우지 않는 교회입니다.

통합 교회에서 성서는 이제 영적인 진화 과정을 이야기로 매력 있게 설명해주는 귀중한 자원입니다. 영적 발달 단계의 관점으로 성서를 보면 성서의 가치를 새롭게 이해할 수 있습니다. 그리고 구약은 예수의 삶과 가르침의 배경이라는 가치가 인정됩니다. 신약의 사복음서는 예수의 삶과 가르침을 말해 주는 필수 불가결한 자원입니다. 신약의 나머지는 바로 이 예수의 삶과 가르침에 대한 초기 해석으로서 중요합니다. 그 해석이 예수 이후 적어도 삼세기를 지배했습니다. 예수는 고차원의 의식에서 살고 가르쳤습니다. 통합 교회는 예수의 삶과 가르침에 대한 기록을 포함해서 신약 전체가 낮은 차원, 아마도 전통 의식 정도 수준에서 기록되었음을 인식합니다. 초기 그리스도인 상당수가 새로운 의식 상태를 경험하지만, 여전히 그 경험을 해석하는 것은 그들의 의식 수준입니다. 신약의 문서들은 낮은 의식 수준의 사람들이 수집하고 정경으로 결정하였습니다. 오늘날도 대중은 낮은 의식 수준으로 성서를 읽고 해석합니다. 자기 세계관이 허용하지 않는 것은 보이지 않습니다. 그런 사정에도 불구하고 예수의 고차원의식에 관한 기록이 상당수 복음서나 바울로의 직접 저술에 남아 있다는 사실이 오히려 놀랍습니다.[3]

통합 교회는 성서 전체를 하나로 엮어 말이 되게 합니다. 굳이 예수의 가르침을 희석하거나 왜곡할 필요가 없습니다. 예수는 우리가 발달의 낮은

---

3 Borg, *The First Paul*.

단계를 벗어나 더 진화된 수준으로 이끄는 존재입니다.

통합 의식의 단계에서 과학과 성서는 상보적입니다. 그 둘은 각기 다른 관심으로 만물 안에 내재한 하느님을 탐구합니다. 창조와 진화는 평화롭게 화해합니다. 창조설계론은 학교에서 과학이론으로 가르치고 있진 않지만 몇몇 사려 깊은 과학자들에게도 환영받는 관점이 되고 있습니다. 이 과학자들 생각으로는 빅뱅 이전에 어떤 창조의 힘을 상정하지 않기란 불가능하답니다.[4]

통합 교회는 정경에만 머물지 않고 도마복음 같은 다른 그리스도교 저술들에도 관심을 기울이는 포스트모던의 가치도 수용합니다. 도마복음은 신약의 사복음서와 동시대에 수집된 기록입니다. 도마복음 연구자 대다수는 도마복음 기록의 일부는 Q 자료처럼 초창기 예수의 어록이라는 데 동의합니다. 예수 세미나 학자 마커스 보그는 도마복음의 첫판은 50년경에 출현했다고 봅니다. 정경의 사복음서는 일러도 70년에서 100년 사이에 기록되었는데 말입니다.[5]

통합 교회는 세계 종교 전통들의 지혜도 받아들입니다. 다른 종교의 경전에도 들어 있는 진리를 환영하고 그 종교의 길에 등장했던 과거와 현재의 신비가들의 경험 및 스승들의 가르침을 존중합니다.[6] 통합 교회는 여러 다양한 출처들에서 최고의 진리를 현명하게 분별하고자 합니다.

성서는 예수의 삶과 가르침을 중심으로 파악해야 합니다. 예수가 자신의

---

4 Laszlo, *Science and the Akashic Field*.

5 Marcus J. Borg, Portrait of Jesus, 4 March 2008. https://www.aportraitofjesus.org/gospels.html.

6 예수의 생애에 대해 성서 외의 기록들도 많다. *Edgar Cayce's Story of Jesus* 같이 채널링을 통한 저술도 있다. Urantia도 그런 책인데 4부, 즉 책의 마지막 700페이지를 예수의 삶에 할애하였다. 그리고 예수의 아동기, 청소년기, 성인기를 매년 단위로 상세히 기록한 것이라 주장한다. 1955년에 출판된 이 2,100페이지짜리 책은 다양한 자료를 묶은 것으로 보인다. 영적인 기록이라 주장하는 모든 책에 대해서 그러하듯 주의해서 읽을 필요가 있다. 그건 성서도 마찬가지다. 현대인에게 낯선 언어와 조밀한 은유들은 원래의 맥락에서 이해해야 마땅하다. 그런데 이 책 4부는 근년의 학문연구 및 이 책의 통합적 관점과도 어느 면에서는 닮았다. The Urantia Book Online 사이트에서 온라인으로도 독자 댓글과 함께 읽을 수 있다.

종교인 유대교 경전을 대하는 방식은 우리에게도 본이 됩니다. 예수 당시에도 유대교 경전은 편집 진행 중이었지만 대부분은 지금 우리가 구약이라 부르는 것에 편입됐습니다. 그런데 복음서를 읽으면 예수는 구약에서 일부는 수용하고 일부는 거절하거나 무시했음을 알 수 있습니다. 통합이론의 용어로 하자면 그는 자기 '성서'의 일부는 품었고 일부는 초월했던 것입니다.

우리도 성서에 관해 마찬가지입니다. 성서의 어떤 부분이 하느님을 원수에게 분노하며 폭력을 행하는 존재로 말할 때 예수는 하느님이 원수도 사랑으로 대하는 분으로 말합니다. 이성적으로 둘 다 맞을 수는 없습니다. 통합 교회는 예수 쪽을 택하고 그리스도에 못 미치는 부분은 넘어섭니다.

종교개혁은 '오직 성서'(sola scriptura)의 원리로 그리스도교를 로마가톨릭 위계의 손아귀에서 탈환하고자 했습니다. 이것은 당시의 발달 단계에 적합한 훌륭한 움직임이었고, 그 결과 전통 수준의 프로테스탄트교회가 탄생했습니다. 그런데 모든 운동이 그렇듯이 이 개혁도 그리 멀리 가진 못했습니다. 통합 교회는 이제 그 전통 교회의 손아귀에서 예수와 그리스도교를 빼내고자 합니다. 그래야 성서가 가까이하기 쉽고, 말이 되고, 영적인 빛을 내는 책이 될 것입니다.

하느님

부족 교회의 시선으로 보면 하느님은 하늘에서 세상을 주무르는 존재입니다. 전사 의식에서 보면 하느님은 전능하지만 늘 기분이 좋지는 않아서 힘으로 사람들을 강제하고 벌줍니다. 전통 교회의 하느님은 자애로우면서도 가끔 복수심에 불타서 자신에게 오려면 예수라는 역사적 인물을 통해서만 가능하다고 고집하는 하느님입니다. 전통 의식단계의 "하늘에 계신 하느님"을 저는 "어중간한 하느님"이라 부릅니다. 예수의 아빠/엄마인 하느님처럼 가깝지도 않고 우리가 "그 안에서 살고 움직이고 존재를 얻는" 무한한 하느님처럼 크지도 않기 때문입니다. 근대 의식단계는 물리적인 것만이 실재라는 눈으로 보기 때문에 하느님은 아예 보이지 않을 때도 많습니다. 반면 포스트모던 교회는 어디서나 하느님을 봅니다. 통합 및 그 이상의 교회는 하느님을 힘 있는 존재로 보지만 이때의 힘이란 창조적 지성, 진화의 충동, 만물을 품는 사랑, 치유 에너지, 변화시키는 자비 등 힘의 종류가 다릅니다.

저는 목회하면서 무신론자나 불가지론자를 믿게 하는 일에는 별로 힘을 쓰지 않았습니다. 오히려 그리스도인들을 향해 이제껏 알던 것과 다른 하느님을 믿어보자고 권하는 일에 힘을 기울였습니다. 통합의 언어로 말하자면 다른 렌즈로 하느님을 보자고 말입니다.

통합 그리스도교는 하느님을 지켜줄 생각 같은 것은 하지 않습니다. 성공회 사제요 교사인 테일러(Barbara Brown Taylor)는 "대체로 인간은 자기네가 하느님을 지켜야 한다고 믿을 때 다른 인간에게 가장 못되게 군다"고 했습니다. 간디의 손자 아룬 간디가 "책의 백성은 책을 사람보다 위에 둔다"고 한 말과 비슷합니다.[7]

포스트모던은 자기네 영성을 잘 정의하지 못합니다. 철학적 발전의 결과로 포스트모던 영성이 등장해서 사람들이 하느님을 인정하기는 하는데 그 하느님에 관해 말은 잘 못합니다. 하느님에 관해 믿는 바가 뭐냐고 물으면 특정해서 말하질 못하는 것입니다. 이들의 영성에는 신조가 없다 보니 하느님에 대해 의미 있게 말할 능력도 없습니다.

통합 그리스도교는 '하느님'이란 말은 멋지면서도 이상한 언어라는 점을 인정합니다. '하느님'이란 말은 영어에서 아마 가장 아름다운 단어일 겁니다. 언어적으로나 신학적으로 정말 독특한 단어입니다. 다른 한편으로 보면 '하느님'이란 말은 워낙 전통 신념 체계와 얽혀 있어서 사용하기 위험한

---

7 Barbara Brown Taylor, *Leaving Church: A Memoir of Faith* (New York: HarperCollins, 2006), 38.

말이기도 합니다. 저는 통합 영성을 조망하면서 '하느님'이란 단어를 부활 시켰습니다. 전혀 전통적이지 않은 의미로 하느님을 말할 수 있다고 믿기 때문입니다. 물론 하느님이란 말 대신 다른 명칭이나 은유를 써도 좋습니다. 보편의 지혜, 궁극의 신비, 무한자, 높으신 힘, 성스러운 신비, 존재 그 자체, 성스러움, 하늘과 땅의 창조자, 영, "나는 나다"(모세가 이름을 물었을 때 하느님 의 대답), 창조자, 자존자, 거룩한 사랑, 우주적 그리스도, 모든 존재의 기반, 사랑하는 친구, 위대한 I Am 등등으로 말입니다.

제 생각엔 범재신론이 현재로선 하느님의 무한한 얼굴을 가장 잘 생각 할 수 있는 방식인 것 같습니다. 브리얼리(Michael Brierley)는 "범재신론이 라는 이름이 세계를 회복하도록 돕는다"라고 말합니다.[8]

통합 그리스도인과 교회는 하느님의 한두 얼굴만 보던 과거에서 벗어났 습니다. 그리고 이생에서 하느님과 맺을 수 있는 가장 풍성한 관계가 예수 가 하느님을 알았던 세 관점을 통해 가능하다고 생각합니다. 예수가 자신보 다 위대하다고 한 하느님을 관조하기, 사랑하는 아빠라 한 하느님과 상통하 기, 예수 자신의 참 나인 하느님과 합일하기를 통해서 말입니다.

통합 교회는 과학이 탐구하는 하느님의 무한한 면목(3인칭 관점)과 내적 기도로 탐구하는 하느님의 내밀한 면목(1인칭 관점)을 화해시킵니다. 그리고 동양 종교가 강조하는 하느님의 내밀한 면목과 서양이 예배와 찬양, 순종을 통해 강조하는 하느님의 친밀한 면목(2인칭 관점)을 화해시킵니다.

통합 및 그 이상의 교회는 자기 내면의 1인칭 신성을 불편하게 여기지 않습니다. 그리고 그 신성을 직접 고양된 의식 상태로 경험하기 시작합니다. 그들은 예수를 열정적으로 경배하고 찬양하면서 예수 안에서 하느님의 친밀 한 2인칭 얼굴 향하길 주저하지 않습니다. 또 3인칭 관점으로 하느님의 무한

---

8 Clayton, *In Whom We Live and Move and Have Our Being*은 범재신론의 이모저모를 신학 적으로 논한 책이다.

한 얼굴을 받들며 관조하길 즐깁니다. 이 세 가지 관점은 마커스 보그로 대표되는 포스트모던 의식과는 다릅니다. 보그는 하느님의 친밀한 얼굴과 무한한 얼굴은 즐겨 다루지만 내면의 신성은 별로 말하지 않습니다.[9]

통합의 세계관은 부족 의식이 샤머니즘이 자연의 온갖 신들을 섬기듯 하느님을 이해하는 반면 전사 의식은 초영웅적 신으로 의인화된 하느님 이해로 옮겨간다는 사실을 이해합니다. 다음으로는 전통 의식이 등장해 하늘의 아버지 하느님으로 신화적 이해를 한다는 사실을 압니다. 이어 근대나 포스트모던으로 오면 범재신론, 즉 만물 안의, 만물 너머의 하느님으로 진화합니다. 통합 및 이후의 의식 수준으로 오면 예수의 신비로운 하느님, I AM이요 우리 내면의 신적 자아와 다르지 않은 초월적 일자로서의 이해가 등장합니다.

전통 의식은 "하느님을 믿는가?" 하고 묻습니다. 이 질문은 보통 "하늘에 앉아 우리에게 상벌을 내리는 하느님, 우리가 제대로 믿고 제대로 행동하면 언젠가 우리를 데려가 그와 함께 있게 할 하느님을 믿는가?"라는 뜻입니다. 이런 믿음은 통합 의식에 이르면 은퇴를 맞이합니다. 통합 교회는 대신 "하느님을 경험으로 아는가?" 내지 "당신은 하느님을 어떤 식으로 생각하는가?" 묻습니다. 혹은 "당신 심층의 영과 어떻게 만나는가?" 하고 묻습니다.

예수

부족 의식의 시선에 예수는 기적을 행하는 마법사입니다. 전사 의식의 시선에는 예수가 보복심에 불타는 존재로 비칩니다. 전통 의식은 하느님의 진노에서 우리를 구원하기 위해 십자가에 고통당하는 예수를 봅니다. 근대 의식의 렌즈에는 인간 예수, 현명한 스승이지만 인간이기만 한 예수가 보입니다. 포

---

9 2007년에 나눈 사적인 대화에서.

스트모던 의식은 모든 사람을 그들 나름의 영적인 길과 더불어 인정하고 포용하는 예수를 봅니다. 통합 및 그 이상의 렌즈에는 자신의 신성을 완전히 깨닫고 드러내는 신비가요 개혁가, 예언자인 예수가 보입니다. 이 예수는 이전 유대교의 길에서 최선을 품고 적절치 않은 것들은 넘어서는 존재입니다.

통합 교회는 소위 통합 사원(유대교나 힌두교의)이나 통합 모스크, 통합 불교센터와는 무엇이 다를까요? 통합 교회는 기본적으로 예수의 길이라는 점입니다. 불교는 붓다의 길을 내재하고 있고 이를 뗄 수 없는 것과 마찬가지입니다. 예수는 그리스도 의식이 체현된 존재입니다. 예수에게 충만했던 이 그리스도 의식이 우리 모두 안에 있습니다. 이 의식을 크리슈나 의식, 불심, 보편원리, 영과 하나 됨, 우주심, 아니면 영성의 자각을 뜻하는 어떤 이름으로 불러도 좋습니다. 그러나 그리스도인들은 예수의 본을 따라 이 의식에 접하는 사람들입니다. 이 의식은 우리 모두를 감싸는 광대한 하느님의 의식입니다. 예수의 심층이 바로 이 하느님 의식이었습니다. 모든 사람의 참 나이기도 합니다. 예수는 하느님을 자기 종교에만 국한하지 않으나 그리스도인인 우리에게 그리스도교적으로 하느님을 밝혀준 존재입니다. 영적 여정에 있어 우리의 기본 원형이자 안내자로서 우리가 우주적 그리스도의 신령한 의식을 끌어안게끔 이끌어 줍니다.

이제는 그리스도인들도 점차 다른 종교도 타당한 영성의 길로 인정하기 시작했습니다. 그리고 전통의 종족 중심적 의식이 어떻게 인류의 대부분을 참된 영성에서 배제하는지 자각하기 시작했습니다. 그러면서도 그들은 '예수쟁이'(Jesus lite)가 되려 합니다. 그리고 예수가 다수를 하느님의 사랑에서 배제한다고 믿는 신자들에게도 오해받고 싶어 하지 않습니다. 모두에게 포용적이기 원하는 진보 포스트모던 교단에 속한 어느 목사의 이야기를 들었습니다. 예수를 종족 중심적으로 보는 시선을 불편해하다 보니 그 교단은 예수 자체를 당혹스러워하는 모양입니다. 목사들 모임에서 각자에게 중요한 게 뭔지 얘기하는 시간이 있었답니다. 하느님, 사랑, 영성, 세계평화 등이 나왔습니다. 이 목사 차례가 되었을 때 그는 "내게 중요한 것은 예수"라고 말했습니다. 그러자 불편한 침묵이 좌중에 흐르더랍니다. 이 장면을 회고하면서 목사는 눈물이 맺혔습니다. 그로서는 예수 때문에 보편적 사랑과 수용을 믿을 수 있었고 그것은 예수가 아니었다면 불가능했을 일입니다.

포스트모던교회는 포용적이랍시고 모든 영성의 길을 가는 모든 사람을 위한 모든 것이 되려고 하는데 이것도 저것도 아닌 게 되고 맙니다. 반면 통합 그리스도교와 교회는 자신들이 예수의 길을 따른다고 밝히는 데 어려움이 없습니다. 통합 교회는 자기 위치를 그리스도인을 위한 에스컬레이터가 되는 데 둡니다. 그래서 그리스도교 전통 자체가 더 높은 초월의 영역을 향해 전진하게끔 노력합니다. 다른 종교가 자기 전통에 대해 그렇게 하는 것은 그들의 몫입니다.

통합 의식의 그리스도교는 영성을 이성으로만 접근하는 근대 의식 수준을 넘어섭니다. 그리고 성서에서 보는 하느님을 향한 열정을 회복합니다. 통합 교회도 포스트모던 교회처럼 성서나 세상의 지배적 위계는 거절합니다. 하지만 포스트모던처럼 뭐든지 동등한 가치를 지닌다고 보지는 않으며 자연스러운 위계는 인정합니다. 그리고 어떤 관점이 더 큰 사랑을 담고 있고 더 그리스도와 같은지 판단합니다. 통합 교회는 사랑에 못 미치는 것, 그리스도를 닮지 않은 것을 거부하는 게 불편하지 않습니다.

예수는 새로운 인간의 원형이다

제가 이런 얘기를 할라치면 전통 단계에 있는 이들이 흔히 묻는 말이 "당신은 예수를 하느님으로 믿느냐?" 하는 것입니다. 전통 의식 수준에서 볼 때 참그리스도교 신앙인지 아닌지 판별하는 시금석이 바로 이 질문입니다. 제가 "물론 예수는 하느님" 하고 대답하면 안도합니다. 하지만 그 안도감은 금방 사라집니다. 제가 "예수만 하느님인 게 아니라 당신도 하느님"

하고 덧붙이기 때문입니다. 그러면 저는 성서나 동방정교회의 관점을 설명합니다. 우리도 신성의 참여자로서 예수의 인간성만 아니라 신성에서도 그와 같이 되는 것이라고 말입니다.

통합 그리스도인이 볼 때 예수는 갈릴리 사람, 하느님으로 가득했고 자기 시대의 전통적 가르침을 지혜의 새로운 가르침으로 타파했던 인물의 이름입니다. 그는 영의 사람이어서 마음을 여는 사람은 누구나 그를 통해 하느님의 현존과 능력을 전달받았습니다. 그는 치유자여서 필요한 사람들에게 치유의 에너지를 전해 주었습니다. 그는 너무나 포용적이어서 누구나 그와 함께 식탁에서 먹고 마셨습니다. 그는 인간성과 신성을 온전히 구현하고 표현한 인물이었습니다. 이 예수 그리스도는 새로운 인간의 원형입니다. 누구나 자신 안에 내재한 인간성과 신성을 온전히 끌어안고 드러낸다면 예수와 같이 될 것이기 때문입니다. 예수와 그리스도의 관계를 좀 더 살펴보지요.

그리스도의 세 얼굴

12장에서 저는 하느님의 세 얼굴을 논했습니다. 그 신성의 세 면목이란 어느 종교, 어느 영적 전통에서든 관조, 상통, 합일의 세 가지 방식으로 하느님이라 부르는 신비와 관계 맺을 수 있음을 말하는 좋은 얼개가 됩니다.

우리 인생의 사건, 순간, 사람, 대상은 죄다 1, 2, 3인칭 관점에서 보고 표현할 수 있습니다. 하느님을 그렇게 보고 표현한 것이 3인칭으로 무한한 얼굴이고, 2인칭으로 친밀한 얼굴, 1인칭으로 내밀한 얼굴이라 했습니다.

이 장에서 하느님의 세 얼굴을 그리스도교답게 그리스도의 세 얼굴로 말해보는 흥미진진한 작업을 해보겠습니다. 그리스도의 세 얼굴은 제 인생 후반부에 들어서야 비로소 기도의 의식에 등장한 것입니다. 그리스도를 그렇게 봄으로써 인지, 헌신, 내적 각성의 새로운 차원이 제 인생에 열렸습니다. 3, 2, 1인칭 관점의 순으로 그 얘기를 해보겠습니다.

그리스도의 무한한 얼굴 — 우주적 그리스도(3인칭 관점)

앞에서도 지적했듯 그리스도인들은 그리스도가 고유명사가 아님을 잘 모릅니다. 예수의 성쯤 되는 줄 압니다. '그리스도'는 사실 호칭이요 예수가 어떤 존재인지 말해 주는 설명어입니다. 그리스어로 '그리스도'는 '기름 부어진 이'라는 뜻입니다. 전근대의 신화적 사회에서는 왕에게 기름을 부었습니다. 하느님의 영이 부어진 왕은 신성한 존재라는 의미입니다. 예수는 바로 이러한 의미에서 하느님의 기름이 부어진 존재로 해석한 것이 그리스도라는 용어입니다.

저는 늘 골로사이서의 말씀에 감동합니다. 이 서신에서 바울로는 이 영의 기름 부음 받은 역사적 인물 예수를 넘어 훨씬 초월적인 색채로 그리스도를 말합니다. 매튜 폭스나 리차드 로어가 '우주적 그리스도'라 칭한 방식과 비슷합니다. 그 광활한 폭포처럼 쏟아지는 언어를 들어보십시오.

> 그리스도께서는 보이지 않는 하느님의 형상이시며
> 만물에 앞서 태어나신 분이십니다.
> 그것은 하늘과 땅에 있는 만물, 곧 보이는 것은 물론이고 왕권과 주권과
> 권세와 세력의 여러 천신과 같은 보이지 않는 것까지도 모두 그분을 통해
> 서 창조되었기 때문입니다.
> 만물은 그분을 통해서 그리고 그분을 위해서 창조되었습니다.
> 그분은 만물보다 앞서 계시고 만물은 그분으로 말미암아 존속합니다. …
> 하느님께서는 당신의 완전한 본질을 그리스도에게 기꺼이 주시고
> 그리스도를 내세워 하늘과 땅의 만물을 당신과 화해시켜 주셨습니다. …[10]

---

10 골로 1:15-20(저자 폴 스미스는 이 부분만 NRSV에서 인용했음을 밝힌다. 다른 역본처럼 남성대명사 he를 쓰지 않고 Christ를 사용한 번역이다. -역자 주).

요한복음이 예수를 그리스도라 할 때는 가히 우주적인 그리스도를 말하는 겁니다. 예수가 "나는 착한 목자다. 나는 길이다. 나는 생명의 양식이다. 나는 문이다. 나는 포도나무다. 나는 세상의 빛이다. 나는 부활이다"라고 말할 때는 한 역사적 인물 예수로서가 아니라 우주적 그리스도로서 발언하고 있는 것입니다. 요한복음은 신약의 다른 복음서들과는 아주 다릅니다. 마커스 보그와 보링(Eugene Boring)을 따라 말하자면, 요한복음의 예수는 이미 죽음에서 부활한 그리스도로서 교회를 향해 말하고 있습니다. 즉, 요한복음은 부활 이후 교회에 계속해서 울리는 예수의 음성을 담고 있는 것입니다. 혹은 데이비스(Stevan Davies) 식으로 예수가 유대교의 위대한 예언자 전통에 서서 변형 의식의 상태, 하느님 의식의 상태로 한 말이라고 볼 수 있습니다.[11]

요한복음에서 예수는 "나는 길이요 진리요 생명이다. 나를 거치지 않고서는 아무도 아버지께 갈 수 없다"라고 말합니다.[12] 전통적으로 이 구절은 하느님에게 이르는 길은 역사적 인물 예수에 한정시키는 의미로 이해했습니다. 1세기 팔레스타인에 살았던 한 인간인 예수가 자기 자신을 그렇게 고유하게 선포했다는 것이지요. 이 구절을 그런 식으로 이해하면 예수를 모르는 사람은 하느님을 알 길이 없습니다. 이런 이해 방식은 우리를 종족 중심의 의식 수준으로 후퇴시킵니다. 그러나 예수는 분리가 아니라 합일을 가르친 분입니다. 우리는 예수의 이 발언을 어떻게 이해해야 할까요?

통합 의식에서 보면 이때 예수는 우주적 그리스도, 하느님의 의식으로 말한 것입니다. 즉, 이 구절은 예수의 광대한 하느님 의식에 관한 것이지 한 인간 예수에 관한 것이 아닙니다. 예수는 다만 역사의 특정한 시간과 장소에서 우주적 그리스도로 발언한 것입니다. 다시 말해 우주적 그리스도는 예수에게만 국한되는 것이 아닙니다.

---

11 Davies, *Jesus the Healer*, 151.
12 요한 14:6.

우주적 그리스도란 하느님의 보편적 현존을 이르는 말입니다. 그리스도란 "만물을 하나로 존속시키는" 패턴입니다.[13] 우주적 그리스도는 창조와 역사가 하나로 존속하도록 묶어 줍니다. 그레이(Alex Grey)는 이 복잡한 양상을 '우주적 그리스도'라는 심오한 그림으로 표현했습니다. 전 세계에서 수집한 예수 그림 240점을 전시하고 있는 우리 교회 갤러리에도 사본이 하나 걸려 있습니다. 빅뱅 이후 우주의 팽창, 나치 대학살과 노예제 같은 역사의 사건들 및 그리스도의 변모와 승천 등이 1백 개의 작은 그림으로 들어가 있고 그리스도를 상징하는 금줄이 그 전체를 두르고 있는 그림입니다. 그림 중앙에는 십자가가 지구의 둥근 구형 안에 있고 모든 사람이 거기 함께 못 박혀 있습니다. 그 중심에 아기 그리스도가 전 지구적 의식탄생의 산고를 겪으며 울고 있습니다. "만물을 하나로 존속시키는" 그리스도의 생생한 이미지입니다.[14]

그리스도의 친밀한 얼굴 — 예수(2인칭 관점)

그리스도의 친밀한 얼굴은 바로 예수입니다. 역사적 예수이자 늘 현존하는 예수의 영으로 우리와 함께하는 얼굴입니다. 우주적 그리스도의 화신이 역사의 인물 예수입니다.

과거에 어떤 신학자들은 우주의 그리스도를 신앙의 예수라 해서 역사의 예수와 대척점에 두었습니다. 하지만 이름을 어찌 붙이든 이 둘은 다르면서도 밀접하게 연관되어 있습니다. 우주적 그리스도가 역사적 예수로 구현되어 드러난 것이니 말입니다. 우리가 그저 예수라 하는 역사의 한 인물밖에

---

13 골로 1:17.
14 우리 브로드웨이교회 '예수의 얼굴' 갤러리에는 알렉스 그레이의 그림 10점(우주적 그리스도, 소피아, 변모, 거룩한 불, 기도, 영 에너지 몸, 사이키 에너지 몸, 신의 말, 진공, 대신령)이 걸려 있다. 그레이의 그림, https://www.alexgrey.com/posters. html.

없다면 우리의 영적 탐구는 대단히 제한될 수밖에 없습니다. 반대로 인간 예수가 빠지고 우주적 그리스도밖에 없다면 역사의 예수 안에서 보는 인간과의 친밀한 연결성이 결핍될 수밖에 없습니다. 그러면 예수의 삶과 가르침은 그리 중요치 않은 게 되고 맙니다. 새로운 인간성의 원형, 그 구체적 모델을 가질 수 없게 되는 것이지요.

"나는 길이다"라는 예수의 선언을 우주적 그리스도라는 무한한 얼굴의 면에서 이해하고 예수는 친밀한 얼굴로 본다면, 그 선언은 그리스도 의식, 하느님의 보편심 혹은 영을 통하는 것만이 하느님에 이르는 길이라는 의미가 됩니다. 우주적 그리스도의 영은 모든 사람에게 열린 것입니다. 누구라도 참되게 사랑과 영의 길을 간다면 말입니다. 하느님의 우주심, 우주적 그리스도의 마음은 모든 사람에게 현존해 있으면서 또한 감춰진 것이기도 합니다. 그런데 예수를 통해서는 환히 빛났던 것입니다. 스티브 매킨토시는 "우리가 지닌 초월성은 우리 포용성에 달려 있다"라고 했습니다.[15]

그리스도의 내밀한 얼굴
― "너희 안에 계신 그리스도 곧 영광의 소망"(1인칭 관점)

바울로가 "너희 안에 계신 그리스도시니 곧 영광의 소망"이라 한 말은 곧 그리스도의 내밀한 얼굴이자 우리의 진면목, 하느님의 형상이자 우리의 그리스도 자아를 가리키는 것입니다.[16] 이 구절은 바울로의 유명한 말, 복음의 진수를 요약해주는 "이제는 내가 사는 것이 아니라 그리스도가 내 안에 사시는 것"이란 말에 상응합니다.

예수가 하느님의 나라는 너희 안에 있다고 한 말은 우리를 내면의 그리

---

15 McIntosh, *Integral Consciousness*, 74.
16 골로 1:27(개역개정).

스도 의식을 이르는 말입니다. 바울로는 이를 더 축약된 형태로 "그리스도 안에서" 내지 "너희 안의 그리스도"라는 말로 표현합니다. 예수 안의 의식, 예수의 마음을 품는다는 건 보편적 우주의 그리스도를 나의 1인칭 참 나로 자각함을 말합니다. 그리스도교인이 되는 게 목표가 아닙니다. 그리스도가 되는 것이 우리의 목표입니다!

통합의 그리스도

통합단계의 의식에 이르면 우리는 예수 그리스도를 그리스도의 세 얼굴 이라는 확장된 성서적 이해 방식을 갖게 됩니다.

① 우주적 그리스도는 만물을 하나로 존속시킨다.
② 나자렛 예수 그리스도는 우리와 늘 함께한다.
③ 우리 안의 그리스도는 영광의 소망이다.

이렇게 세 가지 렌즈로 그리스도를 보면 전에 보이지 않던 것들이 보이게 됩니다.

① 3인칭 객관적 관점에서 하느님의 무한한 면, 우주심으로서의 우주적 그리스도 를 볼 수 있다.
② 2인칭 상호주관적 관점에서 친밀한 면, 갈릴리인 예수로 역사에 나타난 그리 스도를 볼 수 있다.
③ 1인칭 주관적 관점에서 내밀한 면, "너희 안의 그리스도요 영광의 소망"이라 한 빛나는 그리스도를 볼 수 있다.

예수를 경배해도 좋은가?

근대나 포스트모던 단계를 통과하는 이들이 보통 갖는 의문이 "예수를 경배해도 좋은가?" 하는 것입니다. 예수가 유일한 구세주라는 종족 중심 관점을 벗어나면, 예수에게서 우리를 지옥 불에서 건질 책임을 면제해놓고 나면 예수를 경배할 이유가 뭔지 모르겠다는 것입니다. 예수가 할 게 뭐가 있는지, 그를 어떤 존재라 해야 할지? 굳이 그를 경배하느라 소란 떨 것 없지 않은가? 예수 숭배도 우상숭배 아닐까? 이런 의문이 이어집니다.

아닙니다. 우리가 예수를 경배하는 것은 그의 삶에 감사하고 현재 영으로 우리와 함께하는 현존에 감사하기 때문입니다. 우리가 예수를 경배하는 까닭은 우리가 흠모하는 것을 닮게 마련이기 때문입니다. 우리는 예수와 같이 되길 원합니다. 그를 존중하고 그에게 절하면서 우리는 예수의 사랑, 치유 에너지, 인도하심을 경험합니다.

엄밀히 말하면 내가 예수를 경배한다는 것은 예수로 육화한 하느님을 경배하는 것입니다. 예수 안의 하느님, 예수인 하느님, 예수 너머의 하느님을 말입니다.[17] 신학적으로도 하느님을 의미하는 이미지를 2인칭으로 집중의 대상으로 삼아 예배하는 것은 문제가 없습니다. 정교회가 이콘에 대해 갖는 태도가 바로 거기 해당합니다. 정교회가 존경과 예배를 엄격하게 구별하긴 합니다. 정교회의 주장에 따르면 이콘은 "그것이 상징하는 원형에 우리 마음을 향하게 해서 고차원의 사고와 감정에 이르게 하는" 기능을 합니

---

17 제임스 던(James dunn)은 *Did the First Christians Worship Jesus*라는 책에서 신과 예수에 대한 경배를 질적으로 구분한다. 신을 향한 예배가 예수로 인해 활성화되는 것이라고 해야지 맞다는 것이다. 비록 예수를 신으로 예배하는 것 같은 경우가 나타나지만 말이다. 이런 결론은 초대교회 그리스도인들이 예수를 경배한 것처럼 우리도 예수를 경배하는 것이란 생각을 어렵게 만든다. 오히려 신의 무한성, 친밀성, 내밀성으로 이해하는 것이 이 어려운 질문을 우아하게 또 성서적으로 해결할 수 있다. 친밀한 얼굴로서의 예수를 경배하는 것은 무한한 신을 경배하는 것과는 구별된다. 그 둘은 다른 관점이니까. 하지만 둘 다 참되게 신을 예배하는 것이기도 하다.

다.[18] 과연 그렇습니다. '나마스테'란 아름다운 인사말도 만나는 사람 내면의 신성을 기억하고 거기 존중을 표하는 것입니다. 저도 사람을 만날 때마다 그러한 감각이 한층 자라나는 걸 경험합니다.

저는 늘 옛 공동기도서 결혼식 예문이 참 아름답고 심오하다고 생각합니다. 신랑은 신부를 향해 "나는 내 몸으로 당신을 예배합니다" 하고 말하는 것입니다. 미래에 모든 이가 서로 안에서 하느님의 형상을 존중하고 찬미하며 나아가 예배하는 날이 올 것을 예시하는 것만 같습니다.

하지만 저는 그리스도인인지라 예수 외에 어떤 스승이나 성자, 신의 화신이라는 사람을 예배하고 인생을 맡기는 건 영 불편하게 느껴집니다. 언젠가 하늘에서 우리가 "주님과 같은 모습으로 변화하여 영광스러운 상태에서 더욱 영광스러운 상태로"[19] 변했을 때는 서로를 하느님의 이콘으로 인정하고 존중하는 일이 편안해지겠지만 말입니다.

C. S. 루이스는 이렇게 말합니다. "신과 여신의 가능성을 지닌 존재들의 사회에서 살아간다는 건 엄숙한 일이다. 지금 봐서는 멍청하고 관심도 안 가는 사람이 언젠가 마주치면 예배하지 않고는 견딜 수 없는 존재가 될 수 있음을 기억해야 한다."[20]

여하튼 지금으로선 예수만이 하느님의 화신으로서 제가 헌신할 대상입니다. 예수를 열정적으로 기리면서 사랑하는 하느님에게 찬미와 헌신을 드리고 지금도 현존하는 부활의 예수 그리스도를 한껏 닮고자 합니다.

예수를 경배해도 좋습니다. 하지만 그와 같이 되는 일이 중요합니다. 다시금 강조하지만 참된 그리스도교란 그리스도교인이 되는 일에 있지 않습니다. 그리스도가 되는 일입니다. 우리는 숭배하는 것을 닮게 마련이라

18 Cavarnos, "The Functions of Icons"
   https://www.orthodoxinfo.com/general/icon_function.aspx
19 2고린 3:18.
20 Lewis, *The Weight of Glory*, 14-15.

예수를 경배하는 것은 우리를 그리스도와 같이 되도록 하는 일입니다. 그런데 신학이 우리는 끝내 그와 같을 수 없다고 한다면 남는 건 우리 신성을 예수에게 전사하는 것뿐입니다. 그런 건 누구한테도 득이 되지 않습니다! 이전 의식 수준의 신학이 만드는 최대장애가 바로 이것입니다. 우리가 정말 하느님의 자녀가 되고, 하느님의 형상이 되고, 신성의 참여자가 되고, 세상의 빛이 되고, 예수의 말대로 신들이 되려면 이런 장애는 없어야 합니다!

브로드웨이교회의 제 동역자 플라이슈만(Marcia Fleischman)은 전문가가 지도하는 호신술 강좌에 등록했습니다. 마르시아는 단단히 배울 결심을 하고 사범이 보여 주는 대로 열심히 따라 했습니다. 강좌를 한 번도 빠지지 않고 성실히 다니며 연습했습니다. 최종 시험에서 마르시아는 가상 공격자들에게 펀치를 날리고 쓰러트리는 일을 잘 해냈습니다. 한껏 기분이 올라간 그녀는 "좋았어!" 하고 소리치기까지 했다지요.

마르시아가 신이 나서 얘기하는 동안 저는 다른 생각을 좀 해봤습니다. 만약 그런 강좌가 그저 사범이 나와서 강의나 하고 자기 업적이나 열거한 다음, 다른 사람들이 나와 그가 얼마나 대단한지 치켜세우기만 할 뿐 사범처럼 되게 하는 일엔 관심이 없다면 어찌 될까 하고 말입니다. 게다가 강의의 일부는 사범은 정말 대단하지만 우리는 정말 형편없다는 걸 강조하는데 할애된다면? 사람들은 그저 매번 와서 사범을 칭찬하고 경의를 표하고 집에 가는 일이 전부라면? 그래 놓고 최종 시험을 치르면서 호신술을 해보라고 한다면? 재앙입니다! 이 사람이 제대로 호신술을 할 수 없다는 사실만 만천하에 드러났을 것입니다. 가르치는 사람에게 경의를 표하는 것만으론 충분치 않습니다. 그건 그저 첫걸음일 뿐이지요. 뭘 배우려면 가르치는 사람을 존경할 필요는 있으니까요. 그러나 핵심은 가르치는 사람처럼 되는데 있습니다. 선생이 아는 걸 나도 알고 그가 하는 걸 나도 결국은 해낼 수 있어야 합니다.

교회는 첫걸음에만 만족하고 있습니다. 사람들은 교회에 가서 예수 사범을 그저 존경하기만 합니다. 그에 관해서 배우고 그가 어떻게 했는지 듣고 우리도 그처럼 되어야 한다는 말도 좀 듣긴 합니다. 그리고 나와서 공격을 당한다면? 우리가 그리스도인으로서 신나지 않는 이유가 거기에 있습니다. 스승에 관해 알고 존경하는 건 그저 첫걸음일 뿐입니다.

정말 중요한 것은 스승이 알고 느끼는 것을 나도 알고 느끼고, 스승이 경험하고 실천하는 걸 나도 경험하고 실천하는 겁니다. 그래야 스승이 하는 것을 나도 할 수 있습니다. 우리가 지닌 가능성을 현실로 옮겨 스승과 같이 되는 것이지요. 그때 비로소 신이 납니다! 자신의 신성을 수용하는 길이란 그런 것입니다.

하나의 강, 많은 우물

매튜 폭스의 "하나의 강, 많은 우물"[21] 비유를 빌려 우리가 예수 그리스도를 생각하는 방식을 일곱 문장으로 정리해보겠습니다.

① 하느님은 땅 전체를 관통하며 흐르는 지하의 강과 같다.

② 예수는 그 강에 연결된 우물과 같다.

③ 예수는 강이 아니라 우물이다.

④ 그리스도가 물이다. 그리스도는 하느님의 영이 부어진 것이다.

⑤ 지하의 강에 이어진 우물은 모두 참된 우물이다.

⑥ 강과 이어진 우물은 그리스도 혹은 하느님의 영 등 어떤 이름으로 부르는 물에 이어진 것이다.

⑦ 예수는 그리스도인들을 위한 우물이다. 그리스도인들도 다른 우물을 방문해서 거기서 물을 얻어 마실 수는 있지만 말이다.

---

21 Fox, *One River*.

예수를 따르기

지금껏 저는 통합 그리스도교와 통합 교회를 묶어서 얘기하곤 했는데 그 둘은 떼어놓고 얘기하기 어렵기 때문입니다. 새로운 전망의 교회를 품는 새로운 전망의 그리스도교가 필요합니다. 통합 그리스도교/교회가 예수를 따르는 데 중점을 두면서도 예수의 유일성 주장은 두 가지 점에서 접습니다. 우선 예수는 하느님을 보여 준 유일한 인물이 아닙니다. 다른 종교들의 존재가 이를 입증합니다. 더 중요한 점은 예수가 우리와는 아주 다른 혼자만의 존재가 아니라는 사실입니다. 예수는 우리가 그와 같을 수 있고 그런 잠재력을 실현할 수 있는 존재라고 가르쳤습니다. 말하자면 예수는 우리 모두 그와 같을 수 있는 원형이요 패턴을 제공한 것입니다. 심층에서 우리와 그는 같기 때문입니다. 예수는 자신이 세상의 빛이듯 우리도 세상의 빛이라 했습니다.

저는 그리스도교라는 나의 영적 뿌리를 사랑합니다. 다른 종교들도 나름으로 보편적 영으로서의 하느님을 다른 맛으로 알게 한다고 인정하지만 말입니다. 저는 동양 종교들이 각 사람의 신성을 일찌감치 인정하고 있음을 알아서 기쁩니다. '영적이나 종교적이지 않음'의 영성, 신사고운동 같은 서구의 포스트모던 영성들도 모든 사람에 내재한 신성을 인정합니다. 하지만 그리스도교는 대체로 그렇지 않습니다. 오직 통합 그리스도교만이 인정할 수 있고 그렇게 합니다.

존스(Stanley Jones)는 제가 참 존경했던 초창기 선교학자입니다. 그는 정글에서 길을 잃은 여행객 이야기를 합니다. 그 여행객은 밀림 한복판에서 마을을 발견합니다. 그는 마을주민에게 정글에서 벗어날 길을 알려달라고 합니다. 주민은 그러기로 하고 앞장서서 큰 칼로 정글을 헤치며 여행객을 인도합니다. 그렇게 가다가 불안해진 여행객은 참지 못하고 주민에게 묻습니다. "우리가 제대로 가고 있는 거 맞아요? 어디 다른 데 길이 있는 거 아니요?" 그러자 주민이 씩 웃으며 말했습니다. "이봐요, 내가 길이라오."

예수는 우리의 길입니다. 예수를 따른다는 말은 바로 그런 뜻입니다.

버크민스터 풀러(Buckminster Fuller)는 이렇게 말합니다. "기존의 현실과 싸우면서 뭘 바꾸지 말라. 꼭 바꾸려면 새로운 모델을 갖춰야 기존의 모델을 폐기할 수 있다." 제가 예수를 따르는 이유도 그것입니다. 예수는 새로운 인간의 모델입니다.

치유 및 도움의 기도

부족 의식의 렌즈로 보면 기도란 힘센 하늘의 존재를 졸라 보호, 치유, 안내를 얻어내는 행위입니다. 전사 의식의 렌즈로 보자면 기도는 악과 벌이는 전투행위입니다. 전통 의식은 기도를 하느님(혹은 예수)과 나누는 대화 행위로서 이때 하늘의 하느님더러 땅의 일에 개입해달라는 요청을 할 수 있다고 봅니다. 근대 의식의 렌즈에서 기도란 고작 사고의 향상을 기하는 정도의 일입니다. 포스트모던은 기도를 실로 여러 가지로 이해합니다.

통합-신비의 의식은 기도를 영감의 의식 상태에서 하느님과의 관계 경험 내지 합일 경험으로 봅니다. 기도는 예배와 더불어 통합 및 그 이상의 교회에서 중심을 차지합니다. 치유 기도란 우리 내면의 영에서 솟는 치유 에너지를 다른 사람에게 보내는 행위입니다.

통합 및 그 이상의 수준에서 보자면 3인칭 관점의 기도는 하느님의 무한한 얼굴을 성찰, 관조, 명상하는 행위입니다. 2인칭 관점의 기도는 영과 보다 인격적인 방식으로 소통하는 것으로 이때 영은 하느님의 친밀한 얼굴로 내 옆에 나란히 앉아 있습니다. 영의 비물질세계에 있는 영적 존재들 및 안내령과 소통하는 것이기도 합니다. 1인칭 관점에서 기도는 내면 심층의 성스러운 에너지를 세상을 향해 풀어내는 일입니다. 이것은 하느님에게 나를 위해 이러저러한 일을 해 달라고 청하는 게 아닙니다. 내가 예수처럼 신성하므로 나 스스로 그 일을 합니다! 이것이 나의 내면에서 하느님의 내밀한 얼굴을 찾고 내 것으로 삼는 일입니다. 전통의 신화적 하느님처럼 저 멀리 있다가 인간사에 개입하는 식이 아니라 나와 모든 사람 내면에 거주하는 하느님이 거기서 인간의 역사를 빚어내는 것입니다. 그런 의미에서 우리는 하느님과 더불어 또 하느님으로서 공동창조자입니다.

하지만 여기서 영은 모든 수준의 기도와 탐색에 응답한다는 점을 지적해두고 싶습니다. 하느님에게 도와 달라 소리치는 것도 기도입니다. 하느님은 우리가 생각과 말로 기도를 빚어야만 응답하는 게 아닙니다. 영의 세계는 그 전에 이미 응답합니다. 통합 의식으로 걷는 신앙의 여정에는 2인칭 관계의 감사, 예배, 기도, 순종이 모두 포함됩니다. 좋은 관계란 서로 응답하는 관계입니다. 기도는 우리의 다양한 부분이 다양한 수준에서 이루어지는 행위입니다.

통합 수준이 타인을 위한 기도의 다양한 형태를 긍정하지만 '개입' 양식의 기도에서 '전달' 양식의 기도로 옮겨가는 경향이 있습니다. 개입의 기도란 전통 의식 수준에서 하느님이 부재한 상황에서 하느님을 기도로 깨워 하늘에서 '내려와' 상황에 개입해달라고 요청하는 걸 말합니다. 하지만 예수는 그런 식으로 기도하지 않았습니다. 그는 하느님에게 누구를 치유해달라고 요청하지 않습니다. 오히려 자신의 치유 에너지를 안에서부터 풀어내다른 사람에게 전하고 놀라운 결과를 냅니다. 전달 모델이란 하느님은 이미 치유를 원하므로 육화된 하느님의 도구가 그저 이를 행하기만 하면 됩니다. 이 도구란 바로 저와 여러분입니다.

전달의 기도에서 우리는 치유하고 구원하길 원하는 하느님의 마음을 표현하고 전하는 도구로 자신을 봅니다. 저 위, 저 바깥 어디에 있는 하느님 대신 우리 자신이 하느님의 음성이고 손길입니다. 그런데 자신의 신성 및 예수처럼 기도할 수 있음을 부인하기 때문에 예수가 우리도 할 수 있는 것이라 말한 걸 그저 하느님에게 해달라고 떠넘깁니다.

덧붙이자면 하느님의 내밀한 얼굴에 초점을 맞추는 1인칭 관점의 기도는 13장에서 인용한 성서 구절들에서 확인했듯 우리 내면의 신성을 자꾸 수긍하는 연습을 하는 것입니다. 통합 및 그 이상의 예배는 하느님의 세 얼굴 모두를 긍정하는 예배로 혼자서나 집단으로 모여 예배드릴 때 훨씬 풍성하게 온전함을 표현할 수 있습니다.

▸ 만물에 펼쳐진 하느님의 무한한 얼굴을 관조하고 성찰하는 3인칭 관점은 우리가 읽고, 사색하고, 연구하고, 노래하고, 말하는 모든 활동에서 영에 개방적인 의식이 되는 것이다.

▸ 우리와 가까이 있는 하느님의 친밀한 얼굴에 자신을 낮추며 찬미하는 2인칭 관점은 우리가 혼자서나 집단으로 감사하고, 찬양하고, 순복하고, 대화를 나누면서 영을 향하는 것이다.

▸ 우리 내면에 우리로서 있는 하느님의 내밀한 얼굴을 향하는 1인칭 관점은 우리 자신의 신성을 깊이 긍정하는 것이다. 우리의 영적 은사들을 통해서 세상에 봉사하고 해방을 주는 것은 하느님의 자비심이 우리를 통해 표현되는 것이다.

죄와 구원

부족, 전사, 전통 의식의 교회는 죄를 하느님에 대한 불순종으로 봅니다. 그리고 구원은 그 불순종의 대가로 처벌받아야 하는데 예수 그리스도를 통해 면하게 되는 것입니다. 이런 이해 방식이 전통 교회의 신조, 교리 및 제도에 강하게 박혀 있습니다. 하지만 교회의 신자들이 이제는 다르게 생각하기 시작했다는 사실에 감사합니다. 최근 신자들의 의식조사에서 밝혀진 바로는 전통 교회 신자 절반 이상이 다른 종교도 영원한 생명으로 이끌 수 있다고 믿는답니다.[22]

근대 의식의 교회는 자신이나 남을 해치는 것을 죄라고 봅니다. 구원은 세상에 정의와 치유를 베푸는 것입니다. 포스트모던교회는 죄를 소외(꼭 이 용어를 쓰지는 않을지라도)로 보며 구원은 우리와 타자들이 영적 영역에서 서로 연결되는 것으로 봅니다.

통합 및 그 이상의 관점은 죄를 다시 원어의 의미로 돌려놓습니다. 그리스어로 죄는 "표적을 벗어남"이라는 뜻입니다. 하지만 통합 교회는 '죄'라는 단어를 잘 쓰려 하지 않습니다. 그 단어에는 이천년에 걸친 종교적 오용, 예컨대 자신을 혐오케 한다든지, 지나치게 성에만 초점을 맞춘다든지, 건강치 못한 방식으로 자기반성에만 몰두하게 한다든지 하는 짐이 얹혀 있기 때문입니다.[23] '죄'란 말은 내면 차원에서 에고와의 동일시란 의미로 대체될 수 있습니다. 외적인 차원에서 보자면 죄는 '억압'으로 말할 수 있을 것입니다. 죄는 잘못된 정체성을 사랑 없는 태도와 행위를 통해 드러내는 것입니다. 즉, 죄는 자신의 신성한 자아에 참되지 못함입니다.

'구원'을 생각할 때 통합 교회는 죄/희생/속죄의 신학을 버립니다. 그런 처벌과 보복에 기초한 신학이란 그리스도와 부합되지 않기 때문입니다. 대신 구원은 우주의 영적 실재를 향해 돌아가는 것, 그래서 우리 모두 하느님의 사랑받는 자녀임을 깨닫는 것으로 봅니다.

전통 교회도 우리가 예수처럼 타인을 사랑하고 예수처럼 행동해야 한다고 가르칩니다. 하지만 전통 교회는 우리가 결코 예수와 같을 수는 없다고 분명히 선을 긋습니다. 결국은 불가능하고 억압적인 목표를 제시하는 셈이지요. 통합 교회는 우리가 참 자아에서 본래 예수와 같다고 봅니다. 우리의 참 나가 이미 그리스도인 것입니다. 그러므로 우리는 예수와 같을 수 있고 예수처럼 행동할 수 있습니다. 가장 심층에서 우리는 예수와 다르지 않기 때문입

---

22 가톨릭 신자 79%, 복음주의자 57%, 주류 교단 신자 83%가 신에 이르는 다른 길을 인정한다고 한다. https://pewforum.org/.

23 Stendahl의 *Paul Among Jeus and Gentiles*, 78. "The Apostle Paul and the Introspective Conscience of the West."

니다. 통합의 관점에서 구원이란 자신의 참모습으로 돌아가는 것입니다.

천국과 지옥

예수는 지옥을 "쓰레기장과 같은 실존"이라 했습니다. 이런 의미의 지옥은 매우 실제적입니다. 우리가 죽어서 영원히 처벌받는 곳으로 보는 전통 교회의 사고와는 관계가 없습니다. '지옥'으로 번역된 성서의 단어는 게헨나입니다. 예루살렘 남쪽에 있는 쓰레기장의 이름입니다. 과거에는 아이를 희생제물로 바친 끔찍한 역사가 있는 곳입니다. 예수 당시에는 쓰레기를 태우느라 늘 불이 붙어 있었다는 장소였습니다. 린 수사가 쓴 여러 아름다운 책 중 하나에 이런 글이 있습니다.

우리가 사랑 없는 행동을 하면 일어날 일에 대해 예수가 게헨나 혹은 지옥이란 말을 사용한 이유는 최근의 심신 일원론을 떠올리면 짐작이 갈 것이다. 사랑의 방식으로 행동하지 않을 때 우리는 자신을 쓰레기처럼 느낄 뿐만 아니라 우리의 신체 및 전체 자아가 게헨나의 쓰레기처럼 되기 때문이다.[24]

성서에서 예수는 지옥(게헨나)을 누구보다 많이(11-12번쯤) 말한 당사자입니다. 그렇지만 우리는 지옥을 예수의 어법에서 벗어나 너무나 이질적이고 억압적인 의미로 변질시켰습니다. 신약의 복음서에 기록된바 지옥에 대한 예수의 관점은 다음과 같습니다:

① 예수는 단 한 번도 지옥을 누가 그리스도인이냐 아니냐에 연관시키지 않았다. 예수의 지옥은 누가 어떤 종교를 갖는지는 개의치 않는 언어다.

---

24 Linn, *Simple Ways to Pray*, 26.

② 모든 면에서 예수의 지옥은 믿음 없음이 아니라 사랑 없음과 상관이 있다.

③ 지옥은 지금 여기서 타인을 억압하는 사람들을 근본적으로 비판하는 예수의 어법이다.

④ 신약에는 어떤 식으로든 영원한 지옥 같은 곳에 버려질 사람을 말하는 구절은 없고 오히려 누구나 하느님과 영원히 지내게 될 것이라고 말하는 구절이 서른 군데 이상 나온다.[25]

사랑 없음에 관한 예수의 말씀을 영원한 악운이라는 사랑 없는 말씀으로 만들어버린 건 우리입니다. 지옥의 쓰레기장이란 우리가 자신의 참 나에서 벗어나 사랑이 아닌 방식으로 자신을 표현하는 모습입니다.

통합 및 그 이상의 의식에서 천국은 이제나저제나 우리가 하느님과 자신을 동일시하고 이를 표현하는 존재 양식으로 이해합니다. 따라서 천국이란 현재의 차원이자 계속 진화하는 미래입니다. 제가 지금껏 세 관점으로 설명한 것을 플라톤은 고전적으로 진, 선, 미라 했습니다. 이는 통합 및 그 이상이 보는 천국을 우아하게 확장, 설명할 수 있는 틀입니다. 아주 간단히 말해서 천국이란 어디서건 진, 선, 미가 계속 확장되고 있음을 말하는 것입니다.

하느님의 나라

부족, 전사, 전통 의식의 교회는 하느님의 나라(혹은 복음서에서 같은 의미로 하늘나라라 한)를 그리스도인이 죽어서 가는 곳으로 생각합니다. 반면 근대의식교회는 하느님의 나라를 지금 여기에서 이루는 정의 및 치유라고 여깁니다. 포스트모던교회는 아예 하느님의 나라라는 용어 자체를 사용하지 않

---

25 해당 구절 및 설명을 보려면 내가 쓴 소책자 *Hell? No! A Bible study on why no one will be left behind*를 보라. www.broadwaychurch-kc.org.에서 온라인으로 접할 수 있다.

습니다. '나라' 혹은 '왕국'이란 말은 너무나 가부장적이라서 말입니다. 제가 이 책에서 그 용어를 쓰는 이유는 워낙 친숙한 탓도 있고 '하느님의 통치'나 '하느님의 영역' 같은 말로 바꿔도 별반 더 나아지는 것 같지 않아서입니다. 포스트모던 그리스도인들은 아마도 하느님의 나라 혹은 천국이란 우리 모두 영적인 존재로서 인간의 삶을 산다는 의미로 볼 것입니다.

통합 의식의 관점에서 하느님 나라란 하느님과 우리가 또 우리 서로가 분리되지 않았다는 예수의 비이원론 의식을 가리키는 것으로 봅니다. 예수는 그리스도교회가 임박했다고 가르친 게 아닙니다. 임박한 것은 하느님의 나라입니다. 전통 교회는 천국에 가는 게 신앙생활의 목표라고 믿습니다. 반면 통합 교회는 천국을 우리 안에 주입하는 것이 목표라고 생각합니다!

이 말을 조금 더 다듬자면, 제가 이해하는 예수 그리스도의 복음이란 이미 우리 안에 늘 존재하는 천국을 자각하는 것입니다. 즉 지금 여기 이 세상에서 그 실재를 깨닫고 수용하고 발현하는 것이 목표라는 말입니다.

전통 교회는 몇몇 탁월한 초대교회 지도자들이 신자들을 당시의 발달 수준에 맞게 예수를 이해할 수 있도록 돕는 과정에서 등장했습니다. 4세기의 신조들은 그리스와 로마의 사상을 빌려 형성한 것입니다. 거기서부터 제도 교회는 형태를 갖췄고 오늘날 우리가 아는 그리스도교가 대부분 그러합니다. 이 그리스도교보다 앞선 것이 무엇일까요? 하느님의 나라가 그리스도교보다 더 중요합니다! 예수가 하느님의 나라를 설파했을 때 그는 하느님 의식을 말한 것입니다. 하느님 안에, 하느님과 더불어, 하느님으로서 사는 의식 말입니다!

루가의 기록에 의하면 예수는 하느님의 나라는 바로 우리 안에 있다고 했습니다.[26] 도마복음에서 예수는 이런 말을 합니다.

---

26 루가 17:21.

너희를 가르치는 자들이 너희에게 '보라, 그 나라가 하늘에 있도다'라고 하니, 그렇다면 새들이 너희보다 먼저 거기에 가 있을 것이라. 그들이 '그 나라가 바다에 있다'고 하니, 그렇다면 물고기들이 너희보다 먼저 거기에 가 있을 것이라. 그 나라는 너희 안에 있고 너희 밖에 있느니라. 너 자신을 알라. 그러면 남도 너희를 알 것이고, 너희도 너희가 살아계신 아버지의 자녀라는 것을 알게 되리라. 그러나 너희가 너희 자신을 알지 못하면 너희는 가난에 처하고, 너희가 가난 그 자체라.[27]

우리가 심층의 자아를 알지 못하면 하느님도 알지 못하고 그 둘이 하나임도 알지 못할 것입니다. 하느님의 나라는 먼저 내면의 일입니다. 그런 다음 거기서 세상의 필요한 곳으로 흘러넘치는 것입니다.

신비

부족 의식에서 신비주의는 자연과의 합일이 두려움에 기초한 미신과 섞여 있는 식입니다. 전사 의식에서는 승자와 패자로 나뉘는 힘의 게임 환상으로 가득합니다. 전통 의식의 신비주의는 성서에서는 쉽게 발견할 수 있지만 그런 신비 사건은 성서의 기록이 완결되면서 끝났다고 믿습니다. 근대 의식의 눈엔 신비 따위는 아예 없습니다. 포스트모던이 보는 신비주의는 전 이성적 환상과 진정한 심령 체험이 죄다 포함됩니다. 통합 및 그 이상의 의식에서는 미신과 영성을 구별하는 한편 과학자의 우주 탐구 역시 신비가의 영적 세계 탐색과 마찬가지로 인정하고 수용합니다.

전통 교회가 가진 초자연의 개념이 통합 교회에서는 신비의 개념으로 대체됩니다. 초자연은 하느님이 외부에 있다가 개입한다는 식의 개념입니

---

27 도마복음 3.

다. 반면 신비는 하느님은 이미 현존해 있고 우리는 다만 그 실재를 자각할 따름으로 보는 것입니다.

신비가란 하느님을 경험하는 사람입니다. 즉, 하느님은 경험할 수 있는 실재입니다. 하느님에 관해 온갖 신념을 가질 수 있습니다. 하지만 신념과 하느님을 경험하는 것은 다릅니다.

예수는 무엇보다 신비가였습니다. 신비가로서 산 그의 삶과 가르침에서 그리스도교라는 것이 태동한 것입니다. 그런데 전통 그리스도교란 교리와 두려움에 기초한 것이라서 신비를 껄끄럽게 생각합니다. 오늘날 교회에는 신비가가 별로 없습니다. 그런 사람들은 교회가 환영하지 않기 때문에 소위 '영적이나 종교적이지 않음'의 운동이나 동양 종교에서 집을 찾곤 합니다.

통합 및 그 이상의 교회는 신비가들을 환영합니다. 신비가들은 일상생활에서 보는 평범한 세계 너머에 더 깊은 존재의 상태가 있음을 믿습니다. 통합이상의 교회는 신약이 기록하는 변성 의식 상태를 그대로 인정하고 다른 종교 전통들 속의 신비가들 또한 인정합니다.

지금 시점에서 통합이론과 실천의 넓은 세계가 갖는 가장 큰 약점은 신비주의를 거의 전적으로 개인의 의식에 국한한다는 점일 것입니다. 통합 의식 수련자 대다수가 집단성은 별로 드러내지 않습니다. 하지만 바람직한 변화의 조짐이 없지 않습니다.[28] 가장 진보적인 통합 신비주의는 사적인 동시에 공공적입니다. 통합 그리스도인에게 고양된 영적 의식 상태는 일상적이라 예배드릴 때나 소그룹으로 모일 때도 통상 경험할 수 있는 것이 됩니다.

장점과 한계

이 장은 제가 이해하는 대로 통합 그리스도교의 장점을 소개하는 데 할애했

---

28 앤드류 코헨의 깨달음 작업은 집단적인 접근의 환영할 만한 예외라 하겠다.

습니다. 앞으로 다른 사람들의 해석도 더 등장하길 기대해봅니다.

그런데 아직도 통합 의식은 등장 초기여서 한계를 말하기엔 이른 감이 있습니다. 물론 새로운 사고방식이 등장할 때면 비판도 따르게 마련입니다. 그 비판 중엔 나중에 보면 참인 것도 있고 아닌 것도 있을 것입니다. 하지만 어느 단계가 갖는 주요 약점은 상당수가 그 의식 수준에 충분히 머물다가 그 너머를 보기 시작할 때 비로소 가능합니다. 모든 단계에 한계가 있듯 통합 수준도 그러하리라는 것, 그 너머로 진화하라는 영의 부르심에 응답하려면 통합단계도 초월해야 하리라는 것만 확실할 따름입니다.

종교, 사회, 정치적 행동주의

독자들은 제가 사회정치적 행동에 대해서는 별로 말하지 않는다는 점을 이미 눈치챘을 겁니다. 예수는 루가 4장의 설교를 통해 자신의 소명을 정의로운 행동의 틀에 담아 표명합니다.

주님의 성령이 나에게 내리셨다. 주께서 나에게 기름을 부으시어 가난한 이들에게 복음을 전하게 하셨다. 주께서 나를 보내시어 묶인 사람들에게는 해방을 알려주고 눈먼 사람들은 보게 하고, 억눌린 사람들에게는 자유를 주며 주님의 은총의 해를 선포하게 하셨다.[29]

예수는 구약을 인용하면서 영의 '부으심'이 먼저 있고 나서야 세상의 해방이 가능하다고 말합니다. 예수와 압바의 관계가 선행되고 거기서 예수의 구원 활동도 우러나온다는 것이 저의 이해 방식입니다. 예수는 어디서 무얼 말하고 행할 것인지 그 의식에서 파악했던 것입니다.

---

29 루가 4:18-19.

이 책의 초점은 하느님과의 상통과 합일에 있습니다. 세상의 치유라는 중요한 주제는 다른 책에서 다루고자 합니다. 세상의 진지하고 선해 보이는 행동이 기실 내면의 어둠에서 비롯되는 경우가 많습니다. 그 결과가 보통 선을 행하다 낙심하고 소진되는 것입니다.

저 자신을 돌아봐도 영의 근원이 아니라 어두운 동기로 사역했던 경험이 많습니다. 하지만 점차 내면의 근원인 영과 소통하고 영에 이끌리며 활동해보니 그 차이를 확실히 알겠더군요. 그것만이 진정한 길입니다!

예수의 압바 하느님으로 표현된 영과 만나고 합일할 때 자신이 지닌 영적 은사에 맞춰 사랑의 흐름을 이 세상에서 구원의 행동으로 풀어낼 수 있습니다.

이전 단계를 품고 초월하기

통합 영성은 다른 영적 수준들을 인정하면서도 초월하는 최초의 의식이라는 점이 획기적입니다. 부족 의식에서 종종 등장하는 외경심이 신비를 향하는 과정에서 인정 수용됩니다. 그러면서도 우리 내면의 신성을 바깥의 존재들에게 마법적으로 전사하던 것은 거두어들입니다. 주문이나 희생제물, 기도를 통해 조종할 수 있는 초인적 존재에 대한 믿음 또한 거둡니다. 참된 신비주의는 밖으로 전사한 자신의 신성을 회수하고 자신의 것으로 삼는 겁니다. 하느님과의 신비적 합일과 동일시를 경험함으로써 예수처럼 영의 세계와 상호작용할 수 있게 됩니다.

제 안에 깊이 스며든 이미지의 상당 부분이 전통의 신화 의식 수준에서 온 것들입니다. 저로서는 그 사실을 부정하기 어렵습니다. 사실 제 안의 모든 게 '완성'될 필요가 있습니다. 제 안의 전통 의식 부분은 전통의 이미지를 통해야 영을 매개할 수 있습니다. 통합 교회는 전통 교회의 가치를 인정합니다. 신화적이라고 해서 무의미한 게 아니지요. 문자적으로는 신화라 해도 삶과 무관한 게 아니기 때문입니다.

제 안의 전통적 부분과 다른 부분들 사이의 긴장이 감지될 때 비로소 저는 변화를 맞이할 준비를 합니다. 모든 부분이 완성될 필요가 있습니다. 아직 변화의 때가 되지 않았는데 미리 그것을 떼어내려고 해서는 안 됩니다.

통합 그리스도교는 모든 수준의 교회에서 배울 점을 찾습니다. 부족 교회로부터는 교회공동체에 정착하여 소속감과 충성심을 갖는 법을 배웁니다. 전사 교회로부터는 영성 생활에 대한 열정을 배웁니다. 전통 교회로부터는 서로 성실하게 함께 일하는 법을 배웁니다. 근대 교회로부터는 비판적 사고를 멈추지 않아야 함을 배웁니다. 포스트모던 교회는 각 사람의 개별성에 민감해지는 법, 최대한 모두를 포용하는 법을 가르쳐 줍니다.

통합 그리스도교는 포스트모던·진보·이머전트 교회, 신사고· '영적이나 종교적이지 않음' 운동과는 어떻게 다른가?

저는 이 운동들 모두 나름의 가치가 있다고 생각합니다. 이들 모두 교회의 진화에 공헌하는 바가 있습니다. 전통 및 근대의 교회가 조금씩이라도 이 운동들처럼 변한다면 전체 교회의 지형은 많이 달라질 것입니다.

1. 진보 그리스도교

'진보 그리스도교'라는 용어는 1990년대 들어서 광범위하게 사용되기 시작했습니다. 개신교의 경우 이 무렵 보수의 흐름이 급상승하는 것에 불만을 가진 사람들이 교회 밖에서 나름의 진영을 형성했습니다. 진보 그리스도교의 한 갈래는 그리스도인들이 전통 신학에서 벗어나게 하는 데 역점을 둡니다. 다른 한 갈래는 20세기 초 사회복음의 흐름을 이어받아 사회 정의에 초점을 둡니다. 과정신학도 이 진보 운동의 한 갈래입니다.[30]

2. 이머징 교회

이머징 혹은 이머전트 교회 운동은 최근에 부상한 운동으로 포스트모던 의식을 지닌 사람들과 교회를 다니지 않는 사람들을 활기차게 포섭하려고 합니다. 그런데 그 운동이 포스트모던한 사람들을 대상으로 하되 자신은 정말 포스트모던의 교회인지 아니면 전통 의식에 가까운지는 좀 더 두고 볼 일입니다. 여하튼 큰 잠재력을 지닌 운동으로 보입니다.

이머징 교회 운동은 그 신념이나 실천 방식이 실로 다양합니다. 어떤 교회들은 고풍스러운 의식과 예술, 드라마, 사회적 행동을 강조합니다. 그리고 서로 유연한 네트워크를 구성해 제도적 성격은 약합니다. 하지만 운동이 더 성장하면 이런 특성은 달라질 수 있습니다. 아마도 모든 이머징 교회들에 공통된 한 가지는 전통 교회에 대한 환멸일 겁니다. 그래서 이들은 기꺼이 전통 교회를 넘어서고자 합니다.

저는 이머전트 교회 운동이 성장하는 것이 기쁩니다. 그래서 이 운동에 박수를 보냅니다. 제가 볼 때 이머징 교회들은 전통 교회 신자들이 다음 단계의 영적 진화를 향해 한 걸음 내디딜 가능성을 열어줍니다. 뭔가 더 목말라하는 신자들을 위한 디딤돌이지요. 그래서 이머징 교회 운동이 말 그대로 떠오르는 운동이 될 수 있을 것 같습니다.

이머징 교회 운동이 어떻게 해야 '자유주의' 주류교단처럼 되지 않을 수 있을까요? 예수의 삶과 가르침을 본받아 진정한 영적 경험을 추구할 때, 이 책에서 제가 제안하듯이 성서를 다시 영성 생활의 중심으로 되돌릴 때 그럴 수 있을 겁니다.

이머징 교회 운동의 대변자라 할 브라이언 맥라렌(Brian McLaren)은 아주 훌륭한 성장 과정을 도표로 제시합니다.[31] 물론 앞으로 얼마나 많은 사람이 그

---

30 John Cobb, *The Progressive Christian*, Vol 182, Issue 5, 2-14.

과정을 실제로 따를지는 두고 볼 일입니다.

저는 이 운동의 앞길에 통합 교회를 놓고 싶습니다. 준비된 사람들이 다음 단계를 발견하고 거기 뛰어들 수 있게끔 말입니다.

3. 포스트모던 교회

포스트모던 교회란 상당히 넓은 범주여서 테제, 고풍스러운 예배 양식, 현대풍, 다중감각의 예배까지를 망라합니다. 많은 교회가 찬양인도자 대신 예배팀, 오르간 대신 밴드를 등장시켰고 전통적인 성가대는 접었습니다. 그리고 전인 사역을 추구하면서 영혼의 구원뿐만 아니라 사회 참여도 다들 추구합니다. 다문화주의를 수용하고 다양성을 가치 있게 여깁니다. 포스트모던 교회는 영성과 더불어 공동체 내의 관계성에도 초점을 둡니다. 예술은 포스트모던 교회가 소중하게 끌어안는 소통의 수단입니다.

통합 및 그 이상의 교회와 위에서 말한 교회 운동들이 어떤 차이가 있는지 밝혀두는 것이 미래를 위해서도 좋을 것입니다.

4. 진보 · 이머전트 · 포스트모던 교회 운동에 대한 세 가지 우려

① 이 운동들은 기저에 깔린 신학을 밝히지 않은 채 변화만을 도모할 수 있습니다. 진보 · 이머전트 · 포스트모던 교회들은 자기네 생각을 분명하게 정의하길 싫어하는 듯 보입니다. 지금 시점에서 보자면 다분히 의도적으로 보입니다. 자기네 운동에 복음주의자들도 포섭하길 원하기 때문입니다. 물론 이전의 신학적 정의들이 너무 제한적이고 배타적이며 엄격하다는 이유도 있습니다. 이 운동들은 자기네 신학이 다양성을 포용하는 한편으로 경험과 관계성에 초점을 두

---

31 *A New Kind of Christianity.*

길 원합니다. 그래서 공연히 정의를 내리다가 아직도 대체로 전통 의식 수준에 놓여 있는 그리스도교 일반에 도전하는 인상을 주고 싶어 하지 않습니다. 이 운동들의 기본신념은 "관계와 대화를 원하고 다른 사람의 신념에 시비하지 않을 조건으로 우리 운동에 들어오시오"인 것 같습니다. 유니테리언 보편주의 교회가 대단한 포용성으로 그러한 신념의 극단을 보여 줍니다. 하지만 그 교회는 자신을 그리스도교 교회로 정의하지 않습니다. 통합 및 그 이상 의식의 교회든 뭐든 어느 교회가 그리스도교이면서 세상을 향해 한 길을 제시하고자 한다면 자신이 무얼 믿는지 분명하게 밝힐 필요가 있습니다.

이 운동들의 한 가지 목표는 모두가 개방적이어서 특정 종교나 무종교를 강요하지 않는 세상을 만들자는 것입니다. 통합 교회 역시 그런 세상을 목표 삼습니다. 하지만 통합 의식 수준에서 개별종교는 어떻게 자기네 종교 전통을 통해 그런 세상이 도래하게끔 공헌하느냐로 자기 종교의 가치를 드러냅니다. 자기 종교 전통의 고유함을 포기하는 건 세상이 서로 사랑하는 공동체가 되는 데 공헌할 힘을 포기하는 것과 다르지 않습니다. 저는 분명하게 예수를 따름으로써 그런 세상을 소망합니다.

② 이 운동들은 지금 현재로는 초월의식 상태에서 하느님을 경험하는 것의 가치를 평가절하하고 있습니다. 전통 교회를 거부하노라니 아예 영적인 건 죄다 가르치지 않거나 소홀히 하는 것입니다.

③ 이 운동들은 연구나 성찰로 3인칭 하느님의 무한한 얼굴에 접근하는 것은 대체로 수용합니다. 그리고 예배나 기도로 2인칭 하느님의 친밀한 얼굴도 추구합니다. 하지만 내면의 신성을 경험하는 데서 비롯되는 1인칭 하느님의 내밀한 얼굴은 간과합니다. 자신의 신성을 직접 경험한다는 생각은 대체로 이 운동들이 편안하게 여기는 범위를 벗어납니다.

5. 신사고운동(The New Thought Movement)

신사고운동은 19세기 말에 태동한 것으로 치유, 생명력, 창조적 심상화 및 개인의 능력 등 몇 가지 형이상학적 신념을 공유하는 집단, 작가, 철학자 개개인들이 느슨한 동맹 관계를 형성한 운동입니다. 이들은 신이 전능하고 편재하며, 오직 영만이 실재이고, 인간의 참 자아는 신성이며, 신성한 생각이 곧 선한 힘이고, 병은 대부분 마음에서 비롯되므로 '바른 사고'만 하면 치유의 효과를 낼 수 있다는 신념을 공유합니다.

유니티 교회들이 가장 최근에 나타난 신사고운동집단이라 할 수 있는데 이 교회들은 대체로 그리스도교 정체성을 유지하는 편입니다. 반면 종교과학(Religious Science)은 영적 삶을 위한 연합센터라고도 하는데 이들은 그리스도교 정체성보다는 마음의 힘에 더 초점을 둡니다. 흥미롭게도 이 단체의 창설자인 홈즈(Ernest Holmes)는 주로 예수의 가르침에 기초하여 『마음의 과학』(Science of the Mind)을 저술한 인물입니다.

통합 교회와 신사고운동의 차이는 통합 교회가 예수의 삶과 가르침, 예수의 현존에 굳건하게 뿌리를 내린다는 점에 있습니다. 신사고운동은 영적인 사고와 실천을 많은 면에서 풍성하게 했습니다. 저는 분명히 그리스도교 전통에 서는 사람이지만 이들의 공헌은 높게 평가합니다.

6. '영적이나 종교적이지 않음'

'영적이나 종교적이지 않음'(SBNR) 운동은 포스트모던 의식을 지닌 이들이 주로 택하는 노선입니다. 미국인 다섯 명 중 한 명이 자신을 영적이나 종교적이진 않다고 간주합니다.[32] 이 운동을 전에는 뉴에이지로 불렀는데

---

32 Fuller, *Spiritual but not Religious*, 4.

이 사람들은 대부분 그렇게 불리길 원하지 않습니다. 이들의 전형적 신념에는 범신론과 범재신론, 윤회, 카르마, 어떤 사람들에겐 보이기도 하면서 세상에 관한 어떤 정보를 알려주는 에너지장의 존재, 인격의 변화, 생태학적 가치 등이 들어 있습니다. 그리고 명칭은 다양하지만 결국 모든 길이 신이라는 신비에 이른다는 신념을 일관되게 유지합니다. SBNR 사람들은 대체로 쇼핑하듯 자기 입맛에 맞게 온갖 신념이나 수련 양식을 섭렵하는 일에 거리낌이 없습니다.

1) SBNR 운동에는 큰 장점이 있다

'영적이나 종교적이지 않음' 운동에 참여하는 대다수는 현재 그리스도인이거나 전에 그리스도인이었습니다. 이들은 전통 교회가 채워주지 않은 뭔가를 더 원했고 마침내 뉴에이지 형태의 영성을 모색하기 시작했습니다. 그러므로 이 운동은 전통 교회의 한계를 넘어서 새로운 길을 모색하고자 한 것이 동기였던 셈입니다.

이 운동은 영성의 샘을 목말라하는 그리스도인들의 갈증을 일깨워주는 바가 있습니다. 만약 교회가 변성 의식 및 영의 대역 경험을 진지하게 수용했다면 뉴에이지 운동 같은 게 탄생할 수 있었을지 의심스럽습니다. 뉴에이지를 깔보거나 조롱하는 그리스도인들은 성서를 다시 볼 필요가 있습니다. 맞습니다. 구약이 죽은 자와 접촉하는 일을 경고하긴 합니다. 하지만 예수 자신은 변모 사건에서 모세와 엘리야를 만남으로써 그 같은 경험의 선두주자가 된 셈입니다.

그리스도인들은 몽환 상태나 채널링을 공공연히 비난합니다. 하지만 사도행전을 보면 베드로나 바울로가 몽환 상태를 경험하곤 했다는 사실을 알 수 있습니다. 예언 현상을 자세히 검토해본다면 뉴에이지에서 말하는 채널링과 매우 유사합니다. 물론 가장 고차적인 채널링을 예언이라 해야겠지만 말이지요. 그리스도인이라면 마땅히 그런 경험의 근원이 무엇인지, 정말 높은 수준의 영적 존재에게서 비롯된 것인지 아니면 낮은 차원 심지어 길 잃은 영들의 영향은 아닌지 따져보는 것이 맞겠습니다. 그러나 현상은 다르지 않은 것입니다.

그리스도교회가 신약이 그리도 빈번하게 기록한 영적 경험을 부정하는 걸 보면 '영적이나 종교적이지 않음' 운동의 경험들을 부정하는 것과 별반 다르지 않습니다. 뉴에이지/SBNR 운동에서 나타나는 현상들과 신약이 기록하는 경험들의 유사성을 마냥 부정하는 것은 옳지 않습니다. 물론 채널링 혹은 예언의 질과 근원을 엄밀히 따져 분별하는 문제는 남지만 말입니다.

2) SBNR에는 큰 약점이 있다

이 운동의 신념에는 실로 의식 발달 지도상의 온갖 것들이 혼재해 있습니다. 마법, 자아도취, 민담, 자조, 전통적 지혜, 심령 현상 및 참된 영적 탐구가 말입니다. 포스트모던은 진정한 영적 에너지와 현상에 접하고자 했습니다. 그런데 전 이성적인 것과 초이성적인 것을 분간하지 않고 마구잡이로 모든 것을 포용하려 들었다는 특성도 다분히 포스트모던답습니다.

이 운동의 근간이 되는 신념이 '현실은 네가 만드는 것'입니다. 가히 열렬히 옹호하는 신념이지요. 우리에겐 자기 인생을 바꾸고 원하는 것을 '끌어올 수 있는' 놀라운 능력이 있다는 신념이기도 합니다. 그러므로 내 생각을 바꾸면 인생에 대한 태도도 달라집니다. 어쩔 수 없는 환경의 희생자라는 식의 사고를 바꿀 수 있는 진리입니다. 그런데 이 진리는 매우 부분적입니다.

생각이 현실에 영향을 주지만 창조하지는 않습니다. 위의 신념이 간과하고 있는 진리는 우리 인생이 자기 생각뿐만 아니라 물리 세계와 타인이라는 현실의 영향도 받는다는 점입니다.[33] 그 셋을 다 고려하지 않고 하나만 전부로 삼을 때 우리가 보는 진리는 부분적일 수밖에 없습니다. "내가 나의

---

33 Wilber, *Boomeritis*, 334-335.

현실을 창조한다"는 말은 1인칭 주관성에 관한 한 힘 있는 진리입니다. 하지만 누가 "의식이 현실을 창조한다" 하고 말하면 "누구의 의식? 당신의 의식 아니면 다른 70억 인류 중 누구?"라는 질문이 대뜸 나옵니다. 내가 내 현실을 창조한다는 말은 2인칭으로 상대방도 자기 현실을 창조하고 있으며 모두가 서로 얽혀 상호주관적으로 영향을 주고받는다는 사실로 균형을 잡아야 합니다. 내 차를 와서 들이받은 음주 운전자는 아마 내가 '끌어온' 게 아닐 겁니다.

3인칭 관점도 또한 고려해야 합니다. 우리 현실의 일부는 우리를 둘러싼 물질세계의 본성을 따라 이루어진다는 점입니다. 토네이도나 해일은 내 생각으로 창조하는 것이 아니라 자연이 일으키는 것입니다.

"내가 내 현실을 창조한다"는 주관적 진리입니다. 2인칭과 3인칭의 진리로 균형을 잡지 않으면 부족, 마법 단계의 주술적 사고처럼 될 수 있습니다. 통합 의식의 관점에서 보면 뉴에이지 신비주의의 많은 부분이 터무니없습니다. 신비의 영역에 열린 태도인 것 자체는 환영하지만 말입니다.

SBNR 이데올로기에는 전사 의식단계의 자기 중심성이 상당히 많습니다. 소위 '번영' 사고라 칭하는 것도 에고에 봉사하는 영성 외에 아무것도 아닙니다. 모든 사람이 신성을 지니고 있다는 SBNR의 신념은 에고와 참나를 구별하지 않은 채 에고를 신으로 삼는 자아 팽창의 혼란스러운 모습으로 종종 나타납니다. 우리가 신이라는 말을 에고는 정말 듣기 좋아합니다. 우리의 참 나는 그 사실을 알기 때문에 그토록 에고를 경계하는 것입니다. 에고는 먹구름처럼 진실의 태양을 가릴 수 있습니다.

통합 교회는 트룽파 린포체가 '어리석은 자비'라 부른 포스트모던 식 접근을 넘어섭니다.[34] 어리석은 자비란 어느 관점도 다른 관점보다 낮지 않다고 보는 것입니다. 모든 관점이 다 괜찮답니다. 그래서 병리적이고 해

---

34 Wilber, *One Taste*, 92.

로운 관점마저도 용인합니다. 분별을 아예 포기한 것인데 전통 신화 수준의 낡은 권위주의나 절대주의처럼 비치지 않으려는 것입니다. 하지만 통합 교회는 사랑과 자비에는 무엇이 진정 도움이 되고 무엇이 해로운지 분별하는 지혜가 따라야 한다고 봅니다.

통합 너머

이 책에서 "통합 및 그 이상"이란 표현을 많이 썼습니다. 통합이상의 단계는 아직도 탐색 중이라서 정확한 설명이 어렵고 이 책의 범위도 아닙니다. 그래서 통칭해서 '너머'라 했습니다. 물론 통합 너머를 자아 초월성, 조명된 마음, 메타 정신, 초개아성, 일치 의식 등 여러 명칭이 있긴 합니다. 짐 매리언은 의식 상태에 관한 명칭들을 사용해서 심령, 정묘, 시원, 비이원으로 부릅니다. 상태 수준으로 변별한 것이지요.[35]

연결(정묘)단계가 언제고 접근 가능한 의식 상태가 되었을 때 내면으로의 의식 전환이 일어납니다. 내면 지향이 되면서 이제 자아는 내부의 주시자, 모든 것을 바라보는 의식으로 경험됩니다. 연결 의식 상태가 진전되면서 내면의 상처 치유 과정도 일단락됩니다. 에고는 거의 남지 않게 되면서 새로운 수준의 내적 자유가 일어납니다. 영적 진리를 더 깊이 이해하고 그런 일이 지속해서 발생합니다.

저는 그런 목표를 향해 가는 교회의 일원이 되고자 합니다.

---

35 Marion, *The Death of the Mythic God*, 146-147.

그림자

16장_ 그림자는 안다 ─ 내적 치유

그림자는 우리 스스로 받아들이기 힘들어 자신이 아닌 양 밀어내 버리면 깊숙이 묻어버린 우리의 약점과 결함, 충동들로 이루어집니다. 우리는 이 버면의 그림자를 외부의 다른 사람들에게 투사하여 자신이 아니라 그들의 것처럼 여기는 경향이 있습니다. 자신의 결함인데 타인의 결함이 돼버리는 것입니다. 우리는 사물을 있는 그대로 본다고 생각합니다. 하지만 그림자는 우리의 현실 인식을 뒤틀어 무엇이 우리에게 속하고 무엇이 타인에게 속하는지 분간할 수 없게 만듭니다.

그림자 작업은 정서 및 버적 치유, 정서적 온전함을 위한 여러 기법 중에서도 가장 중요한 요소라 할 수 있습니다. …

16장 | 그림자는 안다
― 내적 치유

저는 상처받은 치유자입니다. 남을 인도하거나 사역하겠다고 하는 사람은 대개 헨리 나우웬의 표현처럼 "상처받은 치유자"입니다. 이때 상처란 내면에 깊이 자리해서 여간해서는 치유되지 않는 상처를 말합니다.

저는 소위 역기능가정의 외동아들로 자랐습니다. 모든 신경증이 제게 퍼부어졌다는 의미입니다. 어머니는 행복하지 못한 결혼생활에 지쳐 파괴적인 분열증 삽화를 드러내곤 했습니다. 스트레스가 심하면 어머니는 어이없게도 웃음을 터뜨리곤 했습니다. 현실 감각과는 동떨어진 웃음이었습니다. 집에 와보면 어머니는 거실 옷장에 숨어 있곤 했습니다. 어떨 때는 벽에 머리를 찧고 있는 모습을 목격할 때도 있었습니다. 아버지는 사진 취미를 현실 도피처로 삼았습니다. 그래서 지하 암실에서 사진을 현상하며 시간을 보냈습니다. 어머니는 아버지의 바람기를 비난하며 아버지를 옥죄었고 언쟁이 심해지면 아버지는 집을 뛰쳐나갔습니다. 일곱 살 때 저는 어머니가 옷장에 들어가거나 아버지가 집을 나가면 이모나 삼촌에게 전화했습니다. 그러면 그분들은 어머니를 돌봐줄 의사를 찾아 전화하거나 저와 함께 아버지를 찾으러 나섰습니다.

교회는 제게 이 모든 데서 벗어나게 하는 피난처였습니다. 주일학교 선생님들은 멀쩡했고 친절했으니까요. 적어도 교회에서는 말입니다. 십 대 때 저는 매주 며칠씩 교회에 가서 지냈습니다. 세인트루이스에서 저 혼자 교회에 가려면 전차도 한 번 갈아타고 버스도 타야 했습니다. 열두 살짜리가 밤

열 시에 전차나 버스를 기다리느라 한두 시간씩 보내는 게 보통이었는데 1940년대의 밤은 그래도 좋을 만치 안전했습니다. 교회에서 맛볼 수 있는 행복과 평화의 대가로 그 정도는 약과였지요. 그렇게 저는 교회를 사랑했습니다. 사랑의 하느님에 대해 처음 배운 곳이 거기였습니다.

1963년에 신학교를 졸업하고 저는 현재의 교회에 부임했습니다. 몇 년 지나지 않아 신자 수가 배가되더니 세 배로 늘어났습니다. 교회 예산도 그만큼 커졌습니다. 자랑하려는 게 아니라 그렇게 외적인 성공을 거두는 중에도 저는 여전히 상처받은 사람이었음을 말하려는 것입니다. 저는 늘 조바심이 났고 두려움이 몰아닥쳤으며 극심한 외로움을 겪었습니다. 그러면서도 스스로 어떤 감정을 겪는지 알지 못할 정도로 자신의 감정과 끊어져 있었습니다. 그 무렵 누가 저에게 슬프거나 분노한 적이 있냐고 물었다면 "난 슬프지도 않고 화도 안 나" 했을 겁니다. 물론이고말고요!

사람이 꽉 찬 교회 제단 뒤에 앉아서 도대체 내가 누군지, 뭘 하고 앉아 있는지 혼란스러웠던 어느 일요일 저녁이 생각납니다. 저는 자신에게도 낯선 이방인이었습니다.

제가 고향 세인트루이스를 떠나 캔자스시티에 있는 신학교로 갔을 때 공황발작이 심해져서 교실에 앉아 있지 못할 때가 많았습니다. 의사는 제게 불안장애라는 진단을 내렸고 제 나이 스물둘에 상담을 받기 시작했습니다. 지금 저는 일흔셋이고 여전히 치료를 받습니다. 정말 힘든 사례가 저 자신이었던 것입니다! 저는 홀로 고립되길 좋아해서 공황 증세가 심해져서야 겨우 치료받을 생각을 했습니다. 한편으론 치료를 서두르지 않을 만큼, 자신에게 필요한 도움이 뭔지 판단하고 나서야 움직일 만큼 신중했다고도 할 수 있겠습니다.

이런 얘기를 하는 까닭은 저는 제가 해보지 않은 걸 다른 사람에게 권한 적이 없음을 말하려는 것입니다. 사람들에게 자신에게 맞는 내적 치유 방법을 찾으라고 권하는 이유이기도 합니다. 그림자 작업은 상당 기간 저의 여정에서였습니다. 여러 해 걸려 습득한 이 기법을 지금도 자주 활용합니다.

라디오 나라의 그림자

1940년대 대학원에 다니던 8년간 저는 수업이 끝나면 서둘러 집에 가 "그림자"라는 라디오방송을 들었습니다. 이 라디오 연속극에는 눈에 보이지 않으면서 사람들 마음을 가리는 힘을 지닌 레이몬트 크랜스톤이라는 그림자가 등장합니다. "사람들 마음에 어떤 악이 도사리고 있는지 누가 알겠는가? 그림자만이 안다!" 하고 시작하는 처음부터 늘 그림자가 이기고 끝나는 마지막까지 저는 늘 그 연속극에 푹 빠졌습니다. 그때만 해도 그 극의 내용이 칼 융이 얘기하고 프리츠 펄스가 게슈탈트 치료법으로 정착한 그림자의 개념과 정확히 일치한다는 사실을 알지 못했습니다. 과연 **그림자는 우리의 마음을 가리는 힘이 있는데 일상적인 마음은 이 그림자를 보지 못합니다.** 그림자를 보고 그림자와 친구가 돼서 마음을 가리던 힘을 잃게 만들려면 그림자 작업이라 부르는 일이 필요합니다.

예수와 그림자

예수는 이런 말을 합니다. "너는 형제의 눈 속에 든 티는 보면서도 어째서 제 눈 속에 들어 있는 들보는 깨닫지 못하느냐? 제 눈 속에 있는 들보도 보지 못하면서 어떻게 형제더러 '네 눈의 티를 빼내 주겠다.' 하겠느냐? 이 위선자야, 먼저 네 눈에서 들보를 빼내어라. 그래야 눈이 잘 보여 형제의 눈 속에 있는 티를 꺼낼 수 있다."[1]

우리는 이 구절을 대개 남을 비판하지 말라는 말 정도로 해석합니다.

---

1 루가 6:41-42.

남은 관두고 자기 허물이나 조심해라 하는 정도로 말이지요. 사실은 더 심오한 말씀입니다. 왜 예수는 남의 눈의 티끌을 내 눈의 들보와 연결했을까요? 그 둘이 연관이 있기 때문입니다! 다른 사람이나 상황이 나를 불편하게 만든다면 대체로 그것은 그들이 아니라 자신의 문제입니다!

얄미운 사람 하나 떠올려보십시오. 그가 나를 얼마나 불쾌하게 만드는지 생각해 보십시오. 대체로 그것이 내 그림자에 해당하는 특성입니다. 심리학자들은 이 작용을 투사라 부릅니다. 자신의 일부인데도 자신의 것으로 인정할 수 없는 그것을 다른 사람이나 상황에 투사하기 때문입니다. 자신이 도저히 수용할 수 없는 특성을 남에게 돌리고 그 사람의 특성이라 하는 것이지요. 혹시 투사하게 되면 그렇다는 말이 아닙니다. 우린 늘 투사합니다. 투사할 때 그런 일이 벌어진다고 설명하는 겁니다. 상황을 정확히 파악하려고 할 때 우리가 방어적일수록 우리가 보는 게 남의 티가 아니라 내 들보일 가능성이 큽니다.

예수는 남을 비판하는 일과 자신을 성찰하는 일을 연관시켰습니다. 그 연관을 이해해야 정서적으로나 영적으로 크게 성장할 수 있기 때문입니다. 주위를 둘러보십시오. 누가 보이고 그의 무엇이 유난히 불편한가요? 무엇이 반감을 자아내는가요? 당신이 현실이 아니라 자신의 그림자, 자신의 투사와 맞닥뜨리고 있다는 단서가 거기에 있습니다. 예수 당시엔 '투사'란 심리학 용어는 아직 없었습니다. 하지만 예수는 사람들 사이에 그 작용이 늘 있음을 알았습니다.

다른 사람 눈의 티가 보여 화가 난다면 내 안의 티를 돌아보고 내면에 오랫동안 억눌렀던 자신의 일부를 발견할 좋은 기회입니다. 그 티를 적으로서가 아니라 자신으로서 받아들이고 친구로 삼을 수 있습니다. 예수는 원수를 사랑하라 했는데 나와 가장 가까이 있는 원수, 내 안에 숨어 있는 그림자를 상대로 시작해볼 수 있습니다. 그림자 작업은 때로 '투사', '전이', "게슈탈트 빈 의자 기법" 등의 이름으로 통용되었습니다. 빈 의자 기법은 내가 한 의자에 앉고 다른 빈 의자에 나를 불편하게 하는 사람이나 상황을 상상으로 앉혀 놓고 직면하는 방법입니다. 먼저 자신이 그 사람이나 상황에 대해 생각하고 느끼는 바를 말합니다. 그런 다음 빈 의자로 옮겨 앉아 그 사람이나 상황이 되어봅니다. 이번엔 상대방이 되어 원래 의자에 앉아 있는 자신에게 말하는 것입니다. 이렇게 의자를 바꿔가며 한번은 자신이 되고 다음번엔 상대방이 되어 오가는 일을 수차례 반복합니다.

그 과정에서 얻는 깨달음과 통찰은 참 놀랍습니다. 훨씬 현실적인 그림이 보이고 내가 투사하는 것이 무엇인지 보이기 시작합니다. 그 과정에서 애초에 자신이 느꼈던 불편한 감정은 가라앉거나 풀립니다.

간단한 변화작업

빈 의자 기법은 이제 보다 효과적이면서도 아주 단순한 기법으로 압축되었는데 이 기법은 치료사 없이도 할 수 있습니다. 1, 2, 3인칭의 세 관점으로 그림자 작업을 하는 방법입니다. *Integral Life Practice*에는 직면하고, 말을 걸고, 그것이 되라는 3-2-1 기법으로 소개되었습니다. 이렇게 합니다.

먼저 마음으로 상대방이나 상황을 직면하면서 시작합니다. 3인칭 관점에서 상상하며 바라보는 것이지요. 다음엔 2인칭으로 상대방에게 말을 겁니다. 내 감정이 어떻고 무엇이 싫은지 상대방에게 말하는 것입니다. 마지막엔 1인칭으로 그 사람이나 상황이 되어봅니다. 마음으로 그 사람이나 상황을 자신으로 삼고 어떤 생각과 감정이 드는지 표현해보는 것입니다. 이삼 단계 기법은 향하고, 말하고, 되어 보라로 축약할 수 있습니다.

상사가 당신에게 화가 나 있어서 염려하고 있다 칩시다. 그래서 당신은 이 기법을 실행해 보기로 합니다. 상상 속에서 당신은 상사를 바라봅니다. 그리고 그에게 말을 합니다. "늘 저한테 화를 내시는데 정말 이해가 안 갑니다. 왜 그렇게 성질을 내십니까? 전 정말 싫습니다."

이제 그 상사가 되어봅니다. 상사의 입장에서 이런 말이 나올 수 있습니다. "뭐 내가 상대하기 까다로운 사람이긴 해. 사람들도 다 그렇다고 말하지. 하지만 내가 특별히 자네한테 화가 나 있는 건 아냐. 난 자네가 일 열심히 한다고 생각하네."

이제 다시 자신으로 돌아와 말해 봅니다. "꼭 우리 아버지같이 하시네요. 생각해 보니까 늘 우리 아버지를 떠올렸던 것 같습니다. 아버지가 늘 저한테 뭐라고 하셨거든요. 음, 그러니까 저한테 화가 난 게 아니라는 말씀인 거죠? 어쩜 제가 화가 나 있는 거네요. 아버지처럼 구시니까. 전 지금도 아버지한테 화가 나거든요." 이쯤 되면 이제 필요한 건 자기 아버지에 대한 분노를 다루는 작업입니다. 진짜 문제는 거기 있었기 때문이지요. 아버지를 향한 분노가 투사작용을 통해 상사에게 옮겨져 있었던 것입니다(이 시점에서 아버지를 향해 3-2-1 기법을 시도해 볼 수 있습니다. 거기서도 생각지 못한 많은 걸 발견할 것입니다).

이리하여 상사의 눈에서 보았던 티를 제거하고 자신의 눈의 들보를 보게 되었습니다. 이제 그것을 자신의 문제로 인정하고 다루고 풀어주면 됩니다. 그러지 않고 마냥 상사 눈의 큰 무엇으로만 보았다면 자기 아버지를 향한 해묵은 분노라는 진짜 문제를 발견하지 못했을 겁니다. 그저 상사가 자신한테 화를 낸다고만 생각하면서 말이지요. 하지만 이제 상사는 상사, 아버지는 아버지로 분리해서 다룰 수 있게 되었습니다. 당신은 전보다 훨씬 가볍고 편안해졌을 것입니다.

"상사가 진짜 나한테 화가 난 거라면?" 하는 의문이 들 수 있습니다. 우선 위 방법을 해보기 전까지는 확실히 알 수 없습니다. 우리 내면의 현명하고 직관적인 그러나 드러나지 않는 부분은 이미 그 상사에 대해 많은 것을 알고 있습니다. 상사에게 투사했던 것을 거두고 나야 상황에 대한 자신의 진정한 직관이 무엇인지 알 수 있습니다. 당신 스스로 인정하지 않았던 감정과 친해져야 상황을 제대로 알 수 있습니다. 투사가 아니라 현실을 다룰 수 있는 것입니다. 상사가 진짜로 화가 나 있는 거였다고 칩시다. 그래도 이전처럼 두렵지 않을 겁니다. 과거에서 비롯된 해묵은 감정에 더는 물들지 않기 때문입니다. 과거의 분노는 당신이 무력한 아이여서 그 감정을 어찌할 수 없었을 때의 일입니다. 그러나 현재의 감정은 지금 여기 이 상황에서 옵니다. 성인인 당신은 이제 그 감정을 다룰 수 있습니다. 예수는 우리가 과거나 미래를 염려하는 일에 발목이 잡히지 말고 현재를 한 번에 하루씩만 살라고 했습니다. 그 정도는 우리가 늘 할 수 있습니다.[2] 지금 여기에서 비롯되는 감정만 다룬다면 과거에 어린아이로 부모 혹은 내 인생의 중요한 사람들에게 무력하게 겪었던 좌절감에 빠질 필요가 없습니다. 그림자에서 비롯된 혼란스러운 감정만 제거한다면 얼마든지 현재 상황을 바로 짚을 수 있을 것입니다.

누군가가 정말 불공평하게 억압해서 화가 난 것이라면 어찌할까요? 그래도 "직면하고, 말하고, 되어보는" 과정을 통해 자신의 투사를 다루는 것이 우선입니다. 그러고 나면 그림자에 반응할 필요 없이 현실의 불공정을 직시할 수 있습니다. 실제로 무슨 일이 벌어지고 어찌해야 거기서 벗어날지 판단할 수 있는 최선의 상황이 되는 것입니다. "먼저 네 눈에서 들보를 빼내어라, **그래야 눈이 잘 보여 형제의 눈 속에 있는 티를 꺼낼 수 있다**"라는 예수의 말씀은 그 사실을 말해 줍니다. 자신의 들보를 잘 다룰 줄 아는 사람이 남의 눈에 있는 티 문제도 잘 도와줍니다.

지금의 저는 뭔가 부정적인 감정이 일어나면 그 자리에서 위의 과정을 1분이면 충분히 마음속으로 진행할 수 있을 정도는 되었습니다. 기분 나쁜 꿈을 꾸다가 깨면 누운 자리에서 이 향하기-말하기-되기를 바로 행하고 다시 잡니다. 1분 정도면 충분합니다.

---

2 마태 6:34.

예수는 자기 그림자를 어떻게 다루었을까

예수는 억압당하는 사람들의 문제를 다룰 때는 분노했습니다. 예수는 기도와 사색으로 홀로 있는 시간이 충분했기 때문에 억압당하는 약자들을 위해 영이 부어주는 분노와 에고의 분노를 구별할 수 있었습니다. 자기 눈의 들보를 충분히 다뤘기 때문에 상황에 대한 정확한 통찰과 행동을 가질 수 있었던 것입니다.

그 점을 보여 주는 비범한 사례가 광야의 유혹입니다. 광야에서 예수는 사탄으로 의인화된 자신의 '들보'와 직면했습니다. '사탄'은 예수가 힘을 오용토록 유혹하는 자입니다. 하지만 이는 사실 예수가 내면에서 느끼는 유혹을 바깥의 '사탄'으로 투사한 것입니다. 예수의 들보란 예수가 진정한 이타심으로 헌신할 수 있으려면 반드시 분별해서 씨름해야 하는 본인의 에고입니다. 자기 내면에서 에고의 투사 문제를 해결하고 나서라야 비로소 현실의 악을 제대로 뚫어볼 수 있습니다. 그때 비로소 종교, 정치, 사회의 제도적 억압에 반대하여 행동에 나설 수 있는 겁니다. 에고와 이기심에 휘둘리지 않으면서 말이지요. 예수가 약자들을 위해 담대하게 말할 수 있었던 것도 이렇듯 자신의 문제를 넘어섰기 때문입니다.

치유가 일어나는 건 우리가 타인이나 상황에 전가한 감정을 자신의 것으로 재소유할 때입니다. 그림자 작업은 의식의 상태나 수준에서 훨씬 빠르게 진보하도록 돕습니다. 의식 진화의 걸림돌을 제거하는 것이 그림자 작업이기 때문입니다.

나의 그림자

이 장을 쓰는 동안 내가 경험한 그림자 작업 중 하나를 소개해봅니다. 어느 날 꿈에 저는 몸이 마비되어서 움직일 수가 없었습니다. 움직이려고

용을 쓰면서 저는 몹시 두렵고 불안했습니다. 그러다 꿈에서 깼는데 또 악몽을 꿀까 봐 다시 잠들기가 무서울 지경이었습니다. 그래서 자리에 누운 채로 몸이 마비되던 상황을 직면해 보았습니다. 그리고 그 상황에 말을 걸었습니다. "난 무섭고 두렵다. 왜 나는 몸을 움직일 수 없을까? 대체 무슨 일이 벌어지고 있는가? 왜 나한테 이렇게 하는 거지?" 이번엔 나를 옴짝달싹 못 하게 붙잡았던 '마비'가 돼보았습니다. "나는 너를 붙잡고 있다. 그래서 네가 하고 싶은 일들을 아무것도 할 수 없게 만들련다. 너를 무섭게 하고 침대에서 벗어날 수 없게 하겠다. 하하!"

저 자신으로 돌아왔는데 무슨 말을 해야 할지, 다음엔 뭘 해야 할지 모르겠더군요. 그래서 다시 '마비'가 되었습니다. 이번에는 마비의 힘이 세다는 느낌이 왔습니다. 야, 내가 자신을 주저앉힐 만큼 힘이 세구나. 사실 난 힘을 느끼고 싶어 하는 사람이다. 만약 이 힘이 나의 일부로서 내가 외부로 투사한 힘이라면? 내가 이 힘을 내 것으로 재소유한다면 어떻게 될까? 이 시점에서 저는 자신의 힘을 되찾기로 했습니다. "나는 힘이 있다." 그러자 기분이 좋아졌습니다. 실제로 힘이 느껴졌습니다. 저는 아무 두려움 없이 다시 잠들었습니다.

저항

그림자를 직면하려고 하면 필경 에고의 저항을 만납니다. 에고는 우리가 누군지 규정할 때 보통 스스로 용인할 만한 특성들만 조합합니다. 우리가 용인할 수 없는 특성은 억눌러 내면에 밀어놓고 그림자가 되게 하는 것도 에고입니다. 그래 놓고 그 특성을 남에게 투사하면서 세상이 잘못되었다며 불평합니다. 그림자와 접촉하려고 시도할 때마다 에고는 재빨리 딴죽을 걸면서 어떻게든 훼방하려 듭니다.

윌버는 신랄하게 말합니다. "신경증적 배설물 처리를 안 하면 본인은 편하겠지만 주위 사람들은 다 그가 신경증적 얼간이인 걸 안다. 그런데 거기다 대고 내가 일미(一味)의 의식이 어쩌고 하면 사람들은 무슨 수를 써서라도 그것을 피하려들 것이다."[3]

긍정적인 면

그림자 작업의 전체과정은 긍정적인 감정을 놓고도 진행할 수 있습니다. 그림자란 우리 스스로 수용할 수 없어서 내면에 억눌러둔 특성들입니다. 대체로 그 특성들은 색욕이나 욕심, 거짓말, 허세, 증오 같은 부정적인 것들입니다. 하지만 그림자는 말할 줄 아는 능력, 지도력, 강인함, 영성, 그 밖에 우리가 원하지만 가졌다고 생각하지 못하는 긍정적인 것들일 수도 있습니다.

어떤 사람한테 지나치게 반한다면 자신의 긍정적인 자질을 그 사람에게 투사하고 있기 때문일 수 있습니다. 자신의 긍정적인 자질과 힘을 자신의 것으로 여기지 못하면 좋지 않은 자아상 때문에 힘들 겁니다. 사실이 아닌데도 말이지요.

일기를 보니까 2007년 11월 2일 금요일 밤 저는 잘 모르는 사람들과 만나는 꿈을 꿨습니다. 그들은 탁자에 둘러앉아 회의하는 자리에 저를 초대했습니다. 그런데 그들은 나치 같은 긴 검정 외투를 입고 있었는데 힘 있어 보였고 저는 위축감을 느꼈습니다. 꿈속에서 저는 이 힘 있는 인물들이 두려웠습니다. 꿈에서 깨서도 여전히 두려웠습니다. 이렇게 강렬한 감정은 그림자 작업을 하라는 신호입니다. 저는 꿈속의 장면을 떠올려 이 검은 옷의 '나쁜' 사람들을 마주했습니다. 그들에게 말을 걸었습니다. "너희들은 나치처럼 사악하고 비열해 보인다. 무섭다. 대체 무슨 일인가?"

저는 그들이 되었습니다. 그랬더니 제 입에서 이런 말이 흘러나왔습니

---

3 Wilber, *One Taste*, 92.

다. "아니, 우리는 나쁘지 않아. 우린 그저 강하고 힘이 있을 뿐이야. 너는 힘이 있으면 악하다고 생각하는군. 우린 힘이 있지만 악하진 않아."

이 말을 듣자 제 두려움은 녹아버렸습니다. 나아가 저는 이 힘 있는 인물들을 내면에 다시 수용하기로 했습니다. 그들은 저의 일부니까요. 제가 그들 앞에서 위축된 것도 이상할 게 없습니다. 자신의 힘을 그들에게 줘버렸던 거니까 말입니다.

제 인생에 반복되던 시나리오가 갑자기 새로운 방식으로 펼쳐졌습니다. 저는 자신을 별 볼 일 없는 존재로 여겼습니다. 저는 힘이 없었습니다. 괜히 나대다가 위축되기 싫어 아예 처음부터 약자의 역할을 취했습니다. 사람들한테 힘 있는 사람으로 보이길 원치 않았습니다. 리더 역할도 좋아하지 않았습니다. 리더란 아무나 스크린 삼아 자기 홈드라마를 마구 비쳐대는 존재라고 여겼기 때문입니다. 사람들이 제게 투사하는 일은 흔했습니다. 남의 들보로 늘 비난받는 게 리더의 자리입니다. 저는 오해받느니 차라리 힘을 안 갖는 편을 원했습니다. 힘을 안 가지면 위협받을 일도 없으니까요. 윌리엄슨(Marianne Williamson)의 말이 생각납니다. "작은 자인 척하는 건 세상에 보탬이 되지 않는다."[4] 그랬던 제가 갑자기 변한 것입니다. "아하!" 하는 깨달음의 순간이었습니다. 저는 좋은 쪽으로 힘이 있다고 느끼기 시작했습니다. 저는 늘 제 영향력은 선을 위해 발휘하길 원했습니다. 그게 핵심입니다. 힘이 없으면 하느님을 위해 쓸 수도 없습니다. 가끔 예리한 사람들은 제게서 힘에 대한 저항감을 간파하고 그게 옳지 않음을 알았습니다. 꿈은 다른 사람들 앞에서 위축된 모습을 통해 제가 스스로 힘을 포기하고 있음을 말해 준 것입니다.

저는 십여 년 전쯤 처음으로 켄 윌버의 저술과 강연을 접했을 때 그의 통찰과 전망에 압도되었고 또한 매혹됐습니다. 그래서 윌버의 책은 죄다 섭렵했습니다. 지금도 여전히 어려운 부분은 어렵지만 말입니다. 저는 선뜻

---

4 Williamson, *A Return to Love*, 59.

윌버의 지혜를 받아들였고 그 결과 제 영적 성장도 일취월장했습니다. 그리고 윌버의 말이 옳고 참됨을 알았습니다. 그리고 전부터 해오던 영성 훈련도 더욱 심화되었습니다. 윌버가 수련을 강조하기 때문입니다. 그의 설명을 통해 제 영적 경험들도 제가 생각했던 것보다 더 타당하고 가치가 있음도 알게 되었습니다.

그런데 어느 시점에 저는 윌버의 가르침과 수련에 지나치게 몰두하고 매료되어 있다는 생각이 들었습니다. 그래서 직면하고 말하고 되어보는 기법을 실행한 끝에 제가 윌버에게 투사하고 있음을 알았습니다. 1인칭 관점으로 윌버가 되고 보니 '그'(나의 내면의 직관)가 제게 일러주었습니다. 제가 그에게 투사하고 있다고 말입니다. 그(나의 직관이자 지혜로운 자아)는 또 제가 스스로 생각하는 것보다 더 힘이 있으니 자신을 그저 디딤돌로만 삼아야 한다고 말했습니다. 그렇게 하자 바로 차이가 느껴졌습니다. 물론 저는 지금도 윌버를 통해 얻은 영적 성장에 감사합니다. 하지만 윌버를 숭배하지는 않습니다. 이제 저는 그 차이를 알고 느낍니다. 스스로 가치 있다고 판단하는 것에 따라 그와 입장을 같이하기도 하고 달리하기도 합니다. 가끔은 그가 놓치는 부분도 보입니다. 이제 저는 자신이 이해한 것, 자신이 파악한 지혜만을 자신의 것으로 삼습니다!

영적 투사를 거두기

부족 의식에서 우리는 자기 힘을 자연에 투사합니다. 그래서 나무, 산, 강, 동물들에도 다 영들이 있고 힘으로 우리 삶에 영향을 끼친다고 생각했습니다. 자연에 투사한 힘을 거두자 자연은 여전히 아름답고도 두렵지만 '영'은 아니게 되었습니다.

투사 의식에서 우리는 저 하늘 위의 하느님에게 우리의 분노를 투사했습니다. 그래서 그 하느님은 늘 화가 나 있고 우리를 벌주길 좋아합니다.

라못(Ann Lamott)은 이렇게 말합니다. "당신이 미워하는 대상을 하느님도 미워한다고 생각되거든 당신은 당신의 형상대로 하느님을 창조했다고 보면 된다."[5] 우리가 하느님에게 투사했던 분노를 거두면 비로소 예수가 가르쳤던 하느님, 두려움의 환상이 아니라 사랑의 실재에 기초한 하느님이 보일 것입니다.

전통 의식에서 우리는 변덕스러운 마음을 하느님에게 투사해서 이제 하느님은 가끔 화내고, 가끔 사랑하며, 가끔 기뻐하고, 가끔은 싫어하는 존재가 되었습니다. 우리가 수용하기 힘들었던 다양한 기분을 거두어들이면 하느님은 우리처럼 오락가락하는 존재가 아니라 우리가 이 우주에서 더 큰 사랑을 향해 진화하도록 이끌어가는 동력임을 발견하게 됩니다.

가장 파괴적인 투사

우리는 자신의 가장 받아들이기 힘든 모습을 권위자에게 투사하는 경향이 있습니다. 이 사실을 알고 지속해서 그림자 작업을 해나간다면 그 투사했던 것을 자신의 일부로 되돌릴 수 있습니다. 하지만 이 일은 정서적 치유 정도가 아닙니다. 그림자 작업을 통해 잃어버린 영적 정체성을 회복하는 법 또한 배울 수 있습니다.

통합 의식 수준에 이르면 분명해지는 것이 이전 수준의 신앙 및 교회는 자기 신성을 예수에게 투사했다는 사실입니다. 어찌 보면 예수는 하느님의 큰마음, 큰 정신의 육화이므로 그러지 않기도 어렵습니다. 우리의 형상, 우리의 모습인 신성을 되찾는 일도 그림자 작업을 하는 것과 같습니다. 다른 사람에게 투사한 자신의 일부를 되돌리는 것처럼 예수에게 투사한 부분을 보고 되돌리면 됩니다. 영적 그림자 작업이란 예수에게 투사한 신성을 우리의 신성으로 자각하는 일입니다. 그렇다고 예수가 덜 신성해지는 게 아닙니

---

5 Lamott, *Bird by Bird*, 22.

다. 예수는 이미 필요한 신성을 모두 갖추고 있습니다. 따라서 우리 신성을 빌릴 필요가 없는 분입니다. 오히려 그는 우리 신성을 일깨우기 위해 왔습니다. 예수는 우리도 신들이라고 했습니다. 이제 영은 우리더러 예수에게 투사한 신성을 거두어 자신의 것으로 삼으라고 합니다. 그렇게 자신의 신성한 자아를 자각하면서도 여전히 예수의 자기 신성을 아는 고등한 의식에 존경을 표하고 찬미할 수 있습니다.

한번은 기도·명상 시간에 앉아 있다가 강력한 일생일대의 경험을 했습니다. 제 앞에 예수가 나타난 것입니다. 물론 육신의 눈이 아니라 마음의 눈으로 보는 예수입니다. 그러나 정말 생생했습니다. 갑자기 나타난 그는 가슴에 합장하고 제게 머리를 숙이며 "나마스테" 하며 인사했습니다. 저는 그 인사말의 뜻을 압니다. "당신 안의 신에게 인사합니다"라는 뜻입니다. 저는 얼른 저항했습니다. "아니, 아닙니다. 당신이 주님이지 저는 아닙니다." 그는 조용히 제 눈을 보았습니다. 그 순간 예수는 제가 그의 신성을 존중하듯 저의 신성을 존중해주고 있음을 알아차렸습니다. 저는 향하고 말하고 되는 방식을 예수와 더불어 했습니다. 마음으로 예수를 향하고 말했습니다. "예수님, 제가 자신의 신성을 당신께 투사하고 있는 건가요?" 그런 다음 그가 되었습니다. 그(나의 내면의 무한한 지혜를 갖춘 신적 자아)는 얼른 대답해주었습니다. "물론이오. 하지만 당신은 잘할 겁니다. 나마스테." 그렇게 환시는 끝났습니다. 대단했습니다!

서구 심리학이 영성 발달에 가장 크게 공헌한 바가 있다면 그림자를 다룰 수 있게 한 일입니다. 기도로는 그림자를 다룰 수 없습니다. 예배로도 할 수 없습니다. 읽고 연구하는 일로도 안 됩니다. 명상도 마찬가지입니다. 타인에게 봉사해도 그림자를 없앨 수 없습니다. 어떤 식으로든 그림자 작업을 해야 내 눈의 들보가 드러납니다. 정서적 치유, 영적인 치유에 있어 정말 대단한 일생일대의 작업이라 할 수 있습니다. 그러니 미루지 말고 얼른 시작하십시오!

V부

수련

Integral Christianity

17장_ 자신을 돌보기 — 수행하는 그리스도인 되기
18장_ 예배공동체 — 눈뜨고 죽기, 눈뜨고 천국 가기
19장_ 예수의 가장 놀라운 선언 — "너희는 세상의 빛이다"

수련이란 우리를 목표를 향해 다가가도록 성장시키는 훈련기법들을 말합니다. 모든 여정이 첫걸음으로 시작해서 많은, 아주 많은 걸음이 이어집니다. 한 걸음 뗄 때마다 우리가 원하는 곳에 다가갑니다. 여정에 갑작스러운 비약도 없지 않으나 그 대부분은 작은 발걸음들로 이루어집니다. 반복해서 떼는 그 발걸음들로 해서 가고자 하는 곳에 이를 수 있는 겁니다.

17장 ▮ 자신을 돌보기
— 수행하는 그리스도인 되기

제 친구이자 브로드웨이교회의 예배사역인 헌커(David Hunker)는 자기 인생에 큰 영향을 준 두 가지 의식 체험을 얘기해준 적이 있습니다. 그는 워낙 그런 체험에 익숙한데 생활방식이 어떤지 알면 그 이유를 짐작할 수 있습니다. 여기 그의 애기를 옮겨봅니다.

지난 주간 난 예수를 만나는 체험을 두 번이나 했다. 주일 아침 강좌 끝 무렵에 마르시아(브로드웨이교회의 두 동역자 중 한 사람)가 모인 사람들에게 이런 질문을 했다. "하느님이 당신을 얼마나 사랑하십니까?" 잠시 침묵한 다음 한 사람씩 대답하는데 거기서 알게 된 게 사람들이 하느님의 음성 듣는 체험을 많이 한다는 사실이다. 그때 생각해 보니 나는 보는 체험을 하지 듣는 체험은 한 적이 없었다.

내가 본 것은 앞에 서서 나를 내려다보는 예수의 이미지였다. 우리는 가까운 거리에 있었고 예수는 내 어깨를 붙잡더니 다음엔 내 뺨을 양손으로 감쌌다. 그 장면은 짧았지만 강렬했다. 그분이 내 삶에 깊이 관여하고 있음을 체감했고 그 순간 그에게 나 말고 더 중요한 건 없었다. 그는 내게 온전히 몰입하고 있었다!

환시가 사라진 후에도 나는 그 체험을 계속 생각했다. 그런 체험의 중요성은 거기서 일어난 감정이 내 안에 깊이 남는다는 데 있다. 나는 예수와 하나로 이어져 있다고 느꼈다. 자꾸 '맞물리다'라는 단어가 생각났다. 그 경험의 순간에 예수와 나는 맞물려 있었다. 다른 모든 것을 잊은 채 말이다. 나는 그에게 그토록 중요한 존재였고 그는 내 중심을 알고자 했다.

화요일에 나는 이 체험을 마르시아와 폴에게 얘기했다. 얘기하다 보니 그때의 일체감, 내게 몰입해주는 예수의 관심이 다시금 진하게 느껴졌다. 내가 예수에 관심하는 것이 아니라 예수가 내게 관심하는 것이다. 그저 사랑이나 돌봄의 느낌도 아니다. 얼마나 진지하게 그가 나와 함께하길 원하는지에 관한 것이다.

폴은 내 환시 체험을 흥미진진하게 여겼고 신비 체험으로 규정했다. 하지만 나는 속으로 폴의 흥분이 지나치다고 생각했다. 간단하게 어떤 상을 본 걸 가지고 대책 없이 높게 격상시켜준다고 말이다. 하지만 그 체험이 유효하고 의미심장해 보인 것도 사실이다. 인생을 통틀어도 나는 예수와 정서적 일체감을 깊이 느껴보질 못했다. 영과의 일체감은 느꼈고 영을 통해 하느님과도 하나가 된다고는 느꼈다. 하지만 예수와 연결 의식을 깊이 가져본 적은 없다. 예수와 일대일로 인격적 관계를 맺는다는 식의 생각이 내게는 낯설었다.

수요일이 되어 나는 이 체험담을 내 상담자이자 멘토인 패트리시아와 나눴다. 그런데 얘기를 하는 동안 눈물이 났다. 내게 온전히 집중해 주던 예수의 느낌이 강렬하게 되살아났기 때문이다. 나는 내가 그런 주의 집중을 받을만한 사람이라고 믿지 못하며 살았음을 뼈저리게 자각했다.

패트리시아는 육체의 눈을 감고 대신 내면의 영적인 눈을 떠보라고 했다. 그리고 태양처럼 환하고 강렬한 흰빛의 공이 가까이 있음을 시각화하게 했다. 그런 다음에 그 빛 속에서 누가 나오는지 물었다. 나는 다시 울음이 터졌다. 예수가 빛 속에서 달려 나와 나를 끌어안고 맴돌았기 때문이다. 우리 둘이 노는 것처럼 말이다. 예수는 열정을 담은 눈으로 나를 바라보며 "이 순간을 얼마나 기다렸는지 모른다"고 했다.

나는 계속 울었고 방안 가득한 예수 영의 현존을 느꼈다. 상이 점점 사라지자 나는 패트리시아도 울고 있음을 알았다. 그녀 역시 예수의 현존을 강렬하게 경험하고 있었다.

되돌아보니 폴의 말이 맞았다. 나는 신비 체험을 한 것이고 그 여운은 며칠 내내 계속되었다. 생생한 환시를 본 것 외에도 이제 예수는 내가 언제든 만날 수 있는 존재라는 확신이 생겼다. 내 영성 생활이 그만큼 풍성해진 것이다. 이제 예수는 내 형처럼 나를 영적 경험에 익숙해지도록 안내해주는 존재가 되었기 때문이다.

정말 대단한 경험이지 않은가요? 우리가 모두 이런 경험을 한다면 얼마나 좋을까요? 그저 운 좋은 몇몇 사람만 이런 체험을 하는 것 아니냐고요? 아닙니다! 그 이유를 설명해 보겠습니다.

데이비드가 영의 술에 취할 수 있었던 것은 그의 생활 방식에 들어 있는 열두 가지 요소 때문임을 주목해야 합니다.

① 그는 교회를 정기적으로 가는 수행을 했습니다.

② 자신을 영적으로 잘 길러주고 초월 경험을 권장하는 교회를 찾는 수고를 감수했습니다.

③ 설교를 경청했습니다!

④ 변화를 지향하는 수행을 제안받으면 거기 열심히 참여했습니다.

⑤ 수행을 통한 자기체험 성찰에 소홀하지 않았습니다.

⑥ 몇몇 친구와 수행 경험을 나눌 수 있는 네트워크를 형성했습니다.

⑦ 그들과 실제로 경험담을 나눴습니다.

⑧ 그들의 피드백을 잘 숙고했습니다.

⑨ 정기적으로 상담자/멘토를 만났습니다.

⑩ 상담자/멘토와 자신이 경험한 것을 깊이 나눴습니다.

⑪ 자기감정에 대해 현장에서 울면서 즉시 나눌 수 있었습니다.

⑫ 상담자/멘토가 이끄는 대로 시각화기법을 실천했습니다. 그리고 보십시오!
그는 초월의식 경험의 새 술에 취할 수 있었습니다!

변화는 쉽지 않다

최근 의학 연구에 따르면 중증 심장병 환자에게 의사가 음식 습관을 바꾸고, 운동을 더 하고, 담배를 끊지 않으면 죽는다고 심각하게 경고해도 실제로 습관을 바꾸는 사람은 일곱 명 중 한 명꼴이라고 합니다! 나머지 여섯 명도 죽고 싶진 않을 테지만 필요한 변화를 이뤄내지 못하는 것입니다.[1]

새 술은 새 부대에

"새 술은 새 부대에 넣어야 한다"고 예수는 말했습니다. 왜? 새 술을 낡은 부대에 넣으면 터지기 때문입니다. 영의 새 술도 과거의 단순한 반복으로는 오지 않습니다. 영의 감로수는 미래의 새로운 매혹으로 다가와 완전히 새로운 차원으로 우리를 이끌면서 임합니다. 유연하고 탄력 있는 술 부대라야 고차원 영적 의식의 혼을 뒤흔드는 경험을 담아낼 수 있습니다. 그러니 좋은 술 부대가 없으면 새 술도 쏟아져 증발하고 맙니다. "술 취하지 말고 성령의 충만함을 받으라"라는 바울로의 말은 영도 술처럼 우리를 취하게 만드는 것임을 일러 줍니다. 그런데 이 술 부대란 우리가 의식적으로 영을 우리 삶에 담으려는 수행의 노력을 말하는 것입니다.

---

1 Kegan, *Immunity to Change*, 1. 이 연구들은 개인이나 기관이 변화하려면 어떻게 해야 하는
지 쉽진 않지만 유효한 시스템의 개요를 또한 알려 준다.

몸, 마음, 가슴, 영

통합이론처럼 포괄적인 수준의 이해 방식에 익숙해지는 사람들 수가 늘어나고 있습니다. 그런데 실제로 통합 및 그 이상 수준의 체험을 하는 사람들은 그렇게 많지 않습니다. 통합이론의 세계관을 책으로 접하는 것과 실제로 사는 것은 다르기 때문입니다. 근육 운동에 관한 책을 읽는다고 근육이 늘지는 않습니다. 물론 그 책이 무게가 수십 킬로쯤 돼서 하루에 서른 번쯤 들었다 놨다 한다면 모르겠지만 말입니다. 실제로 생활하려면 수행이 필요합니다. 몸과 마음의 수련, 영혼을 치유하는 수련 및 내면의 작업이 필요합니다. 유대교의 이상에도 이 네 영역이 포함되어 있습니다. 무엇이 인생에서 가장 중요하냐는 질문에 예수가 대답한 말에도 그 표현이 들어 있습니다. "네 마음을 다하고 목숨을 다하고 생각을 다하고 힘을 다하여 주님이신 너의 하느님을 사랑하여라." 즉, 수행에는 몸으로 하느님을 사랑하고("힘을 다하여"), 정신으로 사랑하고("생각을 다하고"), 감정으로 사랑하고("마음을 다하고"), 영으로 사랑하는("목숨을 다하고") 차원이 다 포함되어야 합니다.[2]

몇 가지 수행만 실천해도 영적 성장을 가속화 할 수 있습니다. 물론 수행이 우리를 완전하게 만들지는 않습니다. 하지만 더 깨어 있고 더 마음이 평화로우며 더 열정과 힘을 지닐 수 있게 할 수는 있습니다.

꼭 수행의 달인이 되어야 하는 것은 아닙니다. 그저 몇 가지를 하되 꾸준히만 하십시오. 한 가지 이상을 하면 훨씬 빠르게 발전할 수 있습니다. 신체 단련에 관한 것 하나, 정신 수련 하나, 내적 치유 하나, 영적인 수련 하나씩 정하고 나머지는 적당히 자신에 맞는 걸 택하면 됩니다. 그러면 몸, 마음, 가슴, 영의 통합 수련이 될 수 있습니다.

---

2 마르 12:30. 통합생활수련연구소가 내놓는 자료들은 몸, 마음, 그림자, 영 모듈로 되어 있어 많은 도움을 준다. www.integralinstitute.org.

성전 관리 ─ 신체 자아 돌보기

우리의 몸은 말하자면 신적 자아를 담고 있는 육체의 집입니다. 그런데 이 육체라는 성전 관리에는 전근대사회에는 없었던 현대의 골칫거리 두 가지가 있으니 자동차와 패스트푸드입니다. 예수는 어디든 걸어 다녔고 지중해의 원산지 작물로 식사했습니다! 물론 현대는 의료 기술의 경이로운 발전으로 수명은 늘어났으나 운동과 음식은 모든 문제의 출발점이라 해도 과언이 아닙니다. 다른 수련법에 관해서는 뭐든 자신에게 맞는 걸 택하라고 말하겠으나 이 문제에 있어서만큼은 예외로 하고 싶습니다. 저도 나이가 들면서 예전에 하던 라켓볼 대신 하루에 2마일씩 빠르게 걷기를 하고 있습니다. 그리고 의사가 권하는 대로 최근 사용 승인된 예방약과 보충제도 열심히 먹습니다. 유기농 채소도 많이 먹고 체중도 신경 씁니다. 몸이 편해야 기도도 편한 법이니까요. 월트 휘트먼이 "나는 전기 통하는 몸을 노래한다"란 시에서 말했듯이 "뭐든지 성스럽다면 인간의 몸이야말로 성스럽습니다."[3]

정신의 지도 ─ 인지적 자아 돌보기

포괄적인 정신의 지도를 갖는 일이 통합적 세계관 발달의 중심이 됩니다. 통합적 접근이란 무엇보다도 인간문화의 온갖 단계를 연구하고 취합한 결과 인간이 지닌 잠재성을 인지하고 인지 지도를 갖는 일로 시작합니다. 이 지도는 다른 지도들이 빠트린 모든 영역을 총망라합니다. 그래서 이 지도는 의식 발달의 틀이자 우리에게 일어나는 모든 경험을 유기적으로 엮을 수 있게 해줍니다. 우리의 자각이라는 실제 영토를 그려주는 지도이며 이전의 불완전한 지도들을 대체하는 훨씬 완성된 지도입니다.

---

3 Whitman, *Leaves of Grass*, 109.

윌버는 이렇게 말합니다.

응집력과 포괄성을 갖춘 정신적 체계가 없으면 만사는 노래 한 곡 부르는
것보다 더 짧은 시간에 흩어지고 만다. 지난 삼십여 년간 반복해서 확인된
사실이 하나 있다. 정신의 틀로 영적 경험을 간직하지 않으면 그 경험은
머물지 않더라는 사실이다.[4]

정말 영적 경험에 부합되는 말입니다. 신학은 생각으로 하느님을 사랑하
는 일입니다. 가능한 한 최선의 신학적 지도를 가져야 어떤 경험이 가능하고
그것을 어떻게 이해하면 되는지 수월합니다. 그렇다고 영적 구도자가 학자가
되어야 한다거나 책 읽기를 즐겨야 한다는 말은 아닙니다. 정식으로 공부하
지 않더라도 가볍게 정신의 지도를 확장할 방법들이 있습니다. 그러한 목적
을 갖고 다른 사람들과 정기적으로 대화하는 것도 한 가지 방법입니다. 고차
영역을 탐구한 사람들의 강연을 교회나 세미나, CD를 통해서 듣는 방법도
있습니다. 인터넷에서 간단한 글을 찾아 읽어보거나 웹사이트, 블로그 등을
방문해도 좋습니다. 역사상 어느 때도 지금처럼 전 세계적으로 관련 연구와
통찰을 접할 수 있는 시대가 없습니다. 어느 시대 어느 전통이든 찾고 싶은
정보는 언제고 접할 수 있습니다. 정신적 추수의 때가 무르익은 것입니다.

가슴의 치유: 정서적 자아 돌보기

정서 수신 장치가 고장 나면 하느님의 현존도 잘 느끼지 못하거니와
사랑하고 사랑받는 일에도 서툴게 됩니다. 나는 이십 대 초반을 상담으로
시작해서 보다 심화된 게슈탈트 치료로 옮겨갔습니다. 이후 부부 상담도

---

4 Wilber, *The Integral Vision*, 179.

경험했고 뛰어난 영성 수행자에게 기 치료를 받은 적도 있습니다. 어쨌든 다 치료였고 전 아직도 치료받고 있습니다. 하지만 그 과정 어딘가에서 저는 정서의 치유를 경험했습니다. 그리고 아름답고도 생명을 느끼는 방식으로 하느님을 경험하기 시작했습니다. 어떤 식으로든 그림자 작업을 하십시오! 당신도 정서적으로 치유되어 온전해질 가치가 있는 존재입니다.

내면의 수행 — 내적 자아 돌보기

나는 누구인가? 나는 어떤 존재일까? 나는 왜 여기 있는 걸까? 가장 심오한 질문들이고 인생이란 결국은 이 질문들에 답하려는 것입니다. 인생 대부분을 저는 영적 여정을 걷는 한 인간이라 믿으며 보냈습니다. 그렇게 믿으면 그렇게 행동합니다. 그래서 저는 영적인 걸 추구하면서 살았습니다. 나름 저의 발전에 기여한 믿음이었고 지금도 그 단계에 감사합니다. 하지만 지금은 다르게 생각합니다. 다르게 생각하는 정도가 아니라 180도 뒤집혔습니다. 그렇게 결론 내리고 보니 성서적 표현을 사용하자면 저는 마음을 새롭게 한 것 혹은 회개한 것입니다. 이제 저는 인간의 여정을 걷는 영적 존재라고 믿습니다.[5] 사실 이 말 자체는 "영적이나 종교적이지 않음" 운동에서 구호처럼 자주 쓰이는 표현입니다. 하지만 저처럼 교회를 다니는 사람에게는 무척이나 새롭습니다. 그 말은 바로 예수를 지칭하는 것이자 예수의 메시지이기도 했습니다. 그러니 제게는 정말 크고 놀라운 깨달음입니다! 전에는 예수만이 인간이 된 영이라 믿었습니다. 예수는 늘 존재하는("나는 아브라함이 태어나기 전부터 있었다"[6]) 영이니까 말입니다. 그는 하늘에서 와서 잠시 인간이 된 영적 존재이므로 죽을 리가 없다고 믿었습니다. 예수는 자

---

5 원래 피에르 테이야르 드 샤르댕이 한 말로 "우리는 영적 경험을 하는 인간이 아니라 인간의 경험을 하는 영적 존재들"이라 했다.
6 요한 8:58.

신이 어디서 와서 어디로 가는지 알았으니 영적 존재가 인간의 여정을 걷는다는 게 어떤 것인지 드러낼 수 있었습니다.[7]

저는 예수와는 근본적으로 다른 존재라고 믿었습니다. 저는 죄스러운 인간으로 태어났고, 죽을 것이고, 잘하면 천국에 갈 것입니다. 천국이 뭐든 간에 말입니다. 저는 영적 존재가 되기 위해 미친 듯이 애쓰는 인간이기도 했습니다. 그런데 이제 저는 영적 존재가 되고자 애쓰길 그만두었습니다. 제가 이미 영적 존재임을 깨달았기 때문입니다. 사실 그렇지 않은 적은 단한 번도 없었습니다! 저의 참 나, 내적 정체성에서는 이미 예수와 같음을 알았습니다. 저 역시 아브라함이 태어나기 전부터 있었습니다.

예수와 저의 가장 큰 차이는 그는 자신이 영적 존재임을 잘 알았고 생의전 국면에 걸쳐 이를 드러냈다는 점입니다. 반면 저는 제 인생 대부분을 모르고 살았습니다. 이제 겨우 알았지만 아직도 잊는 경향이 있습니다. 그나마 잊지 않도록 돕는 것이 기도 생활입니다. 기도의 목표는 나의 참 자아가 신성한 영적 존재임을 아는 것입니다. 영과 나의 심층의 자아가 하나이자 동일하다는 사실을 말입니다.

자기 몸과 생각, 감정에 영적 존재로서 연결되도록 돕는 작은 의식 하나를 소개합니다.

나는 몸을 갖고 있다. 하지만 나는 몸이 아니다. 나는 이 몸에 감사한다. 하느님의 선물이기 때문이다. 이 몸은 내가 아니다. 나는 내 몸을 자각하고 있는 영적 존재다.

나는 생각을 한다. 하지만 나는 생각이 아니다. 나는 생각에 감사한다. 하느님의 선물이기 때문이다. 하지만 생각은 내가 아니다. 나는 내 생각을 바라보고 있는 영적 존재다.

---

7 요한 13:3.

나는 감정을 경험한다. 하지만 나는 감정이 아니다. 나는 감정에 감사한다. 하느님의 선물이기 때문이다. 하지만 감정은 내가 아니다. 나는 내 감정을 의식하고 있는 영적 존재다.

진실로 나는 언제나 그랬듯이 앞으로도 늘 영적 존재다. 내가 영을 가진 게 아니다. 내가 영이다!

나의 참된 자아는 영입니다. 내 영 혹은 참 자아, 진정한 자아로서의 '나'를 돌보는 것이 내적 수련입니다. 예수는 하느님의 나라는 우리 안에 있다고 했는데 바로 우리의 참 나를 가리키는 것입니다. 그러므로 참 나를 찾으려면 내면으로 들어가야 합니다. 기도란 바로 그러한 내면의 수련입니다!

저는 이 장을 내적 수련으로서의 기도에 할애하겠습니다. 사실 기도는 영성에서 가장 많이 오해받고 부정당했던 차원입니다. 미국인 열 명 중 거의 여섯이 매일 기도한다고 합니다. 넷 중 한 명은 일주일에 한 번쯤 기도합니다. 성인 열 명 중 넷은 최소한 일주일에 한 번은 명상한다고 합니다.[8] 기도와 명상 실천에 관한 대략이 이러합니다. "대체 기도는 뭐고 명상은 무엇인가?"라는 의문이 생깁니다. 어느 수준의 영성을 반영하는 것이고 어느 수준에 도달하려는 것일까? 저도 오랫동안 기도했지만 궁금했습니다. 기도란 정말 불안해서만 하는 걸까? 그저 기계적인 의식에 불과한 걸까? 마술적인 걸까? 아니면 정말 영을 관조하고 영과 상통하고 합일하는 것일까?

안으로(within) 가지 않으면 없이(without) 갈 수밖에 없다!

영적 각성을 지향하는 수련이란 결국은 죽음을 준비하는 수련이기도 합니다. 죽음은 영원의 여정에서 육체가 해체됨으로써 영이 더욱 빛날 수

---

8 Pew survey.

있는 계기입니다. 죽음의 공포가 사라지기만 해도 이 세상에서 우리 존재 방식도 달라집니다.9

그리스도인의 영성 수련은 기도로 내면에 들어가는 것이 핵심입니다. 깊은 기도와 묵상을 왕도로 삼아 한 단계에서 다음 단계로 도약하는 것입니다. 하피즈는 빼어난 시를 통해 우리식 용어로 하면 투사 단계에서 전통 의식단계로의 이행을 노래합니다.

> 그대는 위대한 말 탄 자가 될 수 있을 텐데
> 그래서 자신과 이 세상을 해방할 수도 있을 텐데
> 오직 그대와 기도가 달콤한 연인이 되기만 한다면
>
> 우리가 맹렬한 전투와는 무관하다고 생각하는 사람은
> 참 순진하니
> 나는 보고 듣노라 보병들이
> 내 주위 사방에서 갈수록 격해지고 있음을
> 극심한 고통으로 땅에 쓰러지고 있음을
>
> 그대는 위대한 말 탄 자가 될 수 있을 텐데
> 그래서 가슴을 세상에 전할 수 있을 텐데
> 생명을 주는 태양처럼
> 오직 그대와 신이 달콤한 연인이 되기만 하면!10

"내 영혼아, 더 많이 거할 처소를 지어 올리라"라는 말은 과연 하느님과

---

9 Grof, *The Ultimate Journey*, 2006.
10 Hafiz, *The Gift*, 73.

내가 달콤한 연인이 될 때 가능합니다. 연인들은 무엇을 하는가요? 그들은 함께 시간을 보내면서, 말을 주고받고, 마음을 나누며, 사랑으로 하나가 됩니다. 이는 정확히 기도에 해당합니다. 그리스도인들은 기도를 하느님에게 뭔가 말하는 것으로만 생각합니다. 틀리진 않지만 아주 제한된 생각이지요. 저는 기도를 넓게 정의해서 내면으로 주의를 돌려 영을 향하는 건 모두 기도라고 생각합니다. 여기엔 하느님에게 말하는 것이 포함될 수도 있고 아닐 수도 있습니다. 저는 오히려 기도의 주요 요소는 하느님이 우리에게 말하는 것을 듣는 것으로 생각합니다. 알다시피 하느님의 음성을 직접 듣는 것은 신약교회의 핵심 특징입니다. 오늘날의 교회도 그럴 수 있습니다. 감사, 예배, 경건, 내적 경청, 심층의 직관적 에너지의 흐름을 자각하기, 영적 실재들과 이어지기, 이 모든 것이 다 기도에 포함됩니다. 영적 실재들이란 예수뿐만 아니라 환시, 영의 음성을 듣는 것, 영적 안내자와 천사를 만나는 것을 다 포함하는 의미입니다. 기도의 가장 깊은 차원이란 사랑으로 하느님과 합일하는 것입니다. 이 모든 것이 우리 내면의 심층 자아에서 접할 수 있습니다. 그러므로 안으로 들어가지 않는다면 아무것도 없는 셈입니다. 영의 흐름 속에서 생명의 주요 자원을 찾아야 하는데 그런 게 없는 교회 생활입니다.

기도를 배우기

제가 젊을 때 교회에서건 신학교에서건 기도를 가르쳐 주는 사람이 없었습니다. 그래서 교회나 주일학교, 신학교 예배 중의 진지하지만 장황한 기도문을 들으면서 배우는 수밖에 없었습니다. 의무적으로 드리는 '개회' 및 '폐회'기도, "이끌고, 인도하고, 축복해 달라는" 기도들 말입니다. 그래도 그 인도자들은 깊은 기도 생활을 하겠거니 했습니다. 하지만 그들은 자기 기도 생활에 대해 말하거나 전하려고 하지 않았습니다. 그들이 공적인 자리에 기도할 때 여기저기서 아름다운 기도문을 가져다 썼다는 사실 또한 나중에 알게 됐습니다. 애초에 습득한 기도방식을 탈피하는 데만도 여러 해가 걸렸습니다. 더 정확히 말하자면 공적인 자리에 적절하게 말하는 기도란 내적 기도와는 아주 다르다는 점을 배우는 데 시간이 꽤 걸린 것입니다.

주기도문의 문제

그리스도인은 모두 주기도문으로 기도해야 한다고 배웠습니다. 솔직히 말하면 주기도문은 제 기도 생활에 별로 도움이 되는 것 같지 않았습니다. 젊을 때는 왜 그런지 잘 몰랐습니다. 이제는 압니다.

우선 주기도문은 말처럼 주의 기도가 아닙니다. 복음서 어디에도 예수가 그렇게 기도했다는 말은 없습니다. 예수는, 어쩌면 복음서 편집자가 특히 유대교 배경의 초심자들을 돕기 위해 유대교의 기도문 같은 것을 일러준 것 같습니다. 실제로 주기도문은 예수 당시의 키두시기도문과 매우 유사합니다. 예수 자신의 기도는 광야 40일 후 유혹사건에서, 치유 사역에서, 밤샘 기도에서, 겟세마네의 고투에서 그 깊이를 드러냅니다. 이 기도 중 어느 것도 주기도문을 닮지 않았습니다. 그 의미심장하고 절절한 시간에 예수가 고작 주기도문을 외웠다고 생각하는 게 오히려 부적절합니다.

둘째로 성서 어디에서도 주기도문으로 기도했다는 사람의 기록이 없음도 알게 되었습니다. 그러니 전 세계 어디에서나 다양한 언어로 그리스도인들은 오랜 세월 주기도문으로 기도했지만 정작 성서 어디에도, 심지어 예수 자신도 주기도문으로 기도했다는 기록이 없는 것입니다.

셋째로 주기도문을 기도의 모델로 삼으면 기도란 결국 하느님을 향한 독백이라는 인상을 줍니다. 대화도 아니고 문답도 아닙니다. 반응을 기다려 듣겠다는 것도 없습니다. 내면을 향함도 내면으로 들어감도 없습니다. 많은 진지한 신자들이 주기도문을 사용하고 거기서 유익을 얻는 것으로 보이긴 합니다. 하지만 정작 예수가 어떻게 기도했고 우리는 그것을 어떻게 배울 수 있는지에 대해 주기도문은 침묵합니다.

그런데 복음서에는 주기도문의 버전이 하나가 아닙니다. 마태오는 빚을 갚음이라는 아마도 가장 원본에 가까울 개념을 사용했습니다. 세상의 빈자들이 실제로 빚을 진 곤경에 처해 있음을 상기시켜줍니다. 반면 루가는 교회가 점점 더 죄의 문제에 관심하는 과정을 반영하듯 죄 사함이라는 개념을 사용합니다.

주기도문에는 멋진 이미지와 영성 생활의 중요한 원리들이 들어 있긴 합니다. 하지만 그 기도문은 가르침을 위한 것이지 실제 기도 생활을 위한 것이 아닙니다. 우리를 하느님 현존의 깊은 신비로 이끌기보다 신앙고백 암송을 더 닮았습니다. 그래서 주기도문을 내적 기도 생활의 모델로 삼기엔 문제가 있습니다.

여기 예수가 가르쳤고 본인도 실천한 기도 방식이 있습니다. "너는 기도할 때에 네 골방에 들어가 문을 닫고 은밀한 중에 계신 네 아버지께 기도하라 은밀한 중에 보시는 네 아버지께서 갚으시리라."[11] 저는 이 구절을 "기도할 때 내면의 방으로 들어가 모든 외부로 향한 산만함을 끊어라, 내면의 방에서 보낸 시간이 네 삶의 모든 면에서 열매를 맺을 것이다"라는 말로 알아듣습니다.

주기도문을 가르쳐 주는 대신 교회나 신학교의 누군가가 예를 들어 향심기도 같은 걸 통해 어떻게 내면의 성소로 들어갈 수 있는지 가르쳐 주었더라면 좋았을 뻔했습니다. 토마스 키팅 신부는 이렇게 말합니다.

향심기도(centering prayer)는 우리의 직관 기능을 정련해서 관상기도에 쉽게 들어가게 하는 방법이다. 관상에 이르는 유일한 길은 아니지만 좋은 길이다. 방법 자체는 수도원 영성에 추출한 것이다. 즉, 심혼과 신경계가

---

11 마태 6:6(개역개정).

어느 정도 침묵하게 한 다음에라야 관상기도의 유익을 얻을 수 있다는 것이다.[12]

부조(Cynthia Bourgeault)는 자신이 저술한 『향심기도』에서 이렇게 말합니다.

인간의 변화를 기하는 영적 전통은 거의 예외 없이 침묵 수련을 의무로 한다. 침묵을 안 하면 아무것도 안 된다. 요가든 불교 전통의 명상이든, 수피의 지키르(zikir), 유대교 신비주의의 데브쿠트(devkut), 그리스도교의 관상기도든 간에 이들은 모두 영적 수련이란 영적 각성을 얻는 게 핵심이라는 사실을 가리키고 있다.[13]

기도를 제대로 배우는 두 가지 진실한 길이 있습니다. 영과의 일체감을 지닌 사람들의 글과 강연을 통해 배우는 방법이 있습니다. 그게 아니라면 마냥 기도함으로써 배우는 길도 있습니다. 도마복음의 말처럼 놀라고 어리둥절해질 때까지 마냥 기도로 하느님의 얼굴을 찾는 것입니다.[14]

기도의 두 가지 주요 방식 ― 연결의 기도와 존재의 기도

앞에서 간략히 언급했지만 제가 보기에 기도에는 두 주요한 영역이 있습니다. 첫 번째는 제가 연결의 기도(Connecting Prayer)라 명명한 것입니다. 이 기도는 생각과 이미지, 개념을 가지고 형상의 세계에서 영적 실재와 관

---

12 Keating, *Open Mind, Open Heart*, 34.
13 Bourgeault, *Centering Prayer*, 9.
14 예수는 이렇게 말한다. "추구하는 사람은 찾을 수 있을 때까지 계속해야 합니다. 찾으면 혼란스러워지고, 혼란스러우면 놀랄 것입니다. 그런 후에야 그는 모든 것을 다스릴 수 있습니다." 도마복음 2.

계하는 방식입니다. 우리는 예수를 부활의 주로 보고 그에게 말을 건넴으로써 연결됩니다. 예수에게 나타났던 모세와 엘리야처럼 우리도 영적 안내자들과 관계할 수 있습니다. 천사와 같은 존재를 감지할 수도 있습니다. 영이 보내는 환시나 음성을 체험할 수도 있습니다. 이 모든 것을 신약은 통상적으로 기록하고 있고 오늘날의 교회에서도 마찬가지로 보고되는 체험들입니다. 모두 훌륭한 체험들입니다.

그런데 이보다 더 깊은 수준의 기도로 제가 존재의 기도(Being Prayer)라 명명한 방식이 있습니다. 존재의 기도란 관계의 이원성을 떠나 예수처럼 합일 의식에 들어가는 기도입니다. 예수는 하느님과 합일 의식으로 살았습니다. 물론 예수도 연결의 기도 방식을 취할 때도 있었습니다. 그러나 그보다 심층에 있었던 게 하느님과 하나라는 존재의 기도 방식입니다. 즉, 예수는 하느님과 관계를 맺을 뿐만 아니라 자신을 하느님과 동일시 했습니다. 존재의 기도란 우리도 예수처럼 자신을 무한하고 신적인 존재로 경험하는 기도입니다.

영성 생활의 목표가 바로 그것입니다. 하느님의 나라가 바로 그것입니다. 시원 의식이나 비이원 의식으로 부르는 사람들도 있습니다. 짐 매리언은 그리스도 의식이라 했습니다. 이 기도는 진정한 자아의 '나'는 신성하고 무한한 존재임을 알고 받아들입니다. 우리가 하느님에게서 오고 하느님에게로 돌아감을 압니다. 우리가 인간의 여정을 걷는 영임을 압니다. 예수처럼 우리도 하느님의 아들이요 딸임을 압니다. 우리는 전체와 하나입니다.

하느님을 깊이 체험하는 데는 관계만 있는 게 아니라 동일시도 있습니다. 연결의 기도 방식은 우리가 살아가는 데 정말 중요하고 우리 대다수에게는 주된 기도 방식입니다. 하지만 그 기도 방식에서는 이원성이 유지됩니다. 형상에는 늘 이원성이 따릅니다. 구분 짓는 경계가 있기 때문입니다. 하지만 존재의 수준은 늘 하나 됨, 즉 비이원성을 지향합니다.

내적 기도를 시작하기

기도는 의향으로 시작됩니다. "하느님, 당신을 깨닫고 싶습니다. 알고 싶습니다. 듣고, 보고 싶습니다." 기도에 들어갈 때 우리는 입구를 가로막는 낡은 짐들은 없는지 살피고, 부산한 생각을 떨치고, 모든 걱정을 뒤로합니다. 시간과 에너지를 쓰고 연습을 통해야 오롯이 기도의 집중을 얻을 수 있습니다.

기도의 집중이란 안팎이 고요해야 한다는 의미입니다. 대다수는 이 안팎의 고요함을 어렵게 여깁니다. 저도 부산한 마음을 가라앉히고 고요함을 얻는 데 인생의 대부분을 썼다고 할 수 있습니다. 좌정하고 기도를 시작한 것 같은데 어느새 옆방에서 전화를 받고 있더군요. 어떻게 왔는지도 모릅니다. 갑자기 전화 걸고픈 사람 생각이 났고 의식할 겨를도 없이 자리를 박차고 단숨에 기도의 밀실을 떠나 옆방으로 날아와 다이얼을 누르고 있었던 것입니다!

에고는 침묵을 싫어합니다. 고요함이 계속되면 에고는 제 모습을 드러내기 시작합니다. 에고는 숨기 좋아하고 들키는 걸 싫어합니다. 에고는 드러나기만 해도 힘을 잃습니다. 에고가 침묵보다 싫어하는 건 형상의 결핍입니다. 존재의 기도 속에서 에고는 자리가 없습니다. 그래서 용해되고 맙니다.

그렇다고 걷거나 자연의 아름다움을 만끽하거나 하루의 일과를 행하면서 기도할 수 없다는 말은 아닙니다. 어떤 상황에서도 깊은 초월의식 상태를 지니는 사람들이 있습니다. 하지만 우리 대다수는 깊은 침묵을 정기적으로 시간을 내어 자주 수련해야만 하는 사람들입니다.

호흡하기

그리스어로 '영'은 '프뉴마'(pneuma)입니다. 폐렴이란 말의 영어 뉴모니아(pneumonia), 공기가 들어 있다는 뉴매틱(pneumatic)이 다 여기서 나온 말입니다. 그리스도인들에게는 아주 중요한 의미가 있습니다. 같은 말이 문맥에 따라 '호흡', '바람'으로 번역되기도 합니다. 물론 신약에서는 대체로 '영'으로 번역됩니다. 영, 호흡, 바람이 의미상 연결된다는 점이 신비적으로나 실천적인 관점에서도 중요합니다. 전 세계 종교 전통의 대다수가 호흡과 관련된 수행 방식을 갖고 있다는 사실은 우연이 아닙니다. 대개 기도를 시작할 때 주의를 호흡에 기울이면서 의식을 내면으로 돌리는 것입니다. 호흡을 세는 방식도 내면으로 침잠하는 한 방법입니다. 호흡은 몸에도 접속하지만 자신의 내면과 이어지는 길이기도 합니다.

떠도는 생각

기도를 시작해 보면 어느 때고 마음에 분주하게 떠도는 생각들이 많다는 사실을 의식하게 됩니다. 그때는 생각이 일어나는 대로 붙잡지 않고 흘러가게 내버려 두는 연습을 할 때입니다. 떠도는 생각들을 당연하게 받아들여야 합니다. 정상적인 일이고 누가 당신을 기절시키지 않는 한 피할 수도 없는 일입니다. 그 생각들을 어떻게 다루느냐가 중요합니다. 기도 중에 이런저런 생각이 떠돌 때 보통 일어나는 반응 세 가지가 있습니다. 산만한 생각을 한다고 자신을 비난하거나 창피하게 여길 수 있습니다. 그런 반응은 시간 낭비이고 해롭기까지 합니다. 또 한 가지 반응은 생각들을 '즐기는' 것입니다. "아, 참 괜찮은 생각인데, 와서 좀 머물다 가렴, 같이 앉아서 한번 얘기해보자." 당신은 간식까지 내올지도 모르겠습니다. 하지만 생각들을 붙들고 즐기는 건 기도의 의도에서 멀어지는 행위입니다.

떠도는 생각들을 따라 함께 유랑하기보다 생각들에 부드럽게 작별 인사를 고하고 흘려보내기를 할 수 있습니다. 물론 자신도 모르게 생각에 빠져 즐기고 있을 수도 있지만 알아차리는 순간 비난하거나 자책하지 말고 그저 놓아 보내면 됩니다. 마음에 어떤 산란한 생각과 심상이 일어나도 거기 들러붙지 않기로 작심해야 합니다. 잡념이 들면 성스러운 단어를 반복하면서 원래 기도의 의도로 돌아오면 됩니다.

집중이 깊어지면 떠오르는 생각과 심상이 영의 속삭임일 수 있습니다. 영에서 오는 단어, 그림, 감각, 심상은 하느님이 우리를 안내하고 위로하는 방식이기도 합니다. 이런 방식으로 연결의 기도를 하게 되는 것입니다.

연결의 기도

이제 우리는 의식적으로 영적 실재와 연결되는 기도를 시작할 수 있습니다. 내가 '연결'의 기도라 이름을 붙인 이유도 그것입니다. 이때의 의식 상태를 정묘 상태나 하느님과의 상통이라고 부르기도 합니다. '기도'란 말을 들으면 우리가 대개 떠올리는 것이 기본적으로 이런 것이라 할 수 있습니다. 기도의 통상적 이해 방식은 하느님에게 말을 거는 것입니다. 하느님, 예수, 성령을 향해 말하거나 다른 영적 존재들과 소통하는 일체를 다 여기 포함할 수 있습니다.

과거에 저는 하느님을 2인칭으로 '아빠 아버지'라고 부르며 기도하는 방식을 선호했습니다. 예수의 본을 따라 기도한 것인데 복음서를 읽으면 저도 그렇게 기도하는 게 옳다는 확신이 들곤 했습니다. 예수가 그렇게 기도했으니 나도 그래야겠다고 말이지요. '아빠'라는 말로 기도할 때면 따스한 이불처럼 하늘의 평화가 나를 두르는 느낌이었습니다. 안전감이 들었고 보호받는 느낌이 들었습니다. 제 지상의 아버지는 심정적으로 멀었고 늘 화가 나 있었으며 그나마 부재하기 일쑤였습니다. 하지만 하늘 아버지는 달랐습니다. 늘 거기 있으면서 친근하게 내게 팔을 두르고 양육해 주는 실체로 경험되었던 것입니다. 그 따뜻한 포옹 속에서 저는 그와 마음을 나눌 수 있었습니다(어떤 이들은 하느님을 '엄마' 혹은 여러 다른 이름으로 부르면서 이러한 친근감을 경험하기도 합니다).

하지만 연결의 기도는 우리가 하느님에게 말을 거는 것 이상입니다. 듣고자만 한다면 예수, 아빠 아버지 혹은 그 어떤 이름으로 부르든 그 대상이 우리에게 말 걸어오는 것을 들을 수 있습니다. 음성, 이미지, 느낌, 마음과 가슴의 직관 등을 통해서 말입니다. 이러한 응답을 가볍게 여겨서는 안 됩니다. 신약이 '예언'이나 환상이라 한 것이고 오늘날에 이르러는 '채널링'이라고도 하는 것이 바로 그러한 응답들입니다. 물론 우리가 듣고 채널링하는 모든 것이 하느님에게서 온다고 할 수는 없습니다. 오늘날 채널링이라고 하는 것들을 들여다보면 가히 엉터리에 기괴한 것에서부터 위험하고 거짓된 것, 참되고 깊이 있는 것에 이르기까지 실로 광범위합니다. 우리가 듣고 보고 느끼는 것을 조심스럽게 식별해야 하는 이유가 그것입니다. 익숙해지면 어떤 것이 영으로부터 직접 오는 것인지 쉽게 감지할 수 있습니다. 의심스러울 때는 다른 이들과 함께 대화를 나누면서 들은 바를 식별해 보는 것이 좋습니다. 바울로가 누가 예언을 받으면 "다른 이들은 그것을 분별하라" 한 조언을 따라서 말입니다.[15] 대체로 영으로부터 직접 오는 것은 사랑과 자유의 느낌이지 고압적이거나 정죄의 톤이 아닙니다.

영의 음성, 심상, 감각, 직관이 임할 때 그 의식 상태에서 듣거나 본 것을 글이나 그림 등으로 표현할 수도 있습니다.

엔슬리(Eddie Ensley)는 이렇게 말합니다.

환시는 자연스러운 일이다. 초자연이 평범한 자연 세계에 불가사의하게 개입하는 식의 기적이 아니다. 실재의 차원을 더욱 풍성하게 드러내는 자연스러움인 것이다. 환시는 인간적이다. 환시는 하느님에 기인하는 것만큼 인간에 기인하는 것이다. 환시는 우리의 삶을 변화시키고, 치유하고, 빛

---

15 1고린 14:29(표준새번역).

나게 한다. 환시는 하느님의 광채와 우리의 자연스러운 현실 세계를 잇는 가교다. 환시는 우리 영적 여정의 '여분'이 아니라 본질적이다.[16]

우리는 하느님과 신체 언어로도 소통할 수 있습니다. 무릎을 꿇고 손을 올리거나 모으는 동작, 춤추기, 수피 스타일로 빙글빙글 돌기, 고개 숙이기, 오체투지 등으로 말입니다.

자기 말로 하느님에게 기도하고 찬미하는 것은 늘 그렇듯 하느님에게 자신을 표현하는 좋은 방법입니다. 머리에서 빚은 말이 가슴으로 들어가고 영에 스며듭니다. 초이성적 언어로 기도하는 것도 마찬가지입니다. 독경, 찬트, 방언으로 노래하기 등 "영으로 찬미하기"를 할 수도 있습니다.[17]

존재의 기도

'존재' 유형의 기도는 다른 말로 명상, 향심기도, 하느님과 합일 또는 동일시라고도 합니다. 이 기도는 생각과 감정을 넘어서 그저 존재하는 상태에 드는 것입니다. '무'(noting)에 드는 것인데 "특정 사물이 아닌"(no thing) 상태에 드는 것입니다. 거기 아무것도 없다(no things)는 말은 영만 오롯이 있음을 말하는 겁니다. 즉, 영이 주의를 분산시키지 않으면서 있는 것이지요. 이때 우리는 그저 '있을 뿐'입니다. 심상, 상상, 감정, 생각 등의 '무엇'(things)을 사용해서 영적 실재와 관계를 맺는 기도와는 다른 방식입니다. 물론 연결의 기도 역시 예수의 본을 따르는 데 없어서는 안 될 훌륭한 방식의 기도입니다. 하지만 모든 생각과 감정, 심상을 설령 하느님에 관한 것이라도 다 내려놓는 '존재'의 기도는 참 나에 자신을 내어 주는 기도입니다. 달리 말하면 하느님의 영에 자기를 온통 내려놓

---

16 Ensley, *Visions*, 13, 14, 41.
17 1고린 14:15.

는 기도입니다. 우리 중심의 공(空)으로 가라앉는 기도라 할 수 있습니다. 모든 생각, 이미지와 형상을 다 비웠기 때문에 거기엔 아무것도 없습니다. 오직 하느님만 있습니다. 이런 종류의 기도는 분명히 그런 기도를 하겠다는 의도가 있어야 하고 수련도 많이 해야 합니다.

하피즈는 이 형상 없는 '존재'의 기도를 <나는 참 많이 배웠다네>라는 시에서 우아하게 그려냅니다.[18]

나
신에게 참 많이도
배웠다네
내가 더는 나를
그리스도인으로도, 힌두교인으로도, 무슬림으로도,
불교도로도, 유다교인으로도
부를 수 없음을.

진리는 참 많이도 자신을 알려 주었네
내게
내가 더는 나를
남자로도, 여자로도, 천사로도
심지어 순수한 영혼이라고도
부를 수 없음을.

사랑은
하피즈와 완전히 사귀어

───────────────────

18 Hafiz, *The Gift*, 32.

재가 되게 해서

나를

풀어주었다

내가 이제껏 알던

모든 개념과 상으로부터.

예수는 은밀한 기도를 권했다

예수는 기도에 관해 심오한 가르침을 주었습니다. "너는 기도할 때에 골방에 들어가 문을 닫고 보이지 않는 네 아버지께 기도하여라. 그러면 숨은 일도 보시는 아버지께서 다 들어주실 것이다."[19] 왜 이런 말을 했을까요? 자신이 그렇게 기도했기 때문입니다! 그 자신이 홀로 외떨어져 내면의 고요한 중심으로 들어가는 기도를 한 것입니다.

우리는 하느님과 하루에도 여러 번 짧게 소통할 수 있습니다. 하지만 "문을 닫고 기도함"이란 문자 그대로 일상 활동에서 단절되는 색다른 의식 상태에 들어감을 의미합니다. 이 기도를 얼마나 자주 얼마나 길게 하느냐는 개인에 따라 다릅니다. 제가 볼 때 시작하는 사람은 최소한 20분씩 하루에 한 번, 일주일에 여러 차례 하는 것이 좋습니다. 하지만 5분간 하루에 한 번, 심지어 일주일에 한 번을 한다 해도 입문은 할 수 있습니다. 아니면 하루의 시작 또는 중간에 적당한 곳에서 1~2분만 실시해도 좋습니다.

예수는 워낙 영과 조율되어 있어 어느 때 일상 활동과 타인에게서 물러나 긴 시간 기도에 전념해야 하는지 잘 알았던 것 같습니다. 어떤 때 예수는 밤새워 기도했습니다. 그가 광야에서 유혹받을 때와 겟세마네에서 아빠 아버지에게 기도하는 연결 기도의 예에서 볼 수 있습니다. 특정한 기록을 보

---

19 마태 6:6.

긴 어렵지만 저는 예수가 존재의 기도를 자주 했고 그를 따르는 사람들에게도 이 기도가 시대를 달리하면서 전수되었으리라 생각합니다.

나의 기도 수련

저는 1960년대 성령 운동을 통해 기도 생활의 전기를 맞이했습니다. 하지만 내적 기도를 연마하는 데는 그 운동에서 많은 가르침을 얻었다고 할 수는 없겠습니다. 제가 나름의 기도 수련을 여기서 말하는 이유는 과거에 누군가 제게 그런 경험담을 말해 주길 갈망했기 때문입니다. 그래서 그저 제가 해보니 도움이 되었던 것만을 말해 보겠습니다. 그러니 여러분은 인생의 어느 시점에서 자신에게 도움이 되는 걸 찾아서 하면 그만입니다. 각자의 기도 생활은 서로 다를 것이기 때문입니다.

오늘의 말씀은…

예전에 유니티 교회에서 내는 '오늘의 말씀'이라는 책자가 상당히 유용했습니다. 하루는 문득 그런 생각이 들었습니다. 저를 위한 오늘의 말씀을 영으로부터 직접 들으면 좋겠다는 생각이 말입니다. 내 인생 다른 때가 아니라 바로 오늘 꼭 필요한 말씀은 뭘까? 그런데 사람이 빵으로만 사는 게 아니라 하느님의 입에서 나오는 말씀으로 사는 거라는 예수의 말이 떠올랐습니다.[20] 그때부터 매일 하느님의 입에서 나오는 말씀 하나를 꼭 듣기로 마음먹었습니다. 물론 하느님에게 사람 같은 입이 있는 건 아니겠지만 제 경험엔 잘 맞는 그림입니다. 제가 오늘의 말씀을 물으면 하느님은 제 마음의 귀에 속삭여주는 것 같았기 때문입니다.

---

20 마태 4:4.

사십여 년 동안 저는 거의 매일 잠깐 시간을 내어 그날 하루를 인도할 말씀을 청했습니다. 처음 오 년은 주로 '신뢰'라는 말씀이 주어졌습니다. 너무 같은 말만 반복되는 것 아니냐고 불평했더니 이런 음성이 들렸습니다. "더 들을 필요가 없을 때 듣지 않게 될 것이다. 너는 재미있는 걸 묻지 않고 필요한 걸 물었다. 나는 연예 사업을 하는 게 아니다." 제 주된 정서적 상처가 두려움과 염려였으므로 신뢰야말로 제게 필요한 게 맞았습니다. 그래서 불평하길 그만두었습니다. 몇 년 지나자 '신뢰' 아닌 다른 말씀들이 들리기 시작했습니다.

어제 들은 말씀은 '흐름'입니다. 저는 온종일 이 말씀을 곱씹었고 묵상하다가 더 깊은 의식 상태에 들기도 했습니다. 오늘 아침에 글을 쓰다가 들은 말씀은 '만족'이었습니다. 처음이었습니다. 그 말씀을 간단하게 곱씹어봤는데도 정말 만족스러운 기분을 느꼈습니다. 이렇게 한 단어의 말씀을 듣는 일은 몇 초밖에 걸리지 않습니다.

영 의식의 기도

저는 매일 기도, 듣기, 예배, 명상의 시간을 때론 10분 정도, 때론 한 시간 넘게 갖습니다. 영의 의식 대역에 들려는 기도 시간이기 때문에 저는 이 시간을 "영 대역(帶域)의 기도"라 부릅니다. "문을 닫으라"라는 지침에 따라 전화, 휴대폰 및 모든 방해 요소를 미리 차단합니다. 그리고 늘 같은 의자에 앉습니다. 뇌파 기술을 이용한 시디를 자주 쓰는데 심층 의식에 드는 데 도움이 됩니다.[21] 벌써 십 년째 사용하는 방법인데 도움이 된다고 느껴서 영 의식에 들어가려는 여러 수단에 결합해서 씁니다. 외부의 빛을 차단하기 위해서 마인드 폴드(Mind Fold)라 하는 안대를 보통 착용합니다.[22]

---

21 Holosync나 Hemisync 같은 여러 가지 버전이 있다.

그러고는 조용히 앉아 헤드폰을 통해 뇌파 시디의 명상 벨이나 빗소리 같은 걸 듣습니다.

가끔은 하느님을 관조한다는 마음으로 독서 하면서 집중을 마련할 때도 있습니다. 저는 책 읽기를 좋아합니다. 특히 영적 자극이 되는 책 읽기를 즐깁니다. 성서를 읽을 때는 복음서를 즐겨 읽고 도마복음을 읽을 때도 있습니다. 에크하르트 톨레나 앤드루 하비, 짐 매리언 같은 오늘날의 신비주의자들이 쓴 책도 읽습니다. 읽을 때는 무언가 와 닿고 저와 상관이 있는 듯한 대목이 나타날 때까지 읽습니다.

그리고 나면 호흡에 집중하면서 '밖으로' 향했던 주의를 '안으로' 돌리며 마음을 고요히 합니다. 마음이 어느 정도 가라앉으면 그때 저는 제 의향을 말합니다. 예컨대 "주님, 제 마음을 당신께 돌립니다. 마음을 모을 수 있게 하시고 당신의 음성을 들을 수 있게 해주십시오" 하는 식으로 말입니다. 그런 다음엔 귀를 기울입니다. 저는 사도 바울로가 '예언'을 중시했던 점을 진지하게 받아들입니다. 그래서 저도 하느님이 제게 하는 말씀, 저를 통해서 하고자 하는 말씀을 들으려 합니다. 변성 의식 상태가 되는 것을 신호로 무언가 제 안에서 에너지의 흐름 같은 느낌이 올라오면서 말이 목으로 발성되는 걸 경험하곤 합니다.

캘리포니아대학의 심리학 교수 켈트너(Dacher Keltner)는 고양 의식의 감정을 연구한 사람인데 이런 말을 했습니다. "우리가 초월의식을 경험할 때는 미주(迷走) 신경이 자극되면서 의식이 확장되는 기분과 함께 가슴에 따스한 액체의 느낌이 들고 목이 붓는 것 같은 현상이 나타난다."[23]

이 말을 기억하는 이유는 제가 기도와 찬양을 할 때 종종 일어나는 '감각'과 분명하게 맞아떨어지기 때문입니다. 그리고 이렇게 기도할 때 무언가 흐름의 느낌이 꽉 찹니다. 보통 이런 경험은 몇 초에서 오 분 내지 십 분

---

22 AlexGrey.com에서 구할 수 있다.
23 Emily Yoffe, Wednesday, December 3, 2008,
   https://www.slate.com/id/2205150/pagenum/all/#p2.

정도 지속하기도 합니다.

저는 기도 중에 들리는 음성을 적으려고 펜과 종이를 준비해둡니다. 종종 한 단어나 문장이 들리는데 제 인생의 여러 면에서 방향을 찾고 힘도 얻습니다. 어떨 때는 귀를 기울이면서 질문을 던지기도 합니다. "하느님, 오늘 제게 무슨 말씀을 주시렵니까?" 혹은 "전 지금 이런 상황과 씨름하고 있습니다. 어떤 말씀을 주시렵니까?" 하고 말입니다. 그리고는 들리는 단어나 간단한 문장을 기록합니다. 때론 먼저 종이에 제가 하는 염려와 관련된 상황이나 인물을 한 단어로 적어두기도 합니다. 그런 다음 경청하는 의식이 되어 그 상황에서 어떻게 하면 좋은지 듣습니다.

한 주간에도 여러 차례 의자에 앉아서 기도하다 보면 심층의 자아로 깊이 가라앉아 그저 '있음'의 상태로 있는 존재의 기도로 전환되곤 합니다. 시작은 위에서 설명한 대로 연결의 기도방식으로 했는데 어느새 말도 형상도 없는 존재의 기도로 이동한 것이지요. 그럴 때면 정묘 의식 상태의 모든 형상도 사라지고 "영으로 있음"의 의식만이 내면에 있습니다. 일체 생각이 사라지므로 남는 것은 영의 순수 의식뿐입니다. 이 순수 의식은 늘 현존해 있건만 평소에는 분주한 마음에 가려 보이지 않던 것입니다.

영적 안내자들

예수의 경험 중에서 한 가지 획기적인 사건이 우리가 변모 사건이라 부르는 것인데 예수가 모세와 엘리야를 영적 안내자들로 만났던 사건입니다. 하루는 저도 비슷한 경험을 할 수 있는지 알아보기로 했습니다. 11장에서 얘기한 대로입니다. 사실 기도를 오래 하다 보면 어떤 영적 존재들을 감지하는 일은 흔합니다. 예수가 부활의 주로 제 마음의 눈에 나타나 앞에 서기도 합니다. 가끔은 예수 우편에 콘스탄티누스 시대의 지혜로운 학자요 수도자였던 미카엘이 나타날 때도 있습니다. 예수의 사랑하는 제자 요한은 제 오른쪽 등 뒤에 나타나 어깨에 손을 올려놓습니다. 그 느낌이 얼마나 생생하고 강렬한지 실제로 어깨에서 그 위안의 감각이 신체적으로 느껴질 정도입니다. 예수의 어머니 마리아는 제 왼쪽에 가끔 발현하는데 그분이 말을 하는 적은 별로 없습니다. 그저 거기 현존할 뿐입니다. 저는 이 자애로운 성인들과 함께하는 시간을 기뻐하며 때론 질문을 던지고 그들의 말을 듣곤 합니다. 제게 그들은 구름 같은 증인들 가운데 있는 분들입니다.[24]

연결의 기도를 드리다가 이런 경험이 일어나면 마음이 새로워지고 집중력과 의욕도 강해져 그날을 더 충만하게 살게 됩니다. 오늘 영의 부르심과 거기 호응하는 제 중심의 갈망이 함께 어우러진 상태로 살 수 있기 때문입니다.

세 관점으로 행하는 기도 휴식 시간

나는 시작 기도 삼아 앞에서 설명한 하느님의 세 얼굴 의식을 행할 때가 있습니다. 짧게는 몇 분에서 길게는 한 시간이 넘어가기도 합니다. 저는 이 세 관점의 기도 의식을 하루 중에 "기도 휴식 시간"으로 활용하기도 합니다. 아래와 같은 기도문을 암송하거나 읽으면서 말입니다.

하느님의 무한한 얼굴에 대해 말하기
  ▸ 모든 만물이 하느님의 영광을 선포한다. 하늘은 하느님의 위엄을 드러내고 바다

---

24 히브 12:1. 영적 안내자 현상을 3인칭 관점에서 이해하는 방식도 있음을 알고 있다. 물질을 넘어선 영적 우주의 차원을 인정하면 모든 것이 가능해진다. 어떤 이들은 이 영적 안내자 혹은 안내령을 우리 자신의 고차적 일부라고 생각한다. 오랜 세월 축적된 원형이나 에너지장 정보가 의인화된 것이라 이해하는 사람들도 있다. 최근엔 평행우주에 대한 양자역학의 이론을 갖고 안내령 현상을 설명할 수 있다는 사람들도 나타났다. 이 모든 관점은 3인칭(통합이론의 '우상한' 관점) 탐구의 예가 될 것이다. 나는 1인칭 관점에서 내가 경험한 음성, 심상, 촉각 경험을 예수의 변모 사건 및 과거의 신비가들, 오늘날의 경험자들을 근거로 진술했다. 만사가 그렇듯이 이 또한 세 관점에서 모두 고찰할 때보다 완전한 그림을 제시할 수 있을 것이다. 각각의 관점만으로는 부분적인 진실일 뿐이다.

는 하느님의 힘을 보이며 땅은 그 섬세한 솜씨를 말해 준다. 나는 눈길을 돌리는 어디에서나 또 내 안에 일어나는 모든 것에서 하느님을 본다. 그 모두는 하느님의 에너지요 생명의 그물망으로 만물은 하나로 엮어져 있다. 영의 생명이 만물 안에 어디서나 흐르고 있다.

하느님의 친밀한 얼굴을 향해 말하기

▸ 사랑하는 이에게 순복하고 찬미하며 저 자신을 드립니다. 저는 기꺼이 제 생명을 당신을 위해 바칩니다. 당신이 저를 위해 마련하신 모든 것을 마음 열고 받아들이게 하십시오. 저의 주님이요 스승이신 분이여, 저를 가르쳐 제가 하는 모든 일에서 당신의 길을 알게 하십시오. 매일 밤낮으로 저와 함께해 주시는 당신의 현존에 감사드립니다. 당신의 모든 것을 품으시는 사랑과 끝없이 부어 주시는 축복에 저를 맡깁니다.

하느님의 내밀한 얼굴로서 말하기

▸ 나는 나의 가장 깊은 참 나인 하느님 안에서 안식한다. 내 안에 품고 있는 그리스도의 마음에 나를 개방한다. 나는 내면의 주시자다. 나는 세상의 빛이다. 나와 아버지-어머니는 하나다. 그러므로 이제는 내가 사는 것이 아니라 그리스도 의식이 내 안에서 나로 사는 것이다. 나는 무한한 영이어서 태어난 적도 없고 죽지도 않는다. 나는 신의 모양과 형상으로 빚어졌다. 나는 하느님의 빅 마인드, 빅 하트의 한 부분이다. I AM 브라이얼리다. 나는 이 상존 의식으로 나의 날들을 살겠다.

성서에서 뽑은 목록

성서는 제 인생의 중요한 부분이므로 성서에서 뽑은 구절들로 다음과 같이 긍정문장목록을 만들어 제 앞에 놓고 하느님과 동일시, 합일을 묵상합니다.

- ‣ 나는 하느님의 형상으로 지어졌다(창세 3:22).
- ‣ 나는 하느님을 닮았다(창세 3:22).
- ‣ 나는 세상의 빛이다(마태 5:14).
- ‣ 나는 신성의 참여자다(2베드 1:4).
- ‣ 하느님과 나는 하나다(요한 17:20, 22).
- ‣ 나는 예수와 더불어 하느님의 모든 것을 물려받을 공동 상속자다(로마 8:17).
- ‣ 나는 모든 면에서 예수와 같다(히브 2:17).
- ‣ 아브라함이 태어나기 전에 나는 있다(요한 8:58).
- ‣ 바로 지금 나는 신들 가운데 하나다!(요한 10:34)
- ‣ 나는 하느님의 충만함으로 충만하다(에페 3:17).

심오한 시편의 한 구절

제가 앉아서 조용히 기도하는 시간에 자주 암송하는 시편 구절이 하나 있습니다.

너희는 멈추고 내가 하느님인 줄 알아라.[25]

시편 46편의 이 아름다운 구절은 세상도 우리 삶도 온통 두려움으로 뒤덮인 상황을 배경으로 합니다. 지각변동이 일어나고, 물결이 밀려오며, 산이 흔들리고, 왕국이 기울고, 나라가 시끄러웠습니다. 이런 소란의 와중에

---

25 시편 46:10.

서 마음을 고요히 하여 하느님을 깨달으라는 구절인 것입니다.

이 구절의 의미는 읽는 사람이 하느님을 어떤 존재로 이해하고 있는지에 따라 다릅니다. 하느님은 저 바깥 어딘가에 있으면 때론 기분 좋고 때론 기분이 나쁜 초자연적 존재인가? 하느님은 여기엔 없고 저기에 있는가? 아니면 하느님은 여기 있을 뿐만 아니라 내 안에도 있는가? 예수는 하느님의 나라는 안에도 있고 밖에도 있다고 했습니다.[26] 제가 아는 한 하느님을 최대한으로 표현하는 길은 예수처럼 하느님에 관해, 하느님을 향해, 하느님으로서 말하는 것입니다. 그래서 저는 이 아름다운 시편 구절을 세 관점으로 기도합니다. 3인칭 관점에서 하느님을 알게 하는 고요함에 대해 숙고합니다. 2인칭 관점에서 이 구절을 내게 들려주는 하느님의 말씀으로 듣습니다. "폴, 마음을 고요히 하고 하느님을 알자." 그리고 1인칭 관점에서 나의 참 나로서, 나의 I AM은 곧 하느님의 I AM으로 알아듣습니다. 비록 '아기 신성'이긴 하지만 하느님의 본성에 참여하는 신적인 존재로서 이 구절을 천천히 암송하는 것입니다.[27]

이 구절을 암송할 때 저는 영원한 영체로서 제 신체, 감정, 정신체를 향해 말을 하는 것입니다. 즉 종종 긴장하기 일쑤인 저의 물리적 신체, 오르락내리락하는 감정들, 분주한 생각들을 향해 멈추고 고요히 하라고 하는 것이지요.

- ▸ 멈추고 내가(나 자신을 말한다) 하느님임을 알라
- ▸ 멈추고 나임(I AM)을 알라
- ▸ 멈추고 알라
- ▸ 멈춤으로 있으라

---

26 도마복음, 3절.
27 2베드 1:4.

‣ 있으라(Be)

마지막의 그저 '있음'으로 끝날 때 나의 가장 깊은 자아, 나의 참 나인 하느님의 내밀한 얼굴로 침잠합니다.

다른 이들과 함께 기도하기

전 세계적으로 영적 진화의 다음 단계는 개인의 고차 의식에서 인류가 공동체로 고차 의식을 공유하는 게 될 것입니다. 자아는 혼자 진화하는 것이 아니라 같은 여정을 걷는 다른 이들과 함께 진화합니다. 참된 영성은 집합적인 경험이 따라야 합니다. 신비가 혼자 동굴에서 수행하던 시대는 지났습니다. 오늘날의 의식 진화 운동은 영적 스승이 쓴 책을 읽고 강연을 듣고 수련에 참여하는 정도 수준을 탈피하고 있습니다. 개인이 혼자 가는 길에 한계가 있음을 보기 시작한 것입니다. 반면 교회 신자들은 정기적으로 모이긴 합니다. 하지만 전통적인 교회 예배 이상을 기대하지 못한다는 게 아쉽습니다. 이제 그런 상황은 달라져야 합니다.

예수는 외톨이가 아니었습니다. 예수가 세상을 바꾸고자 했을 때 처음 한 일은 따르는 사람들을 모아 무리를 형성한 것입니다. 그냥 대중들을 상대로 가르칠 수도 있었습니다. 아니면 책을 쓰거나 한 사람을 골라 가르침을 전수하고 자신의 뒤를 잇게 할 수도 있었습니다. 하지만 그는 영적 구도자들로 소집단을 이뤄 함께 했습니다. 진정한 영성 생활에는 인지적 요소(단계)와 주관적 요소(상태)도 있고 집단적 요소('우리'의 관점)도 있습니다. 이 고차의 '우리'는 사람들이 함께하면서 깨달음을 공유하는 사람들입니다.

통합 교회는 개인의 자아를 넘어 공동체적 자아와 같은 자아감이 있습니다. 결국에 이 자아감은 예수가 늘 접속했던 우주적 자아로 진화할 것입니다. 예수가 "두세 사람이 내 이름으로 모인 곳에 나도 있다"라고 했을 때 의미한 바가 바로 그것입니다. 신자가 적게 모이는 작은 교회 사역자들을 그저 위로하는 말이 아닙니다. 핵심 영성 원리를 밝히는 말입니다. 우리는 예수가 실제로 늘 두세 사람과 함께 있음을 압니다. 그들이 모여 있든 흩어져있든 말입니다. "나도 있다"라는 말이 무슨 뜻이겠습니까? 우리가 영적 실재와 연결되고자 하는 분명한 의도로 모일 때 예수는 특별한 방식으로 현존하고 있다는 뜻입니다. 예수의 말을 제 식으로 풀면 이렇습니다. 영적 의도와 각성 의식을 지닌 두세 사람이 함께 모이면 하느님 현존 경험의 밀도가 더욱 높아진다고 말입니다.

물론 우리도 광야의 예수처럼 혼자 있어야 할 때가 있습니다. 하지만 예수 도(道)의 정상적인 모습은 함께하는 것입니다. 제가 정서적 상처를 치유하기 위해 전문치료자와 함께하는 것도 여기 포함됩니다. 배우자나 친구와 함께 영적 여정을 걷는 것일 수도 있습니다. 대개는 같은 영적 여정을 걷는 사람들끼리 이루는 네트워크나 소모임일 경우가 많을 것입니다.

우리가 영적으로 진화하고 싶다면 어찌 되었든 단계, 상태, 관점, 그림자 및 예수처럼 동반자들과 함께 의식을 공유하는 과정을 모두 가져야 할 것입니다. 더 높은 진리(단계), 초월의식(상태), 다원적 관점(세 관점), 정서적 치유(그림자 작업), 해방의 수련(방법)이 다 있어야만 만물을 향한 자비심을 일깨울 수 있습니다.

고로 영적 성장이란 집단적 진화이지 개인의 성취가 아닙니다. 홀로 동굴에서 수행하는 것이 아니라 함께 해야 하므로 더 어렵게 느껴질 수 있습니다. 하지만 서로 부대끼며 주고받는 과정이 실제로 우리의 성장을 가속화하는 풍성한 맥락이 됩니다. 방해라기보다는 말입니다. 하느님은 위장한 모습으로 우리 삶에 들어옵니다. 우리는 그 삶의 한복판에서 하느님을 만나야 합니다.

개인주의가 팽배한 자아도취의 문화 속에서 누가 우리를 움직여 이 '함께함'의 수준으로 이동시킬까요? 교회에 정말 좋은 기회입니다! 예수의 이야기와 예수 영의 현존은 그리스도교 공동체를 하나로 묶습니다. 이들의 예배, 이들의 공동체가 나누는 '영 의식'에서 하느님의 현존은 더욱 뚜렷해집니다. 예배공동체로 함께하는 것이 왜 그토록 중요한지 다음 장에서 더 자세히 다루도록 하겠습니다.

신경 가소성 — 두뇌를 바꾸기

신경 가소성(두뇌 가소성, 피질 가소성, 피질 재배치 등으로 불리기도 함)이란 어떤 경험의 결과로 두뇌 조직이 달라지는 것을 말합니다. 신경 가소성 이론에 따르면 우리의 사고, 학습, 행동이 두뇌의 물리적 구조와 기능을 완전히 바꿀 수 있습니다. 캐나다의 정신과 의사 도이지(Norman Doidge)는 신경 가소성을 이십 세기의 획기적 발견 중 하나로 꼽습니다.[28]

신경 가소성 이론에 비추어 보면 제대로 된 영성 수련은 우리 두뇌 조직을 변화시켜 하느님을 더 잘 의식하는 두뇌로 만듭니다. 현대과학은 바울로가 "마음을 새롭게 하여 변화를 받으라"라고 한 말을 뒷받침해주는 셈입니다.[29]

이미 그러한 자신이 되기

전통 교회의 영성 수련은 종종 우리가 아닌 것, 앞으로도 되지 않을 것이 되려고 애쓰게 만듭니다. 통합 및 그 이상의 교회는 다릅니다. 영성 수련을 깊이 이해하고 보면 우리가 이미 그렇고 늘 그래왔던 존재로 각성하는 것일 뿐입니다! 우리는 이미 영적 존재요 하느님의 아들딸로서 신성의 참여자입니다. 하늘 어머니-아버지의 형상이 우리이기 때문입니다. 영적 각성이란 기법이 아닙니다. 기법이란 우리가 본래 그러함을 각성하도록 돕는 것일

---

28 Doidge, *The Brain That Changes Itself*.
29 로마 12:2.

따름입니다. 우리를 전에는 아니었던 무엇이 되는 게 아닙니다. 우리가 이미 그러한 존재라는 사실에 다만 부드럽게 깨어나는 것입니다.

내가 영으로부터 들은 것

몇 년 전에 제가 '그 스승들'이라 부르는 안내령 집단을 통해 들은 채널링 메시지를 여기 소개해봅니다. 다시 얘기하거니와 그리스도인들은 이런 이야기가 낯설게 들릴 수 있겠지만 복음서의 예수 변모 사건을 참고하면 좋겠습니다. 아니면 코린토인들에 보낸 바울로의 첫째 편지에서 예언의 가치를 언급하는 내용을 새삼 읽어보는 것도 좋을 것입니다. 이 메시지는 제가 목사요 교사, 교회 지도자로서 어떻게 하면 다른 이들이 진전할 수 있을지 노심초사할 때 받은 것입니다.

오늘날 사람들이 그러한 의식 상태에서 각자의 경험을 담고 있다는 사실을 아는 것이 중요합니다. 그래서 그들은 자기네 편협한 의식의 틀을 넘어서는 새로운 경험은 받아들일 수 없답니다. 스스로 트라우마를 만들어 더 나아가지 않기도 하는 등 큰 어려움을 겪습니다. 우리 스승들은 당신이 사람들에게 내면의 공간으로 들어가야 함을 지속해서 가르칠 것을 권합니다. 사람마다 나름의 역할이 있습니다. 사람들이 무얼 찾든지 당신의 책임은 아닙니다. 다만 사람들이 당신의 말을 알아듣는 것을 기쁨으로 삼으십시오. 그럴 때 당신은 평화를 얻고 더 창조적일 수 있습니다. 그리고 사람들도 당신이 제시하는 걸 부분적으로나마 얻게 될 것입니다. 그들이 들어야 할 가장 중요한 교훈은 모두 나름의 역할이 있다는 점입니다.

짐 매리언은 『하느님의 죽음』에서 영성 수련에 관해서 쓰려던 참에 이런 메시지가 주어졌다고 합니다.

고차 의식을 각성하는 데 무엇보다 중요한 것은 기법이 아니라 의도입니다. 예수는 구하는 자는 얻을 것이라 약속했습니다. 하느님을 구하고 얻는 것입니다. 온 마음을 다하고 목숨을 다하고 힘을 다하고 뜻을 다하여 하느님을 구하려면 강한 의도가 필요합니다. 하느님을 최우선으로 삼는 것입니다. 자기 신성을 깨치기 위해 기꺼이 모든 것을 희생하는 것입니다. 이 점을 잘 생각해서 매일 눈 뜨는 첫 순간부터 잠드는 마지막 순간까지 그렇게 살도록 하십시오. 하느님, 하느님, 오직 하느님만을 구하십시오. 그럴 때 얻을 것이고 나머지는 더해지는 것입니다.[30]

영성 수련과 기법에 대해서 마지막으로 하고 싶은 말은 제자들이 와서 물었을 때 예수 자신이 한 말입니다.

예수의 제자들이 그에게 이르되, "우리가 금식을 하리까? 어떻게 기도해야 하나이까? 구제해야 하나이까? 음식을 어떻게 가려 먹어야 하나이까?" 예수께서 이르시되, "거짓말을 하지 말라. 상대가 싫어하는 것을 하지 말라…."[31]

예수의 대답에는 영성 수련에 관한 순수한 지혜가 들어 있습니다. ① 스스로 기만하지 말라. 자신에게 맞고 맞지 않는 것을 정직하게 인정하라. ② 싫거든 하지 말라!

그는 어렵거든 하지 말라고 하지는 않았습니다. 새롭거나 낯설거든 하지 말라고도 하지 않았습니다. 익숙해지는 데 시간이 걸리거든 하지 말라는 얘기도 아닙니다. 다만 하는 게 싫고 밉거든 하지 말라고 했습니다! 싫은데

---

30 Marion, *The Death of the Mythic God*, 166-167.
31 도마복음, 6절.

억지로 하는 건 열매가 별로 없습니다. 어떤 영성 수련이 영 싫다면 자신과 맞지 않는다는 신호입니다. 자신에게 귀를 기울이고 스스로 기만하지 마십시오. 때려치우십시오!

예수는 매우 실제적인 분입니다!

18장 | 예배공동체
─ 눈뜨고 죽기, 눈뜨고 천국 가기

오늘날 그리스도인들은 세상에서 살다가 교회에 갑니다. 하지만 최초의 그리스도인들은 교회에서 살다가 세상에 나갔습니다. 그들은 신비주의자 공동체였습니다.[1] 그 공동체를 낭만적으로 미화할 생각은 없습니다. 하지만 예수의 도를 따르는 초기 구도자들은 우리처럼 고작 일주일에 한 번 교회 가는 정도가 아니었습니다. 늘 함께 생활하면서 자주 밀도 있게 모였음을 지적하는 것입니다. 저도 나름 "교회에 살며 세상에 나가기"를 조금은 맛보았습니다. 그래서 그것이 쉽지 않다는 것, 난관이 꽤 있다는 것 그러나 사람에게 힘을 주며 대체로 즐거운 일이라는 것을 압니다. 수도원 공동체가 어느 시대에나 사람들을 끌었던 이유이기도 합니다. 하지만 무슨 일이든 시작이 있어야 합니다. 그런 의미에서 일주일에 하루 "교회에 가기"는 아주 좋은 출발점입니다.

깨달음을 가르치는 스승 앤드류 코헨은 그리스도인을 위한 참된 교회란 어떤 것일지 그려줍니다. 물론 전통적이진 않습니다. 이 장의 부제는 그의

---

[1] 신학교를 막 졸업하고 나서 나는 존경하는 신학 교수 모리스 애시크로프트에게 편지를 받았다. 그는 당시 안식년으로 20세기 영국의 시인이자 소설가, 신학자, 문학비평가이자 신비가였던 찰스 윌리엄스 연구차 영국에 가 있었다. 소모임과 성령 운동에 내가 관심이 많음을 알았던 모리스는 나더러 윌리엄스를 한 번 읽어보라면서 윌리엄스는 사도 바울로를 '공동체 신비주의자'고 했음을 일러주었다. 나는 그 말이 참 좋았고 이후 내가 그리스도인 생활을 특징 짓는 말로 사용하게 되었다. 우리 신앙의 원천인 예수도 의도적으로 작은 공동체와 함께 한 신비가라 할 수 있고 제자들 역시 늘 함께 헌신하는 사람들과 같이하는 신비가들이었다.

'금주의 인용문'이란 수필 중 하나의 제목을 딴 것입니다. 코헨의 말을 들어 봅시다.

> 깨달음의 목표는 그저 개인의 성취로 끝나는 게 아니다. 한 개인이 더 높은 수준으로 발달하고 고차 의식에 들어가고 더 높은 관점을 지니고 살아가고 하는 정도의 문제가 아니란 얘기다. 목표는 개인뿐만 아니라 집단의 에고도 초월해서 다수가 상위의식을 얻음으로써 **같은 자리, 같은 공간, 같은 차원에서 서로 연결되고 상호작용**하는 데 있다. 우리가 에고를 초월하는 강력하고 삶을 변화시키는 경험을 가질 뿐만 아니라 마찬가지로 에고를 초월한 다른 이들과 상호작용할 때, 잠정적으로나마 참 나의 상통이 일어나는 것이다. 이렇게 상통하는 가운데 우리는 계시를 경험한다. 황홀경의 고차 의식에 들어가면서 갑자기 모든 것이 이해되기 시작한다. 우리가 진정 누구고, 왜 여기 있으며, 우리가 이미 그러한 존재로서 인간이 된다고 하는 것이 창조과정의 흐름과 완전히 맞아떨어진다는 것, 그것이 지금 일어나고 있음을 극적으로 인지한다. 눈뜨고 죽고 눈뜨고 천국에 가는 것과 같다.[2]

켄 윌버는 이렇게 말합니다. "통합 의식을 이론으로 알던 것이 실제로 살아 있고 구현된 깨달음으로 알려면 영적인 길을 가야 하고 어떤 식으로든 사람들과 함께 영적인 공동체에 가담해야만 한다."[3]

참 나의 상통이 일어나는 영적 공동체가 이 장의 주제입니다.

2 Andrew Cohen, Quote of the Week, April 10, 2008.
  https://www.andrewcohen.org/quote/?quote=287.
3 "The Guru & the Pandit" *EnlightenNext* Magazine, Issue 42, Dec. 2008-Feb. 2009.

매주 드리는 교회 예배가
이 책의 원리에 기초한다면 어떻게 될까?

영적 성장과 관련된 통합 철학의 개념은 단계, 상태, 관점, 그림자, 방법입니다. "하지만 그 모든 것을 주일 아침 한 시간에 다 담을 수는 없는 거 아니냐?" 반문할 것입니다. 제 대답은 "아니, 가능하다!"입니다. 충분하진 않을 겁니다. 하지만 그런 것을 장려하고, 예증하고, 본을 보여 주고, 우리가 모이는 이유에 대해 목적의식을 밝히는 틀이 될 수 있습니다.

통합 수준의 교회가 갖는 목표는 단계나 상태에 있어 영적 성장을 가속화 해주는 공동체가 되는 데 있습니다. 그리고 나머지 셋(관점, 그림자, 방법)은 단계와 상태에 이르는 보조 수단으로 삼으면 됩니다. 이러한 전제를 받아들인다면 집단의 예배는 완전히 새로운 목적을 품은 새로운 처소가 될 수 있습니다. 예배는 대다수 그리스도인이 고양된 의식 상태를 경험할 수 있는 첫 출발지입니다. 가르침, 설교, 정보안내를 통해 사람들이 다음의 발달 단계를 배우는 주요 경로가 될 수 있습니다. 예배와 모임이 통합이론의 다섯 요소를 전달하는 경로가 된다면 신자들이 영적 의식 상태와 영적 성장에 무지한 사태를 극복할 수 있을 것입니다. 지금의 예배는 그저 위로 좀 받고 사람들과 교제하고 생활의 도움을 조금 얻는 정도로 그치는 실정이지만 말입니다. 이보다 훨씬 많은 일이 교회에 일어날 수 있습니다.

이 점을 생각해 보십시오. 불교도들은 대체로 혼자서 명상합니다. 힌두교도들 역시 일상생활 중에 혼자 독경하는 식으로 개인 수행에 집중합니다. 이슬람 신자들은 하루 중 정해진 기도 시간에 의식을 치릅니다. '영적이나 종교적이지 않음' 운동에 속하는 이들은 책을 읽고 어쩌다 유명한 구루가 방문하면 집회에 참석하는 식입니다. 하지만 그리스도인들은 자기네 영성의 길에 이미 매주 "교회에 가기"라는 항목이 들어 있는 상태입니다. 영적 단계와 상태를 배울 엄청난 기회를 이미 가진 셈입니다!

최근의 상황

　　현재 교회 예배의 실정을 차갑지 않게 하지만 정확하게 짚어보고 싶습니다. 주류 교단의 예배는 여러 구획으로 분절되어 교독을 하고, 성가대의 화답이 있고, 성직자의 기도, 광고, 특송에 설교라는 요소가 더해집니다. 그 사이 여기저기에서 성가를 부르고 순서 사이에 잠깐씩 멈추거나 하는 식입니다. 그러니 누가 내면 의식으로 침잠할라치면 금방 훼방을 받고 다음 활동을 신경 써야 하고 생각의 기능을 활용해야 합니다. 설교 들으랴 일어나랴 성가 부르랴 바쁩니다. 이래서는 변성 의식에 들 수가 없고 어쩌다 들어가더라도 오래 머물 수가 없습니다. 예배의 자잘한 장치가 변성 의식을 질식시키는 셈입니다! 이런 식의 예배로는 의식 각성의 더 높은 단계로 올라설 수 없습니다. 설교가 뭔가 영감을 불러일으키기도 하지만 그것도 희망 사항에 불과할 때가 많습니다.

　　침례교회나 복음주의 교회는 활기찬 찬양을 부릅니다. 그러나 그건 설교나 결신 초청을 위한 서곡일 뿐입니다. 복음주의 대형 교회는 감동을 자아내는 음악공연을 선보입니다. 그리고 오케스트라와 대형 성가대로 회중의 찬양을 고무시킵니다. 그렇지만 그러한 광경은 차라리 대중 공연에 가깝지 우리 일상의 거친 의식 상태에서 위대한 신비의 연결 의식 상태로 들어가는 일과는 무관해 보입니다. 상당수의 성령 운동 신자들이 지금은 복음주의 대형 교회에 스며들었습니다. 그래서 이제는 찬양 시간에 손을 높이 쳐들고 약간의 의식 변성 상태에서 열렬하게 신심을 표현하는 일이 낯설지 않게 되었습니다. 하지만 그것도 비교적 최근의 현상입니다. 대형 교회나 흑인 교회의 설교는 열렬하고 뜨겁습니다. 하지만 의식 변화와 관련된 내용은 설교에 거의 등장하지 않습니다.

　　신사고운동의 교회들은 명상 시간이 따로 있긴 합니다. 하지만 집단의 예배는 머리의 생각으로 하는 긍정의 시간, 감동을 겨냥한 영적 여흥의 시간, 흥미 있는 주제를 놓고 간단한 말씀 정도로 구성되어 있습니다. 어느 정도 감동할 수는 있으나 그 이상으로 더 나아가지는 않습니다.

가톨릭이나 정교회 형제자매들은 아름답고 힘 있는 미사와 전례에 집중합니다. 고양된 영적 의식에 익숙한 사람들한테는 미사가 정말 좋은 시간이 될 수 있습니다. 하지만 어떻게 그런 의식에 들어가는지 전혀 모르는 사람들은 미사 자체가 별 감흥이 없을 것입니다. 게다가 근대 의식 수준 이상의 사람들한테는 전통 수준에 기인한 미사의 종교적 상징과 언어들을 뜻이 통하게 전달해야 하는 번거로움마저 있습니다. 이 교회들이 보통 하는 10분 정도의 설교가 영적 진화를 자극하거나 수련을 가르쳐 주는 전부인 점도 문제입니다.

미국교회 대부분은 신자 수가 백 명 미만입니다. 고작 성가 몇 개 부르고, 지루하고 따분한 광고에 20분 정도 설교를 하는데, 설교자 본인이 실제로 영성 훈련을 하는지, 과거에 영적 성장의 단계를 뛰어넘은 적이 있는지도 알 수가 없습니다. 오히려 목회자들은 고립감과 좌절감을 느끼면서 신자들과 더불어 교회의 생존에 급급한 실정입니다.

제가 현실을 너무 어둡게 그린다고 생각하시나요? 그럴지도 모르겠습니다. 아프리카 내지에 파송된 신발회사 판매원 둘이 있었습니다. 한 사람은 이렇게 말했습니다. "맙소사, 이곳 사람들은 신발을 안 신네. 난 망했다!" 다른 사람은 이렇게 말했습니다. "맙소사, 이곳 사람들은 신발이 없네. 활짝 열린 시장이군. 이 사람들이 신발을 신게 만들어서 다 팔아버려야지!"

매주 모이는 교회 문화에는 예배든 미사든 가능한 한 자주 모이는 것이 좋다는 생각이 이미 강하게 자리하고 있습니다. 그리고 최소한 40% 이상의 그리스도인들이 그렇게 믿고 있답니다! 활짝 열린 시장이 아닐 수 없습니다. 예배를 변성 의식 체험의 자리로 만들고 영적 성장단계 교육과 실천의 기회로 삼는다면 말입니다.

통합 교회의 예배는 예수의 이야기와 현존을 중심으로 단계, 상태, 관점,

그림자, 방법의 면에서 성장을 기하기 위해 모이는 것입니다.

이 다섯 요소를 우리 예배 어디에 위치시킬 수 있을지 하나씩 살펴보기로 하지요.

1. 단계

교회 예배에서 단계 측면의 성장은 우선 성스러움에 관해 인지적으로 아는 것에 초점이 있습니다. 설교나 가르침, 성가나 노래의 가사, 독서 등이 다 신자에게 다음의 발달 단계를 일깨우는 초대장이 될 수 있습니다. 짧게나마 의식을 확장해보는 시간을 가짐으로써도 다음 단계의 입문 역할을 할 수 있습니다. 저는 지난 2년간 이 책을 집필하면서 각 장의 내용을 예배 시간에 가르쳤습니다. 물론 우리 교회에 국한해서지만 말입니다. 그 전에 이미 주일학교나 수련회 시간에 앞으로 그런 방향을 취하겠다는 사실을 공지했습니다. 그래서 신자들이 교회 교육의 초점이 어디에 있는지 숙지하게 되었지요. 그때부터 저는 매주 20~30분간의 설교 시간을 이용해서 그 내용을 전했습니다. 신자들을 예수의 길을 함께 걷는 도반으로 여기면서 말입니다.

2. 상태

상태란 하느님을 초월적으로나 내재적으로 실제 경험하는 것을 말합니다. 반면 단계는 상태 경험을 해석하고 수용하는 발달상의 구조를 말합니다. 높은 단계와 높은 상태가 만나면 영의 생명력이 더 자유롭게 부어집니다.

상태는 신성과 상통하고 합일하는 경험 자체를 중심으로 삼습니다. 고양 의식 상태를 예배 시간 중의 침묵, 명상, 성찰, 깊이 헌신하는 예배, 기쁨 넘치는 찬양, 따뜻한 친교, 치유의 에너지, 감동을 주고 동기를 자극하는 진리의 가르침, 아름다운 건축물, 상징 및 환경을 통해서 자극하고 불러일으킬 수 있습니다.

마커스 보그는 이러한 상태 경험을 켈트 그리스도교에서 말하는 '얇은 틈'이란 은유로 설명합니다. 얇은 틈이란 물질세계와 영의 세계가 만나는 경계선에 서로 투과하고 스며들 수 있는 틈을 말하는 것입니다. 우리는 하느님을 주변 어디서나 볼 수 있습니다. 보그는 이렇게 말합니다. "예배의 주된 목적이 얇은 틈이 되는 것에 있다고 받아들이면 예배를 어떻게 인도해야 할지 알 것이다."4

10장에서도 말했듯 초대교회 모임의 주된 목적 중 하나가 변성 의식 상태를 경험할 기회를 제공하는 것이었습니다. 오늘날은 신약처럼 하느님에 취한 사람들의 경험에만 국한되지 않고 그 이상의 관조 상태들마저 목적에 포함할 수 있겠습니다. 통합 교회의 핵심 기능이 거기에 있습니다. 많은, 어쩌면 대다수 교회가 초월의식을 경험할 기회를 전혀 제공하지 않습니다. 지도자들부터가 그러한 의식 상태를 훈련받은 적도, 전수한 적도 없으니 신자들을 그렇게 이끌 재간이 없습니다. 고작해야 즐거운 예배, 연예프로그램 같은 예배에 점잖은 묵상, 아름다운 음악, 감동적인 설교를 결합하는 정도입니다. 그리고 신자들은 아무것도 안 하고 구경꾼처럼 눈요기하며 앉아 있다가 요청된 노래를 하거나 예문을 읽는 게 고작입니다. 현실이 그렇긴 해도 예배는 다른 무엇보다 많은 사람에게 고양된 의식 체험의 기회가 될 수 있습니다.

통합 교회를 제외한다면 종교인이나 비종교인들이 다 같이 무관심했던 부분이 바로 고차 의식의 집단 경험입니다. 따라서 모든 종파의 신비가가 내디뎌야 할 다음의 걸음은 공동체입니다. 진정한 초월의식은 아래와 같이 찾을 수 있습니다.

---

4 Borg, *The Heart of Christianity*, 160.

- 같은 데 헌신한 사람들 무리에서

- 깨달음을 구하는 사람들과 함께

- 신비가들의 모임에서

- 각성 운동 집회에서

- 예언자인 사람들 가운데에서

- 함께 기도하는 동반자 관계에서

- 자비의 행렬 안에서

이것이 그리스도교의 미래입니다!

3. 관점

예수가 하느님과 맺은 관계의 모범을 따라 세 관점이라는 틀로 예배를 구성할 수 있습니다. 제가 암기하기 좋게 구성한 문장을 소개합니다.

예수는 하느님에 관해, 하느님을 향해, 하느님으로서 말했다.

이 세 관점이 예수의 본을 따라 하느님과 맺을 수 있는 관계의 전체성입니다. 하느님의 무한, 친밀, 내밀이라는 세 얼굴과 전부 관계를 맺는 것이니까요. 교회의 예배 역시 이 세 관점에 기초해서 구성할 수 있습니다.

① 하느님에 관해: 함께 모여 하느님에 관해 또 이 세상에서 영의 작용에 관해 좋은 가르침을 나누고 정보를 교환하며 토론할 수 있다. 영성 생활과 성장의 기법을 배우는 시간도 여기 포함할 수 있다.

② 하느님을 향해: 같은 여정을 걷는 신자공동체의 집단에너지장에서 예배와 기

도로 하느님을 향할 수 있다. 하느님과 친밀하게 소통하고, 그 위엄을 찬미하며, 열정적으로 헌신하면서 우리는 하느님에게 순복할 수 있다.

③ 하느님으로서: 우리의 가장 깊은, 가장 드높은, 가장 참된 자아는 바로 그리스도라는 사실을 정기적으로 되새길 필요가 있다. 예수 안에 있던 신성한 의식이 우리 안에도 있다. 우리의 과제는 예수처럼 그 의식을 각성하는 것이다. 우리는 신성한 영적 존재로서 우리 자신의 신성을 긍정하고자 한다. 예수가 "너희는 세상의 빛"이라 한 말을 되새겨야 한다. 그가 "너희가 신인 줄 모르느냐?"고 한 말도 마찬가지다.

이 세 관점을 다 제시할 때 우리는 제대로 양육 받고, 훈련받고, 다가오는 한 주간에도 그리스도 안에서 성장할 힘을 얻는 것입니다. 영으로 충만한 공동예배의 경험은 개인의 영감, 개인의 배움, 개인의 황홀경과 내적 조명을 넘어섭니다. 예수가 우리 모두 하나 되게 해달라고 기도한 것이 이루어지면서 가히 초월성의 궁극에 이르는 것입니다. 그러한 하나 됨을 이 지상에서도 경험할 수 있습니다. 세 관점 요소를 좀 더 살펴보지요.

1) 하느님에 관해 배우기

아마도 교회 모임에서 가장 친숙한 부분이 아닐까 싶습니다. 좋은 설교를 듣고 교육을 통해 잘 일깨움 받으면 하느님을 사랑하는 능력도 자랍니다.[5] 교독문, 연도 및 성가의 내용도 마찬가지입니다. 물론 그 내용이 흥미롭고 예리해야겠지요. 너무 지루해서는 곤란합니다. 그리스도인들은 교회 모

---

5 삼십 년 전에 나는 '설교'란 용어 사용을 포기했다. "설교처럼 지루한"이란 표현도 있고 "나한테 설교하지 마"라는 말도 상투어가 되었듯이 사람들이 '설교'란 말에서 긍정적인 뜻을 떠올리지 않는다. 브로드웨이교회에서는 그냥 '가르침'의 시간이라고 한다. 내가 신자들을 가르치는 교사의 책임이 있음도 상기하고 그 시간이 그냥 좋은 말 몇 마디 하는 순서가 아님도 생각나게 하는 명칭이기 때문이다. 신자들도 전에 들어보지 못한 새로운 걸 배우는 시간으로 본다고 말한다.

임의 주요 학습 목표를 예수의 삶과 가르침을 높은 의식단계, 가능하다면 통합 및 그 이상의 의식단계로 해석한 내용을 습득하는 것에 두어야 합니다. 그래야 예수가 본으로 보여 준 높은 의식 수준을 우리도 지향하고 획득할 수 있습니다. 우리가 더 성장하고 발달해야 할 다음 단계가 무엇인지 이해하고 그리로 움직여가려는 동기 또한 생깁니다.

스티븐 데이비스는 비유를 포함해서 예수의 가르침 전체가 변성 의식의 재생산을 겨냥하는 것이었다고 논증합니다.[6] 정말 좋은 가르침과 '설교'는 변성 의식에 들어가는 힘을 발휘할 때가 있습니다. 낡은 관념을 타파하고 삶을 변화시키는 새로운 통찰을 제공함으로써 말입니다.

전통주의자는 예배에서 위안의 말씀을 듣고자 합니다. 근대주의자는 지적 만족을 주고 사회적 실천을 강조하는 강의를 듣고자 합니다. 포스트모던주의자는 누구나 자기 목소리 내는 것을 중시합니다. 통합주의자는 이 모든 것을 인정하는 한편으로 의식의 새로운 상태와 단계를 촉진하는 가르침과 예배를 원합니다.

2) 하느님과 관계하기

하느님을 향해 찬양과 기도를 드리고, 예배하며 엎드려 순복할 때 영과의 깊은 상통이 일어납니다. 소모임일 때는 경건과 고요의 시간처럼 보일 것입니다. 대부분 교회 예배에는 성가를 부르고 찬양하는 시간이 들어 있습니다. 그리고 하느님과 연결되길 청하는 기도 및 초청의 기도가 있습니다. 이러한 예배의 특성을 한 단어로 표현하자면 '열정적'이라는 말일 것입니다. 성가 부르는 시간에 열정이 지나친 나머지 "하느님을 찬양하라" 하고 큰소리로 외친 남자가 있었답니다. 그러자 안내자가 그 남자에게 다가가 조용히 말했습니다. "선생님, 이 예배는 그런 거 하지 않는 예배입니다."

---

6 Davies, *Jesus the Healer*, 124.

물론 열정이 꼭 큰소리로 표현되어야 하는 것은 아니지요. 조용한 관상기도에도 열정은 넘칠 수 있습니다. 깊은 묵상의 고요함이 영적 실재에 대한 우리 의식을 확장해줍니다. "멈추고 내가 너희의 하느님임을 알라"고 한 말씀으로 잘 훈련되어 있다면 말입니다.

3) 하느님으로 현존하기

그리스도교회는 하느님과 예수를 찬양과 예배로 높이고 존중합니다. 교회에서 우리 자신의 신성도 현명하고 멋있고 강렬하게 존중할 수 없을까요? 예수를 그리스도로 존중하는 것이 예수의 도 첫걸음입니다. 그렇다면 우리 안의 참 나가 그리스도라는 게 예수의 가르침임을 받아들이는 두 번째 걸음일 것입니다. 종래의 교회들처럼 이 두 번째 걸음을 부정하는 것은 예수를 충분히 존중하지 않는 일입니다. 예수를 본받으라면서 정작 예수와 같은 존재로 성장하길 멈추는 일입니다.

사실 이것은 신학적으로나 실천적으로 꽤 난관이 많습니다. 어떤 성가나 예배 양식도 자신 안에서 또 서로 안에서 하느님을 보라는 진리를 말하지 않습니다. 그 진리를 표현해 줄 새로운 세대의 작사가와 시인들을 기다립니다. 헤이스(Mark Hayes)의 <나마스테>라는 현대 성가는 바로 그 진리를 아름답고 유려하게 표현한 예입니다.

나마스테, 나마스테, 나마스테.
내 안의 신이 축복하고
인사하노라 그대 안의 신에게.
신의 아름다움이 내 앞에 서서
그대로서 독특하게 드러나고 있다.
그대 안의 선하신 영이
그대가 하는 모든 일에서 환히 빛난다.

나마스테, 나마스테, 나마스테.
내 안의 신이 축복하고
인사하노라 그대 안의 신에게.7

　　우리 교회에서는 맥기(Bob McGee)가 만든 <임마누엘>이란 노래를 자주 부릅니다. 알다시피 임마누엘이란 "우리와 함께 계신 하느님"이라는 뜻입니다. 첫 소절은 하느님에 관해서 노래합니다. 두 번째 소절은 하느님을 향해서 노래합니다. 아쉽게도 하느님으로서 노래하는 소절은 없습니다. 그래서 우리가 나름으로 만들어 덧붙였습니다. "임마누엘, 우리의 이름은 임마누엘이다. 우리와 함께하시는 하느님이 우리로서 드러나신다. 우리의 이름은 임마누엘이다."

　　렘말(Helen Lemmal)이 1922년에 작사한 <눈을 들어 예수를 보라>는 지금도 많은 교회의 애창 성가입니다. 그 합창 부분은 이렇습니다.

눈을 들어 예수를 보라.
그 경이로 충만한 얼굴을 보라.
그 영광과 은총의 빛으로
땅의 모든 것은 빛을 잃는다.8

　　저는 이 부분을 그리스도의 내밀한 얼굴로 바꿔보았습니다.

눈을 들어 내면의 그리스도를 보라.
그 경이로 충만한 얼굴을 보라.

---

7 저자의 허락으로 인용. 마크는 잘 알려진 그리스도인 작사가로서 도브상 수상자다. 전에 브로드웨이교회 신자였다. 그의 음악은 www.markhayes.com에서 접할 수 있다.
8 Public domain.

그 영광과 은총의 빛으로

빛나는 내 영혼의 그리스도를.[9]

작가요 작사가인 클랜튼(Jann Aldredge-Clanton)은 브로드웨이교회를 방문했다가 우리가 이처럼 하느님의 내밀한 얼굴을 강조하는 것을 알았습니다. 잰은 하느님의 여성적 이미지와 우리 내면의 신성을 둘 다 강조하는 새 노래를 작사해 주었습니다.

셰키나[10]는 우리의 거처

셰키나는 우리의 거처

우리 모두의 내면에 자리한 신의 생명

그녀는 우리에게 힘과 사랑, 은총을 주어

문을 열고 모든 벽을 허물게 하시네.

셰키나가 모두의 가슴속에서 빛나

환히 드러나는 우리의 신성

해방의 진리를 나누어주며

모든 것을 뛰어넘는 희망을 보게 하시네.

셰키나가 온 땅에 거하며

불어넣는 공의와 평화의 길

그녀는 풍성한 생명을 낳으시며

영광의 날에 이르는 길을 보여 주시네.[11]

---

9 Words ⓒ 2010 Paul R. Smith. 이름을 밝히는 한 따로 허락을 구하지 않고 사용해도 좋다.
10 셰키나는 여성형 히브리어로 '거주' 내지 '정착'으로 번역된다. 신의 현존 혹은 영광이 머무는 곳이라는 뜻으로 사용되는 단어다(출애 29:45, 40:34-38).
11 Words ⓒ 2010 Jann Aldredge-Clanton. 허락받고 사용함. "O Bless the Gifts" 같은

신자들이 모여 예배드리는 시간에 이러한 노래를 함께 부르면 모두가 공유하는 신성을 잘 상기할 수 있습니다. 우리가 이 세상에서 진실로 하느님의 마음이요, 손이요, 음성이라는 사실을 되새기는 시간이 되는 겁니다.

4) 진, 선, 미

예배에 세 관점을 도입하는 문제와 관련하여 마지막으로 진선미를 논해 보겠습니다. 진, 선, 미란 세 관점에 대한 고전적 진술이라 할 수 있습니다. 미는 1인칭 자아 및 그 자아의 표현과 관련이 있습니다. 선은 2인칭으로 내가 상대방을 존중하고 친절하게 대하는 문제와 관련됩니다. 진은 3인칭의 객관적 진실을 우리가 이성으로 탐구하는 것입니다. 통합 의식의 예배는 진, 선, 미이길 원합니다. 매주 예배를 계획할 때 진선미 세 방향을 모두 겨냥합니다.

4. 그림자

예수는 "마음이 상한 자를 고치러" 왔다고 했습니다.[12] 살면서 마음 상함을 경험하지 않는 사람은 없습니다. 그림자 작업이나 여타 치료 기법은 상한 마음을 치유하려는 것입니다. 그런데 이러한 치유 작업을 예배 중에 간소한 형태로 제시할 수 있습니다. 예배나 모임 중 적당한 시점에 우리를 노엽게 하는 사람이나 상황을 떠올리게 합니다. 그런 다음 직면하고 말 걸고 되어보는 그림자 작업을 인도자가 안내하면서 진행하면 4-5분이면 충분합니다. 앞에서 이끄는 사람이 자기 내면의 경험을 예로 들면서 인도할 수도 있습니다. 신자들을 그룹별로 나누어 정해진 인도자가 이끌게 하는 방법

8.8.8.8. 곡조 성가는 감리교기념성가집에 들어가 있다. www.jannaldredgeclanton.com에 서 저자와 연락할 수 있다.

12 루가 4:18.

도 있습니다. 그림자 작업을 실행했다는 말이 교회에서 일상적으로 오가야 합니다. 소모임에서 그림자 작업을 하거나 일기에 기록한 그림자 작업의 경험을 서로 나누면 좋은 모임 활동이 됩니다.

5. 방법

영적 성장의 구체적인 방법론을 예배를 통해서 제시하고 본을 보여 주고 실험해 보는 일이 가능합니다. 예배 중에 가르침이나 설교를 맡은 사람은 매주 성장기법을 소개할 기회를 가진 셈입니다. 향심 기도, 침묵 수련, 무형상의 명상, 영의 음성 듣기 등이 다 설교의 주제가 될 수 있습니다. 매주 예배 시간의 일부를 할애해 여러 가지 영성 수련을 배우는 기회로 삼으면 좋을 것입니다. 우리 교회에서는 이 시간을 일러 "변화를 위한 수련 시간"이라 부릅니다. 그저 4~5분 정도 할애해 한 가지씩 영성 수련을 해보는 것이지요. 그렇게 수련 시간을 가짐으로써 신자들은 수동적인 청중이나 구경꾼 처지에서 벗어나 적극적으로 뭔가 해보는 기회가 생깁니다. 설교나 기도 시간에 하느님의 음성에 귀를 기울이고 들려온 것을 적게 하거나 감지한 것, 느낀 것을 그림으로 그리거나 하는 활동을 해보는 것도 좋습니다. 또 하느님에게 맡기고 싶은 일들을 종이에 적은 다음 그릇에 넣고 불을 붙여 하느님에게 드리는 번제 의식으로 삼을 수도 있습니다. 혹은 인도자가 안내 명상을 이끌거나 앞에서 소개한 하느님의 세 얼굴에 바치는 기도 의식을 같이 해보는 것도 좋습니다. 최근에는 가르침의 시간이 끝난 후 신자들에게 작은 거울 하나씩 나눠주고 자기 얼굴을 보면서 "너희 안의 그리스도 곧 영광의 소망"이란 구절을 묵상하는 시간도 가져봤습니다. 그러면서 우리 내면 깊은 곳에서 하느님의 얼굴을 볼 수 있다고 감히 소망해도 좋은가 자문자답해보게 했습니다. 그런 다음 "눈을 들어 예수를 보라"는 찬송을 제가 만들어 덧붙인 후렴과 함께 부르고 마칩니다.

어떤 수련이든 구체적 방법을 제시해야 실질적인 영적 여정이 될 수 있습니다. 그저 설교 듣고 성가 부르고 하는 정도여서는 곤란하지요. 물론 신자들이 수용할 수 있는 한계가 어디까지일지 민감할 필요는 있습니다. 작년에 한동안 예배 중에 신자들이 자발적으로 서넛씩 모여 생각을 나누고 함께 기도하는 시간을 가진 적이 있습니다. 어떤 사람들은 이를 반가워했고 어떤 사람들은 껄끄러워했습니다. 진행 중에 한두 사람이 물을 마신다거나 화장실 간다는 핑계로 조용히 빠져나가는 것을 보고는 그 프로그램을 그만두었습니다. 지도자가 사람들에게 맞는 옷이 무엇인지 민감하게 살펴주길 신자들도 원합니다.

꽤 오랫동안 우리 교회에서는 주일 아침 예배 시간에 치유의 기도 시간을 갖곤 했습니다. 한 달에 한 번씩은 치유 기도팀을 앞으로 불러냅니다. 그리고 몸이 아프거나 마음의 치유가 필요한 사람, 축복받기 원하는 사람들은 앞으로 나와 기도를 받게 합니다. 치유 기도팀은 이들의 머리나 어깨에 가볍게 손을 올리고 이마에 기름을 발라주면서 간단하게 기도해 줍니다. 그러는 동안 조용한 노래나 음악을 틀어 줍니다. 이 5분 정도 되는 시간이 앉아서 구경하는 신자들에게도 감동을 줍니다. 눈앞에서 서로 기도해 주는 모습을 보는 것만으로도 무언가 에너지를 느끼는 것이지요.

어느 때는 기도 받기 원하는 사람을 중심으로 주위에 있는 사람들이 어깨에 손을 얹고 조용히 기도해주는 시간을 갖습니다. 이 또한 느낌이 있습니다. 우리 교회가 몸과 마음의 치유를 진지하게 여긴다는 사실을 되새기는 시간이기도 합니다.

1) 신체 언어

저는 몸도 하느님에게 저를 표현하는 상징 언어로 삼습니다. 심리학자들은 이를 신체 언어라 부릅니다. 신체 언어는 자연스럽습니다. 우리가 의사소통할 때 자연스럽게 몸을 사용하는 걸 보면 알 수 있습니다.

- 안녕하고 인사하면서 손을 흔든다.
- 뭔가 포기할 때 항복하듯 손을 든다.
- 문 앞에서 누군가 환영할 때 팔을 벌린다.
- 축구 시합 응원할 때 양손을 번쩍 쳐든다.
- 록 공연장에서 손을 들고 파도처럼 흔든다.
- 누군가를 가까이 오라고 부를 때 손짓을 한다.
- 올림픽 금메달을 따고 양팔을 번쩍 든다.
- 경찰이 "손들어" 하면서 범죄자를 제압한다.
- 아이가 안아달라고 팔을 벌리고 다가온다.
- 온 세상을 끌어안는 것처럼 양팔을 벌린다.

그런데 교회에 가서 기도하거나 예배를 드릴 때는 성서나 성가, 주보를 붙들고 돌부처처럼 조용히, 아주 조용히 앉아 있습니다. 물어보고 싶습니다. 대체 어느 쪽이 자연스러운가요?

제가 선호하는 신체 언어는 제 앞에 양 손바닥을 펴서 내미는 동작입니다. "자신을 열고 기꺼이 받아들입니다" 하는 뜻입니다. 또 "항복합니다" 내지 "경축합니다" 하는 표시로 양손을 쳐들기도 합니다.

동작은 감정을 폭넓게 알아차리게 합니다. 영의 현존을 감지하거나 예배드리며 감사를 표할 때 또 자신의 신성을 느낄 때 이 모든 것을 몸동작으로 표현할 수 있습니다. 아이티섬의 그리스도인들은 하느님에 관해 말하려면 교회에 가고 하느님이 되려면 춤을 춘다고 합니다.[13]

---

13 Hunt, *Infinite Mind*, 310.

2) 주일 아침 우리 교회

우리 교회처럼 작고 저 자신이 속한 교회의 예배를 말하기가 좀 망설여지긴 합니다. 우리 교회 예배가 아름답지도 멋지지도 않아서가 아닙니다. 실제로 아름답고 멋집니다. 다만 지금은 통합 및 그 이상의 의식을 표현하는 양식이 세상에 점점 더 늘고 있고 다양합니다. 그래서 브로드웨이교회의 방식이 지금도 진화하고 있지만 마치 다 이렇게 해야 한다거나 다른 표현방식보다 우월하다는 식의 인상을 주고 싶지 않을 뿐입니다. 그래도 나름의 길을 최선을 다해 모색한다고 할 때 모델은 필요한 법입니다. 우리 교회를 그저 한 가지 사례로 여겨 주기 바랍니다.

이 장을 쓰면서 저는 우리 교회 예배 시간에 드는 생각과 감정을 기록하기로 마음먹었습니다. 우리 교회에는 아름다운 파이프오르간도 있고 그랜드피아노, 기타, 플룻, 타악기(타악기 세트, 팀파니, 콩가드럼 등)가 있어 노래 부를 때 적절히 섞어서 반주합니다. 그리고 서너 명의 찬양인도자가 앞에 나와 노래와 이끄는 말로 신자들의 찬양을 인도합니다. 우리로선 상당한 예산을 들여 최선의 음향시스템을 도입한 지도 꽤 됐습니다. 음악, 노래, 말하기가 우리 모임의 주요 요소이기 때문입니다. 우리 교회는 1872년에 지은 아름다운 전통 고딕 스타일 교회입니다.

예배를 시작할 때 보통 20~30분간을 계속해서 음악과 성가, 예배 노래, 침묵, 기도하는 시간을 갖습니다. 그 정도 시간이면 모두 기도ㆍ예배에 몰입하는 의식 상태가 됩니다. 그러고 나면 일어나 오가면서 서로 인사하고 끌어안기도 하고 자기소개도 하는 시간을 갖습니다. 다음엔 우리 교회의 훌륭한 피아니스트가 연주하는 동안 봉헌순서를 갖습니다. 봉헌 후에 우리 교회 세 목사 중 한 명이 가르침ㆍ메시지 시간을 하고 이어 그날의 가르침을 응용 수련하는 간단한 변화 수련 시간을 갖습니다. 그리고 마감 성가를 부르고 끝냅니다. 한 달에 한 번은 성찬 예식과 치유 기도 시간도 갖습니다.

하루는 노래 부르는 시간에 수피 영성에 관심이 많은 여성 둘이 조용히 제단 왼편 맨 앞줄의 공간으로 나왔습니다. 이들은 최근 들어 우리 교회에 나오기 시작했습니다. 거기서 둘은 수피 스타일로 빙글빙글 도는 춤을 추는데 그들이 입은 드레스가 하늘거리며 아름답게 펄럭였습니다. 저는 노래 부르다 말고 이 놀라운 예배 방식을 경이롭게 지켜봤습니다. 그 여성들이 부드럽게 손을 양편으로 펼치고 돌아가는 모습이 너무나 아름다워 저는 그만 눈물이 났습니다. 가만 보니 그들 눈에도 눈물이 고여 있었습니다.

마크 헤이스의 "거기 있는 모든 것이 신이라네"[14]라는 노래를 함께 부르는데 심장에서 목으로 무언가 솟구치는 감각과 함께 저는 부드럽게 심령 언어로 경배와 찬미를 드리기 시작했습니다. 노래가 끝날 때까지 그렇게 했습니다. 음악과 악기, 음성이 한데 어우러져 빚어내는 아름다움에 자극되어 이러한 반응이 일어난 것입니다.

가르침 시간에 마르시아(마르시아와 저는 한 달씩 번갈아 이 시간을 맡습니다)는 요한복음의 "할 말이 많지만, 지금은 너희가 알아들을 수 없다"는 예수의 말을 주제로 얘기했습니다. 강렬한 메시지였습니다. 간밤에 잠이 충분치 않았는데도 저는 예배 시간 내내 전혀 피곤함을 느끼지 않았습니다.

변화를 위한 수련 시간에 마르시아는 우리더러 눈을 감고 바로 옆에 앉아계신 예수를 상상해보라 했습니다. 그리고 그에게 "오늘 제게 무슨 말씀을 하고 싶으신가요?" 물으라 합니다. 제가 그렇게 하자마자 즉시 들려오는 말씀이 "너는 오늘 내 영과 함께 흐르는 요령을 익히게 될 것이다. 그것이 네 몸에 힘을 주고 걱정에서 벗어나게 할 것이다"였습니다. 그 시점의 제게는 정말 힘이 되는 말씀이었습니다.

교회마다 예배를 계획할 때 가질 수 있는 자유의 여지가 다를 것입니다. 그래도 어느 예배에나 통합 의식 수준의 변화를 시도할 수 있다고 생각합니다. 하다못해 설교 시간만이라도 지금까지와는 다른 초점의 얘기를 할 수는 있지

---

14 www.markhayes.com.

않겠습니까. 교회가 자유로이 예배를 기획할 수 있는 처지라면 통합 교회 방식으로 예배를 재구성하는 데 별 어려움이 없을 것입니다. 하지만 굳이 주일예배가 아니고 다른 소모임에서부터 출발하는 것도 가능합니다. 교파를 막론하고 어떤 양식의 예배에서든 통합 및 그 이상의 의식을 지향할 수 있습니다.

결론

지금껏 제가 그리스도교와 교회를 이해하는 방식을 독자와 나누고자 했습니다. 이 책에 개략적으로 설명한 방식으로 예수를 따를 수 있다고 말입니다. 이제 통합 교회를 설명하는 또 한 가지 방식을 얘기할 터인데 바로 '포용적 그리스도교'라는 개념입니다. 사실 전에는 이 용어 사용을 꺼렸는데 보통 인종차별이나 성적지향을 놓고 쓰는 용어다 보니 의미가 제한적이라는 생각이 들어서였습니다. 물론 그런 의미도 중요하지만 제가 이해하는 예수의 포용성이란 훨씬 큰 것이라서 말입니다.

제가 보는 관점에서 통합 그리스도교야말로 현재 그 어떤 것보다 가장 포용성 있는 예수의 길입니다. 그 점을 이미 여러 가지로 설명했지만 되짚어보면 이렇습니다.

▸ 그리스도인, 백인, 이성애자만 아니라 모든 사람을 포용한다.

▸ 그리스도교만이 아니라 참된 영적인 길이라면 모두 포용한다.

▸ 모든 발달 단계를 포용한다.

▸ 모든 의식 상태를 포용한다.

▸ 영적인 삶만이 아니라 모든 차원의 삶을 포용한다.

▸ 하나나 둘이 아니라 하느님의 세 얼굴 모두를 포용한다.

▸ 예수의 포용성은 우리 모두 본받아야 할 모습이다.

예수는 "열매로 그 사람을 안다"라고 했습니다. 어떤 열매를 말하는 걸까요? 올바른 종교를 갖는 것? 아닙니다. 예수는 다른 종교를 가진 사마리아인과 이방인들을 자기 이야기의 주인공으로 삼았습니다. 올바른 규범을 지키는 것? 아닙니다. 예수는 사랑이 없는 전통의 규범들을 버렸습니다. 올바른 신앙을 갖는 것? 그것도 아닙니다. 예수가 말한 하느님의 나라는 교리적 믿음과 신조가 아니었습니다.

예수는 그중 어떤 것도 열매로 치지 않습니다. 예수가 인정한 유일한 진보의 동력은 사랑, 그것도 포용적 사랑입니다. 예수의 하느님은 원수들에게조차 자비롭고 친절합니다. 하느님은 모두에게 자비롭습니다. 이 포용적 사랑에서 큰 계명 둘이 만납니다. 예수는 하느님이 사랑, 오직 사랑임을 밝혔습니다. 더 큰 자비, 더 사람을 해방하는 정의로움, 더 큰 이해, 더 깊은 존경, 더 큰 사랑으로 향하는 모든 것이 하느님에게 이르는 길입니다.

우리가 그리스도교와 교회에 변화를 촉구하는 것은 사랑하지 않아서가 아닙니다. 사랑하기 때문입니다. 그 어느 것보다 사실 그리스도교를 사랑합니다! 예수는 왜 당대 자기 종교의 배타성을 그리도 비판했을까요? 사랑했기 때문입니다! 교회의 열매를 재는 유일한 척도는 얼마나 포용적인 사랑을 향해 변화되고 있는가입니다. 어떤 상태와 단계가 모두를 자유롭게 하는 자비심을 낳는가? 어떤 신념과 실천의 방식이 이 세상을 광범위하게 하느님의 사랑으로 적시는가? 이 책의 논제는 한 마디로 상태와 단계가 고차로 갈수록 더 큰 사랑이 생긴다는 것입니다. 하느님과 접할수록 사랑도 커집니다. 더 높은 단계, 더 깊은 상태, 신과 관계하는 세 관점, 그림자 치료, 꾸준히 하는 영성 수련이 모두 더 큰 사랑을 낳는다는 말을 이 책을 통해 한 것입니다.

이것이 저의 최종적이고 근본적인 주장입니다. 예수의 주장이기도 합니다. 어디서고 모든 이성 있는 사람, 도덕적인 사람, 영적인 사람들이 목표하는 바는 이것, 즉 더 큰 사랑입니다.

19장 | 예수의 가장 놀라운 선언
— "너희는 세상의 빛이다"

영성 생활에 관해 예수의 통합 의식을 드러내는 핵심과 같은 구절이 있다면 바로 이것입니다. "너희는 세상의 빛이다."[1] 전통적 신학에 물들어 있는 사람에게는 그리 대단해 보이지 않을 구절입니다. 하지만 문맥을 보면 깜짝 놀랄만한 게 드러납니다. 예수가 말하고 있는 대상이 누군가요? 마태오의 기록은 이렇습니다. "예수께서 무리를 보시고 산에 올라가 앉으시자 제자들이 곁으로 다가왔다. 예수께서는 비로소 입을 열어 이렇게 가르치셨다."[2]

예수가 입을 열고 가르친 대상은 '무리'인가요, '제자들'인가요? 마태오의 본문은 양쪽 해석이 다 가능해 보입니다. 그런데 루가복음을 보면 같은 내용이 이렇게 기록되어 있습니다.

예수께서 그들과 함께 산에서 내려와 평지에 이르러 보니 거기에 많은 제자와 함께 유다 각 지방과 예루살렘과 해안 지방인 티로와 시돈에서 온 사람들이 많이 모여 있었다. 그들은 예수의 말씀도 듣고 병도 고치려고 온 사람들이었다. 그중에는 더러운 악령에 걸려 고생하는 사람들도 있었는데 예수께서는 그들도 고쳐주셨다… 그때에 예수께서 제자들을 바라보시며 말씀하셨다. …[3]

---

1 마태 5:14.
2 마태 5:1-2.
3 루가 6:17-20.

루가는 의도적으로 예수께서 "제자들을 바라보시며 말씀하셨다"라는 문장을 삽입한 것 같습니다. 즉 루가는 예수 주변에 두 종류의 무리가 모였음을 날카롭게 의식하고 있는 것이지요. 한 무리는 예수를 따르는 제자들이고 다른 한 무리는 숫자는 훨씬 많아도 예수를 따르는 사람들은 아닌 군중입니다. 아마도 마태오나 루가의 기록자 혹은 편집자들은 40년에서 60여 년 뒤의 상황에서 기록을 남기면서 예수가 그를 따르는 제자들을 향해서만 말했다고 구별하고 싶었던 것 같습니다. **그러나 예수의 말씀 자체에는 이러한 구별이 들어 있는 것 같지 않습니다.** 예수는 제자집단과 무리를 굳이 구별하는 말을 하고 있지 않습니다.

예수가 본문의 말씀을 했던 지리적 위치는 아마도 갈릴리해역을 따라 마을이 형성된 가파르나움 인근으로 추정합니다. 그런데 이 지역은 산상수훈이란 명칭과는 달리 산은 없고 언덕만 있습니다. 이 작은 언덕 가운데 하나에 군중을 앉히고 말을 하면 마치 계단식 교실에서 강의하는 것 같습니다. 그리고 수천 명이라도 앉히고 말하는 것도 가능합니다. 다른 본문에 보면 예수 주변에 몰려든 군중의 수가 오천 명(여성과 어린이를 제외한)이라고 나옵니다. 제자들(역시 여성과 어린이를 제외한)의 수는 때에 따라 70에서 120, 500 이상으로 다양합니다.[4] 당시에 수백의 제자와 수천에 달하는 군중을 분리, 통제하고 계수한 안내인집단이 따로 있었을지 의심스럽습니다.

학자들 말에 의하면 예수는 아마도 같은 내용을 여러 차례 군중을 상대로 말했을 것이라 합니다. 그의 가르침의 방식이기도 하고 그래야 제자들이 무슨 뜻인지 새겨들을 수 있었을 겁니다. 요즘처럼 녹음하거나 녹화할 수도 없고 암기를 하려면 반복해서 듣는 수밖에 없던 시절입니다.

제가 보기엔 예수는 군중 전체를 상대로 말했습니다. 제자들만 따로 떼어 말한 것이 아니라는 말입니다. 자기 말이 제자들한테만 적용된다고 한정

---

4 루가 10:1; 사도 1:1, 15; 1고린 15:6.

짓는 대목도 없습니다. 어디에서도 그런 식의 말은 없었습니다. "내가 너희 모두에게 말하는 것처럼 말하지만 실제로는 나를 따르는 제자들한테만 말하는 거야. 그러니 나머지는 내 말이 적용되지 않음을 알도록 하라. 내 말이 들리긴 하겠지만 사실 난 첫 줄에 앉은 사람들한테만 말하고 있는 거야." 훗날 복음서가 기록될 무렵에는 오직 그리스도인들만 세상의 빛이 될 수 있다는 신념이 자리 잡은 것으로 보입니다. 그러나 예수 자신에게는 그러한 구분이 없었습니다. 우리가 그 자리에 있었으면 예수는 구분 없이 그 자리에 있는 모든 사람을 향해 말했다는 사실이 분명했을 것입니다.

위에서도 말했지만 루가는 예수 주위에 몰린 군중이 지금은 레바논에 해당하는 티로와 시돈 지방 사람들이라는 점을 명시합니다. 이 도시들은 가파르나움 인근 30마일 이내에 위치합니다. 요점은 이 지역이 유대인이 아닌 이방인들의 땅이라는 사실입니다. 역사적으로도 가나안 이방 종교의 중심지였습니다. 그리스, 로마의 신들을 섬겼고 신전에서는 성적인 의식이 치러지던 곳입니다. 그 지역에서 교회 다닌다는 말은 오늘날 우리가 교회에 다닌다는 말과는 의미가 아주 다른 것입니다.

예수가 세상의 빛이라 부른 군중에 관한 여섯 가지 놀라운 사실

1. 거기엔 그리스도인도, 제자도, 심지어 예수도 없었다

꽤 오랫동안 저는 이 본문을 읽으면서 예수가 말하는 대상이 그리스도 인이라고 믿어 의심치 않았습니다. 지금 생각해 보면 틀려도 정말 많이 틀린 생각이었지요. 그 시점에 그리스도인이라곤 하나도 없었고 심지어 예수도 없었으니까요. 예수의 종교는 유대교였습니다. 따라서 예수는 유대교인이지 그리스도인이 아니었던 셈입니다. 제자들의 종교도 유대교였습니다.

우리가 지금 그리스도교라 부르는 종교는 사도 바울로와 몇몇이 구별해 낸 것인데 당시엔 아직 등장도 하지 않았습니다. 그러니 지금 우리가 그리스도 교와 연결 짓는 믿음도 당시엔 없었습니다. 그 시점의 제자들은 예수가 누군지 분명히 알지 못했습니다. 그러니 우리가 세례받을 때처럼 예수를 구주와 주님으로 고백하는 일 따위는 없었던 것입니다. 후대에 그리스도교와 관련해서 어떤 교리가 어떻게 형성되고 어떤 신조가 자리 잡게 될지 그들은 꿈에도 몰랐습니다. 예수를 따르는 사람들은 후에 안티오키아에 이르러 비로소 그리스도인들이라 불립니다. 그때도 여전히 훗날 그리스도교를 규정하는 교리나 신조는 없는 채로 말입니다.[5] 산상수훈 시점의 제자들은 '그리스도인들'이 아닙니다. 그들은 그저 예수를 따르는 사람들이었을 뿐입니다.

여러분은 오늘날 TV 설교자가 신자가 아닌 대중에게 설교하는 걸 상상할 수 있는가요? 만약 그렇다면 그 청중의 일부는 예수에 관심이 있을 수도 있고 일부는 타 종교에 관심이 있을 수도 있을 겁니다. 어떤 이들은 무신론자거나 불가지론자이고 어떤 이들은 명백히 죄인이라 할 만할 처지일 겁니다. 그런데 그런 사람들한테다 대고 설교자가 "여러분은 세상의 빛입니다" 하고 외친다면? 당연히 그런 일은 없을 겁니다. 설교자는 오직 그리스도인들만 세상의 빛이 될 수 있다고 믿을 테니 말입니다. 심지어는 그리스도인들이라고 다 쳐주지도 않을 것입니다. 오히려 그는 공들여 그리스도인들을 다른 사람들과 구분한 다음 세상의 빛 운운할 것입니다. 하지만 예수는 그런 구분을 하지 않았습니다.

2. 군중의 대다수는 예수의 제자가 아니었다

다양한 종교적 배경을 지닌, 심지어 종교가 없는 사람들이 호기심에 이끌려 예수의 말을 들으러 왔습니다. 루가는 그 사실을 이방인의 땅인 티로

---

5 사도 11:26.

와 시돈에서 사람들이 많이 왔다고 적시함으로써 밝히고 있습니다. 어떤 사람들은 그저 치유자가 나타나 놀라운 치유를 일으킨다는 소문을 듣고 왔을 것입니다.

3. 이방인, 사회의 국외자들이 몰려왔다

지금 점잖게 명상하는 불교도나 아름답게 독경하는 힌두교도들 얘기를 하는 게 아닙니다. 고대 그리스, 로마의 거칠기 짝이 없는 종교를 따르던 이방인들을 얘기하는 것입니다. 그리고 군중들 외곽에는 예루살렘 성전 같으면 발도 들일 수 없는 나병 환자들마저 있었습니다. 그들은 사회의 한 귀퉁이에서 스스로 울타리를 치고 살아가던 사람들이었습니다. 먹을 것을 구하기 위해 자기 몸을 팔던 창녀들도 있었습니다. 가난한 자, 눈먼 자, 귀머거리, 정신이상자, 지체 부자유자들이 대거 몰려와 있었습니다. 이들은 소위 '죄인들'이었습니다. 유대인들은 율법의 613개 조항을 지키지 않는 사람을 모두 죄인이라 불렀습니다. 유대 사회의 기준으로 보면 국외자들, 유대교가 하느님께 인정받을 만하다고 규정하는 어디에도 맞지 않는 사람들이 예수 앞의 군중이었습니다.

그러니 예수는 지금 그리스도인이라곤 일절 없는 군중, 다수가 이상한 이방의 종교를 따르는 '죄인들'과 '이방인들' 앞에서 말하고 있는 겁니다.

그런 사람들에게 예수는 그들이 세상의 빛이라고 한 것입니다. 감이 오십니까? 그리스도교 세계가 그 사실을 받아들인다면 어찌 될까요? 이제 더 누구는 되고 누구는 안 되고 하지 않을 것입니다. 누가 더 낫고 누가 못하고 하지 않을 것입니다. 종교가 있든 없든 어떤 삶의 방식을 가졌든 거절하지 않을 것입니다. 그들 모두가 세상의 빛이기 때문입니다.

4. 예수는 "너희 중 일부만 세상의 빛"이라고 하지 않았다

세상의 빛이 되는데 어떤 자격요건도 없습니다. 단 한 가지는 그 빛을 됫박으로 덮어놓지 말라는 것입니다. 됫박이란 에고로 가득 찬 양동이를 말합니다. 우리가 누구든 우리 모두 언덕에 앉아 예수의 말을 듣고 있는 군중입니다. 예수는 우리 모두에게 말하고 있습니다. 우리 모두 세상의 빛이라고 말입니다.

5. 예수는 "너희는 세상의 빛이 되어야만 한다"고 하지 않았다

예수는 군중에게 너희는 세상의 빛이 될 필요가 있다는 식으로 말한 게 아닙니다. 그들이 이미 빛이라고 말했습니다. 그러니 그 사실을 자신에게나 세상을 향해서나 감추지 말라고 했습니다. "너희 빛을 비추라"고 말한 겁니다. "빛을 비추기 전에 우선 빛부터 되어라" 하는 식으로 말한 게 아닙니다.

만약 예수가 "세상의 빛이 되어라"라고 말했다면 엄청난 짐이 됐을 것입니다. 불가능한 일을 하라는 짐으로 들렸을 겁니다. 하지만 예수의 말씀은 그들이 심층의 자아에서 이미 그러하다는 사실을 각성하라는 것입니다. 자신이 진실로 어떤 존재인지 자각하면 우리는 변합니다.

예수는 모두에게 말합니다. "너희는 세상의 빛이다", "잘하면 너희는 세상의 빛이 될 수 있다"가 아닙니다. "올바로 믿고 열심히 노력하면 세상의 빛이 될 수 있다"도 아닙니다. 예수는 바로 지금 여기서 "너희는 세상의 빛"이라고 말합니다.

여러분은 거기 어떻게 응답하겠습니까? 군중들의 반응은 아마도 이랬을 것입니다. "말도 안 된다. 나는 예수의 제자도 아니다. 제자였다 해도 도무지 내가 세상의 빛 같아 보이지는 않는다. 나는 가난하고 병들고 절름

거리고 누추하다. 율법도 지키지 않는다. 나는 추한 섹스 생각이나 한다. 이봐요, 좀 현실적으로 구시오!"

정말 현실인 것은 예수는 우리가 세상의 빛이며 거기엔 누구도 예외가 아니라고 했다는 점입니다. 무슨 뜻으로 그렇게 말한 걸까요?

6. 예수는 자신이 세상의 빛인 것과 마찬가지로 우리도 세상의 빛이라는 뜻으로 말한 것이다

예수는 자신처럼 "너희는 세상의 빛"이라고 했습니다.6 그러니까 예수는 자신을 세상의 빛이라고 지칭한 것과 똑같은 의미로 우리를 세상의 빛이라 한 것입니다. 우리도 예수처럼 인간의 여정을 걷는 영입니다. 우리도 예수와 같은 일을 하고 심지어 더 큰 일도 할 수 있다는 게 바로 예수의 말입니다. 자신처럼 하느님과의 합일을 자각하고 수용할 수 있다는 것입니다. 하느님의 빅 마인드, 빅 하트에서 우러나오는 모든 지혜와 자비가 예수의 것이었던 것처럼 우리의 것이기도 하다는 말입니다.

신비가 시인 하피즈는 이 사실을 알고 경험했습니다. 그래서 그는 이렇게 쓸 수 있었습니다. "그대가 외롭고 어둠 속에 있을 때 내가 그대 존재의 놀라운 빛을 보여 줄 수 있으면 좋을 텐데."7

하느님은 우리 모두 안에 거합니다. 힌두교인, 그리스도인, 불교도, 무신론자, 이성애자, 동성애자, 악인, 선인, 추한 자든 간에 말입니다. 하느님은 자신의 빛을 우리 안에서 환히 밝히길 원합니다. 영은 우리가 그 내면의 빛과 이어져 변화되길 원합니다.

빛은 이미 우리 안에 있습니다. 사실은 늘 있었습니다. 떠난 적이 없고

---

6 요한 9:5.
7 Hafiz, *I Heard God Laughing*, 1.

앞으로도 그럴 것입니다. 그러므로 새삼 얻을 필요가 없습니다. 이미 거기 있는 것입니다. 없는 걸 만드는 게 아닙니다. 이미 있고 잃을 리 없는 것입니다. 우리의 참은 이미 하느님의 일부입니다. 하느님이 자신을 잃을 리 없습니다. 언제 어디서고 말입니다. 이것이 바로 시인이 말한 "그대 존재의 놀라운 빛"입니다.

하느님의 빛, 하늘의 등경, 에고의 됫박

우리의 존재 자체가 세상의 빛이라는 것과 이 책이 다룬 통합 의식의 얼개에 대해 마지막으로 하고 싶은 말은 이것입니다. 예수는 우리가 세상의 빛이라는 사실에는 더 토를 달지 않았습니다. 하지만 이 말씀은 했습니다.

> 등불을 켜서 됫박으로 덮어두는 사람은 없다. 누구나 등경 위에 얹어둔다.
> 그래야 집 안에 있는 사람들을 다 밝게 비출 수 있지 않겠느냐? 너희도
> 이와 같이 너희의 빛을 사람들 앞에 비추어 그들이 너희의 착한 행실을
> 보고 하늘에 계신 아버지를 찬양하게 하여라.[8]

예수는 물리적 세계에서도 등불을 켜놓고 됫박으로 덮어두는 사람은 없다고 말합니다. 하지만 영적 세계에서는 그렇게 하는 사람들이 있습니다. 주위를 둘러보십시오. 정말 70억의 등불이 환히 빛나는 것 같은가요? 대체 무슨 일일까요? 어쩜 소수만 등불인 것 아닐까요? 아니, 예수는 그렇게 말하지 않습니다. 하지만 예수는 내면의 신성한 등불은 늘 환한 빛을 발할지라도 그 빛이 늘 세상을 향해 뻗어나가지는 않는다는 사실을 알고 있었습니다.

예수의 등불 비유를 사용해서 이 책을 마무리해봅시다. 영적 위치추적 장치(SPS)의 다섯 요소를 통해 어떻게 우리 빛을 세상에 비추어 사랑이며

---

8 마태 5:15-16.

무한하고 친밀하고 내밀한 하느님에게 영광을 돌릴 수 있을지 살펴봅시다.

① **단계**. "등불을 켜서 됫박으로 덮어두는 사람은 없다. 누구나 등경 위에 얹어둔다. 그래야 집 안에 있는 사람들을 다 밝게 비출 수 있지 않겠느냐?" 의식 진화의 여섯 단계는 등경을 갖추는 것에 비견할 수 있다. 등경 또한 진화한다. 그 등경이 우리를 받쳐 세상에 빛을 발하고 축복이 되게 한다. 주변 세상이 업그레이드되고 새로운 단계에 진입하면 우리 내면이자 우리 자신인 등경 빛으로 집안을 환히 밝힌 게 된다. 투사 의식단계는 자기 빛을 비추기 위해서 부족 의식단계보다 더 높은 등경이 필요했던 셈이다. 전통 의식단계는 투사 의식단계보다 더 높은 데 위치한 등경이 필요했고 말이다. 더 고상한 단계, 즉 더 높은 등경이 있어야 세상에 더 널리 빛을 비출 수 있다. 집이 클수록 등경 또한 높아야 한다. 현재의 문화 수준보다 한 발짝 더 높아야만 계속해서 그 문화를 조명하고 밝히는 빛이 될 수 있다.

② **상태**. "그대 존재의 놀라운 빛"은 우리 내면 깊숙이 있다. 비일상적인 의식, 즉 **연결** 의식 상태와 **존재** 의식 상태를 경험함으로써 내면의 빛과 접촉되고 방사할 수 있다. 내면의 빛을 의식화하면 할수록 일상생활에서 그 빛을 발하기가 쉽다. 그러려면 과거 종교와 사회가 조건화했던 하느님과의 극단적 분리 및 우리의 죄성을 넘어서야 한다. 깊은 기도와 성찰, 예배를 통하면 각자의 참 나가 빛이신 하느님과 하나임을 자각하게 된다.

③ **관점**. 하느님의 무한성, 친밀성, 내밀성의 관점을 말한다. 하느님의 무한성의 빛은 자연의 아름다움, 계속 진화하는 물리적 세계, 신비로운 그 너머에서 빛난다. 관찰과 사색, 과학적 연구를 통해 우리는 이 빛을 탐구한다. 하느님의 친밀성을 그리스도인들은 예수를 통해 빛났다고 본다. 비록 1세기의 옷을 입고 있으나 예수를 통해 하느님의 친밀한 얼굴은 빛났다. 하느님의 내밀성은 우리의 참 나가 뿜어내는 빛이다. 그런데 이 내면의 빛은 부적절한 신념과 자각의

부족 때문에 가장 감춰져 있다. 그리스도인들은 그런 빛은 우리 안에 내재한 것이 아니라고 배웠다. 우리는 결코 그 빛이 아니라는 것이다. 그러니 빛이 우리 안에 그저 방문객, 손님으로나 올 수 있을 뿐이다. 하지만 우리 자신이 세상의 빛이라는 예수의 가르침으로 이 부적절한 신념을 대체해야 한다. 빛이 환히 비추려면 이 세 가지 관점이 다 필요하다.

④ **그림자**. "등불을 켜서 됫박으로 덮어두는 사람은 없다." 됫박을 영적으로 해석하면 상처받은 자아, 투사된 거짓 자아, 에고로서의 자아라고 할 수 있다. 그림자 치유는 이 됫박에 구멍을 내고 마침내 그 안의 내용물을 말려버리는 작업이 될 것이다. 에고라는 됫박에 구멍이 날수록 내면의 빛은 세상을 향해 뻗어 나갈 수 있다.

⑤ **방법**. 마지막으로 우리 빛을 비춘다는 것은 늘 한 걸음을 떼고, 한 번의 수행을 하고, 한 번에 하루씩만 사는 일이다. 그렇게 반복된 걸음으로 육신의 몸, 감정의 몸, 정신의 몸, 영의 몸을 단련하고 성장시킬 때 우리는 더 큰 빛을 세상에 뿜을 수 있다.

하지만 제 말에 근거해서 자신이 세상의 빛이라고 하지는 마십시오. 성서에 근거하지도 마십시오. 예수의 말에 근거하지도 마십시오. 과거 시대의 성인이나 구도자들의 말에 근거하지도 마십시오. 오직 스스로에 근거해서 그렇게 말하십시오. 스스로 찾을 수 있습니다. 스스로가 참생명임을 스스로 내면에서 입증하십시오. 어떻게 하면 되는지 이제 여러분은 압니다. 그러니 계속 나아가십시오. 그것이 여러분의 고귀한 운명입니다. 바로 이 순간 가장 깊은 곳에서 여러분은 숭고하고 눈부시고 환한 세상의 빛입니다!

참고문헌

* Highly Recommended

Anderson, Allan. *An introduction to Pentecostalism: Global Charismatic Christianity.* Cambridge: Cambridge University Press, 2004.

Aquinas, St.Thomas, *Summa Theologica. Trans. From JosefPieper, The Silence of Saint Thomas*: Chicago: Henry Regnery, 1966.

Ardagh, Arjuna. *The Translucent Revolution: How People Just like You Are Waking Up and Changing the World.* Novato: New World Library, 2005.

Armstrong, Karen. *The Case for God.* New York: Alfred A. Knopf, 2009.

Athanasius. *On the Incarnation.* Scotts Valley: CreateSpace, 2007.

Augustine of Hippo. *The city of God.* Trans. Henry Bettenson. New York: Penguin Classics, 2003.

Barna Group. "Is American Christianity Turning Charismatic?" http://www.varn-a.org/FlexPage.aspx?Page=BarnaUpdateNarrowPreview&BarnaUpdateID=287.

Barclay, William. *Spiritual Autobiography.* Grand Rapids, MI: Eerdmans, 1975.

Barrett, David. *The Encyclopedia of Christianity.* New York: Oxford University Press, 2002. World Evangelization Research Center, June 6, 2008. http://www.gem-werc.org/.

Baylor Religion Survey. 2006,
http://www.baylor.edu/content/services/document.php/33304.pdf.

Beck, Don, and Christopher Cowen. *Spiral Dynamics: Mastering Values, Leadership and Change.* Hoboken, NJ: Wiley-Blackwell,2005.

Blacker, Hal. "A Spirituality that Transforms," *Ken Wilber Online.*
http://wilber.shambhala.com/html/misc/spthtr.cfm/.

Borg, Marcus J. *A Portrait of Jesus*, http://www.aportraitofjesus.org/bor.shtml.*

_____. "Me & Jesus: The Journey Home: An Obyssey." *The fourth R* volume 6:4, http://westarinstitute.org/Periodicals/4R_Aricles/borg_bio.html.*

_____. *Meeting Jesus Again for the First Time.* San Francisco, CA: Harper San Francisco. 1994.*

_____. *Reading the Bible Again for the First Time.* San Francisco, CA: Harper San Francisco,2001.*

_____. *The God We Never Knew.* San Francisco, CA: Harper San Francisco, 1997.*

_____. *The Heart of Christianity.* San Francisco, CA: Harper San Francisco, 2003.*

Borg, Marcus J. and John Dominic Crossan. *The First Paul: Reclaiming the Radical Visionary Behind the Church's Conservative Icon.* New York: HarperOne, 2009.*

Boring, Eugene M. *The Continuing Voice of Jesus: Christian Prophecy and the Gospel Tradition.* Louisville, KY: Westminster/John Knox, 1991.

Bourgeault, Cynthia. *Centering Prayer and Inner Awakening.* Lanham, MD: Crowley Publications, 2004.*

Bradley, Sculley, ed. *The American Tradition in Literature.* New York: Grossett & Dunlap, 1974.

Brock, Rita Nakashima and Rebecca Ann Parker. *Saving Paradise: How Christianity Traded Love of this World for Crucifixion and Empire.* Boston: Beacon, 2008.*

Buber, Marin. trans, Walter Kaufman. *I and Thou.* New York: Simon & Schuster, 1996.

Caird, G.B. *New Testament Theology.* Oxford: Oxford University Press, 1995.

_____. *A Commentary on the Revelation of St. John The Divine.* London: A & C Black, 1984.

Campolo, Tony, and Mary Albert Darling. *Connecting Like Jesus: Practices for Healing, Teaching, and Preaching.* San Francisco: Jossey-Bass, 2010.

Christensen, Michael J. and Jeffery A. Wittung, eds. *Partakers of the Divine Nature: The History and Development of Deifuation in the Christian Traditions.* Grand Rapids, MI: Baker Academic, 2007.

Clayton, Philip and Arthur Peacocke, eds. *In Whom We Live and Move and Have Our Being: Panentheistic Reflections on God's Presence in a Scientific World.* Grand Rapids, MI: Eerdmans, 2004.

Collinge, William. *Subtle Energy: Awakening to the unseen forces in our lives.* New York: Warner Books, 1998.

Combs, Allan. *Consciousness Explained Better: Towards an Integral Understanding of the Multifaceted Nature of Consciousness.* St. Paul, MN: Paragon House, 2009.

Csikszentmihaly, Mihaly. *Finding Flow: The Psychology of Engagement with Everyday Life.* New York: Basic Books, 1997.

_____. *Flow: The Psychology of Optimal Experience.* New York: Harper Perennial. 1990.

Davies, Stevan L. *Jesus the Healer: Possession, Trance and the Origins of Christianity.* New York: Continuum, 1995.

d'Espagnat, Bernard. *On Physics and Philosophy.* Princeton: Princeton University Press, 2006.

DiPerna, Dustin and Kate Wilson, *The Infinite Ladder: An Introduction to Integral Religious Studies,* 2007, http://www.infiniteladder.com/drpi/books_files/drpi_preview.pdf*

Doidge, Norman. *The Brain That Changes Itself: Stories of Personal Triumph from the Frontiers of Brain Science.* New York: Penguin Group, 2007.

Dowd, Michael. *Thank God for Evolution.* New York: Viking 2007.

Dunn, James D. G. *Jesus and the Spirit: A Study of the Religious and Charismatic Experience of Jesus and the First Christians as Reflected in the New Testament.* London: SCM Press, 1975.

_____. *Did the First Christians Worship Jesus? The New Testament Evidence.* Louisville, KY: Westminster John Knox Press, 2010.

Dyckman, Katherine Marie and L. Patrick Carroll. *Inviting the Mystic, Supporting the Prophet: An Introduction to Spiritual Direction.* New York: Paulist Press. 1981.

Ehrman, Bart D. *Lost Christianities: The Battle for Scripture and the Faith We Never Knew.* New York: Oxford Press, 2003.*

Ensley, Eddie. *Visions: The Soul's Path to the Sacred.* Chicago: Loyola Press, 2000.*

Finlan, Stephan and Vladimir Kharlamove, eds. *Theosis: Deifuation in Christian Theology.* Eugene: Pickwick, 2006.

Fox, Matthew. *A New Reformation.* Rochester, NY: Inner Traditions, 2006.

_____. *Creation Spirituality.* San Francisco: Harper San Francisco, 1991.

_____. *One River, Many Wells.* New York: Penguin, 2000.

_____. *The Coming of the Cosmic Christ.* New York: HarperCollins, 1988.*

Fuller, Robert C. *Spiritual, But Not Religious* New York: Oxford University Press, 2001.

Funk, Robert W., Roy W. Hoover, and The Jesus Seminar, *The Five Gospels: What Did Jesus Really Say?* San Francisco: Harper San Francisco, 1993.

Gold, Victor, Thomas Hoyt, Sharon Ringe, Susan Thistlethwaite, Burton Throckmorton, and Barbara Withers, eds., *The New Testament and Psalms: An Inclusive Version.* New York: Oxford University Press, 1995.

Grey, Alex. *Art Psalms.* New York: CoSm Press, 2008.

_____. *Sacred Mirrors: The Visionary Art of Alex Grey.* Rochester, NY: Inner Traditions, 1990.

Grof, Stanislav. *The Ultimate Journey: Consciousness and the Mystery of Death.* Ben Lomond: MAPS, 2006.

Hafiz, *I Heard God Laughing,* trans. Daniel Ladinsky. New York: Penguin Compass, 2006.*

_____. *Love Poems from God, Twelve Sacred Voices from the East and West*, trans. Daniel Ladinsky. New York: Penguin Compass, 2002.

_____. *The Gift*, trans. Daniel Ladinsky. New York: Penguin Compass,1999.*

Harrison, Everett, ed. *Dictionary of Theology.* Grand Rapids, MI: Baker, 1960.

Harmless, William. *Mystics*. Oxford: Oxford University Press, 2008.

Harvey, Andrew. *The Direct Path: Creating a Journey to the Divine Using the World's Mystical Traditions.* New York: Broadway Books, 2000.

_____. *The Son of Man: The Mystical Path to Christ.* New York: Tarcher/ Putnam, 1999.*

Helminiak, Daniel A. *The Transcended Christian: Spiritual Lessons for the Twenty-first Century.* New York: Alyson Books, 2007.

Henson, John. *Good As New: A Radical Retelling of Scriptures.* Hampshire, U.K.:O-Books, 2004.

Herzog, William R. *Paradles as Subversive Speech: Jesus as Pedagogue of the Oppressed.* Louisville, KY: Westminster, 1994.

Hopkins, Gerard Manley and Catherine Phillips. *The Major Works.* New York: Oxford University Press, 2002.

Hunt, Valerie V. *Infinite Mind: Science of the Human Vibrations of Consciousness.* Malibu, CA: Malibu Publishing, 1996.*

Integral Institute. http://www.integralinstitute.org/.

Irenaeeus, Against Heresies 5, pref: in *Anti-Nicene Fathers,* 10 vols. A. Roberts and J. Donaldson, Buffalo: Christian Literature 1885-96, reprinted, Peabody: Hendrickson,1994.

Isbouts, Jean-Pierre. *Young Jesus: Restoring the "Lost Years" of a Social Activist and Religious Dissident.* New York: Sterling, 2008.

James, William. *The Varieties of Religious Experience.* Biblio Bazaar, 1902.

Jaoudi, Maria. *Christian Mysticism, East and West.* New York: Paulist Press, 1998.

Jenkins, Philip. *Jesus Wars: How Four Patriarchs, Three Queens, and Two Emperors Decided What Christians Would Believe for the Next 1,500 Years.* New York: Harper One, 2010.

Johnston, William. *The Mirror Mind: Zen-Christian Dialogue.* Bronx: Fordham University Press, 1990.

Johnston, William. trans. *The Cloud of Unknowing: And The Book of Privy*

Counseling. New York: Image Doubleday 1996.

Josephus. *The Life. Against Apion.* London: Cambridge, 1966.

Kärkkäimen, Veli-Matti. *One With God.* Collegeville, PA: Liturgical Press, 2004.

Keating, Daniel A. *Deification and Grace.* Naples, FL: Sapientia Press, 2007.

Keating, Thomas. *Open Mind, Open Heart.* New York: Continuum, 2006.

Kegan, Robert and Lisa Laskow Lahey. *Immunity to Change: How to Overcome It and Unlock the Potential in Yourself and Your Organization.* Boston: Harvard Business Press, 2009.

Kittel, Gerhard, and Gerhard Friedrich, eds., Geoffrey W. Bromiley, trans. *Theological Dictionary of the New Testament.* Grand Rapids, MI: Eerdmans, 1964.

LaChance, Albert. *The Modern Christian Mystic: Finding the Unitive Presence of God.* Berkeley: North Atlantic Books, 2007.

Lamott, Ann. *Bird by Bird.* New York: Pantheon Books, 1994.

Laszlo, Ervin. *Science and the Akashic Field: An Integral Theory of Everything.* Rochester, NY: Inner Traditions, 2007.

Lewis, C. S. *Mere Christianity.* New York: Macmillan Company, 1952.

_____. *The Weight of Glory.* New York: Macmillan Company, 1949.

Linn, Matthew, Sheila and Dennis. *Good Goats: Healing our Image of God.* New York: Paulist Press, 1994.*

_____. *Simple Ways to Pray for Healing.* New York: Paulist Press, 1998.*

_____. *Understanding Difficult Scriptures in a Healing Way.* New York: Paulist Press, 2001.*

Marcus, Ralph. "Divine Names and Attributes in Hellenistic Jewish Literature," *Proceedings of the American Academy for Jewish Research.* 1931-32.

Marion, Jim. *Putting on the Mind of Christ: The Inner Work of Christian Spirituality.* Charlottesville, VA: Hampton Roads, 2000.*

_____. *The Death of the Mythic God.* Charlottesville, VA: Hampton Roads, 2004.*

Maslow, Abraham H. *Religions, Values, and Peak-Experiences.* New York: Penguin Compass, 1976.

Maximus the confessor, *The Philokalia: A Second Volume of Selected Writing,* Belmont: Institute for Byzantine and Modern Greek Studies, 2008.

McLaren, Brian D. A *New Kind of Christianity.* New York: Harper One, 2010.

McIntosh, Steve. *Integral Consciousness and the Future of Evolution.* St. Paul, MN: Paragon House, 2007.

Merton, Thomas. *New Seeds of Contemplation.* New York: New Directions, 1962.

Merzel, Dennis Genpo. *Big Mind—Big Heart: Finding Your Way.* Salt Lake City, UT: Big Mind Publishing, 2007.

Minister Commissioner Report on the 215th PC(USA) General Assembly to the Presbytery of East Tennessee. June 17, 2003 Rev. David Garnett, http://www.witherspoonsociety.org/03-may/mystic.

Movement of Spiritual Inner Awareness, http://www.msiacanada.org/devotionmsia.html.

Nadeau, Robert and Menas Kafatos. *The Non-local Universe: The New Physics and Matter of the Mind.* New York: Oxford University Press, 1999.

Nelson-Pallmeyer, Jack. *Is Religion Killing Us? Violence in the Bible and the Quran.* Harrisburg, PA: Trinity Press International, 2003.

_____. *Jesus Against Christianity: Reclaiming the Missing Jesus.* Harrisburg, PA: Trinity Press International, 2001.*

Pagels, Elaine. *Beyond Belief: The Secret Gospel of Thomas.* New York: Random House, 2005.*

_____. *The Gnostic Gospels.* New York: Random House, 1979.

Pew Survey. Religion in America, http://pewforum.org/.

Sahajananda, John Martin. *You Are the Light.* New York: O Books, 2003.*

Sanguin, Bruce. *The Emerging Church: A Model for Change and a Map for Renewal.* Kelowna, BC, Canada: CopperHouse, 2008.

Schaef, anne Wilson. *Living in Process: Basic Truths for Living the Path of the Soul.* New York: Ballantine Wellspring, 1999.

Schlitz, Marilyn Mandala, Tina Amorok, Cassandra Vieten, and Robert A.F.Thurman. *Living Deeply: The Art & Science of Transformation in Everyday Life.* Oakland: New Harbinger Publications, 2008.

Schmidt, Frederick W. ed. *The Changing Face of God.* Harrisburg: Morehouse, 2000.

Schwartzentruber, Michael. ed., *The Emerging Christian Way.* Kelowna, BC, Canada: Copper House, 2006.

Smith, Paul R. *Is It Okay to Call God Mother? considering the Feminine Face of God.* Peabody, MA: Hendrickson, 1993.*

_____. *Hell? No! A Bible study on why no one will be left behind.* Kansas City: Broadway Church, 2006. Booklet may be ordered from www.broadwaychurch-kc.org.*

Smoley, Richard. *Inner Christianity.* Boston: Shambhala, 2002.

Spiral Dynamics. http://www.spiraldynamics.org/Graves/colors.htm.

Spon, John Shelby. *Why Christianity Must Change or Die.* San Francisco: Harper San Francisco, 1998.

Stark, Rodney. *The Rise of Christianity.* San Francisco: Harper San Francisco, 1996.

Stendahl, Krister. *Paul Among Jews and Gentles.* Philadelphia: Fortress, 1976.

_____. *Energy for Life: Reflections on a Theme: "Come, Holy Spirit —Renew the whole Creation."* Brewster, MA: Paraclete Press. 1999.

Talbot, Michael. *The Holographic Universe.* New York: Harper Collins, 1991.

Taussig, Hal. *A New Spiritual Home: Progressive Christianity at the Grass Roots.* Santa Rosa, CA: Polebridge, 2006.

Taylor, Barbara Brown. *The Luminous Web: Essay on Science and Religion.,* Cambridge, MA: Cowley Publications, 2000.

Tertullian. *Against Marcion,* bk 1, www.newadvent.org/fathers/o312.htm.

Thayer, Joseph. *Greek-English Lexicon of the New Testament.* New York: Harper & Brothers, 1889.

Tillich, Paul. *The New Being.* New York: Charles Scribner's Sons, 1955.

_____. *Systematic Theology, Vol. 2.* Chicago: University of Chicago Press, 1975.

Tolle, Eckhart. *A New Earth: Awakening to Your Life's Purpose.* New York: Penguin Group, 2006.

Vaughan, Curtis. *Ephesians.* Grand Rapids, MI: Zondervan, 1972.

Visser, Frank. *Ken Wilber: Thought as Passion.* Albany, NY: State University of New York Press, 2003.

Ware, Bishop Kallistos. *The Orthodox Church,* http://www.synaxis.org/OrthodoxChurchWorship.htm.

Watts, Isaac. *Watt's Works.* New York: AMS Press, 1971.

Weil, Andrew. *The Natural Mind.* Boston: Houghton Mifflin, 1972.

Whitman, Walt. *Leaves of Grass.* New York: Pocket Books, 2006.

Wilber, Ken. http://kensilber.com/home/landing/index.html.

_____. *A Brief History of Everything.* Boston: Shambhala, 1996

_____. *A Sociable God.* Boston & London: Shambhala, 2005.

_____. *Boomeritis: A Novel That Will Set You Free.* Boston: Shambhala, 2002.

_____. *Grace and Grit: Spirituality and Healing in the Life of Treya Killam Wilber.* Boston: Shambhala, 1991.*

_____. *Integral Life Practice: A 21st-Century Blueprint for Physical Health, Emotional Balance, Mental Clarity, and Spiritual Awakening* with Terry Patten, Adam Leonard, and Marco Morelli. Boston: Shambhala, 2008.

_____. *Integral Spirituality: A Startling New Role for Religion in the Modern and Postmodern World.* Boston: Shambhala, 2006.

_____. *No Boundary: Eastern and Western Approaches to Personal Growth.* Boston: Shambhala, 1979.

_____. *One Taste: Daily Reflections on Integral Spirituality.* Boston: Shambhala, 2000.*

_____. *Sex, Ecology, Spirituality: The Spirit of Evolution.* Boston: Shambhala, 2nd rev. ed. 2000.

_____. *The Eye of Spirit.* Boston: Shambhala, 1998.

_____. *The Integral Vision: A Very Short Introduction to the Revolutionary Integral Approach to Life, God, the Universe, and Everything.* Boston: Shambhala, 2007.*

_____. *The Marriage of Sense and Soul: Integrating Science and Religion.* New York: Random House.1999.

_____. *The Simple Feeling of Being: Visionary, Spiritual, and Poetic Writings.* Boston: Shambhala, 2004.*

Williamson, Marianne. *A Return to Love: Reflections on the Principles of "A Course in Miracles."* New York: Harper Collins, 1992.

Wittgenstein, Ludwig. *Philosophical Investigations.* Saddle River, NJ: Prentice Hall, 1973.

Wombacher, Michael. *11 Days at the Edge.* Findhorn, Scotland: Findhorn Press, 2008.

Wright, N.T. http//www.ntwrightpage.com/Wright_Five Gospels.pdf

Yannaras, C. *The Elements of Faith.* Edinburgh: T & T Clark, 1994.

Yoffe, Emily. December 3, 2008, http://www.slate.com/id/2205150/pagenum/all/#p2.

Young, Janet A. and Michelle D. Pain. The Zone: Evidence of a Universal Phenomenon for Athletes Across Sports. *Athletic Insight: The Online Journal of Sport Psychology,* http://www.athleticinsight.com/Vol1Iss3/Empirical_Zone.htm.

Zahl, Paul F. M. *The First Christians: Universal Truth in the Teachings of Jesus.* Grand Rapids, MI: Eerdmans, 2003.

Zuck, Jon. *The Wild Things of God,* http://frimmin.com/faith/godinall.php/.